世界史探究
授業の実況中継

［オリエント・ギリシア・ローマ・インド・中国・
イスラーム・中央アジア・朝鮮・東南アジア］

1

語学春秋社

はしがき

――新課程準拠版の発刊にあたって

『世界史講義の実況中継』が世に出たのは，**1990 年**のことでした。河合塾における授業を**カセットテープに録音**して，それを文字におこして**授業を再現する**という方針に貫かれた本書は，これまでに **250 万人以上**の読者(≒受講者)を持つことが出来ました。

そして今回，**新課程の世界史教科書**に準じた入試が行われることに対応して，内容と装いを一新した**『世界史探究授業の実況中継』**を発刊することになりました。

今回の改訂のポイントは，以下の 2 点です。すなわち，

① **新課程の 7 種類の世界史探究の教科書**(2023 年 4 月段階で既刊のもの)に準拠して，教科書に掲載されている**すべての時代とすべての地域**，さらには**文化史**を含む**すべての分野を網羅**したこと。

② 時代や地域の配列は，原則として**山川出版社『詳説世界史―世界史探究』**などに従ったこと。

これによって，教科書との連動性を高め，これまで以上に高校の授業のサポートに活用できるようにしました。

しかし，わが『実況中継』の基本方針は不変です。すなわち，

◎授業中の「緊張感」をできるだけ再現すること。そして，
◎授業中の「脱線」をできるだけ再現すること。

この 2 点です。では次に本書の使い方について。

(1) 各回**全体を通して読んで**ください。歴史には流れがあります。よって，断片的に読むよりも，各回を通して読んだ方が理解は深まります。ときには，声を出して**音読してください**。そうすれば，**教室の僕の声が聞こえてくる**はずです。

また，本文中の**赤字・太字**は重要な用語や記述を表します。

(2) **別冊の「授業プリント」**は，授業のエッセンスをまとめたものです。重要知識を総チェックできます。

(3) 授業を受け終わったら(本書を読んだら)，できるだけ早く**問題演習**を行ってください。

(4) **別冊所収の「世界史年表」**に沿った**音声授業**を**無料でダウンロード**できます。各巻の授業内容のアウトラインを，僕が解説したものです。**青木って，こんな声なのです**。きっと復習のよい手がかりになると思いますから，何度も聴いて活用してください。(ダウンロード方法は別冊 p. ii をご参照ください)

世界にはさまざまな問題が山積しています。そしてそれは毎日のように，**テレビ・新聞・ネット**を通じて私たちに伝達されています。さて皆さん，今現在，それらのうち，どれくらいの内容を理解できているでしょうか？

世界史は本当に役に立つ科目です。1 年間しっかり勉強すれば，**今，世界で起こっていることの大半を理解できるようになります**。これは保証します。というわけで，共に奮闘しようではありませんか！

最後になりましたが，浅学な僕に知的好奇心という“ガソリン”を注入してくださった九州大学文学部の恩師**有馬學先生**，法学部の恩師**石川捷治先生**，そして 2000 年に逝去された**山川曉夫先生**，またいろいろな意見をしてくれた**九州大学の諸先生・仲間たち**，**河合塾の同僚の皆さん**に，この場を借りて謝意を表します。

また本書は，語学春秋社編集部の**藤原和則君**の熱意と努力がなければ完成には至らなかったと思います。“同志”藤原君，ありがとうございました。

2023 年 8 月

ボサノヴァの帝王

ジョアン=ジルベルトを聴きながら

授業の内容(目次)

第0回 授業を始めるにあたって

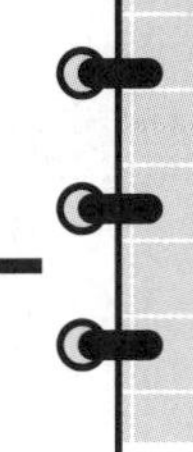

最初の授業なので，世界史の勉強法に関するオリエンテーションをやっておきましょう。まず，結論から言っておくと，

① **予習は，原則として不要。**
② **授業は絶対に休まないこと（本書を最後まで読み通すこと）。**
③ **復習は確実に行うこと。**

以上の３点です。

予習について

何にも予備知識がない状態で教科書を読んだとしても，チンプンカンプンだと思います。それよりは，授業を聴いた後の**復習**に時間を費(つい)やしたほうが，合理的だと思いますよ。

ただ，「どうしても予習をしたい」と言う人は，**教科書を音読**してください。１ページあたりせいぜい１分。**10 ページ読んでも 10 分**ですみます。それによって，「**ヒッタイト**」や「**ルイ 14 世**」という**単語の残像が目に残り**，その**残響が耳に残っていれば充分**です。その状態で授業を受けましょう（本書を読み始めましょう）。

授業について

続いては，その授業（本書の内容）について。

「××年に，○○が起こった。さあ覚えろ」と，**丸暗記を強要するようなことは絶対にしません。**丸暗記した事実なんて，すぐに忘れてしまうものです。なぜか？　それは事実に“**意味**”がないからです。

友達の名前だってそうでしょう？　中学・高校時代のすべての同級生の名前を覚えている人なんていないでしょう。でも，**喧嘩をした友達**，そして**君を振った子**の名前は，絶対に忘れないよね！　それは名前に“意味”があるからだよね。われわれ講師が授業で行うのは，**世界史に登場する単語に“意味づけ”をするという作業**なのです。

歴史は，**人間がつくるもの**であり，そこには**人間の生き様と死に様**が一杯に詰まっています。僕は，人間が見えるような授業を心がけています。

そういうことを意識しながら，授業では，**大学入試に出るところ**と出ないところをはっきりさせ，なおかつ**出されそうな箇所を入試に出る形式で伝えます**。

たとえば，「**コロンブス**」。「1492 年，“新大陸”に到達したイタリアの航海者はだれか？」　こんな問題はだれだってできます。でも君たちの教科書を見ると，このコロンブスにアンダーラインを引いているんだよね。

じゃあ，教科書ではコロンブスという名前の前には何が書いてある？それは「**ジェノヴァ生まれ**の船乗り」。試験で差が付くのはこのあたりの，“やや渋めの事項”なのです。

この授業では，このようなことにも配慮することによって，皆さんの**日常の学習を補強**しつつ，その延長線上にある**大学入学試験の対策**も行っていきたいと思います。

国語(現代文)の勉強にもなる世界史

世界史には，人名・国名・条約など様々な名詞が登場します。そしてそれだけではなく，歴史の理解に必要な**抽象的な名詞**も出てきます。

例えば「**経済**」。言葉はご存知だと思います。でも諸君，「経済」ってなんだ？きちんと説明できますか？

ほかにも「**神秘主義**」，「**主権国家**」，「**弁証法**」などなど，具体的なイメージがわきにくい，……言いかえると"難しい"言葉もたくさん出てきます。この授業では，こんな言葉の説明にも心を砕きました。そしてこれは，**現代文の学習**にも役立つと思います。文章の要(かなめ)になるような単語の理解なくして，現代文の読解もありえませんからね。

復習の方法

授業を聴いたら，できるだけ早く復習してください。方法は，「**問題演習を反復すること**」に尽きます。

以下，その手順を示しておきましょう。

世界史の勉強，
それは復習！

(1) 授業の範囲内の問題を解く(1回あたり2～3問くらい)。
(2) 間違った部分を念頭において，教科書や授業プリントなどを見返す。
(3) もう一度問題演習。

これが復習のワンサイクルです。2時間前後かかると思います。

使用する問題集は，

世界史の復習，
それは問題演習！

(a) 総問題数**150**問程度のもの。
(b) **完成記述**問題を中心に，**正誤判定**問題や**単語選択**問題なども網羅してあること。
(c) 解説が簡単過ぎず，かつくわし過ぎず，**適度な長さ**であること。

いわゆる穴埋め問題がおもなものでいいですね。解いたあとには，必ず赤エンピツで○×をはっきりとつけていくこと。**どこができたのか，そしてどこができていなかったか**をはっきりと認識できるようにすること。そうすることで，(2)の作業はかなり効率的になります。

皆さんは復習というとすぐ「教科書の精読」を連想されると思います。この作業は必要です。なぜなら試験問題は，教科書の文章がベースになっているからです。

ただし，この作業は結構疲れるものです。そのわけは，一様な集中力で字面を追っていくからなのです。しかし，問題演習を先にやっておけば，少なくとも理解している部分に関してはそれほどのエネルギーを傾注しないでもすみます。ですから必ず，**⑴→⑵の順**でやってくださいね。

それから⑶は，まあ言葉どおりです。これは絶対におろそかにしてほしくない。

実際に問題をやってみればすぐに分かるのですが，1回目はなかなかできないものです。だからできなくても**くよくよ悩まないこと**。それより重要なのは，再度チャレンジしたときにできたかどうかなのです。さらに極端な言い方をすれば，試験本番までにできるようにしておけばいいのです。

いわゆる「歴史の流れ」の理解について

世界史の勉強というと，よくこんなことが言われていますね。すなわち，

「細々とした知識に目を奪われるのではなく，歴史の大きな流れを把握すること」

……ごもっともです。でもこんな文章を見ると何か壮大なものを理解しないといけないような錯覚に襲われますね。でもご心配なく。多分ここで言っている「流れ」なるものは，**個々の歴史的事実の因果関係**をさすものだ，と考えてよいと思います。

例えば，

ローマ教皇レオ10世が免罪符を販売させた。〈原因・契機〉		ルターが「95カ条の論題」を書いて，ドイツ宗教改革の口火を切った。〈結果・影響〉

この矢印の部分がいわゆる「流れ」という言葉の実体のようです。もちろん本当の歴史の大きな流れが分かればそれに越したことはありません。でも，もし諸君のなかでそれが分かっている人がいたら，すぐさま受験勉強を中止して世界にはばたいてください(笑)。もしくは君のことを，司馬遷先生，もしくはトゥキディデス先生と呼んであげましょう(笑)。

論述対策について

皆さんのなかには，**論述対策**が必要な諸君も多いでしょう。

まず申し上げておきたいのは，論述問題の答えは**教科書**に記してある**文章**だということです。**教科書の学習**は，論述対策でも絶対に欠かせません。あの一見無味乾燥に見える文章。しかし教科書の文章こそ，**無駄を省いた簡潔な記述**で，まさしく**論述問題の答え**のモデルになる文章なのです。

ただし，だよ。普通の問題なら文章の中に□を空けて，**単語**が問われますよね。

これに対して，論述問題では「**文**」**が解答の基礎単位**となり，複数の「文」のかたまりである「**文章**」**単位の記憶が必要**となります。そして，文章単位で記憶し，それを解答用紙に書けるようにするためには，**歴史の流れの理解**や，**時代全体を大づかみに把握する努力**が必要になります。

本授業(本書)では，このような要求に対応できるように，単に事実を並べるだけではなく，**相互の因果関係の説明**に時間(ページ)をさきました。ページ数の制約が厳しい教科書と違って，『実況中継』にはそれができるのです。……だって，**ラティフンディアとコロナトゥスの説明に2ページも使っている教科書なんてないぜ！**

この授業を聴き(『実況中継』を読み)，論述問題にチャレンジしたら，必ず先生に見てもらいましょうね。

さあ，始めよう！

歴史の勉強を始めて 50 年以上の年月が経ち，また教壇で講義を始めて 40 年以上が経ちました。そして**歴史の動因**についても，ようやく，僕なりの目星がついてきました。──以前にもそんなことをほざいていましたが，より明確にね。

それについては，ここでは申しません。皆さんと一緒に**先史時代**から学習を始め，そして**現在**へと至ったときに，共に確認しましょう。

それじゃあ，さっそく授業を始めましょう。

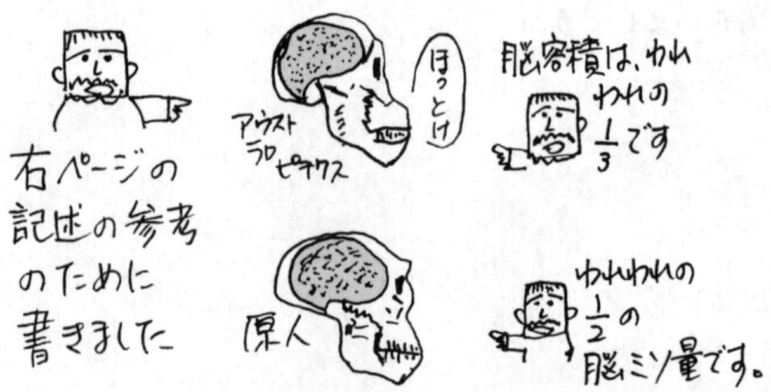

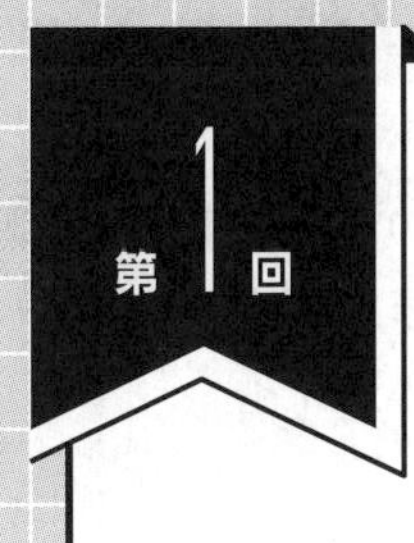

先史時代

人類の進化と国家の誕生

① 人類の進化

別冊プリント p.30 参照

猿人の登場

われわれの“ご先祖様”はおサル様です(笑)。しかし，サルから直接われわれが生まれたわけではありません。途中にいろいろな進化の過程があるんだよね。とりあえず，順番を覚えようか。

人類の進化

①猿人→②原人→③旧人→④新人

まず**猿人**から。登場したのは約700万年前のことで，旧課程の教科書には500万年前と書いてありました。かなりアバウトですね。

で，彼らのどこがお猿さんと違うかというと，**直立二足歩行**をしていたことと，**道具**を使っていたことです。道具は，**打製石器**でした。打製石器もいろいろありますが，もっとも原始的なもので，**礫石器**と言います。これは，石を打ち欠いただけの石器のことです。

Q **2001年にアフリカのチャドで発見され，約700万年前に登場した最古の化石人骨はなんと呼ばれるか？**

——サヘラントロプス(=チャデンシス)

彼らは，「**トゥーマイ**(チャドの現地語で“生命の希望”の意味)」と名付けられました。また400万年ほど前には，やはりアフリカに，**アウストラロピテクス**も登場しました。これはラテン語で，「南方のサル」という意味です。発見地はアフリカですが，ヨーロッパの研究者から見て，南に位置するアフリカで発見されたので，この名になりました。

Q それから，1994 年に東京大学の諏訪(すわ)教授のグループがエチオピアで発見したのは？
——ラミダス猿人と言います。

こちらは 440(450)万年ほど前に登場しました。

原人の出現

続いて, 240 万年前ころに, やはりアフリカに出てきたのが**原人(げんじん)**。学名では, **ホモ=ハビリス**とか**ホモ=エレクトゥス**と言います。地質学の時代区分では, **新生代第四紀**の前半で, **更新世(こうしんせい)**とも呼ばれる時代です。また地理学では, **洪積世(こうせきせい)**と呼んでいる時代ですね。

原人では, **ジャワ原人**, それに**北京(ペキン)原人**が有名ですね。北京原人の発見地は, 北京市内ではなく, やや離(はな)れた**周口店(しゅうこうてん)**という村です。

彼らは握(にぎ)り斧(おの)(**ハンド=アックス**)のような打製石器や, **火**の使用が確認されています。

北京原人(想像図)

旧人

そして 60 万年ほど前には, **旧人(きゅうじん)**が登場しました。

Q その代表は，ドイツのデュッセルドルフの近郊(きんこう)で発見されました。これ知ってる？
——ネアンデルタール人ですね。

2種類の石器

打製石器は大別(たいべつ)すると, **石核(せっかく)石器**と**剝片(はくへん)石器**の 2 種類あります。石核石器は, まわりを削(けず)ってつくったもので, その最も原始的なものが礫(れき)石器です。さらにまわりを削って形を整(ととの)えていくと, 必然的に石の核の部分が残りますね。これに対し剝片石器は, 石の表面を, 文字通り“剝(は)がして”つくったものです。

この旧人たちの大きな特色は, **埋葬(まいそう)の習慣(しゅうかん)**を持っていたことです。これは推測(すいそく)だけど, 多分ネアンデルタール人たち, 見ちゃったんだね, 「死後の世界」

を。正確には，見たというより，想像したわけなんですが。で，現実には見えないものを思い描くためには，脳のキャパが必要です。で，実際，ネアンデルタール人たちは，**私たちと同量の脳**を持っていたようです。

化石人類の特色

① **猿人**：直立二足歩行・石器の使用の開始
② **原人**：火の使用　　③ **旧人**：埋葬の習慣

新人

そしていよいよ20万年ほど前に，**新人**が出てきました。われわれと同じく**現生人類**に属する人々です。登場の時期は，地質学で言うと，更新世の末期のころです。

この新人こそ，われわれの直接の祖先ですね。

じゃあネアンデルタール人はというと，しばらく**新人たちと共存**していたようですが，**約3万年前に絶滅**してしまいました。さらに近年の研究では，新人たちは，旧人から進化したものではなく，**別系統の人類**とされているようです。

Q 新人のなかで，南フランスで発見されたのは？
——クロマニョン人が最も有名です。

他にイタリアで発見されたグリマルディ人，それに北京原人が発見された地層よりも，ずっと上の地層で見つかった**周口店上洞人**も知られています。

いずれも**狩猟採集生活**をしていた点では，これまでの連中と一緒なのですが，新人たちは，自分たちの生活を住居である洞窟に描きました。これを**洞穴絵画**と言い，**スペイン**北部の**アルタミラ**や，南**フランス**の**ラスコー**に有名な遺跡があります。

以上，登場した人類を，化石でしか知りえない人々という意味から「**化石人類**（化石人骨）」ということがあります。

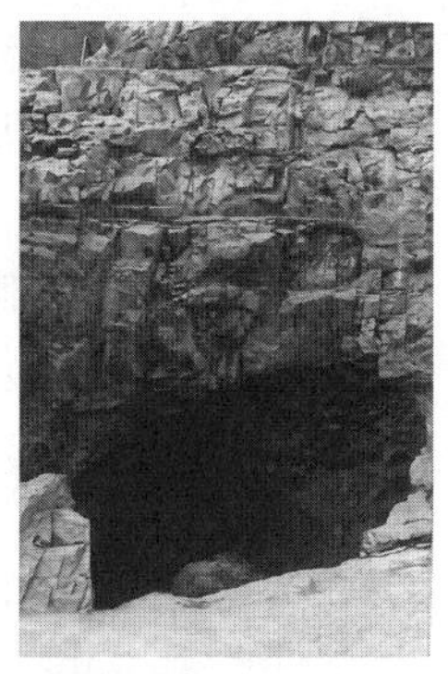

周口店上洞人の骨が発見された洞窟
周口店上洞人は現生人類に属することに注意。

② 農耕・牧畜の始まり

別冊プリント p.31 参照

細石器の登場

化石人類の“方々”は，石器を使っていましたね。その石器は打製石器でした。種類はいろいろですが，いろんな打製石器を使って，象のような大型動物をハンティングしていたわけです。ただ１人では立ち向かえないので，彼らは**ホルド**（**群れ**）を形成していました。

すると今から１万年ほど前に**氷期**が終わり，狩猟の獲物も増えてきました。この時代には，**細石器**と呼ばれる小型の剝片石器が，主として**矢じり**（鏃）として使われるようになりました。この時代を**中石器時代**と言います。

「氷期」と「氷河時代」の違い

ちなみに「**氷期**（**氷河期**）」と「**氷河時代**」の違いって知ってる？　まず，地球に広く**氷河が存在する時期**を「**氷河時代**」，**氷河が存在しない**温暖な時代を「**無氷河時代**」と言います。そして「氷河時代」のなかでも，氷河の面積が拡大する寒冷な時代を「**氷期**（**氷河期**）」と言い，一方で氷河が縮小し温暖化してゆく時代を「**間氷期**」というのです。てことは，今は間氷期ですね。

新石器時代の始まり

そして，中石器時代の後に出てきたのが**磨製石器**でした。これはこれまでの打製石器を砥石などで磨いてつくったものでした。具体的には，石鎌，石臼，石杵などです。

これまでの打製石器でも，肉を切ったりすることは十分にできたのに，それに“磨く”という二次加工を施して，石器としての質を高めたのです。そのためには，磨くための“**ヒマ**”が必要でした。そのヒマ，“**余裕**”という言葉に置き換えてもいいけれど，これを人類に保証したものは何でしょうか？

それは**農耕の開始**でした。

農耕の開始

農耕の開始は，今から**9000年**ほど前のこと。氷期が終わって1000年くらいたったころですね。場所は，西アジアの「**肥沃(ひよく)な三日月地帯**」と呼ばれる地域です。

これは人類史上，最大の“革命(かくめい)”ですね。すなわち，**食糧を“つくる”**ようになったのです。それまでは，食糧を**狩猟・採集**によって，言いかえれば“天のお恵(めぐ)み”に頼(たよ)っていました。それを自らつくるようになったのです。この変化を**食糧生産革命**と言います。

農耕の開始は，人々の生活にどのような変化をもたらしたのか？

教科書によっては，“**獲得(かくとく)経済から，生産経済への変化**”と表現していますね。これによって食糧確保が安定し，人類の生活に初めて“ヒマ”というものが生まれました。これが磨製石器の生産を可能にしたのですね。ついでですが，そのヒマは，**土器(どき)や織物(おりもの)の製作**も可能にしました。ちなみに農耕地帯の土器の多くは**彩文(さいもん)土器**と呼ばれ，植物や動物がカラフルに描かれていました。

さて，話を農耕の開始に戻しましょう。農耕が開始された場所は，**西アジア**だと言われています。ここで，**麦**などの**穀物栽培(こくもつさいばい)**が始まりました。米ではありません。また**ヤギ・羊・牛**などの**牧畜(ぼくちく)**も始まりました。まだ**馬**はいませんね，西アジアには。

最初期の農耕遺跡として知られるのは，**ヨルダン川の河口**に位置する**イェリコ遺跡**です。ここではBC7000年ころに，**低湿地の湧(わ)き水**を利用した農耕が始まりました。

またそれより少し後のBC6500年ころには，**イラク北部**の**ジャルモ**で，別の方法で水を確保した農耕が始まりました。その方法とは？

原始的農業

まず，農業には，**水**が絶対に必要です。イェリコみたいに自然に湧いてくればラッキーですが，それがダメなら，“おてんとさま”に任(まか)せるしかありません。

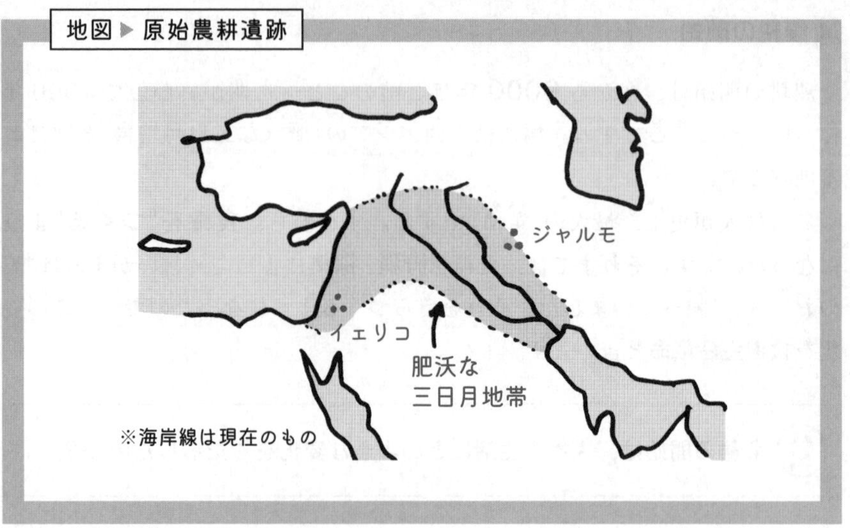

Q **このような，雨水頼りの農法をなんと言うか？** ――**乾地農法**

乾地農法とは，雨が降った土の上に乾いた土をかぶせて蒸発を防ぎ，地中に水分を保持しようとするものでした。ジャルモではこの方法で,農業をやっていたのです。

また当時の農法は，**肥料を施さない**ものでした。ですから，地中の養分は奪われるだけ。こういう農法を**略奪農法**と言います。

灌漑農業

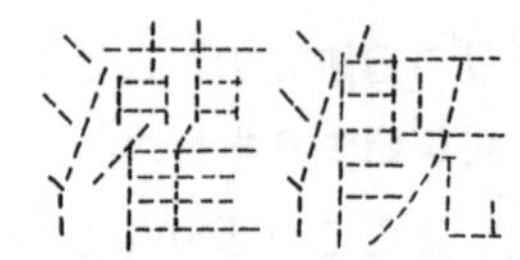

さてしばらくすると，メソポタミアなどの地域で**灌漑農業**が始まりました。せっかくティグリス川・ユーフラテス川のような大河が流れているんだから，この水を利用しよう。そのために水路をつくって水を農地に供給する。この行為を“灌漑”というのです。

原始の信仰

しかし現代の農業に比べると，当時の農業生産はやはり不安定でした。そこで，収穫を得られる土地を母にみたてて，**地母神への崇拝**が始まりました。

今でも“大地の母”って言うじゃん。

さらに**巨石記念物**もつくられました。イマイチ何のためにつくったかは分かっていないんですが，多分自然に対する崇拝や服従の気持ちを表したものだと思われます。なかでもテーブル状に石をくんだものを**ドルメン**，上から見ると輪っかの形をしている**環状列石**などがあります。

ストーン=ヘンジ

わたしの娘が写したものです

Q イギリス南部にある環状列石の有名な遺跡は？

――ストーン=ヘンジですね。

農耕の開始は，社会を変化させた

さて，さまざまな努力によって**農業生産は発展**し，**人口も増加**しました。また**定住性**も高まりました。村落は規模が大きくなり，大きい有力な村落は，小さなものを従えるようになり，こうして「**国家**」と呼ばれる社会が生まれました。

農業によって生産された**穀物は保存性が高く**，人類の生活に，初めての**余剰**，すなわち食べきれない“余り”を生み出しました。これは，たとえば道具をつくることに専念する職人など，直接農業に従事しなくていい人たちの登場を可能にします。こうして**分業**が始まりました。

また余剰をめぐる**対立**が起こり，争いに勝ったものは負けた連中を支配し，**余剰を占有**するようになりました。これが人間社会に「**階級**」が生まれた起源だといわれています。

勝った連中は，武器を独占して**戦士**となり，祭祀に専従する**神官**も生まれました。こうして，彼らを支配者とする**国家**が成立したのです。

「文化」って何？

さて今回は最初の授業なので，今後何度も登場する大事な言葉についても触れておこう。それは「**文化**」という言葉です。

文化って，そもそも何でしょうか？ これについては，いろんな表現ができると思うけど，

“豊かな生活，快適な生活を営むための，さまざまな知恵”

と，僕は答えています。たとえば，生きるためには食べなくちゃいけません。じゃあ，何を食べるのか，あるいはどのようにおいしく料理するのか……，これって**食文化**だね。

また，人間ひとりぼっちでは生きていけないので，**集団**をつくります。この集団を「**社会**」と言いますが，その社会がまとまりを保持するために，**言語**(げんご)によって意思の疎通(そつう)をはかります。で，どういう言語を使用しているか。その言語にはどういう言葉があるのか——これを**言語文化**という。

また何を心の支(ささ)えにして生きていくのか——これは**宗教文化**だね。こういうものをまとめて「**文化**」と言っているのです。

民族と人種の違い

で，この**文化の違い**によって人間を分類したものを「**民族**(みんぞく)」と言います。まあ，**言語による分類**が，最も一般的ですよね。だって，今，食べ物や宗教で，人間を分けられるか？

君たち，肉大好きだろ？ 僕は魚が大好き。ファストフードはほとんど食べない。また僕は真言宗(しんごんしゅう)の仏教徒(ぶっきょうと)だけど，君たちのなかにはキリスト教徒もいるだろ。

▶“語族”という分類

これに対して，僕は日本語をしゃべり，君たちの多くもそう。そこで“自分は日本人だ”というアイデンティティが生まれる。このように**言語によって民族を分けたもの**を「**語族**」と言います。日本語は，トルコ人などの言語と共通性が多いらしく，日本人は**ウラル=アルタイ語族**だという説を唱(とな)える人もいます。

これに対して，**見かけ**によって人間を分類したものを「**人種**」と言います。とくに重要視される指標(しひょう)は，**肌**(はだ)**の色**ですね。我々みたいに黄色い人々は，**モ**

ンゴロイド(**黄色人種**), 白い人たちは**コーカソイド**(**白色人種**), 黒い人々はネグロイド(**黒色人種**)という具合だね。

文明とは何か？

「**文化と文明って，何が違うのですか？**」，これもよく出る質問ですね。文化はさきほど説明しましたね。一方「文明」とは，分業が進み，**高度に組織化された社会**が生み出した**技術・システム・インフラ**などのことを指します。……うーん，これだけじゃわかんないって顔してるね，みんな(笑)。

「文明」って，英語だと **civilization** ですね。これは，ラテン語で，「市民(都市民)」を意味する civis(キウィス)や,「都市」を意味する civitas(キウィタス)を語源とする言葉です。ですから「文明」とは，**都市**のような**組織化された社会が生み出したもの**と考えることができます。

また，文化とは，どちらかというと**精神的な喜びや幸福感を与えてくれるもの**。それに対して，文明とは**社会生活を快適におくるための物質的なもの**だ，との説明も見られます。

例えば，**ドストエフスキーの小説**や**チャップリンの映画**は「**文化**」であって,「**文明**」とはいいませんね。一方,**灌漑設備**や**高速道路**や**上下水道**などは,「**文明の産物**」であって「文化」の範疇には入れませんね。……これくらいでよろしいでしょうか？(笑)

以上で，文字がなかった時代，すなわち**先史時代**のお話は終わりです。

じゃあ，続いて**文字**によって記録が残された時代，すなわち**歴史時代**を勉強していきましょう。

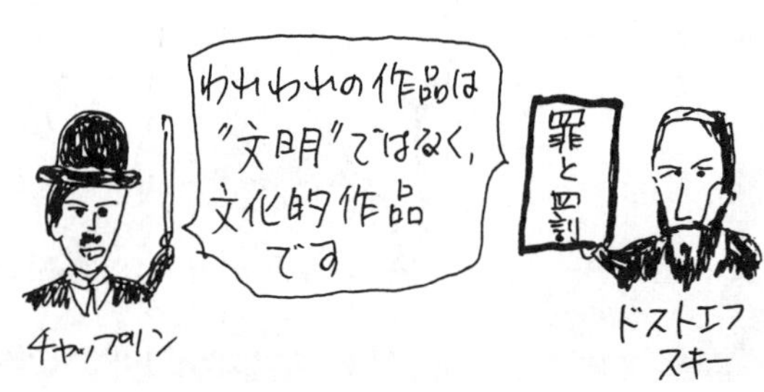

古代オリエント世界とその周辺

「アッシリアによる統一」前後まで

前回は，文字記録が残されていない**先史時代**を学習しました。今回から授業は，**文字記録が残された時代**に入ります。これを**歴史時代**と言います。文字は，**商取引**や，**国家による税収の管理**，そして**役人に対する命令書作成**などの必要性から生まれました。

さて農耕の開始とともに，人口は増加し，**分業**も進み，**都市**や**国家**といった組織化された社会も成立していきました。さらにそれらを維持するために，人々は様々な知恵を生み出していきました。

こうして，若干(じゃっかん)の時間差はありますが，世界各地に様々な文明が成立しました。これを総称して「**古代文明**」と言います。「世界史探究」の教科書の多くは，各地の古代文明を列挙(れっきょ)して，その比較(ひかく)を試みています。

では，私たちの授業でもそれを念頭(ねんとう)に置きながら，各地の古代文明を学習していきましょう。で，最初は，**メソポタミア文明**や**エジプト文明**を含む，**古代オリエント世界**とその周辺の文明からです。じゃあ，行くぜ！

地図▶古代文明

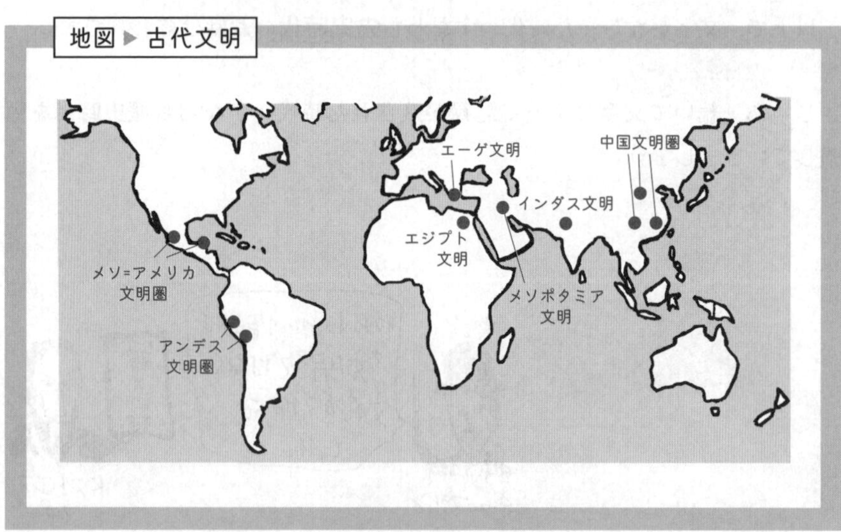

メソポタミア地方（小アジアを含む）(1)

別冊プリント p.33 参照

「オリエント」「肥沃な三日月地帯」

まず「オリエント」という表現なのですが，これは**古代イタリア**から見て「日が上る地域」という意味です。

それから「**肥沃な三日月地帯**」という言葉も知られています。この言葉の創始者は，アメリカの考古学者**ブレステッド**です。この肥沃な三日月地帯のなかにエジプトは含まない場合もあります。

オリエント史の概観

さてオリエント世界の学習ポイントは，

①王朝の交替　②各国（各王朝）の民族系統

地図▶古代オリエントの地勢

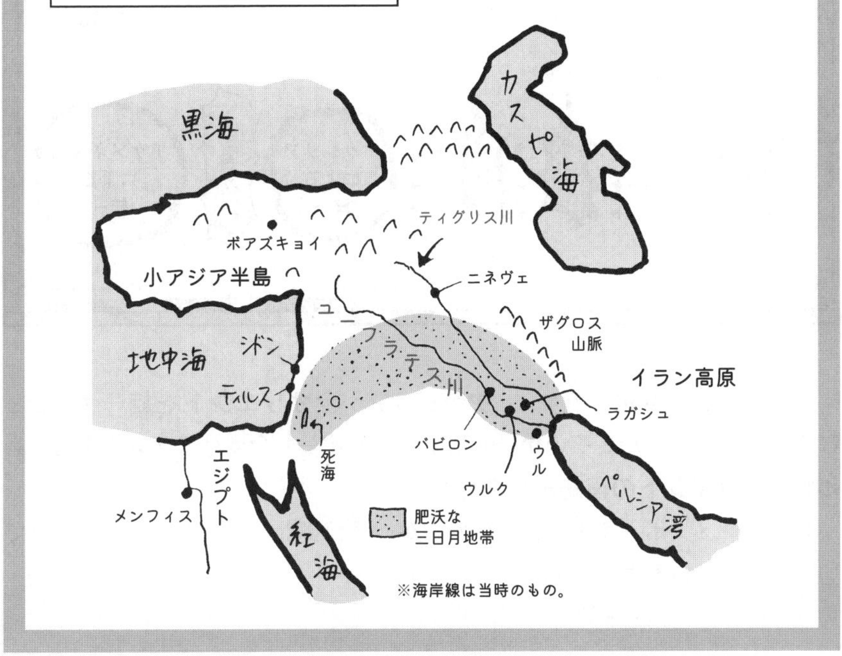

※海岸線は当時のもの。

以上２点です。結構ややこしいわな。なので，各地域を見ていく前に概観(がいかん)をやっといたほうがいいだろう。

まず，古代オリエントは**３つの地域**に分けることができます。すなわち，

①メソポタミア　②エジプト　③地中海東岸

これらの地域には，それぞれ特色を持った文化があり，独自の歴史が展開されていました。しかしその後，**BC２千年紀**（BC 2000 ～ BC 1001）の古代オリエント世界は，**２回の大きな変動**を経験することになります。それは，

① BC 16 世紀：メソポタミア周辺にいた**ヒッタイト**などの民族がメソポタミアや地中海東岸に進出し，それによって動揺(どうよう)が起こったことと，

② BC 12 世紀：**海の民**(うみのたみ)の進入による動揺。この２回です。

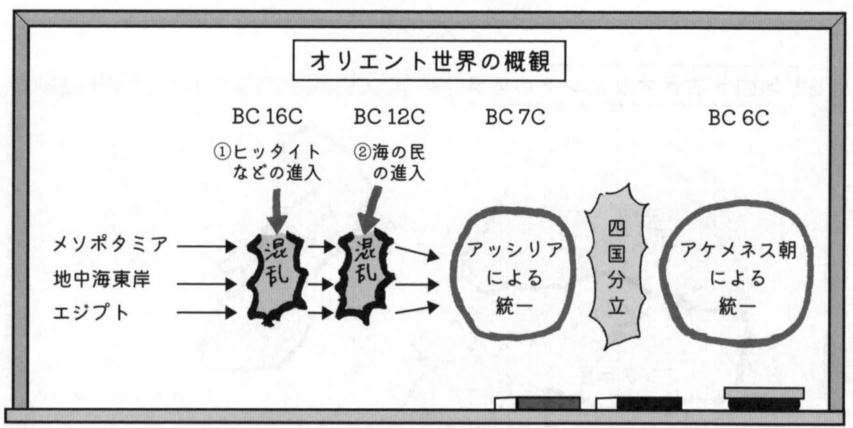

そして**BC７世紀**の前半に，**アッシリア**が**全オリエントを統一**することに成功します。しかしその統一も数十年で崩壊し，今度は**アケメネス朝**が登場して**オリエントの再統一**を果たす……。

じゃあ，メソポタミアの民族の興亡(こうぼう)が一番面倒なので，ここから片付けていきたいと思います。

メソポタミア——その肥沃な大地

メソポタミアと言えば，なんと言っても2つの川，すなわち**ティグリス川**・**ユーフラテス川**ですね。メソポタミアとはギリシア語で「川の間」という意味で，ほぼ現在の**イラク領**にあたります。

ほんとに肥沃(ひよく)なところだったみたいで，5000年前の農業技術で，播(ま)いた種の量の**80倍が収穫(しゅうかく)**できたそうです。

これに比べると**中世ヨーロッパは悲惨(ひさん)**で，平均して4倍程度，一番肥沃な北フランスでさえ，**7〜8倍の収穫**にしかならなかったみたいだ。しかもこれって千年くらい前の中世の時代の数字だもんな。

シュメール人

さて，農業生産力がアップすると人口も増え，村落が拡大(かくだい)して，都市を中心とした小さな国家，すなわち**都市国家**が誕生しました。時期は**BC 3000年**ころのことです。

Q メソポタミアで最初に都市国家をつくったと言われている民族は？

——シュメール人

このシュメール人の民族系統は不明です。

都市の中心部には守護神をまつる神殿があり，その付近には祈(いの)りを捧(ささ)げるための塔(とう)が建てられました。これを**ジッグラト**(**聖塔(せいとう)**)と言います。都市の運営は，神官や軍人が行ったようです。そして彼らは，神の化身ではなく，**神の代理人**として君臨(くんりん)しました。

Q 神官や軍人が，神の権威(けんい)を背景に展開する政治体制をなんと呼ぶか？

——**神権(しんけん)政治**

さて，シュメール人が**BC 2700年**ころまでに建設した都市国家には，**ウル**・**ウルク**・**ラガシュ**などがありました。とくに**ウル**は有力で，他の都市国家に対して影響力がありました。

シュメール人の文化

それからシュメール人がつくった文字が**楔形文字**。これは，この後オリエント世界のいろんな文字のもとになります。

さらに，**1週7日制**や**六十進法**もシュメール人が起源です。また暦はもともとは**太陰暦**でした。太陰暦とは，**月の満ち欠け**をもとにして時を刻む暦です。しかし，月の満ち欠けの周期は約29日で，これだと**年間で約10日ずつ季節とのずれがおきる**ことになります。そこでシュメール人は，**閏月**を設けて季節とのずれを調整した暦を考案しました。これを，**太陰太陽暦**と言います。

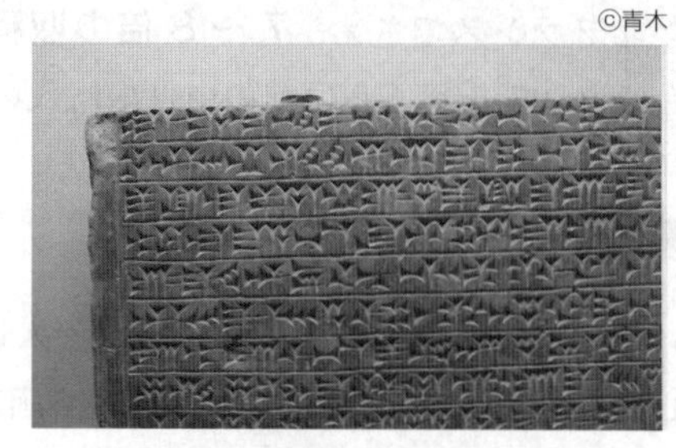

©青木

楔形文字

大英博物館蔵。粘土板に刻まれていた。

また「世界最古の文学」と呼ばれる『**ギルガメシュ叙事詩**』を残したのもシュメール人です。これは，ウルクの君主ギルガメシュの英雄物語です。

アッカド王国

こうして繁栄したシュメール人でしたが，BC 24 世紀の半ばには**アッカド人**が侵攻し，シュメール人の都市国家は次々と征服されてしまいました。

Q アッカド人の民族系統は，語族的には何に属するか？

——セム語系

「セム語族」という名前の由来

「**セム**」とは，『**旧約聖書**』に出てくる**ノア**の息子の名前です。ノアといえば，「箱船」と呼ばれる大きな船をつくって，家族や動物たちとそれに乗り込んで，大洪水をたえしのぎ，命が助かったとされる人ですね。『旧約聖書』の世界では，ノアの息子であるセム・ハム・ヤペテの3人は，ノアとともに人類の祖先と位置づけられています。

さてアッカド王国には**サルゴン1世**が登場しました。多分この人，世界史の教科書に登場する最初の個人じゃないかな。業績(ぎょうせき)は，**メソポタミアの南部を初めて統一**したことです。さらに領土は，メソポタミア北部から，シリアにもおよぶこともあったようです。

しかしこのアッカド王国の支配も，ほどなく崩壊します。そしてこの後，一時的にシュメール人の勢力が，ウルを中心に復活しました。これを**ウル第3王朝**と言いますが，100年あまりで滅亡しました。

バビロン第1王朝(古バビロニア王国)

BC19世紀に登場するのが，**バビロン第1王朝**です。これは「バビロンを中心として成立した最初の王朝」という意味だ。別名を古バビロニア王国と言います。

バビロンを中心とした王朝って，数え方にもよるけど10個前後あるんだよね。でもそのなかで覚えるに値(あたい)するのは3つくらいかな。とくに第1王朝と最後の王朝が重要だ。そうすると，2つだけが大事なのに「第×王朝」というのも何か変じゃないか。それじゃあ，古いほうを「**古バビロニア**」，新しいやつを「**新バビロニア**」と呼ぶことにしましょう，てなことになったわけです。

Q **古バビロニア王国を建設した民族は？** ――アムル(アモリ)人

アムル(アモリ)人も**セム語系**です。

ハンムラビ法典

ついで**BC18世紀**には，あの有名な**ハンムラビ王**が登場して，**全メソポタミアを統一**し，さらに例の法典を編纂(へんさん)させるわけです。

「**ハンムラビ法典の特色を××字で説明せよ**」，なんて問題をよく見るんで，まとめておこう。

ハンムラビ法典の特色

① 復讐法…「目には目を，歯には歯を」
② 被害者の身分によって刑罰が異なる。

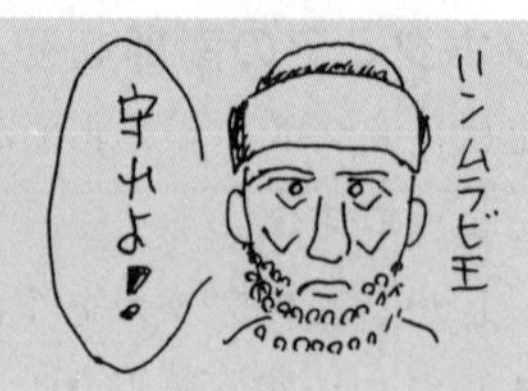

まず1つ目は，「復讐法」，あるいは「同害復讐法」の原則に立った点。これを端的に示したのが，「目には目を，歯には歯を」という言葉だね。だれかの目をつぶしたら，そいつの目がつぶされる，という意味だね。

©青木

ハンムラビ法典の頭部
ハンムラビ王(左)に法典を授ける太陽神シャマシュ(右，座像)。〈ルーヴル博物館蔵〉

被害者の身分によって刑罰が異なる

2つ目の特色，ぶん殴った相手が奴隷身分ならば罰金ですむけど，相手が上流の人間だったら死刑になる，なんてこともあったようです。要するに刑罰が平等に課されるわけじゃなかったのですね。

ハンムラビ法典については，こういった**刑法的な内容**が必ず教科書には載っていますね。……ん，刑法って何ですかって？　刑法とは，社会のルールに違反した人をどのように罰するか，を規定した法律です。

しかし，この法典には，刑法だけが記されているわけではありません。たとえば婚姻や家族，それに相続などについても規定があります。ここは注意！

② メソポタミア地方(小アジアを含む)(2)

別冊プリント p.34 参照

周辺山間部の3つの民族

さて，バビロン第1王朝もBC 16世紀に**ヒッタイト**の侵入によって滅びることになります。これ以降**アッシリア**がメソポタミア地方を席巻するまで，ヒッタイトなどのいわゆる「山の民族(山の民)」がメソポタミア史の主人公になるわけです。じゃあ，そのヒッタイトから見ていこう！

ヒッタイト

ヒッタイトは小アジア半島(アナトリア)の東南部が根拠地でした。

Q ヒッタイトの首都はどこか?

——ボアズキョイ(ハットゥシャ)です。

ヒッタイトは**バビロン第1王朝**を滅ぼしつつ,**エジプト新王国**とも,**シリア**などをめぐって抗争しました。

またヒッタイトといえば,重要な事項がありますね。それは,小アジアに以前から行われていた**製鉄を発展させ,大量の鉄製武器**を持っていたことです。この鉄製武器と**軽快な二輪戦車**も駆使(くし)して,積極的に征服活動を行いました。

しかもヒッタイトはこの**製鉄技術を独占**していました。今で言うなら,核兵器開発の技術を独占しているようなものです。

しかしこの国が,**BC 12 世紀**初めに「**海の民**」の侵入によって滅ぶと,**製鉄法はオリエント世界に広がっていく**ことになります。

ミタンニ

続いて**ミタンニ王国**。この王国の建設者は**フルリ(フリ)人**。彼ら自身の民族系統はよく分かっていません。多分,外からやってきた印欧系民族によってフルリ人が組織化され,王国が成立したのだといわれています。またこの国は,**アッシリアを支配**していたこともあり,一時は北メソポタミアから**シリア**にいたる広大(こうだい)な領域(りょういき)を制圧していました。

カッシート

最後は**カッシート王国**です。カッシート人(カッシュ人)もフルリ人と同様,民族系統については分からないことが多いようです。居住地域はメソポタミアの東部の山岳(さんがく)地帯でした。彼らは**バビロン第1王朝**の滅亡後,**メソポタミア**を数百年間にわたって支配します。注意してほしいのは,**ヒッタイトがこの地を領有したのではない**ということ。ヒッタイトは滅ぼすだけ滅ぼして,後は知らんプリだったのです(笑)。

地図 ▶ BC 15 世紀前後のメソポタミア・エジプトの情勢

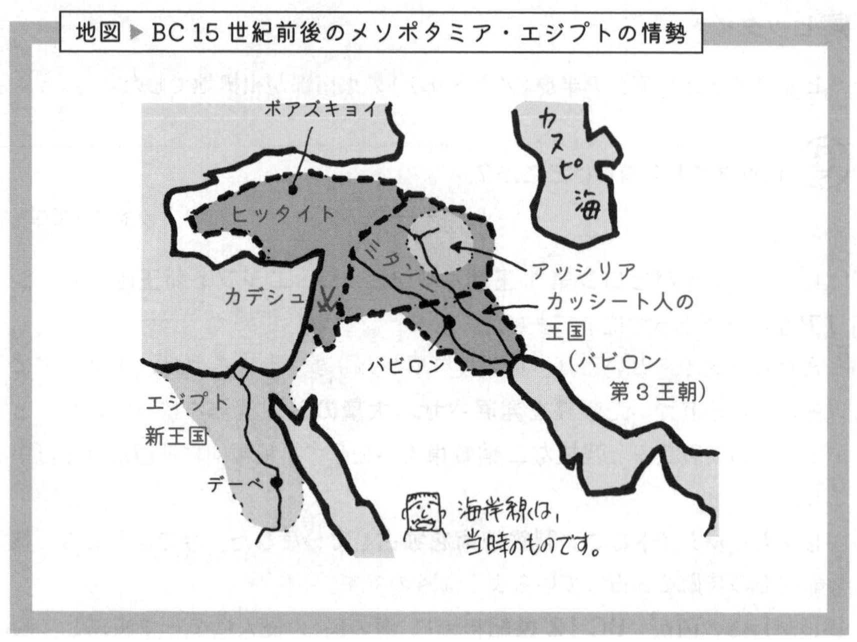

なぜ彼らがメソポタミアを支配しなかったのかはオリエント史の謎ですね。まあともあれ，ヒッタイトは去っていった。「ほんじゃあ私が」(笑) ということでカッシートがここを支配しました。拠点は**ユーフラテス川**河畔の**バビロン**。こうして，バビロンを首都とする第 3 番目の王朝が成立したのです。で，これを**バビロン第 3 王朝**という場合があります。

このあとのメソポタミア情勢は，アッシリアによる統一のところで見ることにします。

3 エジプト

別冊プリント p.34 参照

王朝の成立

続いてエジプトです。エジプトは**閉鎖的な地形**のために，**外民族の侵入が少なく**，エジプト人の王朝交替が繰り返されることになります。この点はよくメソポタミアと比較されるところだね。あそこは「**開放的な地形**のため，**民族の興亡が激しく**」なんていう記述が教科書にありますね。

エジプトには**ナイル川**が流れており，農業生産力の発展とともに，多くの**ノモス**と呼ばれる**都市国家**(集落，小国家)が形成されました。そして，ナイル上流の**上エジプト**と，デルタ地帯の**下エジプト**には，複数のノモスを支配した王朝が成立しました。

さらにBC 3000年ころには，**上下エジプトが統合**され，**エジプト初の統一王朝が成立**しました。統一の時期は，**メソポタミアより早い**ですね。王朝の支配者は**ファラオ**と呼ばれ，この後，エジプトには約30の王朝が興亡(こうぼう)することになります。

ファラオ

問題は，そのファラオの位置付けですね。そこで，これもメソポタミアと比較しておこう。あそこでは，王は神官にせよ軍人にせよ，**神の代理人**として君臨しました。

それに対して，エジプトでは**王(ファラオ)は神の化身**なのです。なんという神の化身(けしん)かというと，**太陽神ラー**の化身なのです。要するに神なんだよ。同じオリエント世界でも，エジプトとメソポタミアでは，王の立場がまったく異なるということです。

古王国時代

じゃあ政治史いってみようか。さっき王朝の数を30って言ったけど，そのなかには強い王朝もあれば，ちゃちいものもある。で，ちゃちいのはもう覚えなくていいってことになっている。強いやつだけでいい。そしてその強い王朝が続いた時代，言いかえると**「王国」の名にふさわしい時代**が3回あるんですね。図解にするとこんな感じです(次ページ)。

その最初を**古(こ)王国時代**というわけです。

Q 古王国の首都はどこか？ ——メンフィス

とくに**第4王朝**時代は**大ピラミッド**の建設ラッシュの時代ですね。三大ピラミッドともいわれるものが**ギザ(ギゼー)**に今でも残っています。最大のものは**クフ王**のピラミッドです。

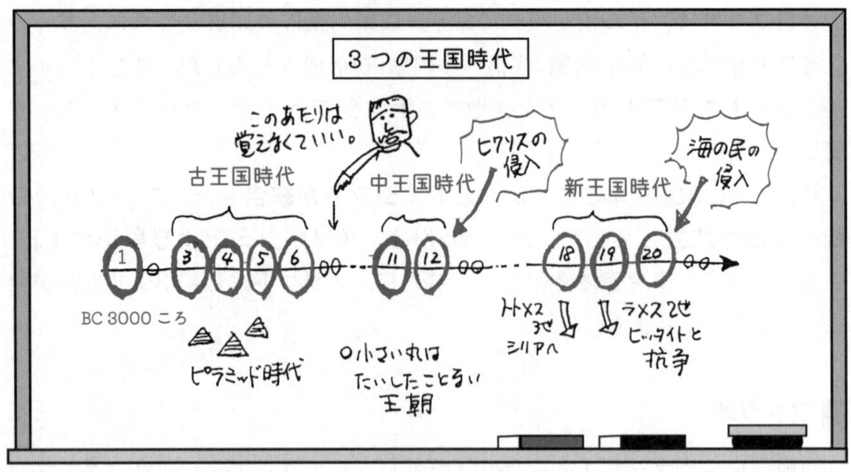

中王国時代

BC 21 世紀から BC 18 世紀に登場した第 11・12 王朝時代は，**中王国時代**(ちゅう)と言います。首都はテーベに移りました。そしてこの中王国末期に，東方から異民族**ヒクソスの侵入**を受けました。彼らは**馬**と**戦車**をもって攻め込んできたのでした。その後しばらく彼らが支配する時代が続きます。

新王国時代

このヒクソスを撃退(げきたい)して成立したのが，**新王国**(しん)でした。首都はテーベのままですね。この時代はエジプトが外に向かって進出する時代です。

Q シリア・ヌビア(現在のスーダン)に遠征し，そこを征服した王は？

——**トトメス３世**です。

トトメス３世
BC 15C 前半に君臨。シリアなどに親征した。

後に彼は「エジプトのナポレオン」と呼ばれることになります。

アメンホテプ4世(アクエンアテン，イクナートン)

BC 14世紀にはアメンホテプ4世が登場します。彼の時代には「宗教改革」が行われました。その中身は**アテン(アトン)神の強制**でした。

当時のエジプトは**多神教**(たしんきょう)で，とくに**テーベの守護神**アメン(アモン)神や，**太陽神**ラーが尊崇(そんすう)を集めていました。そしてこれらの神々に仕(つか)える**神官**たちは，戦争，とくに外征にともなって，国王が軍事指導者として権力を強めることに反発しました。

©青木

アメンホテプ4世
かなりの馬面(ヅラ)。相当エキセントリックな性格だったらしい。
〈ルーヴル博物館蔵〉

これにアメンホテプ4世はムカついたのでした。それで神官たちが仕えている神を否定したわけですね。首都は**アマルナ**(**テル=エル=アマルナ**)に遷都(せんと)されます。テーベよりも下流になりますね。ここでは写実的な**アマルナ芸術**が発展しました。

第19王朝の王**ラメス(ラメセス)2世**は，シリアでヒッタイトと抗争し，BC 1286年には**カデシュの戦い**でぶつかりました。そして，ヒッタイトとの間に**カデシュ条約**という，世界最古といわれる国際条約

(左)「**パピルスに描かれた四人の女性**」
(右)アマルナ芸術の代表作「**ネフェルティティの像**」

を締結するわけです。

しかしこの後，エジプトは**海の民の侵入**で衰退してしまいます。

エジプトの文化

エジプトの文化って「**来世的**」という形容詞でよく表現されます。平和ななかで王朝交替が繰り返されるエジプトでは，現世と来世の境界があいまいで，**霊魂の不滅**が信じられていました。復活する霊魂が帰る場所として，肉体を乾燥保存したものが**ミイラ**でした。

それから「**死者の書**」。これは冥界（死後の世界）への案内書です。

「死者の書」に描かれている冥界の神は何か？　　　——オシリス神

文化に関しても，エジプトとメソポタミアは比較されますね。来世的なエジプトに対して，メソポタミアは**現世的**。むかしの山川出版社の教科書（『新世界史』）には，こう記されていました。

> 「エジプト人は……性質も楽天的で素朴であるが，メソポタミアではつねに新たな外敵や近隣国家との抗争が続き，人々の性格も暗く悲観的で……」（傍点筆者）

……“ほんまかいな”という感じですが（笑）。

神聖文字・測地術・太陽暦

それからエジプトといえば**神聖文字**（**ヒエログリフ**）が有名ですね。これを簡略化したものが**神官文字**，そして**民衆文字**（**デモティック**）です。アレクサンドリア近郊で発見された**ロゼッタ石**には，上部にエジプトの文字，下部には**ギリシア文字**が併記されていました。

©青木

ロゼッタ石

新婚旅行のときに，女房が写す。バカリズムのようなヘアースタイルの男は，28歳の青木。ロゼッタストーンには，上段に**ヒエログリフ**，中段に民衆文字，そして下段に**ギリシア文字**が記してある。

〈大英博物館蔵〉

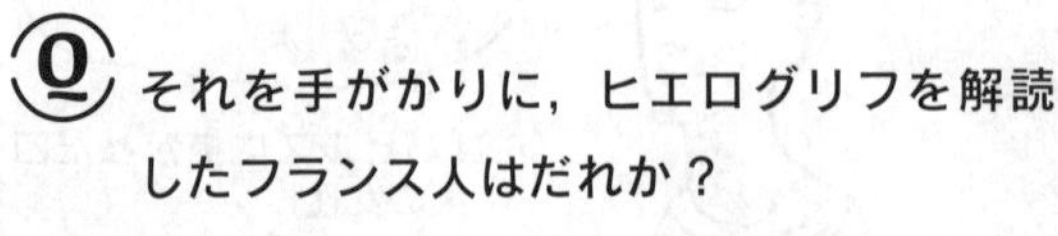

それを手がかりに，ヒエログリフを解読したフランス人はだれか？

——シャンポリオンですね。

また**ナイル川の定期的氾濫**の結果，水が引いた後には上流から運ばれてきた肥沃な土が堆積していました。ちなみに増水期は，**7月ころから10月まで**。そして，その土地を測量して収穫を推し量るために**測地術**が発達し，これが**平面幾何学**の基礎となります。

そして農耕との関連から，季節の変遷にフィットした**太陽暦**が早くから用いられました。これはローマに伝わり**ユリウス暦**となります。

メソポタミアでは**太陰暦**でしたね。月って，太陽と違って満ち欠けがあるだろう。だから時間を区切る目印としては都合がよかった。太陽みたいに眩しくもないし(笑)。だから長らく暦の主流だったわけです。でも先述のように季節とのずれがおきるために(→ p.20)，**農耕には不向き**なので，**太陰太陽暦**が用いられるようになったのです。

しかしまあ，考えてみると，ずっと昔から太陽暦を使ってたエジプト人って根性あるよね。眩しさをものともせずに(？)暦をつくったわけですからね。

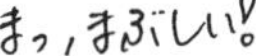

 シリア・パレスチナ地方(地中海東岸)

別冊プリント p.36 参照

地中海東岸は交易の絶好ポイント

では地中海東岸のシリア・パレスチナ地方について。ここは，**平野が狭く**，農耕には今ひとつですが，**エジプト**と**メソポタミア**の中継地なので，**交易**には絶好の場所でした。このような地の利を生かして，BC 1500年ころにはセム語系の**カナーン人**が交易活動をしていました。

一方で，その交易の利益などを求めて，**エジプト新王国**や**ヒッタイト**などによる侵入も続いたのですが，**BC 12世紀**前後に**海の民**といわれる正体不明の人々が来襲し，**エジプト新王国**や**ヒッタイトの勢力を駆逐**してくれたので，ここを先住地とする諸民族の活動が活発化したのです。

アラム人

では**アラム人**からまいりましょう。彼らの特色といえば，オリエント世界の**陸上交易**で頑張ったってことですね。

地図 ▶ BC 12 世紀前後の地中海東岸

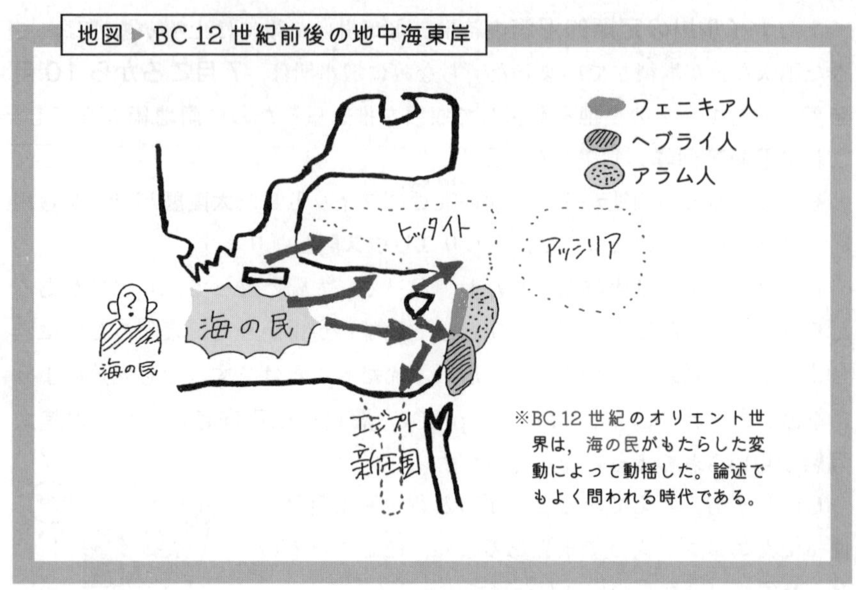

Q **アラム人の最大の拠点はどこか？** ——**ダマスクス**です。

現在の**シリア共和国**の首都だね。盛んな活動によって彼らの言語（**アラム語**）は**商業用語**としてオリエント全域に普及します。今で言えば**英語**みたいなもんよ。とくに，後に出てくるアッシリアや新バビロニア，それにアケメネス朝では**公用語**の地位を占めました。

さらに**アラム文字**は，オリエントの東方にも伝えられ，様々な**民族文字の形成**に影響を与えました。そうしたアラム文字系列の文字といえば，**ヘブライ文字**，**アラビア文字**，それに**ソグド文字**などが挙げられます。

フェニキア人

「陸のアラム」に対して，**海上交易**で活躍したのは**フェニキア人**です。拠点都市としては，**ベリトス**，これは現在の**ベイルート**。レバノンの首都ですね。それから**シドン**と**ティルス**。とくにティルスは**カルタゴ**の母市として知られています。また**ビブロス**という都市は，船の材料である**レバノン杉**を輸出し，エジプト産の**パピルス**を輸入していました。

さらにフェニキア人は，**カナーン人**から文字を学んで**フェニキア文字**をつくりました。そして**これがギリシア人**に伝播し，(ギリシア=)アルファベットの原型となったのです。この文字の伝播は，頻出事項ですね。

フェニキア文字　ギリシア文字　A B Γ Δ E

似てるといえば似てるかなぁ…。

ヘブライ人

最後はヘブライ人。**イスラエル人**という呼称もありますが，イスラエル人のほうが自称，ヘブライ人は外国人たちによる呼称だそうです。“ジャパニーズ”と“日本人”の関係だわね。

彼らの歴史はといえば，これが「苦しい歴史」の連続でした。まずエジプトに移住していた連中が，**新王国**に迫害され，**預言者モーセ**に率いられてパレスチナへの帰還を果たしました。これがいわゆる「**出エジプト**」という事績です。

その後，ヘブライ人の部族が連合して政治統一が達成され，**統一王国**が成立しました。これには異民族のペリシテ人に対抗するという背景がありました。そして**BC 10 世紀**のダヴィデ王・ソロモン王の時代には最盛期が現出することになります。とくにソロモン王は首都**イェルサレム**のシオンの丘に，唯一神である**ヤハウェの神殿**を築いたことで知られています。

バビロン捕囚

しかし**BC 10 世紀後半に王国は分裂**し，北部のサマリア地方に**イスラエル王国**，南部には**ユダ王国**という国が分立しました。そしてそれぞれが外国によって滅ぼされるのです。イスラエルはアッシリアの**サルゴン 2 世**によって，ユダは**新バビロニア**（**カルデア**）の君主**ネブカドネザル 2 世**によって滅ぼされました。

Q　ネブカドネザル 2 世がヘブライ人を首都バビロンに連行し，約 50 年間にわたって捕虜状態にした事態をなんと呼ぶか？

——**バビロン捕囚**

ネブカドネザル 2 世

まあそんなわけでネブカドネザル２世はヘブライ人たちには評判悪いですね。そしてこの状態に終止符を打ってくれたのが，**アケメネス朝ペルシア**の**キュロス２世**でした。彼には「解放王」というあだながあります。

ユダヤ教の成立

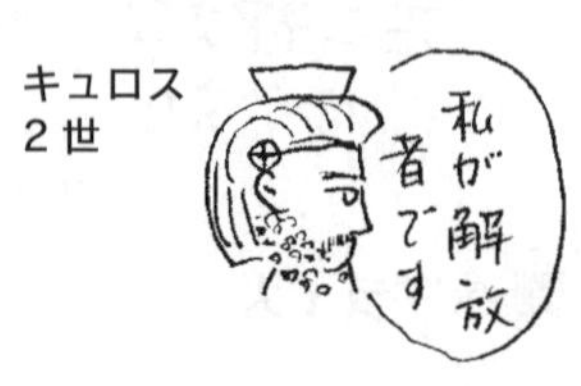

さてパレスチナに帰還したヘブライ人は，民族的な団結の必要性を感じました。もちろん「いじめ」に対抗するためだよね。

まずイェルサレムの**ヤハウェの神殿**を再建しました。そしてこのころに，今日**ユダヤ教**と呼ばれている宗教が確立したようです。これまで神がヘブライの民に対して，**預言者**を通じて下した様々な**啓示**（＝教え）が内容の基盤です。そのなかには「**出エジプト**」の際に，**モーセ**に与えられた「**十戒**」もあります。これはヘブライの民が守るべき十の戒めという意味ですね。それらを含めて，この宗教の特色を押さえておきましょう。

経典は『旧約聖書』

ユダヤ教の経典（聖典）は，いわゆる『**旧約聖書**』です。「旧約」とは，“神と人々が結んだ（古い）約束”という意味で，実は後に登場するキリスト教徒たちが名付けたものです。「いわゆる」と言ったのは，その辺の事情があるからです。

この『旧約聖書』には，世界の始まりを記した『**創世記**』や，エジプト脱出などを描いた『**出エジプト記**』などがあります。

ユダヤ教の特色

ユダヤ教は他のオリエントの宗教と比べて，多くの特色を持っています。まず第１に，**唯一神ヤハウェ**を信仰する**一神教**である点。**多神教**が主流のオリエント世界にあって，これは稀有の例ですね。ついで，**偶像崇拝を禁止**している点。そして**ヘブライの民が神によって選ばれた民**だ，とする発想。これがいわゆる「**選民思想**」だね。そして，**メシア（救世主）待望の観念**。

と，まあ内容上の特色を挙げれば以上４つ。そしてここで，ユダヤ教になぜこういう特色があるのかを考えてみようと思います。

まず彼らがさまざまな**民族的苦難**を背負ってきた人々なんだ，ということを銘記しておいてください。民族的苦難に対抗するための“機能”を持った宗教だという観点で眺めると，われわれのような「異教徒」にも，ユダヤ教の特色が理解できると思うのです。

一神教/偶像崇拝の厳禁——「異教徒」である青木の理解

民族的苦難はいろいろあったよね。そして，この**いじめ**（＝**民族的苦難**）に対抗するためには，まずもって**ヘブライ人の団結**が必要だよね。そして団結するためには結集軸が要る。その結集軸は1つでなければならない。だから**一神教**になるわけだ。さらに**偶像崇拝禁止**という戒めがありますが，これも民族的団結を保持するには有効な手段だ。

だって，もし偶像崇拝を認めちゃうと，あっちこっちにヤハウェの像ができて，「僕はイェルサレムの像が好きだ」「あたしはダマスクスのがいいわ」ってな感じで，ヘブライ人に分断が生じる恐れが出てくる。だから偶像崇拝の禁止には，そういう危険性を絶つ効力があるのでは，と思うのです。

選民思想/メシア待望

それから**選民思想**というのは，現実の苦しみを合理化する機能をもっていると思います。すなわち「この苦しみは，ヘブライ人が優秀であるがゆえに，神がわれわれに与えられた試練なのだ。だから頑張ろう！」。

言っときますが，今問題になっている学校なんかの「いじめ」をこんなふうにとらえちゃいかんぜ。**いじめなんてなければいいに決まっている**んだ。ときどき変なこと言う人がいて，「このいじめは，将来君にとって良い経験になる……」なんていうね。

冗談じゃないぜ。もし君たちのなかで，いじめにあっている人がいたら聴いてください。**いじめに「耐えよう」としちゃだめ**です。まず親，そして周囲の人たちに相談しなさい。それって全然卑怯なことじゃないんです。

そしてできるだけ多くの人を巻き込んで，**反撃**に出ること。でも，それが嫌だったら**学校**に行かないこと。無理して行かなくたって勉強でも何でもできるんだから。

話を戻そう。４つ目の特色は**メシア（救世主）待望の観念**。これは現実の苦しみを克服するために，神が救済者を地上にお遣わしになるという考えですね。

こうやって見ると，同じ宗教でも大分違いますね。少なくとも，ユダヤ教って「今幸せ，そしてこれからもっと幸せになりたい」という宗教とは違うと思うのです。一般的に言って，一神教を信仰している民族は苦しい歴史体験を持っている場合が多い気がします。その点，日本なんて神様は「八百万」もいたわけじゃないか。「幸せ偏差値」は 83 くらいあったんじゃないのかな（笑）。

以上は，**“異教徒”である青木**による，ユダヤ教の特色に関する解釈でした。“脱線”したところは論述なんかで書かないように（笑）。

5 エーゲ文明

別冊プリント p.37 参照

さて，オリエント文明の影響は，東地中海に位置するエーゲ海沿岸にもおよびました。そしてこの地に**エーゲ文明**を生み出したのです。

エーゲ文明とは，**BC 3000 年ころから 1200 年ころ**まで栄えた**青銅器文明**の総称であり，**クレタ文明**や**ミケーネ文明**に代表されます。まだ両文明とも**鉄器は知らなかった**ようです。

クレタ文明

ではまず**クレタ文明**から。成立は **BC 2000 年**ころです。クレタに登場した伝説の王にちなんで，**ミノス（ミノア）文明**という場合もあります。

この文明の特色は，“**明るく開放的**”で“**平和な**”文明だったということ。……まあ，海に面していて，暗く閉鎖的な文明なんて存在しないと思いますけどね（笑）。

城塞などが未発見であることなどから，教科書には「外敵に対する警戒心が薄く……」などとあり，このあたりが“**平和的**”なんだろうね。

中心地は**クノッソス**。ここには，イギリス人**エヴァンズ**の発掘で知られる壮麗な宮殿（**クノッソス宮殿**）が築かれ，かなり**強力な王権**があったようです。この王権はエジプトやシリアなどを相手とする**東地中海の交易**で繁栄しました。

地図▶エーゲ文明

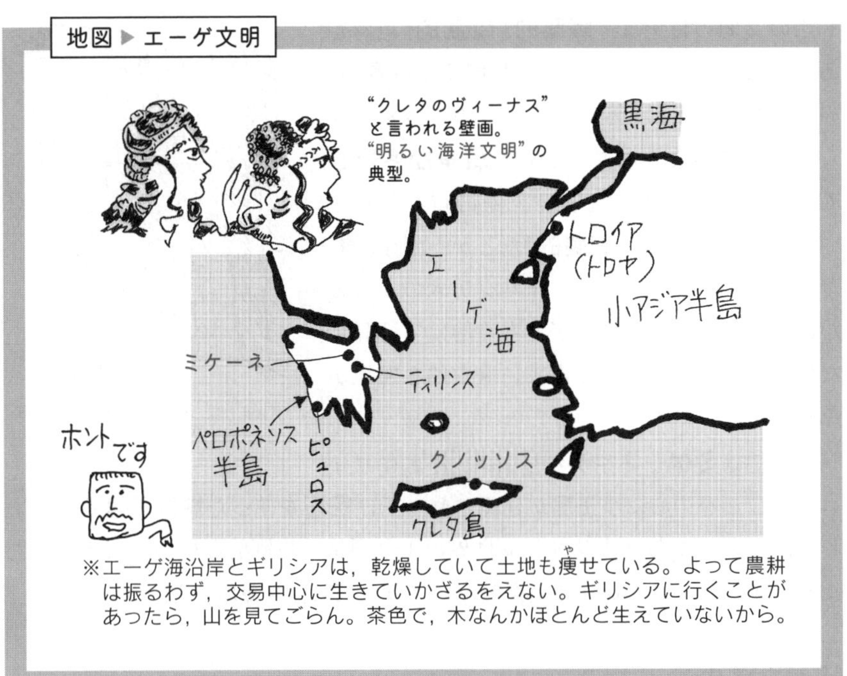

※エーゲ海沿岸とギリシアは，乾燥していて土地も痩せている。よって農耕は振るわず，交易中心に生きていかざるをえない。ギリシアに行くことがあったら，山を見てごらん。茶色で，木なんかほとんど生えていないから。

使用していた文字は，オリエントの文字に影響を受けてつくられたクレタの**絵文字**と，それを簡略化した**線文字 A**。この「A」というのは，後で出てくる**線文字 B** と区別するために付けられたものです。なお，この絵文字と線文字 A は現在にいたるも**未解読**です。よって，クレタの人々がどんな言語をしゃべっていたかはわかっていません。ということで，彼らの**民族系統は不明**です。

また小アジア半島の西岸には，**トロイア（トロヤ）文明**も形成されました。こちらは，ドイツ人**シュリーマン**の研究で知られています。

ミケーネ文明

さて **BC 2000 年以降**になると，**インド=ヨーロッパ語系**のギリシア人が南下してきました。これを**ギリシア人の第 1 次南下**と言います。

彼らは，クレタ文明やオリエントの文明の影響を受けて，**ミケーネ文明**を形成しました。中心は**ペロポネソス半島**。時に **BC 16 世紀**ころのことです。

この文明の特色は，**戦闘的**（**尚武的**）色彩があったということ。その表れが例えば**城塞**（右のイラスト）です。外敵を防ぐための城塞が見られる。このようなことから，**戦争が多発していた**ことがうかがえます。その点をとらえて，ミケーネ文明は“**戦闘的**”だとか，“**尚武的**”だとか表現するんですね。ギリシア人の名誉のためにも言っておきますが，本質的に“戦闘的”な民族なんて存在しませんよ。歴史的な環境がそうさせるのです。

門の上に２頭のライオンが向かい合ったレリーフがある。

中心地は**ミケーネ**や**ティリンス**，それにピュロス。ここを中心に**小王国**が建設され，王は**巨石**を使った**城塞王宮**を築きました。この王たちはオリエント世界の王と同様，専制的な権力を持っていたようです。さらにクレタの王権と同じように，**東地中海の交易**で栄えました。

線文字Ｂ

ミケーネ文明で使用されていた文字は**線文字Ｂ**といわれるものです。

もとになったのは，クレタの線文字Ａ。こちらはクレタ文明の連中が使用していたもので，これをさらに簡単にした文字が，線文字Ｂです。名称に「クレタ」という言葉が入ることもありますが，クレタの連中が使用していたわけではありません。

線文字Ｂ

明らかに後のギリシア文字（ギリシア=アルファベット）とは違う。

（ギリシア=）アルファベット

この線文字Ｂの解読に，第二次世界大戦後に成功したイギリス人は？
――ヴェントリス

ヴェントリス

明らかになったのは，線文字Ｂが**ギリシア語**を表していたことです。

反響は大きかったようです。なにせミケーネ文明といえば，ヨーロッパに存在した古代文明の１つ。その文明を刻んでいた文字が解読されたわけですから。いうなれば，ヨーロッパ人の「心のふるさと」の一部が解読されたわけですね。

というわけで，線文字Ｂの解読は，イギリス人が選ぶ1953年の世界十大ニュースの第２位にランクされました。ソ連の独裁者スターリンの死や，朝鮮戦争の休戦を抑(おさ)えてね。……１位？　１位はイギリス登山隊のエベレスト（チョモランマ）初登頂でした。

ミケーネ文明の崩壊――暗黒時代のギリシア

さて，このミケーネ文明も**BC 1200年**（教科書によっては**BC 12世紀**）ころに，急速に崩壊(ほうかい)していきました。

原因は定かではありません。多くの教科書に指摘してあるのは，「**海(うみ)の民(たみ)**」などの民族移動にともなう混乱や**気候変動**などです。しかしまあ，どこにでも出てくるね，海の民！（笑）

いずれにしてもこのころからギリシアは，**約400年**のあいだ混乱の時代に入ります。これを**暗黒時代**と言います。

この時代には，**小王国**が崩壊し，**東地中海**を股(また)にかけた**交易も衰退(すいたい)**して，**穀物(こくもつ)**の輸入なども難しくなりました。そこでギリシア人は有力者に率(ひき)いられ，村落程度の社会集団のもとで**農耕に従事(じゅうじ)**しました。好都合だったのは，この暗黒時代に**鉄器が普及(ふきゅう)**したこと。これでギリシアの乾いた固い土を掘って灌漑(かんがい)設備もつくれるようになりましたからね。

一方，**線文字Ｂは使われなくなりました**。社会集団が小さくなったので，わざわざ文字で情報を伝える必要もなくなったってことかな（!?）。

また，ミケーネの海上交易が衰(おとろ)えたあと，その間隙(かんげき)をぬって台頭(たいとう)したのが，**シドン・ティルス**などに根拠地を持つ**フェニキア人**でした。

6 オリエント世界の統一

別冊プリント p.38 参照

アッシリア

では続いて，**オリエントの統一**についてです。**アッシリア**が，最初にこれをやるんだよね。

アッシリア人って，元来はティグリス川上流を拠点に商業民族として活動していたようです。その後**鉄製武器**，それに**戦車と騎兵を駆使(くし)**して盛んに征服活動を展開しました。そして**BC 7世紀前半**（BC 670年？）に**エジプ**

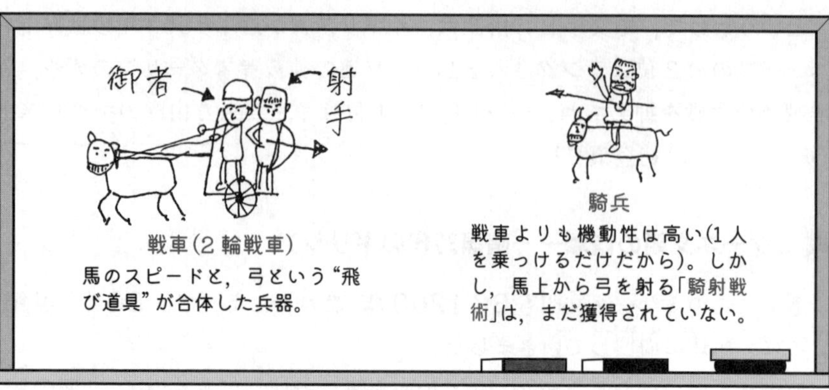

トを制圧した時点をもって，**オリエント世界は初めて統一**されたのです。当時エジプトを支配していたのは**クシュ王国**で，アッシリアの侵攻(しんこう)によって，南方に撤退(てったい)させられました。クシュ王国は，現在のスーダンにいたクシュ人が建てたアフリカ最古の黒人王国で，内陸の中継貿易で栄えた国でした。

アッシリアのことを，“史上最初の「**世界帝国**」”と表現することがあります。世界帝国とは，広大な領土と様々な民族を支配したスケールの大きな国家のことです。

ではアッシリアについて，もう少しくわしく見てみよう。まず首都はティグリス上流の**ニネヴェ**です。

Q BC 7 世紀半ばに君臨したアッシリア最盛期の王はだれか？

——アッシュル=バニパル

この王はニネヴェに**大図書館**を建設したことでも知られています。ああ，これ大図書館になるのは必然ですね。だって当時の「書物」って**粘土板**(ねんどばん)じゃないか。それをたくさん所蔵しているわけだから体積はでかくなるわね。さらには図書館の司書(ししょ)も，プロレスラーみたいな筋骨隆々(きんこつりゅうりゅう)のヤツじゃないと無理だったろうね(笑)。

アッシリアの支配

アッシリアは，広大な領土をいくつかの**州**(**属州**)に分け，**総督**(そうとく)を派遣(はけん)して支配させました。そしてその領域を結ぶために**駅伝制**を**整備**します。このような統治システムは，アケメネス朝やローマ帝国でも実施されることになります。

その支配の基調は，**専制的な国王**を中心とする**中央集権体制**でした。そして支配の手段は，武力による支配，いわゆる**武断主義**です。

アッシュル=バニパル

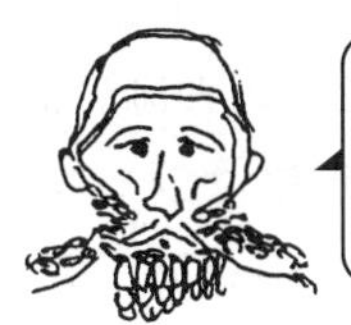

私は何でも１人で決めます。
反論は許しません(=専制的)。
地方自治なんか認めません(=中央集権)。
反抗したら攻め滅ぼします(=武断主義)。

そのような支配のもと，被征服民に対する支配は過酷でした。「過酷」の中身はというと，まず**重税**が挙げられます。

それに加えて**強制移住**。これは，捕虜や被征服民をアッシリア本国に移住させ，**未開拓地の開墾**などに従事させるというもので，このような支配は，被征服民の反発を増大させました。

4国分立の時代

このアッシリアの滅亡が**BC 612 年**。**メディア・新バビロニア**(**カルデア**)の連合軍によって滅ぼされたのです。

この後，オリエント世界には，４つの国が分立しました。**エジプト**，イランには**メディア**。メソポタミアは**新バビロニア**(**カルデア**)が支配しました。

 **では，小アジアを支配した国は何か？**

——**リディア**です。

リディアは**史上最初の金属貨幣**(**鋳造貨幣**)をつくったことで知られています。素材は，金と銀の合金でした。

以上，古代オリエント世界とその周辺の文明についてお話ししました(アケメネス朝によるオリエント世界の統一については，p.193～196で学習します)。

南アジアの古代文明

インダス文明～アーリヤ人の進入

インドを中心とする**南アジアの古代文明**について見てまいりましょう。

まずは，地勢の確認をしましょう。インド北部には２つの大河が流れています。**インダス川流域は乾燥**しており，**ガンジス川流域はジャングル地帯**ですね。インダス側の西方には**イラン高原**，西北方は**中央アジアの西部**です。

地図▶南アジア

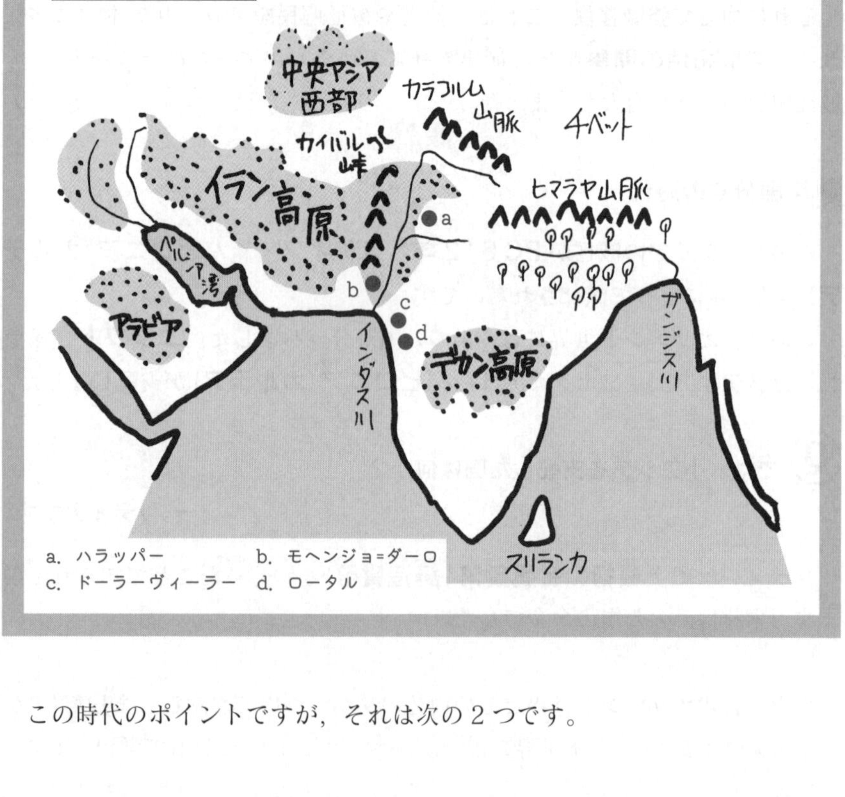

a. ハラッパー　b. モヘンジョ=ダーロ
c. ドーラーヴィーラー　d. ロータル

この時代のポイントですが，それは次の２つです。

①**インダス文明**(BC 2600 ころ～ BC 1800 ころ)
②**アーリヤ人の進入**(BC 1500 ころ～)

では，いわゆる古代の「四大文明」の１つ，インダス文明からです。

インダス文明とアーリヤ人の進入

別冊プリント p.40 参照

完成度の高い都市文明

エジプトや黄河文明などと同様，**インダス文明**も，**乾燥した大地を流れる大河の流域**に発展した都市文明です。代表的な都市遺跡として，

Q インダス川流域のパンジャーブ地方にある遺跡は？

——**ハラッパー**

Q インダス川流域のシンド地方にあるのは？ ——**モヘンジョ=ダーロ**

この２つは有名ですね。他の有名な遺跡としては，インダス川流域からはだいぶ離れてますが，**ロータル**や，グジャラート州に位置し 1990 年代に発掘が進んだ**ドーラーヴィーラー**なども知られています。

これらの都市の特色としては，綿密(めんみつ)な**都市計画**に基づいて築かれたことが挙げられます。とくに“水回り”がスゴイ。**下水設備**や**沐浴場**(もくよくじょう)などが完備されていたのです。またメソポタミアのような**日干し煉瓦**(れんが)ではなく，**焼き煉瓦**(れんが)が使われました。

インダス文明には，**強大な権力の存在を示すものは発見されていません**。エジプトだったらピラミッドがあるだろう。あんなのがまだ見つかってないのね。巨大建築物をつくる際には，**集約的な労働力**が必要で，それを**統率**(とうそつ)**する権力**が存在するのが普通です。ところが，そのような権力の存在を示唆(しさ)するものの確認がされていないのです。

また**石製印章**に刻(きざ)まれた**インダス文字**は，現在にいたっても**未解読**ですね。

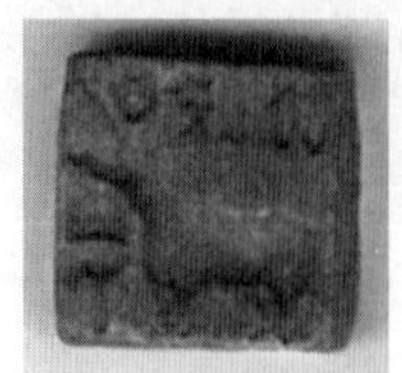

石製印章の模型。本文にもあるように，刻まれたインダス文字は未解読。さらにこれと同じものが，メソポタミアでも多数発見されている。ということは交流があったということだ。印章とは，契約などの際に用いられた印鑑（判子）のこと。

しかしこの文明も，今から5000年前くらいに衰退（すいたい）してしまいました。衰退の原因は，インダス川の氾濫（はんらん）や流れの変化，それに都市環境の悪化などが考えられますが，原因ははっきりしていません。

アーリヤ人の進入

そのインドに，**BC 1500年**ころから**インド=ヨーロッパ（印欧）語族**に属する**アーリヤ人**が進入してきました。彼らの原住地は**中央アジアの西部**。そしてその一部はイラン高原に南下しました。一方インドを目ざしたアーリヤ人は**カイバル峠**などを通って，インダス川中流の**パンジャーブ地方**に定住しました。彼らは都市を建設せず，**農耕・牧畜生活**を営んでいました。

Q このアーリヤ人に征服された先住民の民族系統は？

――ドラヴィダ系

ドラヴィダ系の人々は，インド全域に住んでいたようで，**インダス文明の担い手**（にない）も彼らであろうという説が有力になってきました。

さて，インドにやって来たアーリヤ人は，何よりも**変化の激しいインドの自然**に驚きました。彼らの故地（こち）の自然は，**低温で乾燥**していましたが，インドに入ってきたら，ビックリ！　ここって**モンスーン地帯**でしょう。降るときゃ降るし，暑いし，とにかく変化の激しい自然でした。

アーリヤ人たちは，この自然のなかに神を感じ，**神への賛歌**（さんか）をしたためました。これが『**ヴェーダ**』で，その最古のものを『**リグ=ヴェーダ**』と言います。

そしてこの『ヴェーダ』を拠（よ）りどころに，**バラモン教**が成立しました。

地図▶インド(およびその周辺)の地勢

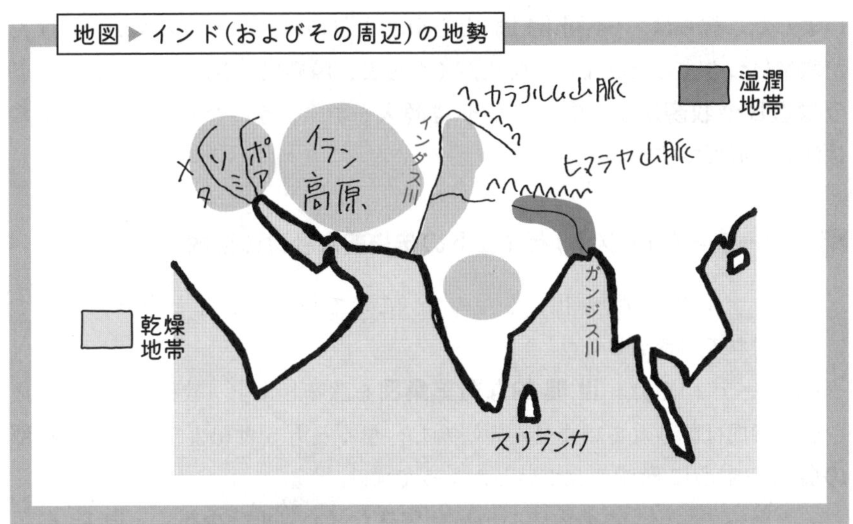

アーリヤ人の第2次移動

さらにBC 1000年ころから，アーリヤ人は**ガンジス川流域への移動**を開始しました。このころ，彼らのあいだに**鉄器が普及**していきます。このあたりってインダス川流域に比べて，**森林**が多いからね。それを切り開くためには，鉄器は必要不可欠だよね。

身分階層

またこのころに，現在のインド社会に根づいている**身分階層の原型が成立**しました。これを**ヴァルナ**(**種姓**)と言い，上位から順に，次の4つの基本的身分に分かれます。

ヴァルナ

①**バラモン(祭司)**　②**クシャトリア(武人)**
③**ヴァイシャ(庶民)**　④**シュードラ(隷属民)**

さらに，ヴァルナの枠の外には，人々から差別された**被差別民**が存在していました。彼らは，「**不可触民**」とされ，上位のカーストの人々がさげすんだ職業につきました。また，時代がくだると，隷属民とされていた**シュードラは農民や牧畜民**を，**ヴァイシャは商人**を指すようになりました。これには注意が必要ですね。

ジャーティ（カースト）とインドの伝統的な社会の形成

さてヴァルナ（種姓）が出てきたので，ここで**ジャーティ**と**カースト**についても触れておきましょう。

「ジャーティ」とは，**世襲的な職業集団**を意味します。教科書には，形成された時期は記されていません。しかし，早くとも5世紀より後に，**内陸部の農村を中心に形成**されていったようです。

その経緯ですが，この内陸の地域は貿易などの恩恵は少なく，**自給自足**で生きていくために**農業や手工業が発展**しました。さらにその**生産の効率化**をはかるために**分業が進みました**。

こうして，農村で多種多様な専門的な職種が生まれ，その職業にたずさわる社会集団が形成されたのです。これが**ジャーティ**でした。たとえば洗濯屋さんのなかにも，洗うことだけをするジャーティや，洗濯物を干す専門のジャーティなどが存在したのです。

そして，そこには元来は上下関係はありませんでした。しかしこのジャーティが，**ヒンドゥー教の浸透**（→ p.169）以降に，**ヴァルナの観念**と結びついて，**貴賤感（上下関係）をともなうものとなっていった**ようです。

また「**カースト**」とはポルトガル語の「カスタ（血統）」を意味する言葉が語源です。教科書ではカーストとジャーティを同じ意味だとしています。

このカースト（ジャーティ）は基本的に世襲制で，結婚も同一のカースト内でしかできないなど，**社会が固定化**される側面がありました。一方で同じカースト内では，**相互扶助**が行われていました。そういうメリットがなければ，社会制度として1000年以上も存続することはできないでしょうね。

こうして現在まで続くインドの伝統的な社会が形成されたのでした。

伝統的な制度には、必ず合理的な存在理由があるのです。

第4回 中国の古代文明

中国史(1)——中華文明の発生～春秋戦国時代

さあ中国史の始まりです。漢字との闘いの始まりですよ！

まずは中国の地勢から確認しましょう。

3つの川が東西に流れていますね。北から**黄河**(こうが)，**淮河**(わいが)，**長江**(ちょうこう)。黄河の中流・下流域を中心とした地域を「**華北**(かほく)」と言います。淮河以北を指すこともあるようです。これに対して，長江の中流・下流域のあたりを「**江南**(こうなん)」と言います。自然環境は全然違(ちが)いますね。対比(たいひ)しておきましょう。

- **華北**：**乾燥**していて，**森林は少ない**。
  農業は**雑穀**(ざっこく)**・麦**の栽培が中心。
- **江南**：**湿潤**(しつじゅん)で，**湿地帯・森林が多い**。
  農業は**稲**(いね)**の栽培**が中心。

では2つの地域の農耕文明の始まりを見てみましょう。最初に，長江流域から。

1 中国文明の発生

別冊プリント p.42 参照

長江流域の農耕文明

まず，現在の**浙江省**(せっこう)の**河姆渡**(かぼと)**遺跡**があります。BC 5000 年ころに成立したようなので，後で出てくる**仰韶**(ヤンシャオ/ぎょうしょう)**文化**とほぼ同時期ですね。それから，やはり長江下流の浙江省を中心に**良渚文化**(りょうしょ)も起こりました。そして長江上流の**四川省**(しせん)には，**三星堆文化**(さんせいたい)が発展しました。センセーションだったのは，出土された**青銅製**(せいどう)**の仮面**でした。なんと，目が飛び出しているのです。なぜこんなデザインになったのかは謎です。

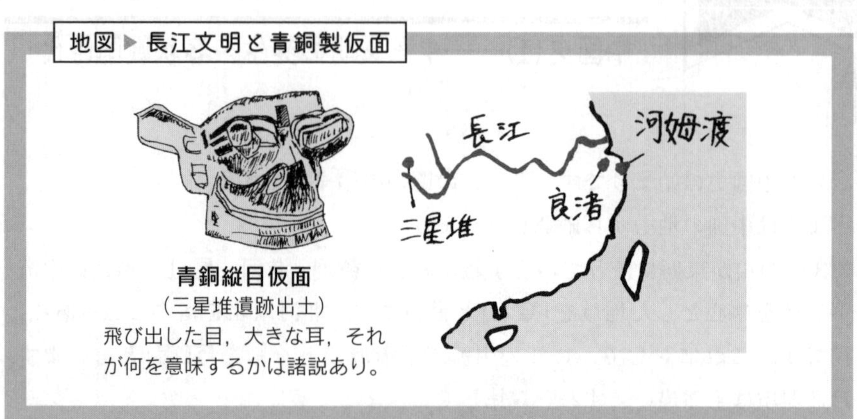

青銅縦目仮面
（三星堆遺跡出土）
飛び出した目，大きな耳，それが何を意味するかは諸説あり。

黄河流域の農耕文明——仰韶文化

これに対して，密集した森林がなく，**乾燥地帯**であった**黄河流域**は耕地開発が比較的容易(ようい)で，水さえ確保できれば，簡単な農具で農耕ができたようです。木も長江流域に比べるとあんまり生えてないし，黄土(おうど)って土は柔(やわ)らかいみたいだしね。また栽培されたのは，**アワ**（粟）や**キビ**（黍）などの**雑穀**(ざっこく)でした。ちなみに，**麦**の栽培が普及するのは**唐代**からです。一方，長江流域は**水稲**(すいとう)栽培が中心でした。イネは寒い華北じゃ栽培は難しいですからね。

では，その黄河文明を見ていきましょう。まず**黄河中流域**に栄えたのが，**仰韶文化**(ヤンシャオ／ぎょうしょう)，少し遅れて**下流域**に起こったのが，**竜山文化**(ロンシャン／りゅうざん)です。

仰韶文化は**BC５千年紀**（BC 5000 年～ BC 4001 年）にかけて起こったもので，中心地は黄河の中流です。そして，この文化を代表する出土品が**彩陶**(さいとう)で，白，赤，黒で彩(いろど)りを施した陶器(とうき)でした。ですから，別名を**彩陶文化**と言います。

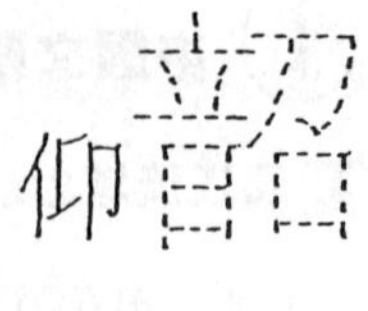

彩陶を出土(しゅつど)した仰韶は**河南省**(かなん)ですが，その遺跡を発掘(はっくつ)調査した考古学者は**アンダーソン**，彼はスウェーデン人です。この人は**北京原人**(ペキンげんじん)が発見された**周口店遺跡**(しゅうこうてん)の発掘者としても知られています。

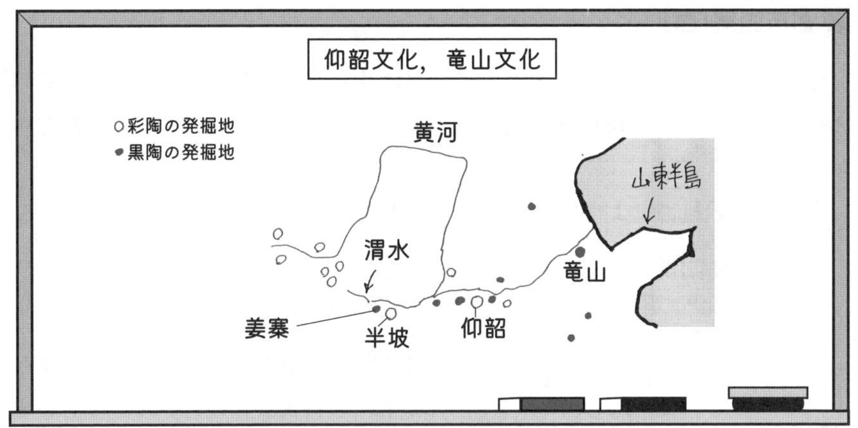

あと西安(シーアン)の**姜寨(きょうさい)遺跡**と**半坡(はんぱ)遺跡**も，教科書に載っていますね。

竜山文化

黄河下流域に発展したのが**竜山(ロンシャン)文化**で，この文化を代表するのは**黒陶(こくとう)**です。こちらは**BC 2000 年**ころから BC 1500 年ほどまで存続しました。

遺跡が最初に発見されたのは，竜山の**城子崖(じょうしがい)**でした。

黒陶はきわめて精巧(せいこう)な黒色の土器で，高温で焼き上げており，非常に強くて，しかも薄い。黒陶を研究したアメリカ人の学者が，そのあまりの薄さに感動して，シャレで“Egg Shell(卵の殻(から))”と呼んだほどです。

黒陶のなかには**三足土器(さんぞくどき)**という形をしたものがあり，またこれには 2 種類あって，**鬲**(れき)と**鼎**(かなえ)ですね。

鬲のほうは足のなかが**中空(ちゅうくう)**になっている。水を入れて下から火を燃やして，網(あみ)を張って料理したいものを乗せて蒸す。鬲は蒸し器ですね。**鼎**のほうは単に足がついているだけというものです。普及品(ふきゅうひん)は**灰陶(かいとう)**と言います。その反対に，カオリンという良質の陶土を焼き上げた最高質の陶器を**白陶(はくとう)**と言います。

都市国家「邑」

さて，黄河流域の農業生産力のアップは社会の拡大をももたらし，村レベルであったものが**都市国家**の規模となりました。中国の場合，これを**邑**(ゆう)と言います。

ただし，教科書によって「邑」の表現にはばらつきがあります。

《注》 帝国書院：「大小の都市国家」，東京書籍：「都市」，山川出版社：「城郭(じょうかく)都市」，実教出版：「城壁に囲まれた大規模な邑(都市)」。

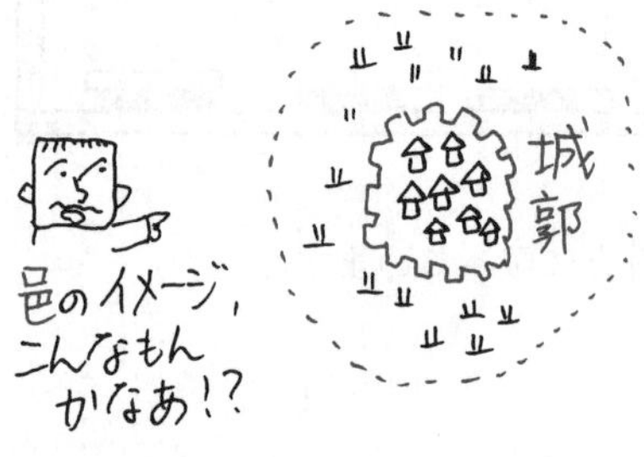

これね，見解を統一していただけませんかね，教科書会社の皆さん。でもいずれにせよ，それまでの社会よりも大きくなった人間の集団を意味するもののようです。本授業では，「邑」を，「**城郭**で囲まれた**都市**を中心とし，周辺の**農村**をも支配する**小国家**」という意味で，話を進めていきたいと思います。まあ一般にはこういうのを**都市国家**と言いますが。それから「邑」という字はもともとは象形(しょうけい)文字で，祭壇(さいだん)に人間がひざまずいているのを図案化したものといわれています。

王朝の成立

この邑はあちこちに形成されました。初めはバラバラでしたが，次第(しだい)に大きな邑が小さな邑を従(したが)えるようになります。こうして中国史にも**王朝が誕生**しました。

これが，**殷**(いん)(**商**(しょう))です。学問的に存在が確認されている**最古の王朝**ですね。成立は**BC 16 世紀**ころだとされています。

中国歴代王朝の覚え方

殷の後には最後の清(しん)朝まで，約 30 の王朝が次々と興亡(こうぼう)します。

これを今から覚えましょう。ある歌に合わせるとピッタリくる。窓もカーテンも閉めてください。ばれると恥ずかしい(笑)。だれにも言うなよ。秘伝だからね。ある歌とは「**アルプス一万尺**」です(笑)。

まず歌ってみよう。スピードはアレグロ・コンブリオぐらいで(笑)。

中国歴代王朝の歌

アルプス　いちまんじゃく　こやりのうーえで
〽殷，周，東周，春秋戦国，秦，前漢，新，後漢。
アルペンおどりをさあおどりましょ
魏，蜀，呉，西晋，東晋，宋，斉，梁，陳，隋。
ラーラララ　ララ　ララ　ラーラ　ララ　ラララ
五胡十六，北魏，東魏，西魏，北斉，北周，
ラーラ　ララララ　ラ　ラ　ララ　ラ　ラ　ラ
隋，唐，五代十国，宋，金，南宋，元，明，清。

(拍手，爆笑)

では，歌唱指導をしよう。殷，周，次の東周時代は春秋戦国時代でもあります。そして秦に続いて，前漢，新，後漢——下の黒板内の表に①～④とあるのは**息継ぎ**を意味します(笑)。

後漢が滅んで第2段目，三国時代で魏，蜀，呉。それを統一するのが西晋。これが**316年**に滅ぼされて，中国は**南北分裂時代**を迎えます。

で，ここはまず**南**からいきましょう。

西晋王朝の生き残りは中国の南部に移って**東晋**をつくります。そして，**南朝**の4王朝，**宋**，**斉**，**梁**，**陳**。最後の陳を**589年**に滅ぼすのが**隋**。

今度は華北にいって，**五胡十六国時代が約130年間**続きます。けれども，

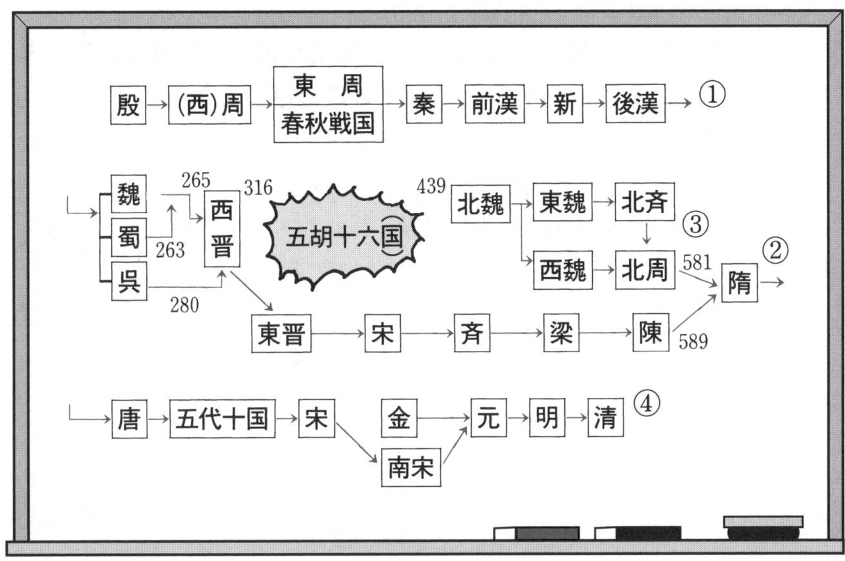

語呂が合わないので“**国**”は読まない。これがコツです。それを収拾するのが**北魏**。それが分裂して**東魏**，**西魏**，そして**北斉**，**北周**。

もう一ぺん隋に戻って，隋，唐，五代十国，宋，金，南宋，元，明，清。5回も歌えば覚えます。

2 殷周時代

別冊プリント p.43 参照

殷周王朝の特徴

さあ，話を殷王朝に戻しましょう。

この殷と次の周王朝（とくに西周）には，国家のあり方についての共通点があります。それはいずれも**邑制国家**であることです。

すなわち，国家の実態が邑と呼ばれる**都市国家の連合体**なのです。殷の場合は，**商**という大きな邑が他の邑を従えて成立しました。王朝名を**商**という場合もあります。

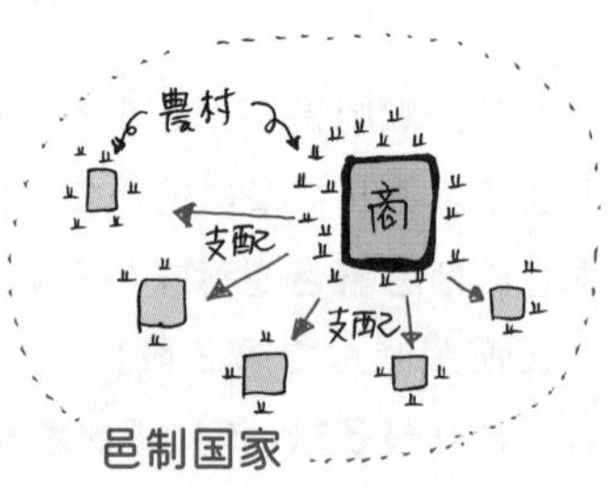

殷王朝

では，その殷（商）王朝について。

殷の首都の遺跡を「**殷墟**」と言います。場所は現在の**河南省安陽市**。1899年に，この地から発掘されたとされる**亀の甲羅と牛（鹿）の骨**に刻まれていた文字が，王国維や羅振玉らの学者によって解読が進められました。これが**甲骨文字**で，今日「**漢字**」と呼ばれている文字の最も古いものです。

殷墟の本格的な発掘は1920年代以降に行われ，殷（商）という王朝の実相が明らかとなっていきました。

それによると，政治は**神権政治**で，神意に従って政治が行われました。

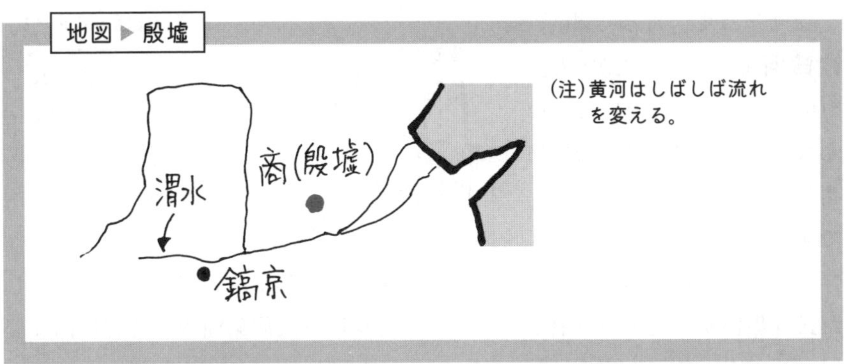

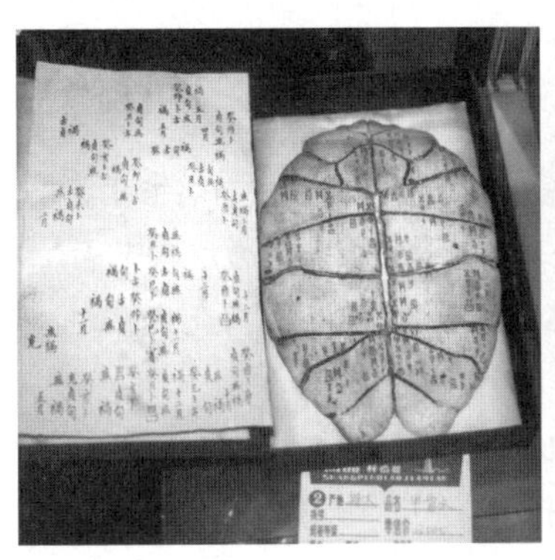

甲骨文字

左は亀の甲羅(腹側の甲羅)に，右は鹿の肩甲骨に刻まれた甲骨文字。西安の土産物屋で撮影(でもこれって文化財でしょ，売っていいの?!)。

氏族集団が社会の基礎単位

さて，殷と周の時代には，社会の基礎単位は**氏族集団**(**氏族共同体**)でした。これは，**血縁**に基づく**社会集団**で，簡単に言えば**核家族**がたくさん集まったものです。もっと具体的に言えば，“青木の一族郎党すべて”ですね。冠婚葬祭の時に，名前も知らないような遠い親戚一同が集まるじゃないか。あれをイメージすればいいよ。この氏族集団が，支配・被支配，あるいは農業生産活動の基礎単位となるのです。

当時の中国は，現代のように，**核家族を単位として，あるいは個人が自立して生きていくことのできる時代ではありませんでした。**

なぜ？って，だって相手は**黄河**でしょう。300 人，400 人くらいの青木一族みんなが集まらないと，黄河相手の農業なんかできないですよ。

そして土地などの支配をめぐって氏族集団どうしで争いが起こり，勝利した氏族集団が土地の支配者となり，負けた集団は氏族集団単位で隷属的な農民として支配されるのでした。

鉄器はない

また，この殷王朝は非常に精巧な**青銅器**をつくったことで有名です。現在に至っても，この時代の青銅器より優れたものはつくれないのだそうです。

その青銅器の表面には，**金文**と呼ばれる文字が刻まれていました。この金文も甲骨文字と同じく漢字の古い形です。

なお，この時代，**鉄器はまだ登場していません**。注意してください。

この殷も BC 11 世紀ころに**周**に滅ぼされました。

周王朝

周王朝の根拠地は黄河の支流**渭水**の流域でした。初代の君主が武王。彼が，暴君として有名な殷の**紂王**を牧野の戦いで破って，新たな王朝をつくりました。

首邑が**鎬京**，現在の西安付近です。ここから，**諸侯**を支配しました。各地の邑を支配している実力者のことを「**侯**」と言い，それがたくさんいるので**諸侯**と言うのです。

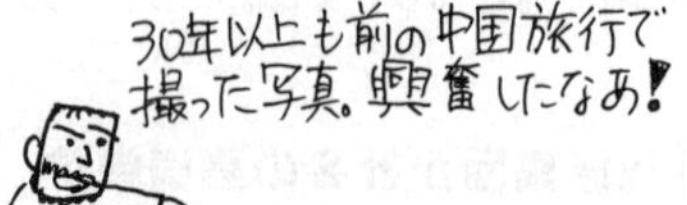

渭　水

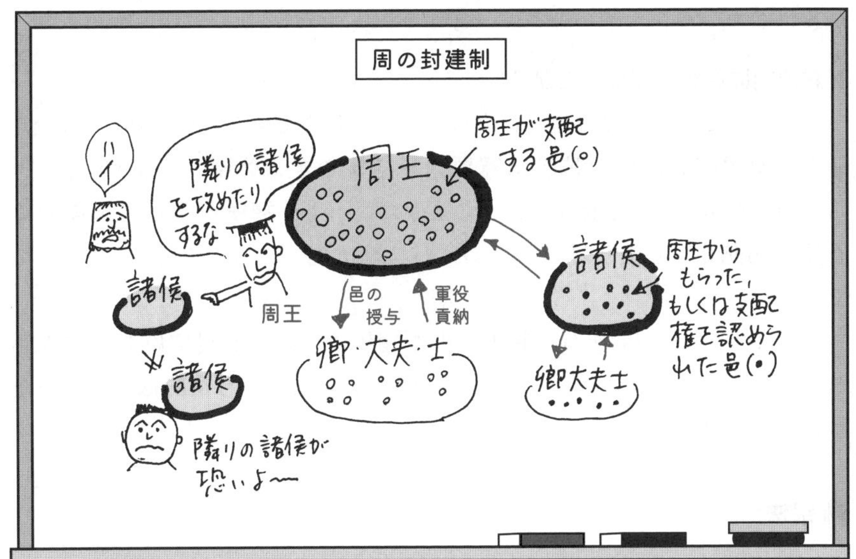

封建制

周が諸侯を支配するときに形成されたシステムを**封建制**と言います。

まずこの制度の概要から。封建制とは，**封土の授受**と，**軍役**・**貢納を仲立ちにした君臣関係を軸とした統治体制**のことをいいます。

周王は，諸侯に対し封土として**邑**(大邑)を与えました。もしくは**諸侯の邑に対する支配権を周王が承認**したりもしました。そして，それと引き替えに**軍役**や**貢納**を課しました。諸侯とされたのは，周王室の一族や功臣，それに地域の土着の首長たちです。

さらに周王や諸侯には，**卿**・**大夫**・**士**と呼ばれる**直属の家臣**がいて，この卿・大夫・士と周王・諸侯のあいだも，封建制に基づく**君臣(主従)関係**によって結びつけられていました。

「候」と書かないように。

また，周の封建制では，何らかの形で**血縁**が媒介する場合が多かったようです。個人間の「**契約**」によって結ばれる**西ヨーロッパの封建制**とはこの点が違います。

▶封建制はなぜ必要だったか？

いずれにせよ，この封建制によって周王を頂点とする社会秩序は安定し，北方の**異民族などに対抗する軍事力を結集できる体制**もできました。さらに周王が諸侯の統治権を承認することによって，**諸侯どうしの邑をめぐる争いも防止**することができました。封建制には，こういう機能があったのです。

さらに注意すべきことは，**周王の力が諸侯の支配する邑にはおよばない**ということです。ですから，周という王朝は，はなはだ**分権的な王朝**だったということができます。

宗法

さて，周の封建制下における主従関係も，一般の人間の集団も，基本的には**血縁**が媒介(ばいかい)する集団でした。人間が何かによって結びつくとき，最初に頼りになるのはやはり“**血の結びつき**”ですからね。

しかし，血縁による結びつきは，大きな弱点を持っています。それは**世代交代が進む**ことによって，**血縁関係は薄くなっていく**ということです。

Q その薄くなっていく血縁関係を補い，一族の結束を維持するために形成されたルールをなんと言うか？
——**宗法(そうほう)**です。

この宗法によって統率(とうそつ)される氏族集団を「**宗族(そうぞく)**」と言います。

3 春秋戦国時代

別冊プリント p.44 参照

春秋戦国時代

しかし，**血縁**を基礎とした秩序に，動揺(どうよう)が起こってくる時代がやってきました。それが**春秋戦国時代(しゅんじゅうせんごくじだい)**です。この時代を政治的に概観(がいかん)すると，

> **戦争が多発し，都市国家(邑)が分立する状況から，中国統一が果たされるまでの過渡期(かとき)。**

ということです。ではこの時代に，どのような変化が起こったのでしょうか？ ここは**論述問題の頻出箇所**です。

農業生産力の発展とその影響

まずこの時代には，**農業生産力が飛躍的に発展**しました。それを支えたものとして，まず第１に**鉄製農具の使用や牛耕が始まった**ことが考えられます。いずれも春秋時代末期以降のことです。

この２つが組み合わされて**深耕**が可能になりました。ところで諸君，「**耕す**」ってどういう行為か知ってるか？「耕す」とは，クワやスキなどの農具を使って，土を反転させることをいいます。それによって空気が地中に入り，微生物が有機物を分解する働きが活発になり，土は肥えていきます。また土が柔らかくなることで，植物の根がしっかりとはるようになるそうです。

また，鉄器は**森林の伐採**を促進し，それは**耕地の拡大**をもたらしました。切られた木は燃料となったり，建築資材となったりしました。しかし一方で，森林面積の縮小は**華北の乾燥化**という「**環境破壊**」ももたらしました。耕地の拡大は，昔も今も良いところと悪いところの両面があるのですね。

《注》 山川出版社の『詳説世界史探究』では，鉄製農具の使用や牛耕は，「一部で始まった」としているが，東京書籍や帝国書院の『探究』の教科書では，春秋戦国時代の時代に「普及した」としている。なお，山川出版社と実教出版は，「普及した」時期は漢代だとしている。

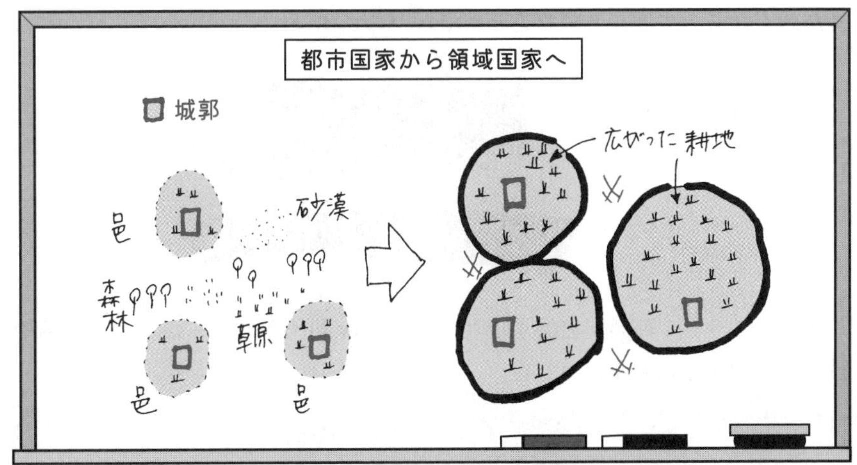

その結果，中国では**農業生産力が飛躍的にアップ**しました。

また鉄器は**治水**や**灌漑**のためにも使われました。

それに伴って**人口も増加**し，都市国家の規模も大きくなります。人々は，**周辺の未開拓地を広範囲にわたって耕し始めます**。ここでも**鉄器**は威力を発揮しました。こうして都市国家は，周辺の広大な土地を伴う「**領域国家**」へと発展したのです。そして，その領域国家どうしが直接的に境を接するようになりました。すると“喧嘩”が恒常的に起きるようになります。春秋戦国時代に戦争が頻発するのには，こういう背景があったのです。

商工業の発展

さらに，農業生産力が発展すると，**商工業**も発展します。その結果，交易が遠距離の町々を結びつけるようになります。こうなると物々交換ではマズくなる。こうして**貨幣**が交換の媒介をするようになります。その貨幣ですが，刀の形をしているのが**刀銭**（**刀貨**）。では，

Q 農具の形をしている貨幣はなんと言うか？ ——**布銭**（**布**，**布貨**）

刀銭は主に戦国時代の**燕**や**斉**で，**布銭**は**韓・魏・趙**などで使用されました。また**蟻鼻銭**というのもあって，これは，江南の**楚**で使用されました。いずれも**青銅製の貨幣**です。ちなみに青銅とは，銅と**錫**（**スズ**）の合金。錫はメッキにつかわれる金属で，これと銅を合わせることで，錆びにくくなりました。また硬くなるので摩耗も防ぐこともできたのです。

さて，こうして商業が発展すると，有力な**豪商**も現れました。彼らは**塩**や**鉄**の取り引きで巨利を得ました。

氏族集団の解体

また**鉄製農具の使用や牛耕の始まり**は，農民たちの**社会のありかた**にも影響を与えました。結論から言うと，

> **氏族集団(氏族共同体)が崩れて，家族単位の農業生産が始まった！**

なぜ崩れたかというと，**鉄器や牛耕の普及**によって１家族あたりの生産性が高まった結果，もはや**氏族集団(氏族共同体)が共同で農作業をする必要がなくなった**からですね。

家族単位で頑張って，生産がアップすれば，自分の生活が向上する。これに対して，氏族集団全体で農業やっていたころは，自分だけ，あるいは自分の家族だけが頑張っても，自分の生活の向上にすぐにはつながらなかったのです。そのことを考えると，家族単位の農業のほうが「やる気」が出ますね。

この**家族経営の農家**(**小農民，自作農**)こそ，春秋戦国時代の各国の**税収源**であり，かつ**兵士**の供給源だったのです。

自立する家族

こうして，現在のわれわれと同じように，**核家族が社会の基礎単位**となりました。

農民の階層分化

ただし，みんながみんな氏族集団から自立ができたわけではありません。まだ値段が高かった鉄器を持てず，**自立できなかった農民**も相当数(そうとうすう)いたと思われます。また一方で，農業経営に成功して耕地を拡大し，隷属的な農民を使役して広い土地を所有する**有力農民**も登場しました。彼らのなかには，**秦漢時代**(しんかん)に「**豪族**(ごうぞく)」と呼ばれる**大土地所有者**に発展していく人たちもいました。さらに彼らによって使役される隷属的な農民もいました。

では次に，春秋戦国時代の具体的な史実(しじつ)について見ていきましょう。

春秋時代

Q まず春秋時代は何年から始まるか？ ――BC 770 年

「春秋」とは，孔子が編集したといわれる**魯**という国の歴史の本です。これから**春秋時代**と名づけられたわけです。

BC 771 年に，周の都であった**鎬京**に北方から異民族が乱入して，都を奪ってしまいます。乱入してきたのが内陸部にいた**犬戎**という異民族です。そして翌年の BC 770 年に，

Q 都を奪われた周はどこに都を移したか？ ――洛邑

これを「**周の東遷**」と言います。これ以降の周を**東周**，以前を**西周**ということがあります。それから，“洛邑”であって，まだ洛陽ではありませんね。

覇者の時代――「春秋の五覇」

こうして周王の力が落ちたことが，だれの目にも明らかになったので，実力を持っていた諸侯のなかには，周王の後がまにすわろうとするものが出てきました。

しかしながら，そう思った連中もまだ飛び抜けて強い力はなかったので，実力の足りない部分を，周王の有する伝統的な権威で補いつつ諸国に号令しようとしました。こういう連中を「**覇者**」と言います。

Q 覇者が掲げたスローガンは？ ――「尊王攘夷」

「周の『**王**』室を『**尊**』んで，みんなで団結しよう。野蛮人（**夷**）が来たときには追い払おう（**攘**）じゃないか。そのリーダーがおれだぞ」――こう諸国に号令し，自分の支配権力をうち固めようとするのですね。有名なのは「**春秋の五覇**」といわれる面々ですが，

春秋の五覇

斉の桓公，晋の文公，楚の荘王，……，……

あと２人はだれを選ぶかについてはいろいろ意見がありますが，この３人は必ず入ります。とくに最初の２人，**斉**の**桓公**，**晋**の**文公**が有名です。あと，呉王の**夫差**，そして越王の**勾践**というのがいますが，この２人は「**臥薪嘗胆**」の故事で有名です。

戦国時代の始まり

BC 403 年以降を**戦国時代**と言います。この年から BC 221 年まで，要するに**秦が全国を統一**するまでの約 200 年間です。

春秋と戦国で何が違うか？　**戦争が多発した時代**という点は同じですね。相違点はただ１点です。それは，春秋時代にはまだ**周王室**に代表される**伝統的権威**が生きていましたが，戦国時代になると，そのような**伝統的な権威が全く通用しない実力万能の時代**となったことです。

周王室の権威も，いま自分が仕えている王様も，力がなくなったらすぐ家来に打ち倒されてしまう。こういう風潮を**下剋上**と言います。

その典型的な事件が **BC 403 年**に起きました。**晋**という国から，**韓**，**魏**，**趙**という３つの国が成立してしまったのです。しかもこれらの国をつくった連中はいずれも，晋に仕えていた家来でした。この三国の成立からを戦国時代というわけです。

戦国の七雄

戦国時代に活躍した７つの強国を，ひっくるめて「**戦国の七雄**」と言います。戦国の七雄は地図問題にもなるので，位置関係も覚えておかないといけません。

まず一番覚えやすいのは**江南**にある**楚**という国です。次は，中国を統一することになる**秦**です。秦は中国西北の**陝西地方**の国ですね。この地域は，当時は**牧畜**を中心とする地域でした。

また，現在の北京を含む地域には**燕**が位置し，ここの人々は**採集活動**で生活していたようです。

その燕の西隣りには**趙**がありました。趙は，北方の遊牧民から「**胡服騎射**」という戦術を取り入れました。「胡服」とは，遊牧民が着ていた乗馬用の服のこと。そして「**騎射**」とは，馬を走らせながら弓を射る戦術のことです（→p.76）。

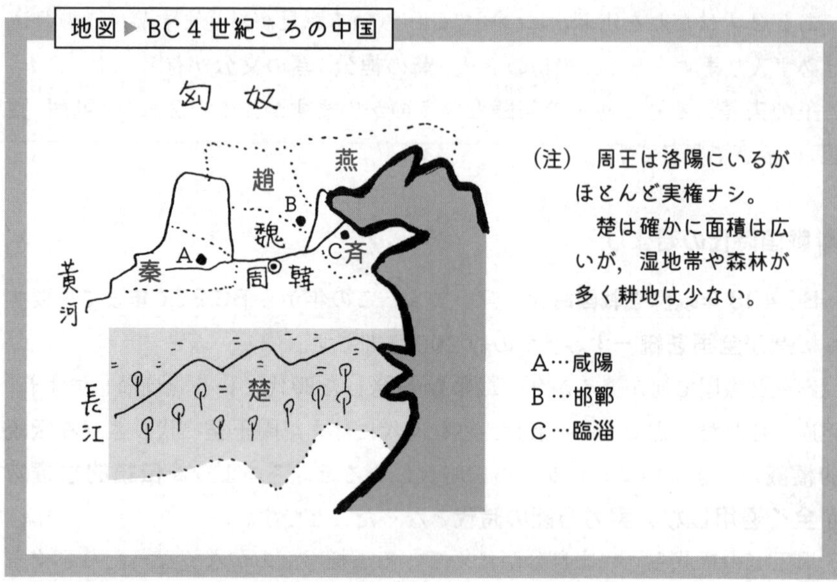

また**山東半島**を中心としたところには**斉**という国があります。この国は**塩の生産**で栄えていたようです。

では，

2都市とも，かなり細かい事項かな？　教科書の地図には載っているけどね。まあ，選択問題で選べればいいですよ。臨淄は，学問が栄えたことで有名ですね。**臨淄**の城門を稷門といったので，それにちなんで「稷下の学」といいました。**陰陽家の鄒衍**などがここで活動しました。

商鞅の郡県制

さて中国を初めて統一する**秦**についてお話ししましょう。

秦の発展の基礎はBC 4 世紀，すなわち始皇帝が登場する100年前に築かれていました。築いたのは**商鞅**という人物です。彼が仕えたのは始皇帝ではなく，**孝公**という君主です。

商鞅が行った国家体制の変革を「**変法**」と言います。まあ一般名詞としても使われる言葉ではありますが。

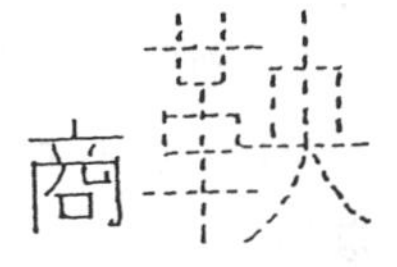

さて，この**商鞅の変法**のなかで最も重要なのは，**郡県制を実施**したことです。これは後に**始皇帝が全国化**しました。

では，郡県制とはどういう制度だったのか？　これは，君主を頂点とする**中央集権体制の確立**をめざすための制度でした。

そのために，君主が支配する領域を「**郡**」や「**県**」として，直属の**官僚**を派遣して**徴税**や**徴兵**を行わせ，経済力・軍事力の強化をはかったのです。

さて,「郡」は征服地に,「県」は国内の新開発地に設置されたようです。なお，秦の始皇帝の時代には，「**県**」は「**郡**」**を細分化した領域**を意味するものとなりました。単に行政単位の大小を示す言葉になったのですね。

《注》 帝国書院『新詳世界史探究』では，郡県制は秦だけではなく，諸国で実施されたとしている。

ちなみに，首都が**渭水**の河畔の**咸陽**に設定されたのは，商鞅が仕えた孝公の時代です。

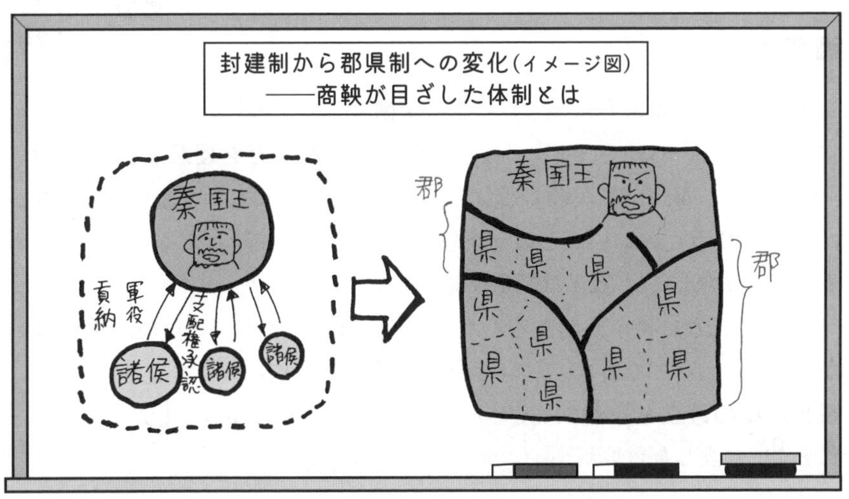

商鞅のその他の改革

その他に商鞅の政策と言えば，血筋にこだわらない**人物本位の人材登用**が挙げられます。言い換えると，その人が**どの氏族の出身かにはこだわらない**ということです。そんなことよりも，**その人個人がいかなる能力をもっているのか**が問われるのです。血縁に基づく秩序が崩壊しつつある時代ならではの発想，……というよりは，今のわれわれと同じ発想ですよね。

また秦は，高価だった鉄器を農民に貸し与えて**家族単位の農耕を奨励**しました。

次に春秋戦国時代の文化をお話ししましょう。**諸子百家**の活動がポイントですね。

4 諸子百家の活動

別冊プリント p.45 参照

中国の**伝統的な思想**のほとんどが，**春秋戦国時代に成立**しています。では，なぜこの時代に思想活動が活発であったのかというと，それを必要とする状況が背景にあったからでしょう。その状況とは，**春秋戦国時代の争乱状態**にほかなりません。逆説的に聞こえるかな？

諸国は，春秋戦国の世を乗り切っていくために**富国強兵**を目指していました。そのために有能な人材や“使える”発想を求めていて，これが諸子百家が登場した背景でしょう。

使える人，求めます。

儒家

諸子百家のなかでも，最も有名なのが**儒家**です。**孔子**が始祖。登場は春秋時代の後半といわれています。彼は**周の封建体制などを理想**としています。

要するに，都市国家が緩く連合している状態が一番いい。言いかえるならば，**バラバラ**なのがいいという発想です。“それを統一しようとするから戦争が起きるのだ！”。孔子は戦争反対の人です。

“何でこんなに戦争が起きるんだ！　それは，人々の心のなかに**愛がないからだ！**”。そこで彼は，「仁」という相手を思いやる気持ちを基底にすえ，**家族道徳の確立**を訴えて，天下・国家安定の基礎にしようとしたのです。それを端的に表した言葉が，

孔子の思想

「修身斉家治国平天下(しゅうしんせいかちこくへいてんか)」

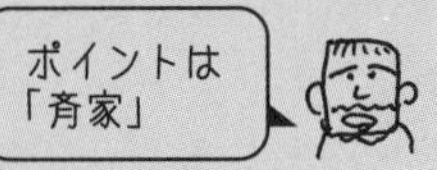

漢文ふうに読むと，「身を修め，家を斉(な)し（あるいは斉(ととの)え），国を治(おさ)め，天下を平和にすべきである」。

じゃあ，なぜ孔子は家族や家族道徳を重視したか？ それは春秋時代に入って**氏族集団**（**氏族共同体**）**が崩壊**したからにほかなりません。氏族集団が崩壊したら，社会の核になる基礎集団は何になるか？ これはもう**家族**（家，核家族）しかないですね。

春秋時代において，人間がつくる最も基礎的な社会集団は，夫婦，親子を基礎とする家族。“そこが愛情に満ちあふれ，父親を中心にした秩序が保たれていれば，家を基礎とする国・天下も安定した状態になる”，というのが孔子の基本的な発想です。

▶孟子

その思想を引き継(つ)いだのが，BC 4 世紀に登場する孟子(もうし)でした。彼は孔子

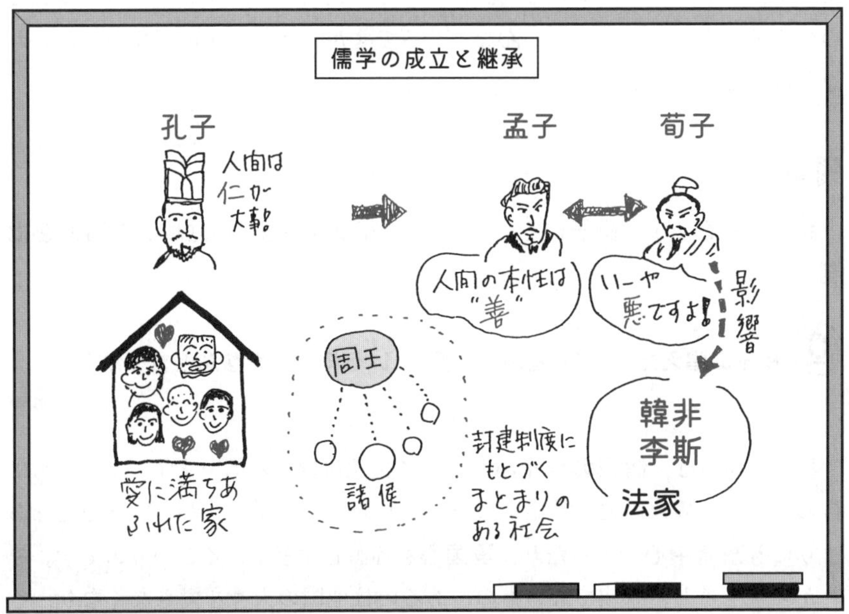

の論理を引き継ぎつつ，支配者の**徳**によって政治を行うことを提唱しました。「人間の本性は善である」というのが孟子の主張です。これを**性善説**と言います。

この説に立って，孟子は，“支配者たるものは力をもって治めるのではなくて，徳をもって人民を治めなさい”。これを**王道**と主張しました。また，このような発想を「**徳治主義**」と言います。

逆に力だけに頼る政治を**覇道**と言います。支配者たる者が徳も持たずして，力だけに頼って支配しようとすると，必ず人民から反抗され，次いで天から見離される。そして，天命が革まって支配者が交替する（姓が易わる）。これを**易姓革命**と言い，英語で表すと revolution になります。革命ってもともと孟子の思想なんですね。

▶荀子

Q 一方，戦国末期の BC 3 世紀に「人間の本性は悪だ」とする性悪説の立場から「礼治」を説いたのはだれか？

——**荀子**ですね。

人間の本性って悪なんだから，支配者が徳をもって治めようとしてもダメ。よって，伝統的な規範である「**礼**」によって，人間の行動をコントロールしていく必要があるのだ……，こんなところですかねえ，荀子の思想って。これを「礼治」というのです。

墨家

続いて**墨家**です。**墨子**がその開祖で，「**差別なき愛**」の立場から**儒家を批判**します。

Q 墨子の唱えた，この「差別なき愛」という倫理説をなんと言うか？

——**兼愛**

墨家の連中は，**儒家のライバル**として位置付けられています。墨子たちに言わせると，儒家の連中は確かに愛（仁）を説いている。しかし，その愛はあまりにも**家族中心**であったり，**愛国心**を強調しすぎているというのです。それが強すぎると，家族でないもの，あるいは他国の人々を愛さなくなり，それは結果として戦争や対立を生んでしまうというのですね。このような儒家の愛を，墨家は「**別愛**」として批判しました。

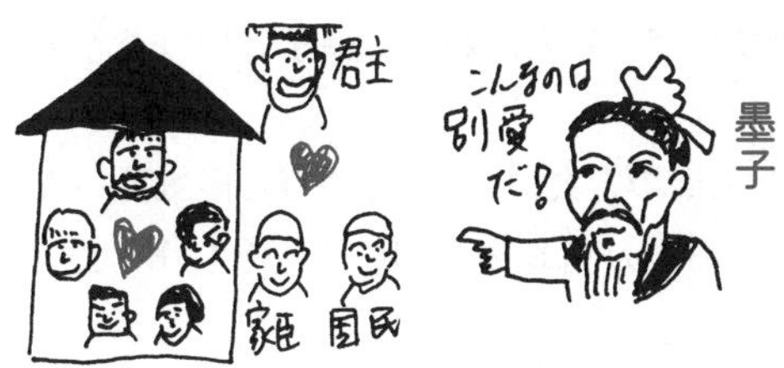

これに対して，墨家が主張する「**兼愛**」は，**血縁関係**を問わない，あるいはどこの**国の民**であるかを問わない普遍的なものでした。

そのほかの墨家の思想としては，**非攻**という戦争否定の発想があります。ただしこれは相手国を攻めないということで，自衛のための戦争は認めていました。それから**交利**，これは相互扶助を説くものです。それから，「**働かざるもの食うべからず**」というフレーズも墨子の言葉です。

法家

法家の学者といえば，李悝，申不害，それに**商鞅**も法家の一員です。この流れは**韓非**によって大成されました。始皇帝の丞相だった**李斯**も法家ですね。彼らは，君主が定めた「**法**」というルールに従って国を治めるべきだと主張しました。後に，秦による中国統一のイデオロギーの基盤になっていきました。

んっ，「礼」と「法」の違い？　礼は今で言うなら“マナー”。違反したら，みんなから道徳的な批判を受けます。これに対して“法”って言ったら，罰則規定がある規則ってところかな。

道家

老子と**荘子**の一派は**道家**と言います。AD 5 世紀に確立する**道教**とは違うからね。とくに老子は，「人間の作為を捨てて自然のままに生きよ」と訴えました。この発想を**無為自然**と言います。

兵家・陰陽家・縦横家

また**兵家**は，春秋戦国時代に政略・軍略を説いたグループです。孫武と孫臏の２人が知られていて，２人あわせて**孫子**というそうです。あと**呉子**もいますね。

陰陽家は，自然と人間の社会の変化を，陰気と陽気という２つの原理と，木・火・土・金・水の５要素の循環で理解しようとしました。この発想を**陰陽五行説**と言います。では，

Q 陰陽五行説を集大成したとされる陰陽家の代表者は？　――鄒衍

戦国時代の外交評論家に**縦横家**がいます。その言行などが収められたものが『**戦国策**』です。**秦に対抗**するために，他の**６国の同盟**を説いた**蘇秦**。彼の策は「**合従策**」と言います。これに対して，秦の宰相となった**張儀**は，他の６国に対して秦と個別に同盟を結ぶことを説き，秦の力を伸張させました。これを「**連衡策**」と言います。

あと，君主も民衆もともに農耕に従事すべきと説いた**農家**というグループの**許行**という思想家と，論理学派の**名家**を代表する**公孫竜**も覚えておきましょう。

文学

最後にこの時代の文学。作品集を２つ押さえておきましょう。まず儒学の**五経**の１つに数えられている『**詩経**』。“中国最古の詩歌集”といわれ，主に華北の詩歌が集められています。もう１つは，『**楚辞**』。こちらは主として江南の詩歌が集められています。

Q 江南の楚の名族出身で，『楚辞』のなかに作品が収められ，秦に楚が敗れると現在の湖南省汨羅で入水自殺したのはだれか？　――屈原です。

屈原は江南の**楚**の懐王の信任のもとに，今でいうなら副総理のような地位

につき，内政や外交で活躍していました。当時は，戦国時代で，**秦**が台頭していた時期でした。

秦は**縦横家**の**張儀**を楚に派遣して，秦と楚の同盟(連衡)を説きました。しかし秦を恐れる屈原はこれに反対し，山東の**斉**との連合を主張しましたが，屈原を嫉むものたちの誹謗中傷もあって，屈原は失脚してしまいました。

張儀(？～BC 310)

その後，懐王は秦の謀略によって亡くなり，ほどなくして秦の軍隊が楚の首都を陥落させると，屈原は絶望し，現在の湖南省長沙の**汨羅**で身を投げて自殺したのでした。

中国史はいったんここで終わりにして，次回は南北アメリカ文明について解説します。

屈原(BC 340？～BC 278？)

南北アメリカ文明

古代アメリカ文明と特色ある諸国家

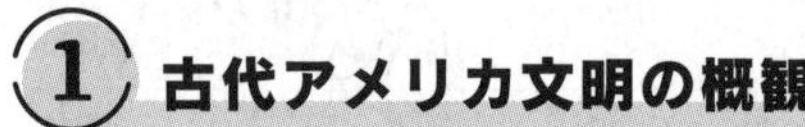

① 古代アメリカ文明の概観

別冊プリント p.47 参照

「アメリカ」が**スペイン人**などによって侵略を受けたのが**16世紀**。これによって**先住民の文明や国家の多くは滅ぼされました**。じゃあ**侵略を受ける以前のアメリカ**って，どんな文明や国家が存続していたのでしょうか？

メソ=アメリカ文明とアンデス文明

まず，中米の**メキシコ高原**から，メキシコ湾岸の**ユカタン半島**にかけて，さまざまな文明が発展しましたが，これを総称して**メソ=アメリカ文明**と言います。一方，南米のアンデス山脈周辺に発展した文明を，**アンデス文明**と言います。

2 文明の共通点

いろいろ違いもありますが，まずは共通点から確認しましょう。

まず先住民を，コロンブスなどは「**インディオ**」と呼びましたが，もちろん「インド人」ではありません。人種は**モンゴロイド**（**黄色人種**）の系統です。日本人と同じだね。もともとユーラシア大陸に住んでいた彼らは，1万年以上前，まだ**ベーリング海峡**（かいきょう）が繫（つな）がっていた氷期に，アラスカに渡っていったようです。

Q **メキシコなど中米の人々が主食にしていたものは何か？**

——**トウモロコシ**ですね。

地図▶南北アメリカの文明

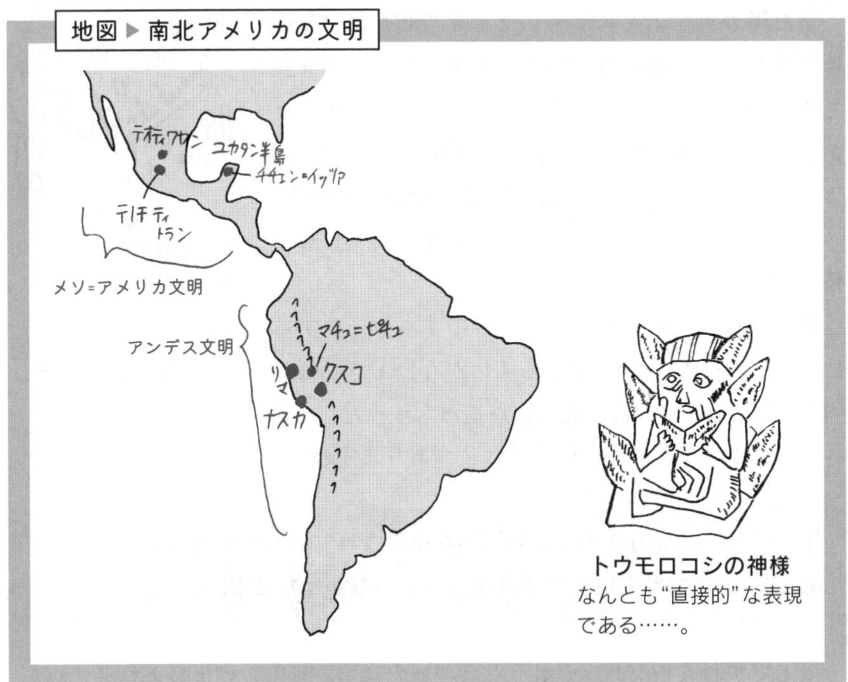

トウモロコシの神様
なんとも“直接的”な表現である……。

われわれがお米に対して崇拝に似た気持ちを持っているように，古代アメリカの人々にとってトウモロコシは神様でした。それが，これです(上図)。

Q では，トウモロコシとともに，南米アンデスの人々の主食だったのは？

──**ジャガイモ**です。

主食は**小麦**ではありませんよ。それから，トウモロコシやジャガイモ以外にもアメリカ原産の作物，いろいろあるけど知ってる？　まず**サツマイモ**。だから，本当は薩摩イモじゃなくて，“アメリカイモ”だったんですね(笑)。あと，**ピーナッツ**，**カボチャ**，それに**トウガラシ**や**トマト**も新大陸原産です。**タバコ**もそうだ。

で，これらが，大航海時代に世界に伝播していくわけ。だから16世紀以前には，朝鮮のキムチにもあの辛さはなかったし，イタリアにはトマト・パスタもなかった。ドイツにはジャーマン・ポテトもなかった。……これくらいにしとこう(笑)。

また馬のような大型獣もいませんでした。いるのは，**リャマとアルパカ**。いかにも根性なさそうな顔ですね(笑)。それから，**金・銀・銅**を使った細工はありました。南米に限っては，**青銅器**も使っていたようです。しかしながら，**鉄器はなかった**ようです。

アルパカ
どこか自信なげな家畜である。

さらに農耕に用いていたのは，簡単な**棒**(**土掘り棒**)くらいでした。

犂や**車輪**の知識もなかったようです。……要するに，我々が"技術"と呼んでいるものがないんですね。それでもペルーの**マチュ=ピチュ**なんかに，あんな都市を造っちゃうんだもんな。

一方，２つの文明には相違点も２つありますね。

> ① メソ=アメリカ文明では**青銅器**が使用されていなかったこと。
> ② アンデス文明では**文字**が使用されていなかったこと。

以上ですね。じゃあ，それぞれの地域の文明，見ていきましょう。

② メソ=アメリカ文明

別冊プリント p.47 参照

オルメカ文明とマヤ文明

いきなりですが，

Q BC 1200 年ころにメキシコ湾岸に成立していた文明は？ ——オルメカ文明

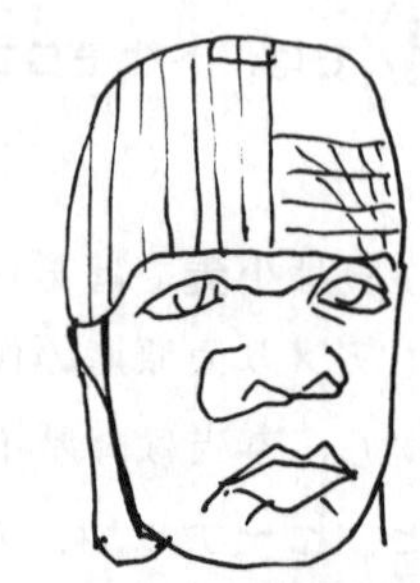
オルメカ文明の巨石人頭。生け贄として首を切られた人々の記念という説がある。

泥と石でつくった**ピラミッド型**の神殿の周りには広場があり，**巨石人頭**なども発見されています。さらには，**絵文字**と密林の王者であるジャガー信仰なども特色かな。あと"ベビー・フェイス"と呼ばれる独特の表情をもった土製の人形も発掘されています。

このオルメカ文明は，後に続くメソ=アメリカ文明の基礎となります。

マヤ文明を代表する，ユカタン半島の**チチェン=イッツァ遺跡**。真んなかのパナマハット姿は，まだ 30 歳の（すきだらけの）著者。

左の写真は**ククルカンの神殿**。ククルカンは，マヤ文明の創造神。神殿のてっぺんでは，生け贄（いけにえ）の儀式が行われ，人間が犠牲となった。

右の写真は**天文台**。通称“かたつむり”。2012 年にマヤ暦が終わるということで，世界の終末がささやかれたのは記憶に新しい。

そのなかの 1 つが，BC 1000 年ころに**ユカタン半島**に展開した**マヤ文明**です。数学は，インドと同様に**ゼロの概念**を持っていました。

Q じゃあ，彼らの位取り（くらいど）りは何進法？ ——20 進法なんです。

さらに複雑な**絵文字**（象形文字（しょうけい））も使われていました。それから**天文台**もあったなあ。正確な**太陽暦**も発達したようですね。このような文化をもった都市が多数建設されましたが，政治的な統一をもたらすような勢力は生まれませんでした。

そして 10 世紀に，メキシコ高原にいた**トルテカ族**の侵入を受けてしまい，これによってマヤ文明は，ユカタン半島の北部が中心となりました。その後 16 世紀には，**スペイン人**によって征服されてしまいました。行ったなあ，密林のなかにある**チチェン=イッツァ遺跡**。

テオティワカン文明

BC 1 世紀（注：実教出版では AD 1 世紀）の**メキシコ高原**には，**テオティワカン文明**が起こりました。テオティワカンとは“神々の家”という意味で，壮大（そうだい）

テオティワカンの
太陽のピラミッド

な石造りの建造物が残っています。幅 40 メートル，長さ 3 キロにも及ぶ“死者の道”と呼ばれるメイン・ストリート。多くの生け贄(いけにえ)が歩かされたようですね。そして通りの行き当たりに，石造りの**太陽のピラミッド**と**月のピラミッド**があります。

7 世紀になると，南下してきた**トルテカ族**がテオティワカン文明を継承した**トルテカ文明**を築きました。

アステカ文明

14 世紀には，メキシコ高原に**アステカ人**が，文明，そして国家を築きました。アステカ人の別名は**メシカ族**。これが“メキシコ”の語源ですね。

Q では，アステカ王国の首都は？ ――テノチティトラン

現在のメキシコ市ですね。この首都は，メキシコ盆地にあるテスココ湖の島に築かれた，いわゆる湖上(こじょう)都市でした。

Q 1521 年にアステカ王国を滅ぼしたスペイン人は？ ――コルテス

北米の先住民

それから現在のアメリカ合衆国やカナダの領域には，いわゆる**アメリカ先住民(ネイティヴ=アメリカン)**が，部族を単位とした生活を営んでいました。**狩猟**の他に，メキシコの農耕文明の影響を受けて**定住農耕生活**を行い，

現在のコロラド州やアリゾナ州で，日干し煉瓦でつくった集合住宅に住んでいました。この集合住宅を指すスペイン語が「**プエブロ**」で，これはこの先住民の部族名となりました。

3 アンデス文明

別冊プリント p.48 参照

インカに先行するアンデス文明

南米アンデス山脈周辺では，まず BC 1000 (BC 800) 年ころに**チャビン文明**が起こりました。また AD 200 年ころに，現在の**ペルー南部**の太平洋沿岸地帯に巨大な**地上絵**を残した文明が発展しました。

Q 世界遺産でもある地上絵で知られる文明は？

——**ナスカ文明**です。

さらに 11 世紀以降になると，やはり沿岸地帯に**チムー王国**も発展し，金・銀・青銅などを材料とした，多彩な金属工芸品を残しました。

インカ帝国

チムー王国の影響を受けつつ，現在のペルーを中心に 15 世紀半ばに成立したのが**インカ帝国**です。主要な民族は**ケチュア人**。

Q インカ帝国の首都はどこか？ ——**クスコ**

インカとは“**太陽の子**”を意味し，**神権政治**が展開されました。太平洋沿岸地帯を含めて，南北 4000 キロにおよぶ広大な領土には，濃密な道路網と，整備された**駅伝制**（**宿駅制**）のネットワークが張り巡らされていました。ただし，**馬がいない**ので，情報は人間が走って伝えました。いわゆる飛脚たちが活躍したのですね。

またインカ帝国といえば，あの**マチュ=ピチュ遺跡**が有名ですね。標高 2500 メートルにある空中都市の遺跡が，世界に知られるようになったのは，今から 100 年ほど前のこと。“発見者”はアメリカ人の考古学者ハイラム=ビンガムでした。あのインディ=ジョーンズ博士のモデルといわれる人物です。

インカに限らず，アンデスの諸文明は，**文字**を持っていませんでした。代わりにといってはなんですが，縄の結び目の位置や数によって，数や情報を伝えるという手段を持っていました。

Q 日本語では「結縄」という情報伝達の手段をなんと言うか？

——**キープ**と言います。

しかしこの帝国も，**1533 年**にスペインからやってきた**征服者**の**ピサロ**によって滅ぼされてしまいました。たぶん最大の原因は，ヨーロッパがもたらした**感染症**でしょう。これで多くの人々が亡くなりました。さらに，アステカ王国と同様，**馬**も**銃**も**火薬**も知らなかったので，少数のスペイン人に撃破されてしまったようです。首都の**クスコ**を徹底破壊したピサロは，新首都として**リマ**を建設しました。現在のペルーの都ですね。

スペインの旧 1000 ペセタ紙幣。コルテス(下)とピサロ(右)が描かれている。スペインって，新大陸でやったことを反省してないみたいネ。

コルテス

ピサロ

これに対して，インカ帝国皇帝の子孫**トゥパク=アマル**が反乱を起こしましたが，鎮圧されてしまいました。

スペインなどがどのような支配を行ったかについては，大航海時代(第②巻)で説明します。

以上，南北アメリカ文明でした。

中央ユーラシアの世界

騎馬民族の文化と北方騎馬民族の興亡史

今回は**中央ユーラシア**について解説しようと思います。

1 中央ユーラシアの概観

別冊プリント p.49 参照

まずは地勢の確認から。

地図 ▶ 中央ユーラシアの地勢

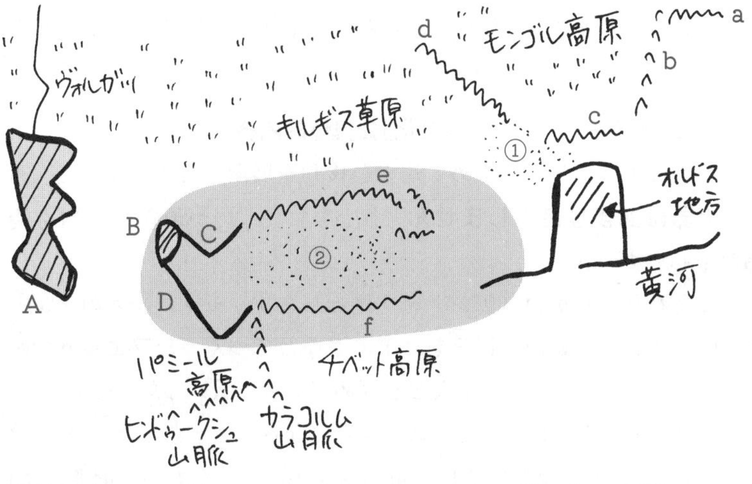

●地勢（中央アジア含む）

a. 外興安嶺　d. アルタイ山脈
b. 大興安嶺　e. 天山（テンシャン）山脈
c. 陰山山脈　f. 崑崙（クンルン）山脈

A. カスピ海　① ゴビ砂漠
B. アラル海　② タクラマカン砂漠（タリム盆地）
C. シル川
D. アム川

中央ユーラシアって，だいたいこのあたりです。もちろん中国は除いてね。赤色の領域は**中央アジア**です。中国人は「**西域**（さいいき）」と言います。

遊牧民の生活と騎馬民族文化の形成

カスピ海や**アラル海**周辺から，**モンゴル高原**にかけての草原地帯には**遊牧民**が，そして，**中央アジア**には**オアシスの民**が住んでいて農業や交易をやっていました。

まず遊牧民ですが，どういう人たちでしょうか？　遊牧民は，馬に乗って移動します。この生活を快適なものにするために，「**騎馬民族文化**」を生み出しました。「文化」って快適な生活をするための知恵のことね(→ p.13)。

Q　BC 7 世紀ころに，黒海北岸の草原地帯で騎馬民族文化を発展させ，最初の遊牧国家を形成したイラン系民族は？　——スキタイ人

彼らはBC 6 世紀には，**アケメネス朝**とも対決し，**ダレイオス 1 世**の軍を撃破したりもしています。また，彼らの文化は，シベリアやモンゴル高原の遊牧民文化の形成にも寄与し，これらの文化は**スキト=シベリア文化**と総称されています。

▶遊牧民の衣食住——「騎馬民族文化」の具体的内容

さて，遊牧民は草と水を求めて遠大な移動を展開します。よって，重くて壊れる**土器はあまり使用しません**。代わりに使うのが**革袋**。食料も**肉**と**乳製品**が中心ですね。

そして，われわれがいうテントを住処とします。モンゴル人のテントは**ゲル**と言いますね。木製の骨組みを，羊の毛などでつくった**フェルト**で覆ったものです。フェルトって，羊毛などを固めてシート状にしたものです。

また，長い時間馬に乗るので，お尻も痛くなる。じゃあというので，**鞍**(サドル)をつくる。また**鐙**という自転車のペダルみたいなものも開発しました。さらに馬に方向転換をさせるために，馬の口に**轡**をかませ，**手綱**でコントロールする。……いろいろありますね。

▶騎射の技術

また遊牧民は，**騎射戦術**も編み出しました。これは走っている馬の上で，手綱をコントロールしつつ弓を射る戦術です。これは凄い。われわれでいうなら，車のハンドルを操作しつつ，ライフルで相手を倒すようなものですからね。てか，そんなん，できねえわ，絶対(笑)。

騎射戦術

スキタイ，匈奴，トルコ人など，遊牧民の騎射戦術には，中国の諸王朝，ローマなどが苦しめられた。手綱をコントロールしながら弓を射るってほんと，スゴイ能力ですね。

遊牧国家（騎馬民族国家）の実態

騎馬民族は，通常は**部族**を単位に**遊牧生活**をおくります。このあと登場する匈奴だってそうですよ。彼らは，**部族全体でまとまって移動したりはしません**。だって部族みんなで移動して，そこに草や水がなかったら，**部族は全滅**ですからね。要するに，彼らは**バラバラに生活**するのが普通なのです。

ところが，**優秀な族長**が登場すると，**本来バラバラに生活すべき彼らは，結束**してしまいます。こうしてまとまったものが，**遊牧騎馬民族の国家の実態**なのです。彼らにとって，「**国家**」**とは部族が結束したもの**なのです。

遊牧“国家”の実態

▶農耕民にとっての「国家」

一方，われわれ（日本人）のような農耕民族にとって，「国家」といえば，まず農地を中心とする「**領土**」があり，そこに定住して働く農民やそれを支配する支配者がいます。

これに対して，移動生活をする遊牧民には「**土地を支配する**」という**感覚は稀薄**ですね。

オアシス都市の形成と「オアシスの道」

さて，中央ユーラシアに住んでいるのは，遊牧民だけではありません。**オアシス**がある所では，**灌漑農業**が可能でした。そこには小規模でしたが**オアシス都市**が形成され，周辺には**農民**も住んでいました。そして，このオアシス都市は，**商人**たちにとって，**水や食糧の補給基地**として重要でした。

こうして，**オアシス都市を中継地**として，中央ユーラシアに遠大な交易ルートが形成されました。これを「**オアシスの道**」と言います。また最重要の商品に敬意を表して「**絹の道（シルク=ロード）**」とも言います。

オアシスの民と遊牧民の関係は？

オアシスの民は，遊牧民から略奪を受けることもありました。しかし一方で，オアシス都市で生産される**穀物や織物**は，遊牧民がもたらしてくれる**畜産物**と交換されました。また遊牧民の軍事力は，**オアシス都市の防衛や交易路の治安の確保**に役立つこともありました。ですから，両者は“ウィンウィンの関係”でもあったと言えます。

草原の道と毛皮の道

それから，オアシスの道の北方には，「**草原の道**」，英語では**ステップ=ロード**と呼ばれるルートがあり，これも東西交流に寄与しました。

ついでに言っとくと，草原の道のさらに北方には，「**毛皮の道**」も存在していたようです。これは**シベリア**などの森林地帯には**狩猟・採集生活**をしている人々がいて，彼らが獲得した毛皮を，西方や南方に運ぶルートでした。ここでとれる毛皮は上等でしたから，**高価な国際商品**として流通したのです。

北方騎馬民族の興亡

別冊プリント p.50 参照

モンゴル高原の覇権の推移

では次に，中央ユーラシアにおける諸民族の興亡を勉強しましょう。モンゴル高原を支配した遊牧民を，中国人(漢人)は「**北狄**(ほくてき)」と呼びました。世界史の教科書がいうところの「**北方騎馬民族**」ですね。彼らは**東西交易**の利益を求めて，しばしば**中央アジア**に進出し，**オアシスの道**(**絹の道**)を支配しました。

その彼らの興亡と周辺の民族の動向を中心に，中央ユーラシアの歴史を学習しましょう。

まず最初に，モンゴル高原における北方騎馬民族の興亡の概観を覚えましょうね。

北方騎馬民族の興亡

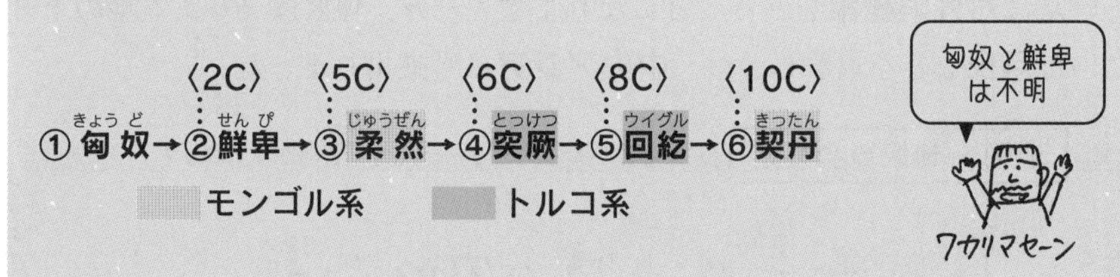

とくに順番そのものが問題となるのが②から⑤までで，これには覚え方があります。鮮卑(せんぴ)を始め他の部族も，おおよそ 200 年ごとに入れ替わり，モンゴル高原に覇(は)を唱(とな)えました。そこでこういう覚え方が成立する。

＊覚え方：“2(に)・5(ご)・6(ろ)・8(や), 鮮(せん)・柔(じゅう)・突(とっ)・回(かい)”

北方騎馬民族史の問題の点数の半分は，これで取れるね(笑)。

匈奴の台頭

では，順番に見ていきましょう。モンゴル高原で最初に強大となったのは**匈奴**で，民族系統は**不明**です。中国の**戦国時代**には，中国北部にあった**秦**・**趙**・**燕**と対峙しています。この３国は匈奴に対抗するために，それぞれ**長城**を築きました。それを，のちに秦の**始皇帝**が繋いで「**万里の長城**」としたわけです。

さらに始皇帝は，黄河流域の**オルドス地方**に南下していた匈奴を撃退しました。しかし，匈奴に**頭曼**という族長が登場し，ふたたびオルドスを奪還します。ちなみに匈奴の族長のことを**単于**と言います。

それから，BC３世紀には，**丁零**と呼ばれるトルコ系民族が匈奴と抗争・服属をくり返していました。

匈奴の最盛期はなんと言っても**冒頓単于**の時代でしょう。ちょうどこのころ，中国は**劉邦**(**高祖**)によって統一されますが，冒頓単于は，**前漢**の劉邦を白登山の戦いで撃破します。これに完敗した前漢は，こののちしばらくのあいだは**対外消極策**をとることになります。一方，匈奴はタリム盆地の東方にいた**月氏**などを攻撃しつつ，**中央アジア**にも進出しました。

地図▶匈奴の全盛期

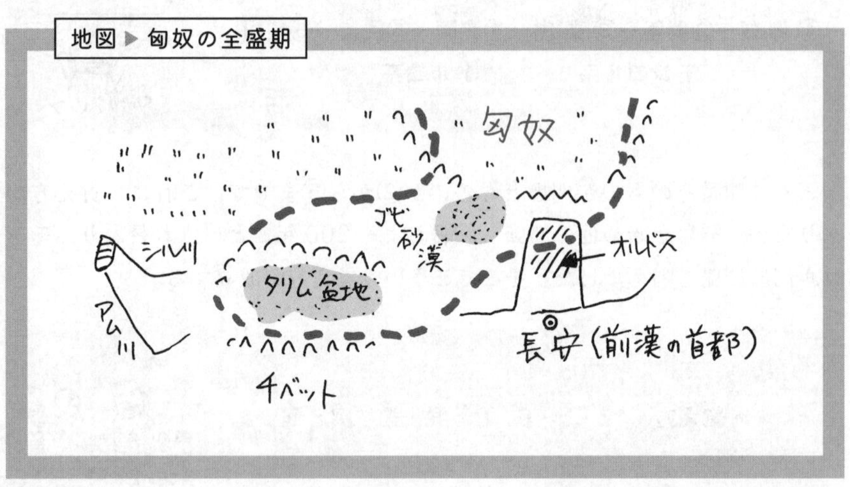

匈奴の分裂

しかし，前漢も**武帝**の時代になると攻勢に転じ，**衛青**・**霍去病**両将軍などが派遣されました。このボディブローが効いて，BC１世紀半ばに**匈奴は東**

西に分裂し，そのうちの**西匈奴**は，前漢と**東匈奴**の連合軍に攻撃されて滅んでしまいます。

さらにAD 1 世紀に，匈奴は**南北に分裂**しました。そのうちの**北匈奴**は西走し，**フン人**の移動を引き起こすことになったという説があります。フン人は**東ゴート**・西ゴート人を圧迫し，**ゲルマン民族移動の契機**をつくることになります。

一方,長城以南に移動した連中は,**南匈奴**と呼ばれました。彼らのなかには,歴代の中国王朝の**傭兵**として活動するものもありました。

そうした匈奴の一部が，**西晋**の弱体化に乗じて，304 年に華北に「**漢**」を建国します。いわゆる**五胡十六国時代の始まり**ですね。そして，彼らが起こした**永嘉の乱**によって，洛陽・長安を次々と占領された**西晋**は，**316 年**に滅亡してしまいました。

鮮卑，柔然

匈奴のあとにモンゴル高原で強勢を誇ったのは**鮮卑**でした。民族系統は未確定ですが，どうもかつて**東胡**と呼ばれた部族の系統のようです。

鮮卑は匈奴とともに華北に進入した**五胡**の 1 つで，**北魏**を建国し，最終的には**華北を統一**する部族です。族長は，匈奴と同じく**単于**と呼ばれました。しかし近年の研究では，新しい族長の呼称も，この鮮卑によって使われ始めたようです。それは「可汗(**カガン，ハガン**)」。

鮮卑の多くがモンゴル高原を去った後に勢力を持ったのは，**柔然**でした。民族系統は**モンゴル系**でした。とくに**5 世紀**初頭に登場した族長である**社崙**は鮮卑からの自立を果たし，大きな勢力となりました。

この柔然は鮮卑系の**北魏**と対峙し，チベットの**吐谷渾**と結んで，北魏を攻撃したこともありました。

また柔然の一部が，ヨーロッパ史に登場する**アヴァール人**だとする説もあります。アヴァール人は，**アルタイ語系**，あるいは**モンゴル系**といわれ，6 世紀に**草原の道**の西部，黒海の北岸におこり，**バルカン半島**を制圧しました。これによって**草原の道は東ヨーロッパと連結**されることになりました。

一方，柔然の西には**高車**と呼ばれる**トルコ系**の部族が勢力を持っていました。

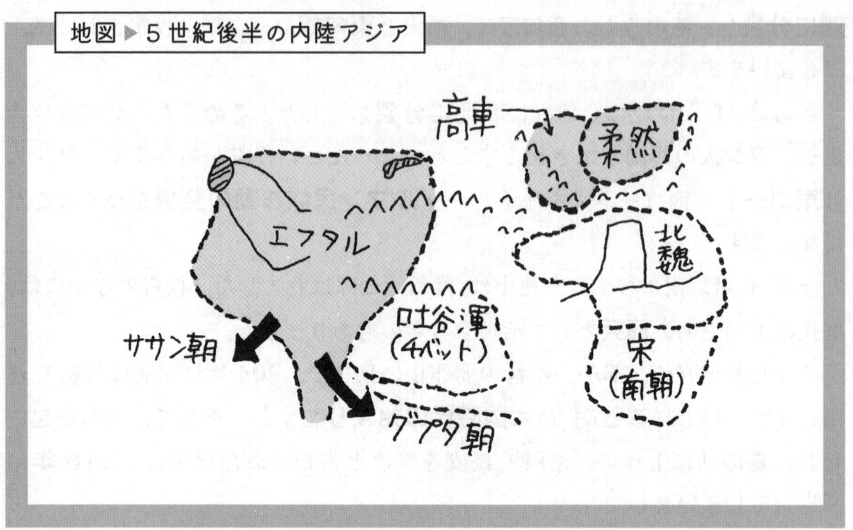

突厥

さて，次は突厥(とっけつ)です。民族系統は**トルコ系**。でもこれは当たり前だね。だって「突厥」は「トルコ」という意味だからね。

彼らは**6世紀**に**エフタル**を滅ぼしつつ，**中央アジア**をも活動領域とする壮大な**遊牧帝国**を建設しました。

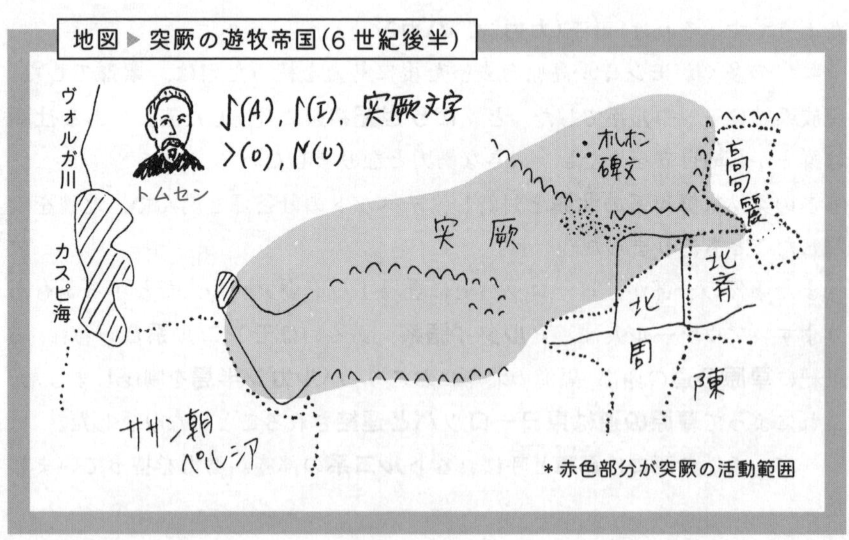

＊赤色部分が突厥の活動範囲

こうして中央アジアの**オアシスの道**（**絹の道**）を支配するようになった突厥。彼らのもとで帝国の財政や商業で活躍したのが，**イラン系**の**ソグド人**です。彼らは，**ササン朝**や**ビザンツ帝国**との外交折衝でも活躍しました。

その後，突厥は内紛によって**東西に分裂**します。**西突厥**は**中央アジア**を支配し，**モンゴル高原**は**東突厥**の支配下に入りました。

そして，東突厥は630年に**唐**に服属しました。当時の唐の皇帝は第2代の**太宗**でした。しかし，50年後には唐から自立して，ふたたび大きな勢力となりましたが，トルコ系の**ウイグル**によって744年に滅ぼされました。

一方の西突厥は，7世紀半ば**唐の第3代皇帝高宗**の攻撃を受けて服属し，その後同じトルコ系民族によって滅ぼされました。

▶突厥文字について

また，突厥には“**北方民族で最初の民族文字を持った**”というキャッチ・フレーズがあります。その史料としては**オルホン**（**オルコン**）**碑文**が知られています。中央アジアで活動していた関係から，その文字は**アラム文字**の影響を強く受けています。この点については**ソグド文字**なんかと同じだな。この文字の研究者としてデンマーク人**トムセン**を挙げておきましょう。

ウイグル（回紇）

突厥の次は**ウイグル**（回紇）ですね。突厥と同様に**トルコ系**です。中国史では，“**安史の乱の際に唐を援助した**”という文脈で入試には登場します。

モンゴル高原に覇を唱えた彼らは，**中央アジア**などにも影響をおよぼし，**東西交易**の利を得るようになります。また唐とは，中国の絹と自分たちの馬とを交換する**絹馬貿易**も行いました。

そのときに**財務官僚**の役割を果たしたのが**ソグド人**でした。突厥のときと同じですね。

Q ソグド人の影響を受けてウイグル人に広まった宗教は？

――マニ教

しかし，彼らも9世紀の半ばに，同じくトルコ系の**キルギス**（結骨）に攻撃され，その一部が中央アジアに移動。この地が「**トルキスタン**」と呼ばれる契機をつくるわけです。

では最後に，諸民族の文字の系列をまとめておきましょう。

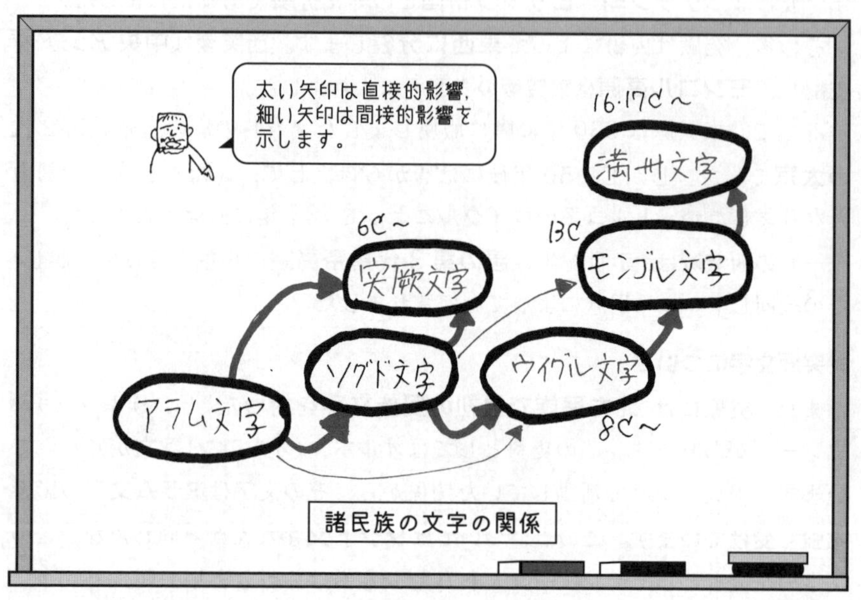

諸民族の文字の関係

中央ユーラシアの世界はとりあえずここまでにして，次回は秦・漢帝国時代の中国史を学習します。

秦・漢帝国

中国史(2)——秦・漢という統一国家

春秋戦国時代という戦乱を克服し，**中国を統一**した**秦**，そしてその後に登場した**漢**を見ていくことにします。いずれの帝国も，統一国家を維持するために,どんな努力をしたのでしょうか？　その努力の中味がポイントですね。

1 秦による中国統一

別冊プリント p.53 参照

BC 221 年に,戦国の七雄の１つ,秦の国王であった**政**が中国全土を支配し，新たに「皇帝」という別称をつくって，**始皇帝**と呼ばれるようになりました。ちなみに，最後に滅ぼされた国は，山東にあった**斉**でした。

「皇帝」とはどのような支配者なのか？

ここで「**皇帝**」について説明しておきましょう。それまでの「**王**」**とは何が違うのか？**　まずは結論から。

皇帝とは「**世界の支配者**」，もしくは「世界の支配者」を目ざす人。

それに対して，**王**とは「**地域，もしくは特定の民族の支配者**」。説明を補足しましょう。「**世界**」**の一部**である地域を「**国**」と言います。したがって,「王」とは世界の支配者ではなく「**国の支配者**」なのです。だから「**国王**」という言葉があるわけです。それに対して，「国帝」なんて言葉はありませんね。

……ん？,「始皇帝だって**“中国の支配者”，すなわち,「国」の支配者じゃないかって ?!**」。たしかにそのとおり。でも，今と昔では，地理的空間の感覚が違うんだよ！

始皇帝の支配領域は，われわれから見ると「世界」の一部である「中国」に過ぎません。でも始皇帝に言わせると，「**朕**(始皇帝が創始した君主の一人称代名詞)は，**世界を支配した！**」という感覚なのです。すなわち，彼にとって統一した領域の外は，**“別の宇宙，別の世界”**という感覚なのです。

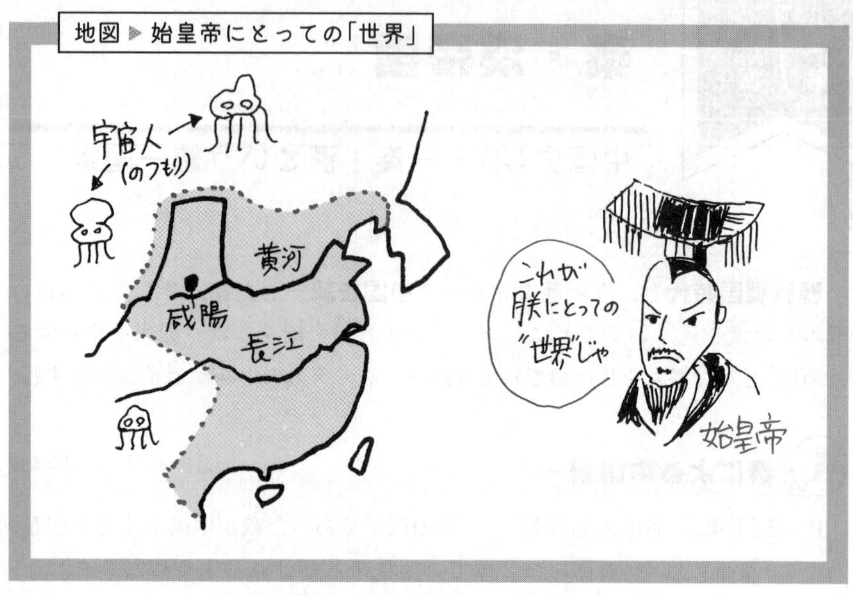

では，始皇帝はこの広大な“世界”を，どのように支配したのでしょうか？

内政――中央集権の推進

まず，始皇帝の内政面から見ていきましょう。

かつて**商鞅**が実施した**郡県制**ですが，始皇帝はこれを**全国化**しました。全国を**36郡**に分け，後に**48郡**まで増えました。

さらにその郡を「**県**」に分割して，中央から**官僚**を派遣して，皇帝の命令を実行させました。こうして皇帝の力が全国におよぶようにしたのです。

では，中央における政治機構はどのようなものだったでしょうか。

まず皇帝が頂点に君臨。そして No. 2 は**丞相**と言います。日本で言うなら首相の地位ですね。

Q 法家の思想を基盤として，思想統制や経済政策を進言した丞相は誰か？

――李斯

Q 始皇帝が言論統制のためにとった措置をなんと言うか？

――焚書・坑儒

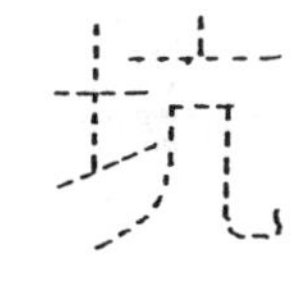

「**坑**」という字は要注意ですね。これはよく間違えます。“土へん”です。“扌”ではありません。「焚書」は書物を焼くこと。「坑儒」は**儒学者を生き埋め**にしたこと。土を掘って埋めたんだから「土」へんと覚えておくといいよ。とくに儒家がターゲットにされたのですね。なぜでしょう？

理由は簡単です。儒家の理想は**周の封建体制**，言いかえると，**諸侯による地方支配を認める**という考えですからね。一方の始皇帝は**全地域を支配**したい。まったく逆ですわね。

また，文字の統一も行いました。その統一書体は，**小篆**と呼ばれます。これは殷の時代からあった**篆書**が簡略化されたものでした。パスポートの表紙の「日本国旅券」，あれ小篆だよ。

経済的統一

経済的な統一も図られました。で，ものを計量する単位である**度量衡**や，**車軌の統一**を進める一方，**貨幣の統一**も行いました。では，

Q 始皇帝時代につくられた統一貨幣は？ ——**半両銭**

ところで，いま“**車軌の統一**”と言ったけれど，何のことか分かりますか？車軌とは**車の左右両輪の幅**のことです。舗装などされていなかった当時の道路には，車の通ったあとの轍，要するに溝が深く刻まれていました。

車軌が国によって違っていたころは，別の国の車が入ってくると，車輪の間隔が違うものだから，その轍に片方の車輪が落ち込んで動きがとれなくなることがよくありました。そこで始皇帝は，各地域の経済交流を活発化するためにも，車軌の統一を行ったのです。

半両銭

秦の外征

次は秦の対外政策について。まずは北方から秦を脅かしていた匈奴に対す

る討伐を展開しますが，そのために派遣されたのが**蒙恬**という将軍です。彼は匈奴をやっつけて，**オルドス地方**を奪還しました。

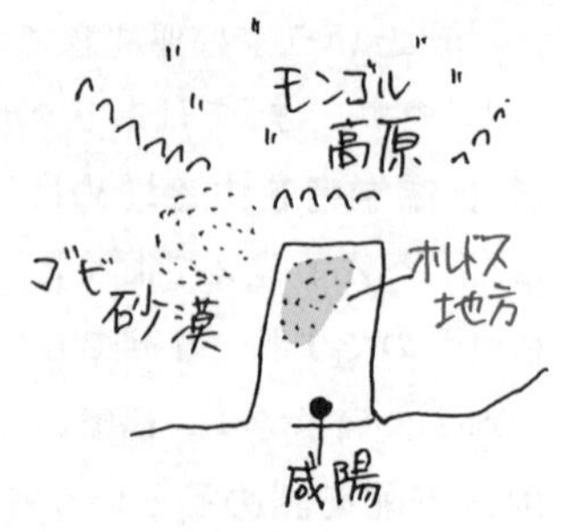

また始皇帝は**万里の長城**を**修築**しました。すでに戦国諸国によって築かれていた長城を結んで,“万里”の長城にしたんです。教科書にも，秦の始皇帝は万里の長城をつくったとは書いていない。あくまで“**修築**”です。

さらに始皇帝は南方にも軍を進め，今の広東・広西からベトナム北部までを支配し，**南海郡以下３郡**を設置しました。後で勉強する**前漢の武帝**は，**９郡**設置。この郡の数の違いは，正誤問題なんかで出されるね。

始皇帝の浪費

始皇帝の時代も，首都は渭水の北岸の**咸陽**で，その対岸に**阿房宮**という壮麗な宮殿を建設しました。また**驪山陵**という始皇帝の陵墓も帝の生前に建設され，副葬品として兵士や馬をかたどった**兵馬俑**という陶製の人形が埋められました。

兵馬俑

驪山陵(りざんりょう)

始皇帝の墓。右の写真の筆者後方の小高い丘がそれ。その近辺からは皇帝を守るように兵馬をかたどった俑(よう，人形)が発掘された。俑は副葬品で，日本の埴輪(はにわ)にあたるものだが，規模は中国のほうがスゴイ。

秦の滅亡

その秦もわずか**15年で滅亡**してしまいます。契機となったのは，**陳勝・呉広の乱**という農民反乱でした。このときに陳勝が叫んだ言葉が，「**王侯将相いずくんぞ種あらんや**」――人間，生まれの違いなんか関係ないよということですね。この反乱は**始皇帝の死後**に起こりました。彼の存命中ではありません。

項羽（BC 232～BC 202）

その後の混乱のなかから頭角を現し，“決勝戦”まで勝ち進んだ人物が２人いました。そのうちの一人，中国南方の楚の名家出身の**項羽**。そしてもう一人が**劉邦**でした。劉邦は**農民の出身**で，項羽とは対照的ですね。出身地は長江流域の現在の江蘇省の沛県。

劉邦

この両者が決戦をやって，勝ち残った劉邦によって**前漢帝国**が成立します。

 **劉邦が項羽を最後に破った戦いの名は？** ――**垓下の戦い**

② 前漢帝国

別冊プリント p.54 参照

高祖（劉邦）

まず，前漢の首都は**長安**ですね。現在の**西安**です。最初の皇帝が**高祖**，**劉邦**です。「高祖」とか「太祖」とか，中国の皇帝には本名とは別の名が併記してありますね。これは**廟号**といって，皇帝が亡くなった後，先祖代々の墓に入るときに付けられた名前です。

劉邦（？～BC 195）

初代皇帝には「太祖」「高祖」と付けられるのが普通で，だいたい功があった人には「…祖」，徳があった人には「…宗」が付くようです。

これに対して「**…帝**」と付く場合がありますね。こっちは**諡号**（おくり名）といって，皇帝の業績に対して，やはり死後に付けられた名前です。“けんか”が強かったら「武帝」とかね。

郡国制

さて高祖がとった国内統治策は**郡国制**と呼ばれました。

まず皇帝の**直轄地**には**郡県制**を施行しました。ちなみに郡県制が実施されたエリアは，かつての**秦が統一に向かう前の領域**です。だから**陝西地方**が中心ですね。さらに，**秦が滅ぼした6国(燕・斉・趙・韓・魏・楚)の領域**には**一族**や**功臣**を諸侯王として地方支配を任せ，**封建制**を施行しました。図解にするとこんな感じです。

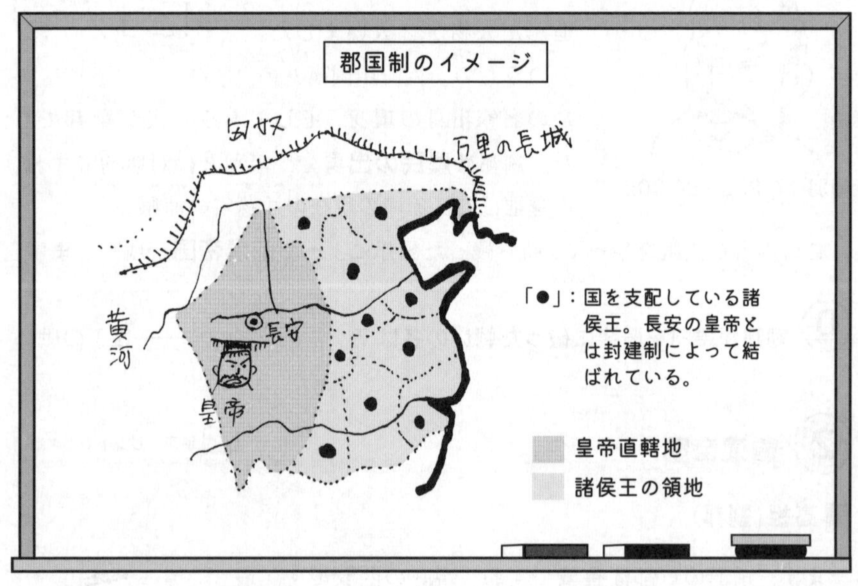

「**郡**」と呼ばれる**皇帝直轄地**については，**秦**と同じように**官僚**を派遣し，皇帝の命令を実行させました。

これに対して，「国」と呼ばれる地域については，劉氏一族，あるいは手柄のあった家来たちを，**諸侯王**として支配を任せたのです。彼らは，皇帝が“匈奴と戦争するぞ”などというときには，封建制に基づいて**軍役義務**を果たさなくてはなりません。

しかし「**国**」**の内政については，それぞれの諸侯王の自由**です。だから，皇帝の命令がビシッと伝達されるのは直轄地の「郡」だけです。このように，

郡国制

> **皇帝が支配する「郡(および県)」と，諸侯王が支配する「国」が二元的に存在する統治制度を郡国制という。**

郡国制をとった動機は，全土を始皇帝の思いどおりに支配しようとして**急激な中央集権化**を進めたために**短命に終わってしまった秦**の失敗を繰り返さない，ということでした。

匈奴との関係

冒頓単于

一方，高祖は対外的には**消極策**を取りました。まあ，北方の匈奴が強かったからねえ，外には撃って出られないよ！　では，

Q 全盛期だった当時の匈奴の首長は？

——冒頓単于

実際，前漢の軍隊は匈奴と戦って敗北し，その後は匈奴に対して貢納を支払い続けることになりました(→ p.80)。

呉楚七国の乱

そして **BC 154 年**，この年を境に**皇帝の力は強大化**しました。では，

Q その契機となった諸侯王の反乱をなんと言うか？

——呉楚七国の乱

なんで諸侯王が反乱を起こしたのか？　すなわち，皇帝たるもの，かつての秦の始皇帝がそうだったように，やはり「全土を支配したい」と思うのですね。そこで各地に封じた諸侯王に対する抑圧を開始し，次々と**皇帝直轄地**を増やしていったのです。

すると残った連中が「今度やられるのはオレだ」と思うわけです。そこで，団結して中央の皇帝に反抗した……。これが呉楚七国の乱を諸侯王たちが起

こした動機です。では，

Q 呉楚七国の乱を鎮圧した時の皇帝はだれか？ ――景帝

第6代皇帝です。この乱の鎮圧後，景帝は王国の名は残しつつも，諸侯王から各国の統治権を奪いました。かくして，

次の武帝の時代になると，郡県制が実質上全国化され，皇帝を頂点とする中央集権体制が確立した。

武帝期――匈奴との対決

武帝は第7代皇帝です。在位年代は，BC 141年からBC 87年までですから，長いですね。彼はそれまでの**対外消極策から積極策**に転じ，活発な外征を展開します。

まず**匈奴**の討伐です。最大の脅威だからね。そのために派遣したのは**衛青**，**霍去病**に代表される将軍たちです。確か衛青は武帝の親戚筋にあたると思います。この積極策が効を奏して，BC 60年ころにはモンゴル高原の匈奴は**東西に分裂**しました。このうち**西匈奴**は，**東匈奴**と漢に攻撃されて滅び，さらに匈奴はAD 1世紀に**南北に分裂**することになります。

▶張騫の西域派遣

続いて**西域**を見てみましょう。西域とは**中央アジア**のことです。当時の西域（中央アジア）の情勢を，次ページの地図で示しておきましょう。

この地を探検したことで知られるのが，**張騫**です。

Q 匈奴を挟み撃ちするため，同盟を結ぼうと張騫が派遣された国で，アム川上流にあったのは？ ――大月氏

時にBC 139年ころのこと。

大月氏は，もともとはモンゴル高原の西方などの地域にいた遊牧民です。民族系統は不明で，そのころは「**月氏**」と呼ばれていましたが，**匈奴**に追われ，次いで**烏孫**にも攻められて，**アム川**流域に移動してきました。

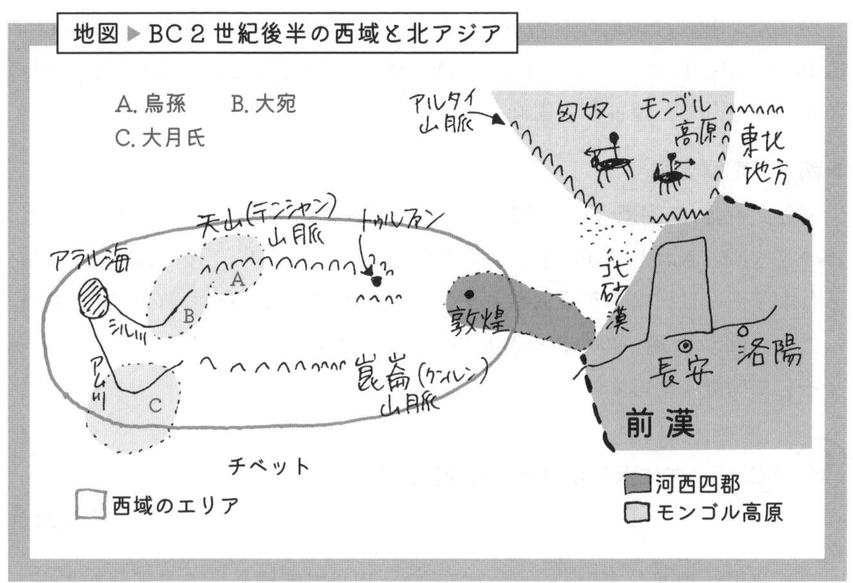

そんな彼らなら，匈奴に恨みもあるし，漢との同盟を承諾するだろうとの見込みだったのですが，同盟は成立しませんでした。アム川流域は豊かな地域で，大月氏は，そこでの生活に満足していたらしいのです。

張騫（？～BC 114）

しかし張騫の探検によって，西域の事情も分かり，後に**西域経由の交易路**が開かれる契機となりました。ここでいう交易路こそ，**絹の道**（**シルク=ロード**），別名**オアシスの道**です。

また，張騫が西域から帰還して数年後，武帝は西域の入口にあたる地域を制圧し，そこに４つの郡を設置しました。これを**河西四郡**と言いますが，「河西」とは黄河の西という意味です。

Q 河西四郡の中心となった郡の名は？ ——**敦煌郡**

敦煌こそ，中国の西域への窓口ですね。

それから**フェルガナ**にも遠征しました。フェルガナを中国では**大宛**と言います。目的は**汗血馬**を得るため。フェルガナは汗血馬の産地だったんです。

文字どおり血の汗を流して走るぐらい一所懸命走る馬，この馬を武帝はほしかった。それは匈奴の騎馬軍団と対決するためです。派遣された将軍は**李広利**ですが，しばらくして彼は良馬数十頭と，そこそこ以下の(笑)馬 3000 頭を引き連れて，遠征から凱旋してきました。

▶南方，朝鮮支配

また武帝は，**南海郡**など**９郡**を設置し，**ベトナムの北半**まで支配しました。このとき滅ぼされたのが，**南越**という国で，現在のハノイ付近には**交趾郡**が，それより南には**日南郡**が設置されました。この日南郡こそ，漢の南限ですね。

ここは**南シナ海**一帯で行われた**南海貿易**の拠点になります。

そして朝鮮支配です。

Q BC 108 年に武帝が滅ぼした朝鮮の国家は？

——**衛氏朝鮮**

こうして，前漢は中国の王朝のなかで，初めて朝鮮半島の大部分を支配下においたわけですが，**朝鮮全土ではありません**。北部朝鮮を中心に**楽浪郡など４郡を設置**します。

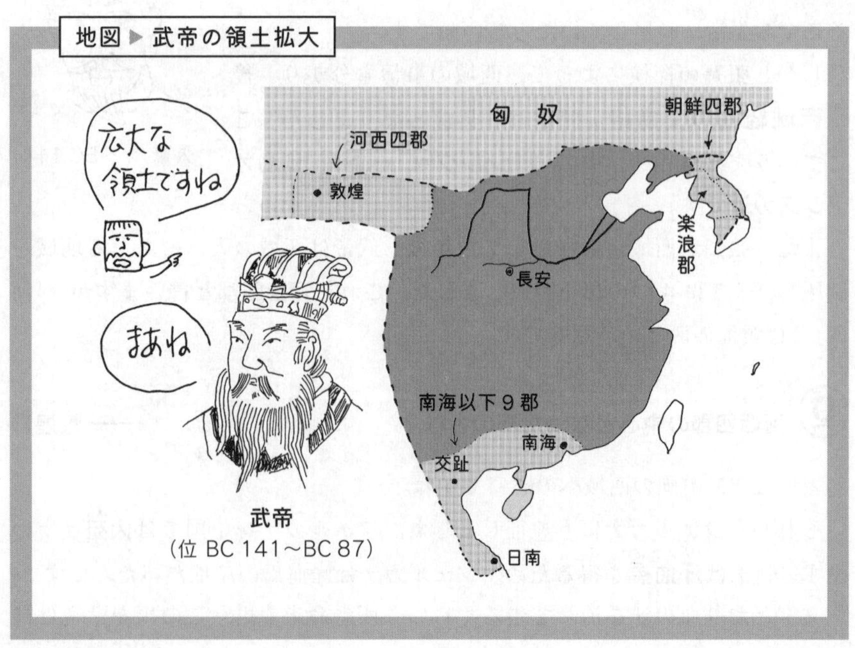

地図▶武帝の領土拡大

しかしこのような度重なる遠征は**国家財政の窮迫**を招いてしまいました。外征の連続が，前漢衰退の１つの原因をつくったわけですね。

内政

ではそういった危機に対応するために，前漢は何を行ったのでしょうか。まず，経済政策として，**塩・鉄の専売**を実施しました。塩と鉄だけではなくて，**酒**も専売にしました。茶・絹についてはやってないね。

また**均輸法**(均輸)・**平準法**(平準)も，武帝の時代に出された法律です。

均輸法では，臣民は各地の**特産物**を税として納めさせられ，**国家はそれを転売**して利益を得ました。また平準法では，価格が低いときに国家がその物資を買い入れ，**価格の高騰を待って売りさばく**ということが規定されました。要するに，国家が商人の仕事をしたわけです。

このような経済政策の立案者は，**桑弘羊**という人物です。ちなみに，武帝の死後，次帝昭帝の時代に，桑弘羊と，**塩鉄専売**などに反対する人々の論争を，**桓寛**という人が編集した書が『**塩鉄論**』です。

(岩波文庫)

儒学の官学化

儒学の官学化についても説明しておきましょう。

漢では，儒学が**官学化**(**国教化**)され，統一国家を支える思想的基盤となりました。

Q これを武帝に献策した人物は？ ——**董仲舒**

その儒家思想に従って**五経博士**が設置され，国家による儒学経典の解釈が定められました。ちなみに，五経には『**論語**』は入っていませんね。

《注》 実教出版の教科書では，武帝期に五経のすべてに博士が設置されたかどうかについて異論があると指摘している。

ここに五経という言葉が出てきたね。五経って何だっけ？ そこに書いてください。

五経

『詩経』，『易経』，『書経』，『春秋』，『礼記』

まず『詩経』は**華北の詩**などを集めた中国最古の詩集。『**易経**』は占いの書。『**書経**』は周の時代を中心とする諸王の事蹟。要するに史書ですね。『**春秋**』は**魯**の国の史書。『**礼記**』は生活規範・社会規範を記したものです。

いずれも**孔子**自らの編集となっていますが，『詩経』と『書経』以外はあやしいともいわれています。

統治イデオロギーとしての儒学

さて話をもどそう。**董仲舒**の意見にしたがって**儒学は官学化**され，国家の統治のために利用されていくことになりました。

では何ゆえ，儒学が選ばれたのでしょうか?

家族道徳を重んじる儒学は，**父子の秩序を君民関係にも適用**し，"家族が父に従うように，民も君主に従うべきだ"と教えます。これは支配者としては好都合でした。

また，教科書には書いてないですが，**儒学の論理性の高さ**も統治イデオロギーとしてはうってつけでした。さらに儒学は，政治のみならず様々な問題に論究した総合的な学問でした。

国家という組織は，行き当たりばったりでは動かすことはできません。とくに君主に仕える官僚たちが遅滞なく行政を行うためには，整然とした論理に基づく文書が必要です。そのような論理性が高かったことも儒学が選ばれた理由の1つだと，僕は考えています。

訓詁学の形成

さて「利用する」ためには，権力にとって不要なところや，危険なところは取り除かねばなりません。また経典の解釈も国家によって統一されることになります。こういった役目を負っていたのが**五経博士**だったのです。このあたりから，儒学は国家の統一や皇帝権力を支える思想となっていきました。

さらに後漢の時代になると，官吏選抜制度である**郷挙里選**(→ p.98)でも**儒学の知識が重要視**されるようになりました。するとその前提として，まずは**儒学の経典の収拾・整理**が必要となります。なんせ**始皇帝の焚書・坑儒**で，儒学のみならず，多くの書籍が失われましたからね。で，この儒学の経典などの収拾・整理に尽力したのが，前漢末の**劉向**でした。

また儒学の経典の字句の解釈・注釈も必要となりました。だって，人によって解釈などが異なっていては，試験で儒学の内容を問えませんからね。

こうして，儒学の**経典の字句の解釈**を行う**訓詁学**が発展しました。

Q 後漢の学者馬融の門下で，訓詁学の確立者といわれるのはだれか？　——**鄭玄**

鄭玄
(127～200)

その訓詁学の手助けをするために『**説文解字**』という字典もつくられています。編者は**許慎**でした。

漢代の社会変化

漢の時代，人口の大半は農民であり，彼らは５～６人程度の**家族単位**で農耕を行っていました。しかし小規模経営のため生活は苦しく，なおかつ国家が課す**重税**が重くのしかかってきます。とくに**外征**が活発に行われる武帝の時代にはね。また**自然災害**も農民にダメージを与えました。これに耐えられなかった農民は，土地を売ったり逃亡したりして没落していきます。

Q 困窮した農民が売ったり，放棄したりした土地はどうなったか？

それらの土地は有力者たちによって買い集められ，農村には**大土地所有者**が成長していきました。彼らは**豪族**と呼ばれるようになります。このような連中の萌芽は，すでに戦国時代末期にはあったようです。

豪族は，没落した農民などを，**奴婢**(奴隷)や**小作人**として使役し，さらには地方の開発も行ってますます富裕になっていきます。また**私兵**をも雇って，地方の実力者に成長していくのでした。

台頭する豪族たちは，中央の権力者である皇帝にとって，気になる存在だったのです。

郷挙里選

次は官吏任用制度について。

Q 官吏任用策として武帝の時代に始められた制度をなんと言うか？

——郷挙里選

郷挙里選は，**地方長官**の**推薦**によって官吏を選抜するという制度です。

「**里**」は100戸から成る集落。ここでまず候補者を選び，次に「**郷**」という大きな単位で，そこから候補者を挙げるわけです。

ということで，少なくとも前漢までは**学科試験が中心ではなかった**ようです。要するに点数化されにくい試験であり，これは**地方豪族の介入**を招きました。彼らがいろいろな影響力を行使して，自分の子弟を中央に推薦させたのです。郷挙里選は結果として，**豪族の中央政界進出**という事態を招いていきました（注：山川出版社の『詳説』では，「後漢時代には豪族が儒学を学んで官僚となり国政に進出」とし，政界進出の時期を後漢の時代としている）。

その豪族の力を抑えるために，BC 1 世紀末に試みられたのが**限田策**です。これは大土地所有制の制限を目的とする法律なのですが，反対も大きく，失敗に終わりました。時の皇帝は**哀帝**でした。

3 新朝と後漢

別冊プリント p.55 参照

新朝/赤眉の乱

さて，**豪族**たちが伸張することによって，前漢の中央集権体制はだんだんとゆるんでいきます。また宮廷内では，**宦官**や**外戚**が権力をめぐって争いました。このような混乱に乗じて「**新**」という国が登場し，漢帝国はしばらく中断してしまいます。その張本人が**王莽**という人物で，彼は漢帝室の**外戚**，すなわち**皇后の一族**でした。

王莽は『**周礼**』という周代の規範に立ち返り，**土地の国有化**などを試みました。しかしこれは**豪族の反乱**を招きました。また，政治の混乱や飢饉の頻発が原因となって**大きな農民反乱**が起き，**新はわずか 15 年で滅亡**しました。

この農民反乱を**赤眉の乱**と言います。この乱に参加した農民たちが眉毛を赤く塗ったところからこの名がついた。いわば中国農民反乱史上の“パンク”だね(笑)。

後漢の成立

その赤眉の乱を鎮圧して成立したのが**後漢**です。

弱いって言うな!

光武帝(位25~57)

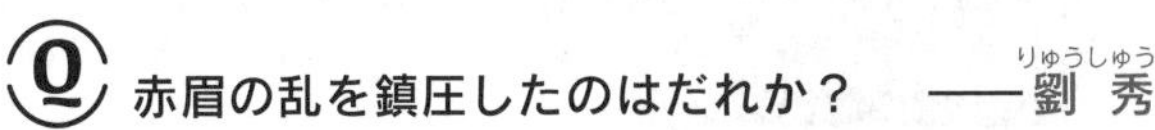

Q 赤眉の乱を鎮圧したのはだれか？　——劉 秀

河南省出身の人物です。劉という姓で分かるように，彼ももともとは漢の帝室の一族なんですね。後漢の都は，長安ではなく，そこから下流の**洛陽**です。

この後漢という国は，武帝を頂点として強かった時代の前漢とはかなり異なる国でした。

結論的に言えば，**皇帝の中央集権体制は弱く，豪族の連合政権**というのが，国家の実態でした。劉秀は，豪族の支持がなければ赤眉の乱の鎮圧もできなかったし，皇帝になることも不可能だったと思われます。

漢委奴国王

さて，この**光武帝**(**劉 秀**)ですが，後漢をつくったこと以外では，**倭**の国の使いを迎えたことを押さえておきましょう。倭というのは日本ですね。倭の使いは AD 57 年，中国の年号でいうと建武中元 2 年にやって来ました。

Q その様子を伝える中国の史書の名は？　——『後漢書』

とくに“東の野蛮人”について書かれた部分があり，この部分を「**東夷伝**」と言います。みんながよく間違うところですが，『後漢書東夷伝』というタイトルの本はありませんよ。

そのとき，**倭の奴国王**が朝貢した返礼として光武帝から授けられた印が 1784 年，現在の福岡県志賀島で発見された**金印**です。そこには「**漢委奴国**

王」と記されています。「委」の字には注意。「亻」ニンベンが省略されていますよね。

こうして，奴国の王は漢皇帝によって国王であることを承認され，漢皇帝と奴国王の間には，**君臣関係に基づく外交秩序**が成立しました。これを**冊封**と言います。これについては，いずれくわしく(→ p.123)。

漢委奴国王印

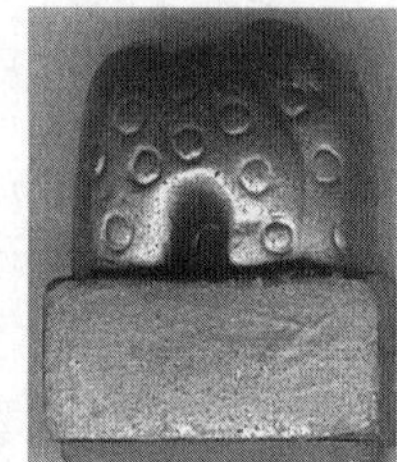

志賀島の金印博物館で売っている金印のおみやげ。ゴム印になっている。授業では，これを本物と称して生徒に見せびらかしている。

漢委奴国王

西域都護

1世紀末に登場した**和帝**の時代には，再び中国王朝の力が中央アジアにまで伸びています。ここに派遣された人物が**班超**。彼は**西域都護**に任ぜられました。西域都護とは，中央アジアを支配する長官のことです。

西域都護は前漢**宣帝**の時代(BC 1 世紀)に設置されていた役職の復活です。彼の兄ちゃんは**班固**，あの『**漢書**』を編纂した大歴史学者です。

班超は**大秦国**，つまり**ローマ帝国**に部下を派遣しようとしました。部下の名前は**甘英**。しかし甘英は，ローマ帝国には達することはできなかった。多分シリアまで到達したのだろうと言われています。

ローマと言えば，166 年には**日南郡**に**大秦王安敦**の使いと称するものが来航しましたね。大秦王安敦とは，**マルクス=アウレリウス=アントニヌス帝**のことです。

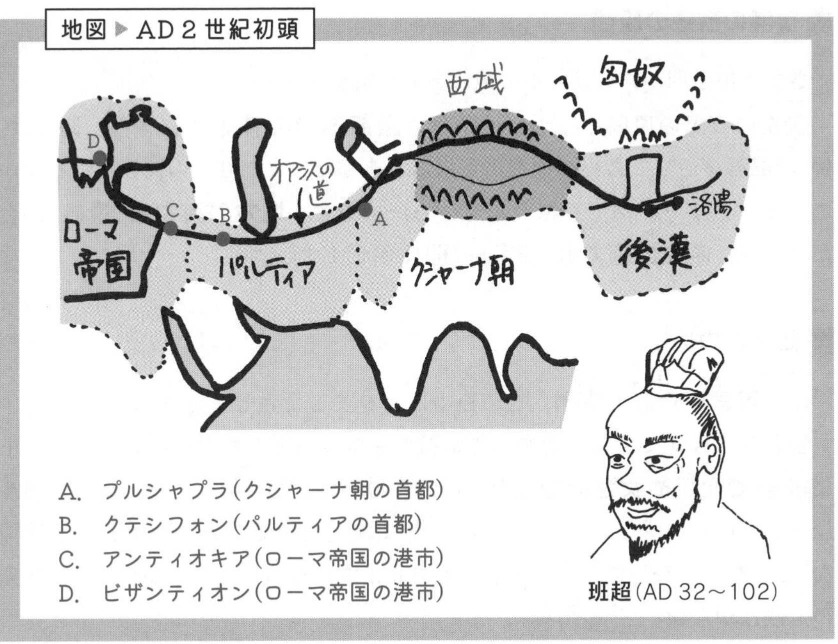

同じく和帝の治世期には，**紙の製法**が考案(改良)されました。

Q 紙の製法を考案した人物はだれか？ ——**蔡倫(さいりん)**

蔡倫は宦官(かんがん)です。紙の発明，これは非常に大きな発明です。だって，文字を記していたものといえば，竹や木の札を束(たば)ねた**竹簡(ちくかん)**や**木簡(もっかん)**，あるいは**絹布(けんぷ)**ですよ。縦や横の繊維(せんい)が走っているから，ものすごく書きにくいですよね。

これに対して，紙は表面がすべすべしていて，縦横無尽(じゅうおうむじん)に文字を書けます。しかも小さな字をびっしり書き込むことができます。そして軽い。これで**記録し，かつ伝達できる文字の量は激増**し，これによって，**人間の知的活動も飛躍的に発展**しました。また膨大(ぼうだい)な記録が可能になったことで，財政など，**国家の運営も効率が増した**ことでしょう。

それから現在では，蔡倫を“発明者”ではなく，“改良者”だとする見方が一般的なようですね。

後漢の衰退の原因

さて，最盛期があれば，その後に衰退が始まります。

後漢の衰退の原因の1つは，やはり**豪族勢力の伸張**でしょう。彼らは，**郷挙里選**（きょうきょりせん）を通じて官界への進出も果たしました。また地方の開発も進むなかで，ますますその勢力を拡大していったのです。**地方の有力者（豪族）**が台頭すれば，**中央の権力者（皇帝）は弱体化**しますね。

宦官について

次に**宦官**（かんがん）**や外戚**（がいせき）**の専横**（せんおう）。この連中は宮廷（きゅうてい）を混乱させました。

宦官はご存知ですね。男性の生殖機能を取り去られた“男性”の役人で，主に**後宮**（こうきゅう）**で皇后**（こうごう）**や女官の管理**などを行っていました。後宮とは，皇后などが居住している場所で，男子禁制のエリアです。だって男が入ったら，“不適切な”ことをやらかしてしまう可能性もありますからね（笑）。しかし宦官にはその危険性がない。

また宦官は，後宮も含めて宮廷のいろんな場所に出入りできるため，さまざまな情報を手に入れることが可能でした。これは皇帝としては利用価値が高いといえます。

こんなこともあって，宦官は皇帝から信任されることが多かったわけです。しかしそれをいいことに，政治を左右しようという野心をもった宦官が現れると，政治は混乱するのです。

外戚について

外戚ですか？　これは**皇后や妃**（ひ）**などの一族**。皇后は皇帝の正妻で，妃とは2番目以降の女性たちをいいます。

中国では基本的に**男子が帝位**を継承（けいしょう）します。よって，皇帝になるには，男で，なおかつ皇帝の血筋でなければなりません。

でも皇后や妃はそうではない。皇帝が“惚（ほ）れれば”皇后になれるのです。昨日までは農民の娘だったのが，今日からは皇帝の奥さん。盛り上がるのは，娘の一族ですね。「ヤッター，皇后の権威を借りて，利権を確保しよう」てな感じで，いっせいに利権をあさり始める。だから外戚って，しばしば宮廷の混乱の震源地になるのです。

宦官が起こした有名な事件に，2 世紀後半の**党錮の禁**があります。これは，実権を握る宦官が，これを批判する「**党人**」と呼ばれる**官僚**や**知識人**を，官職から追放する事件でした。時の皇帝は**桓帝**でした。

黄巾の乱

農民反乱も後漢の衰退に拍車をかけます。有名な農民反乱を 2 つ挙げておきましょう。1 つは**黄巾の乱**，黄色の頭巾が目印になった。リーダーは **張角**，では，

Q 張角が率いた宗教結社をなんと言うか？ ——**太平道**と言います。

また長江上流の**四川地方**では，**五斗米道**という宗教結社が勢力を拡大させました。五斗米道は**天師道**ともいい, **道教**の源流の 1 つです。名前の由来は, 信徒に五斗のお米を供出させたところにあるようです。五斗米道のリーダーだったのは**張 陵**です。

後漢の滅亡

この黄巾の乱によって，後漢の皇帝はほとんど統治能力を喪失してしまいました。各地には実力者たちが台頭し，そのなかの一人であった**曹操**が実権を握りました。そして彼の息子である**曹丕**が，後漢最後の皇帝から事実上帝位を奪い，後漢は滅びました。時に **AD 220 年**のことでした。ちなみに「事実上帝位を奪い」と言ったのには，わけがあります。それはまたあとで(→ p.108)。

漢帝国の盛衰の図を描くとこうなります(→次ページ)。歴史の大きな流れをつかんでおいてください。

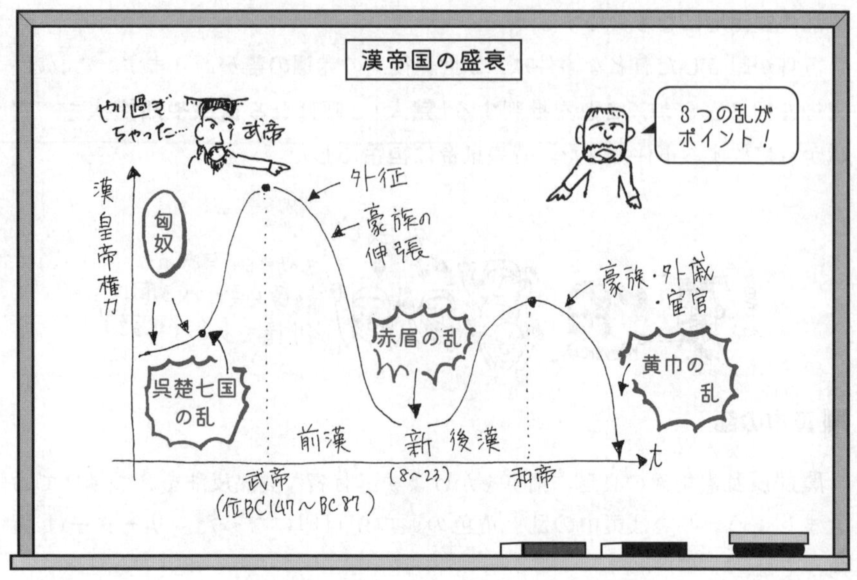

漢代の文化

漢の話の最後に，儒学以外の漢代の文化について見てみましょう。

まず歴史学。

Q 三皇五帝の時代から前漢武帝の時代までの歴史を，『史記』にまとめた人物は？

——**司馬遷**ですね。

われわれ歴史をやっている人間にとっちゃあ“神様”です。そして『史記』の叙述スタイルは**紀伝体**です。君主などの記録である「**本紀**」と，家臣や周辺地

司馬遷
(BC 145？～BC 86？)

(ちくま学芸文庫)

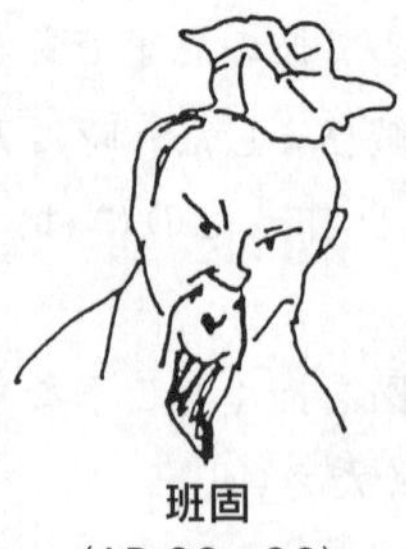

班固
(AD 32～92)

(ちくま学芸文庫)

域などの記録である「**列伝**」を軸に歴史を展開するところから「紀伝体」と呼ばれました。これに対して，世界史の教科書みたいに時系列に従って歴史を叙述するスタイルを**編年体**と言います。五経の１つである『**春秋**』は，**編年体**の史書ですね。それから『史記』は最初の**正史**となりました。正史とは王朝公認の史書のことです。

続いて『**漢書**』。編纂者は**班固**。あの**西域都護**になった**班超**のお兄ちゃんです。『漢書』には前漢一代の歴史が記されています。スタイルは**紀伝体**。この後，王朝が滅びると，次の王朝が前の王朝についての歴史を編纂するようになります。動機？　そりゃ**前の王朝が滅んだ原因が知りたい**のさ。受験生で言うなら，先輩の不合格体験記にあたるものです。

最後に医学書の『**傷寒論**』。教科書レベルでは，最も古い医書ですね。著者は**張仲景**。

漢字の書体は**隷書**が普及しました。今の**楷書**の前身ですね。

隷書は，秦代の篆書よりも字画が簡略化されて，速く書くことができるようですね。

甲骨文字　　篆　書　　隷　書　　楷　書

また，後漢の**張衡**は「**渾天儀**」と呼ばれる**天球儀**や，世界最古の**地震計**とされる「**地動儀**」を作成しました。さらに詩文も巧みで，『**文選**』(→ p.122)には『**帰田賦**』などの作品が収められています。

『帰田賦』には，「**令月(よい月)，時は和らぎ気は清し**」という一節が登場します。これに，**大伴旅人**が九州の**大宰府**(**太宰府**)で開いた「**梅花の宴**」に招待された誰かがインスパイアされて，「時に、初春の令月、気淑しく風和らぐ」と詠みました(引用は岩波文庫『万葉集(二)』から)。

もうおわかりですね，これが元号「**令和**」の起源となったのです。

今回はここまでです。お疲れさま。

第8回 魏晋南北朝時代

中国史(3)——中国の動乱と変容

今回は，**三国時代**から**南北朝時代**までを見ていきましょう。この時代を**魏晋南北朝時代**ともいいます。

後漢が滅亡した**AD 220 年**から**589 年**までの約 370 年間ですが，この時代は，

> ① **統一王朝が成立しなかった分裂の時代**
> ② **騎馬遊牧民の活動が活発だった時代**

と概観することができます。表題に「中国の動乱と変容」と記していますが，「変容」の中味は，②にあるように，**騎馬遊牧民の活動が活発化**したことにあります。ここで言う「騎馬遊牧民」とは，中国北方や西方で活動している人々のことです。

彼らはこれまでも，中国本土を侵略して略奪などを繰り返してきました。しかし魏晋南北朝時代になると，彼らの一部は**華北などに定着**し，**彼らの文化は漢民族の文化と融合**するようになりました。これを東京書籍の教科書では「**胡漢融合**」という言葉で表現しています。ちなみに「胡」とは，漢民族が遊牧民をさして言う時の言葉です。

こんなことにも気を配りながら，実際の歴史の流れを見ていきましょう。

1 三国時代

別冊プリント p.58 参照

まず後漢の衰亡期から，3 国の争乱期にかけての時代を見ておきましょう。

後漢末の混乱期には 3 人の実力者が登場しました。**華北**に根拠地をもつ**曹操**と，そのライバルだった**劉備**と**孫権**です。

Q **AD 208 年に華北から南下した曹操の軍と劉備・孫権の同盟軍が激突した戦いをなんと呼ぶか？** ——**赤壁の戦い**

この結果，曹操軍が敗れ，しばらくして**魏**・**蜀**・**呉**の**3国鼎立時代**を迎えます。3国の首都は，まず魏が**洛陽**ですが，

Q **蜀の首都はどこか？** ——**成都**

Q **呉の首都は？** ——**建業**

建業は今の**南京**ですね。

その後，**263 年**に魏が**蜀**を滅ぼし，その魏も 265 年には**晋**(西晋)にとって代わられました。さらにその晋が **280 年**に**呉**を滅ぼして，中国は **60 年ぶりに統一**されるのです。

では，三国の政治史を見ていきましょう。まず魏の国から。

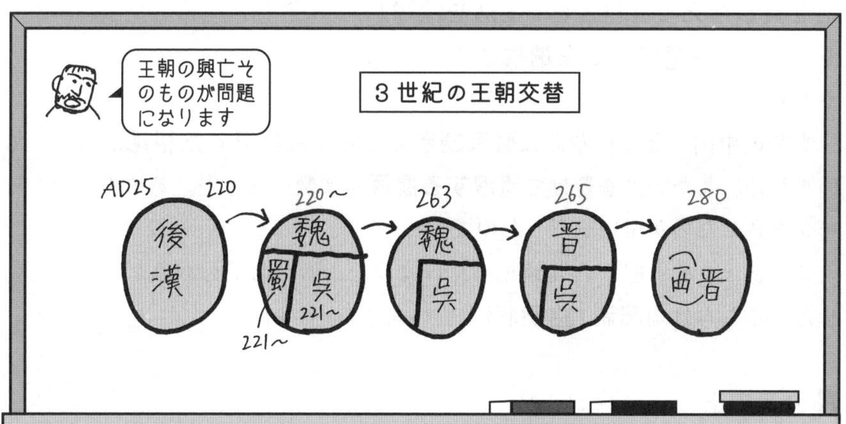

魏の成立

魏の初代皇帝は**文帝**ですね。曹操の子**曹丕**が文帝で，後漢最後の皇帝，**献帝**から帝位を譲られたのですね。これは間違えないでください。初代皇帝は**曹操**ではなく，息子の曹丕ですよ。

皇帝の位が平和のうちに譲られることを**禅譲**(ぜんじょう)といい，文帝の場合は，一応これにあたります。ただし実際には，かなり脅迫(きょうはく)めいたこともやっていたようです。で，これに対して，武力で権力の座を奪(うば)い取ることを**放伐**(ほうばつ)と言います。

曹丕
(位 220~226)

次は魏の時代に始められた制度について見てみましょう。

魏の屯田制

まず**屯田制**(とんでんせい)からとりあげましょう。屯田制は，秦・漢の時代にもありました。この時代の屯田制は，辺境の警備にあたる**兵士に土地を与えて**，**食糧を自給**させようというものでした。

これに対して，魏の屯田制は，**農民に土地を貸し与え**て耕作させて**生活を保障**し，そのうえで**生産物などを納税**させる，というものです。

当時の中国，とくに華北は**戦乱続き**のために**荒れ果てた耕地**が広がっていました。また戦乱を避けて**流浪**(るろう)**する農民**も多数いました。その両者をドッキングさせたのが屯田制だったのです。

このあと，5世紀末の**北魏**(ほくぎ)でも，ほぼ同じ内容・目的の制度が実施されました。こちらは**均田制**(きんでんせい)(**給田制**(きゅうでんせい))と言います(→p.115)。

九品中正

次は**九品中正**(きゅうひんちゅうせい)，もしくは**九品官人法**(かんじん)です。**文帝**の治世に創始されたもので，漢代の**郷挙里選**(きょうきょりせん)と並んで有名な官吏任用法です。

Q 地方の評判を聞いて，官吏として適切な人間を中央に推薦(すいせん)する役人の官職名は？
――中正官(ちゅうせいかん)

推薦による選抜という点では，郷挙里選と同じですね。

九品というのは９等級の序列のことです。しかし，中正官たちは地方の実力者である**豪族**に抱き込まれて，結果的には**豪族の子弟**が９つの等級の上位にランクされ，**高級官僚として中央官界に進出**してしまうという結果を生んでしまいました。

これを皮肉った諺が，「**上品に寒門**(貧乏な家)**なく**，**下品に勢族**(有力な家)**なし**」です。

▶門閥貴族の形成

さらにこのことによって，**豪族の門閥貴族化**という結果をも招くことになりました。**門閥貴族**(もしくは，単に**貴族**)という言葉は，必ず教科書に出てきますが，豪族と貴族はどう違うのでしょうか？

まず，**豪族**とは地方の**大土地所有者**です。まあ，お金があってそこそこの政治的力をも持っている人々です。それに対して，**貴族**とは伝統的**権威**をもまとった人々です。そしてその権威をまとう契機が，**九品中正**を通じて，皇帝陛下にお仕えする**官僚**になったことでした。**皇帝の権威**を笠に着ることによって，彼らは自分に“**箔を付けた**”のです。

その後，彼らは，そのような人々どうしで婚姻を結び，庶民とは隔絶した身分となりました。こうして「**貴族**」**という階層**が生まれたのです。

卑弥呼の遣使

それから，魏といえば，『**魏志**』**倭人伝**に日本の**邪馬台国**の使者が，魏支配下の朝鮮の**帯方郡**にやってきたことが書いてあります。

Q 当時の邪馬台国の女王は？ ──**卑弥呼**ですね。

彼女は，魏の皇帝によって「**親魏倭王**」という称号を与えられ，**冊封**されました。

蜀・呉

続いて蜀です。都は**成都**で，**劉備**が即位し，のちに昭烈帝と呼ばれるようになります。腹心の部下に軍師**諸葛亮**（**孔明**）がいました。魏との戦争中，彼は名文として知られる『**出師の表**』を残しました。最後は五丈原という場所の陣中で死にました。

最後は呉。建国者は**孫権**ですね。都は**建業**で，現在の**南京**。文化史的時代区分である「**六朝時代**」はこの王朝から始まるとされています。

② 晋（西晋，265 ~ 316）

別冊プリント p.59 参照

晋（西晋）の成立

さて，魏を滅ぼして晋という新王朝を開いたのは魏の家臣だった**司馬炎**でした。あとで登場する**東晋**と区別するために，**西晋**とも言います。司馬炎も，魏の曹丕と同じように，魏の皇帝から**禅譲**によって帝位を譲られました。皇帝としての諡号（おくりな）は**武帝**です。時に**265年**のことでした。そこで，みなさんに質問。

Q 晋の時代に，豪族の大土地所有を制限するなどの目的のために出された法律とは？ ──**占田・課田法**

法律の内容はよくわかんないみたい。ただ，**豪族による大土地所有を制限する**ための法律，あるいは国家が**農民に土地を割りあてて税源を確保す**

るための法律であったことは確実なようです。

また，農家からは絹布や真綿(絹のかたまり)を徴収しました。これは，農家一戸一戸を単位に徴収されたので，**戸調**(**戸調式**)と言います。

西晋の滅亡

晋は一族を各地の**王**として，地方の支配をさせました。とりあえずは血縁を信じて，彼らを通じて皇帝権力を浸透させようとしたのです。

しかしこれは裏目に出ます。というのも，290 年にこの王たちが次々と挙兵してしまったのです。これを**八王の乱**と言います。これで**晋は決定的に衰退**しました。

さらに晋の衰退の“ダメ押し”となったのが，4 世紀初頭に起こった**永嘉の乱**(307 ～ 13 年)でした。永嘉とは，当時の元号。では，

Q この異民族の反乱の中心となった騎馬民族は？　――匈奴

匈奴は，もともと中国北方の**モンゴル高原**にいましたが，BC 1 世紀に**東西**に分裂し，**西匈奴**は滅亡。そして生き残った**東匈奴**も，後漢の時代の AD 1 世紀に**南北に分裂**しました。

そのうちの**南匈奴**は，(万里の)長城以南に移動して，後漢以降の歴代王朝の**傭兵**となり，騎兵として活動しました。その彼らが，晋の弱体化を見て，中国を支配してやろうという野心を持ったのです。

とくに匈奴の族長**劉淵**は，304 年に「**漢**」の建国を宣言します。

何で「漢」か？　そりゃやっぱり，あの強かった漢に対する憧れからだろう。ヨーロッパだって，イタリアにできたわけでもないのに「神聖ローマ帝国」なんてのが出てくるだろう。それと同じさ。

そして彼の子**劉聡**が，311 年に晋の首都**洛陽**を占領し，**316 年**には，晋の皇族が落ち延びていた長安を占領しました。こうして**晋**(**西晋**)**は滅亡**しました。一方，晋王朝の残党は**江南**に逃亡し，**東晋を建国**しました。

ここから**隋による統一**が達成される**589 年**までの，270 年余りのあいだ，中国は**南北に分裂**し，**華北**と**江南**で，それぞれ王朝が興亡する時代が展開するのでした。

五胡十六国時代・北朝５王朝

別冊プリント p.59 参照

五胡十六国時代

では，まず**華北**の状況から見ていきましょう。

匈奴によって漢の建国が宣言された**304年**から，**北魏による統一**が達成される**439年**までを，**五胡十六国時代**と言います。135年のあいだに，**五胡**と呼ばれる異民族を中心に，**16の国**が興亡した時代です。

五胡，すなわち**5つの異民族**とは，

五胡

匈奴，鮮卑，羯，氐，羌

氐と羌は**チベット系**です。争乱の詳細を覚える必要はないでしょう。

ただ，1つだけ覚えてほしいのは，4世紀の後半に**前秦の苻堅**という人物によって，華北が一時的に統一されたことです。

地図▶4世紀後半の中国・朝鮮

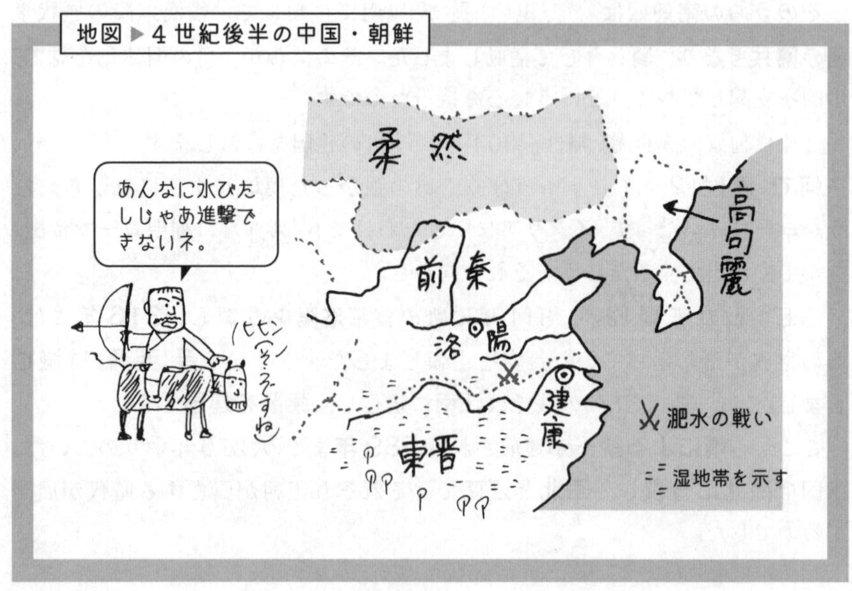

ところが苻堅はその後，よしゃあいいのに中国全土の統一をめざして南進し，東晋に敗北してしまいます。

Q **383年に起こったこの前秦と東晋との戦いは何？**

——**淝水(ひすい)の戦い**ですね。

さて，五胡十六国時代の争乱によって，華北の農業生産力は低下しました。一方，争乱を避けて多くの**農民・豪族・貴族が江南に移住**し，これは**江南開発を推進**することになりました。

南船北馬

それから，淝水の戦いを例外として，華北の異民族王朝が南進した事実は，教科書には書いてありませんね。事実，なかったようです。

理由？　大きいのは**自然環境**だろうね。華北は**乾燥**しているのに対し，江南は**森林**もあり，**河川(かせん)**や**湖沼(こしょう)**もたくさんある**湿潤(しつじゅん)地帯**です。乾燥に慣(な)れている北方や西方の異民族には辛(つら)かったろう。

「**南船北馬(なんせんほくば)**」って言葉もあるよね。華北の移動手段は**馬**。これに対して，江南は**船**が主要な移動手段。草原の民である騎馬民族って，船を操(あやつ)るのには慣(な)れてないし，船酔いでもしたら最悪だよ。

北魏による華北の統一

さて386年に**北魏(ほくぎ)**が建国されました。この国は漢人国家ではありません。

Q **北魏を建国した民族は何か？**

——**鮮卑(せんぴ)**

鮮卑のなかでも**拓跋氏(たくばつ)**が北魏を建国するのですが，建国者は**拓跋珪(たくばつけい)**という人物でした。でも，この段階では，まだ五胡十六国の1つに過ぎない。

もともとの都のあった場所は内モンゴルの盛楽(せいらく)ですけれども，しばらくして現在の大同，当時の呼び名でいうと**平城(へいじょう)**に都を移します。北朝鮮の都の平壌とは違いますよ。それから約50年後の**439年**になって，ようやく**華北が統一**されました。

地図▶5世紀の中国・朝鮮

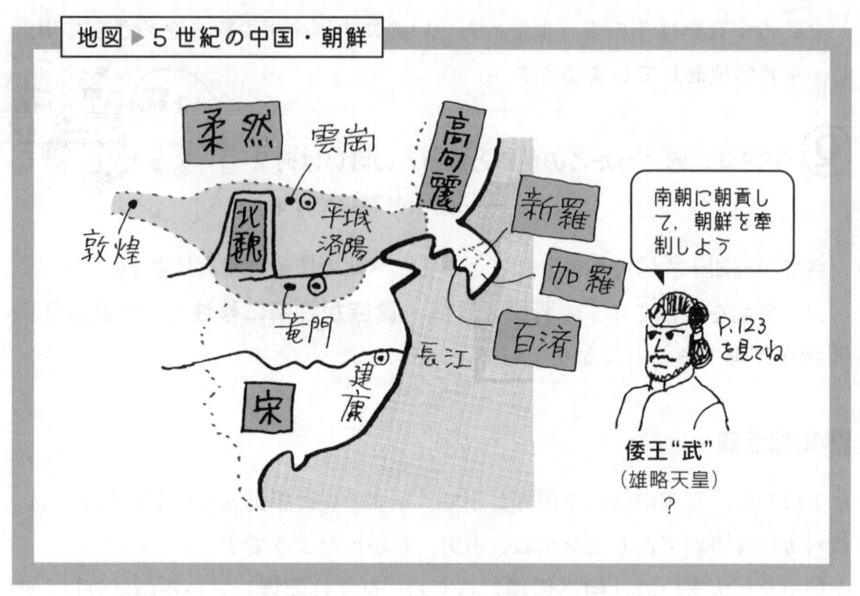

Q **北魏の皇帝で華北の統一に成功したのはだれか？**

——**太武帝**(たいぶてい)です。

次に太武帝が考えたのは，人々のハートをつかむこと。そこで太武帝が着目したのは**道教**でした。道教教団を確立した**寇謙之**(こうけんし)は太武帝に信任され，一方太武帝は**仏教に対しては弾圧**を展開しました。

しかし太武帝が死ぬと，次の**文成帝**(ぶんせいてい)は仏教の信仰を認め，**雲崗石窟寺院**(うんこうせっくつ)の造営を始めました。

北魏の均田制(給田制)

5世紀の後半には**孝文帝**が登場しました。彼は何をやったか？

まず485年に**均田制**(**給田制**)を実施し，併せて農民支配の方法として**三長制**という隣保制度も制定しました。

では均田制を実施した目的は何か？　これはさっきお話しした**屯田制**と同じです(→ p.108)。

まずは，**流浪していた農民を土地に定着させる**のが目的でした。何で農民が流浪するかというと，**戦乱**が続いているからですよね。耕地は荒廃し，農民たちは耕地をあとにして流浪するしかなかったんです。

そこで孝文帝は農民に**無主の土地**を均等に貸し与え，生活を保障し，それと引き換えに税を払わせます。こうして**皇帝直轄地を拡大**し，皇帝権力を強化していこうとしたのです。

また一方で，**流民や無主の土地が豪族などの支配下に入るのを防ぐ**ことも期待されました。

さらに北魏の均田制の内容を見てみると，男子に対してのみではなく，**女性**(農民の妻)**や奴婢や耕牛にも給田**するという規定があります。奴婢の「奴」は男性，「婢」は女性の奴隷のことです。

均田制と豪族・貴族

そこで質問です。

孝文帝は，何故に奴婢や耕牛にも給田をしたのか？

均田制によって皇帝直轄地が拡大することは，**豪族・貴族にとっては不安**の種でした。「皇帝は，いずれは俺たち(豪族・貴族)の土地も奪おうと思ってんだろう！」。隋・唐時代に比べて，皇帝権力がさほど強大でなかった北魏です。豪族・貴族のすべてを敵に回したら，皇帝はひとたまりもありません。

そこで，奴婢や耕牛を所有している**豪族・貴族にも給田**することで，孝文帝は彼らと妥協しようとしたのでした。

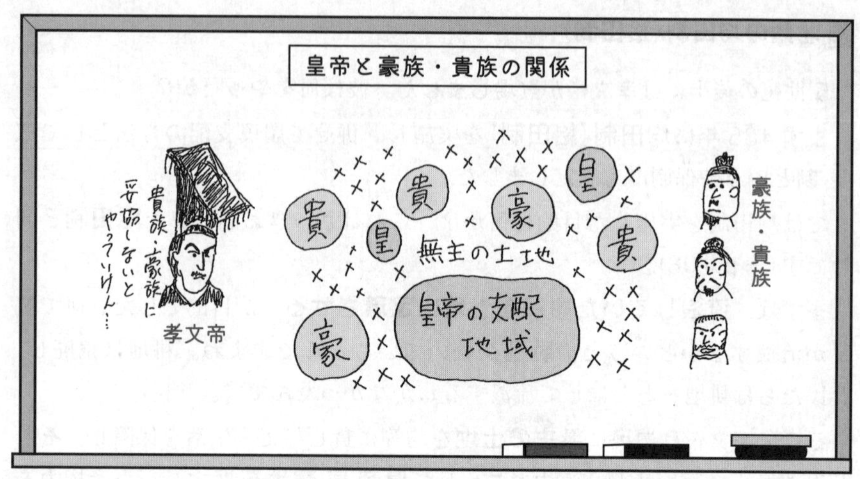

三長制

また給田を受けた農民は，５戸で「**隣**(りん)」という単位とし，５隣で「**里**(り)」，そして５里で「**党**(とう)」という単位としました。**1 党**は **125** 戸の農家となりますね。そしてそれぞれの単位に，**隣長・里長・党長**というリーダーを置いて監督させました。この農民支配策を，**三長制**と言いました。

また税制は**牀調**(しょうちょう)**式**と言って，**夫婦**単位で課税しました。「牀」とはベッドのことで夫婦の代名詞です。**農家１戸単位**で課税する**西晋の戸調式**に比べると，皇帝権力が強くなった分だけ，徴税の単位が細かくなったようですね。

漢化政策

孝文帝の政策で，もう１つ重要なのが**漢化**(かんか)**政策**。これは，

- **概要**：鮮卑人(せんぴじん)が民族文化を捨て，中国文化（漢民族の文化）を受容する。
- **目的**：鮮卑人と漢民族の融和をはかる。

という政策でした。

具体策としては，まず**胡服**(こふく)**と胡語**(こご)**を禁止**しました。

胡服とは遊牧民族たる鮮卑人の乗馬用の服，要するに**ズボン**ですね。そし

て鮮卑の言葉を使うことを禁止してしまったんです。

少数の支配者である鮮卑人が，圧倒的多数の漢民族を支配するためには，**暴力だけじゃダメ**ですからね。それだけだと反発が強まるばかりです。だから，相手にすり寄っていく姿勢も見せないとね。

また漢化政策では，「**胡漢の通婚**」も奨励されました。ここでいう「胡」とは，鮮卑人をはじめとする北方民族のことです。さらには**儒教道徳**による遊牧民の教化も行われました。また床にすわる生活から，**椅子とテーブル**を使うという漢民族の生活スタイルも遊牧民に広まりました。

それから孝文帝の時代には，首都も**平城**から**洛陽**に遷都してますね。草原地帯で遊牧民の生活圏に接している平城から，もろ漢民族の真んなかって感じの洛陽に遷都したことも，漢化政策の一環と考えることもできるんじゃないかな。

雲崗石窟と竜門石窟

それから平城と洛陽の近くには，それぞれ**石窟寺院**がつくられました。他の王朝のときにつくられたものもありますけどね。

平城の西側に**雲崗石窟寺院**が，**洛陽**の近くには**竜門石窟寺院**が造営されました。この２つは同じ北魏の時代を中心につくられた寺院なのに，安置されている仏像の顔は全然違うんです。

雲崗の石窟寺院のお顔は「**グプタ・ガンダーラ様式**」が中心。ガンダーラ様式というのは，簡単に言うと像が**ギリシア人**の顔をしているのです。

一方のグプタ様式は**インド風**です。インド人の顔か，もしくはそれとギリシア人の顔を合わせたような顔をしているんです。

これに対して竜門石窟の仏像のお顔は**純中国風**です。仏像が中国人の顔をしているのです。

漢民族世界のど真んなかだから，仏像の顔もこうなっちゃったんでしょうかね？　だとすれば漢化政策は，仏像の顔も変えたことになるのかな⁉

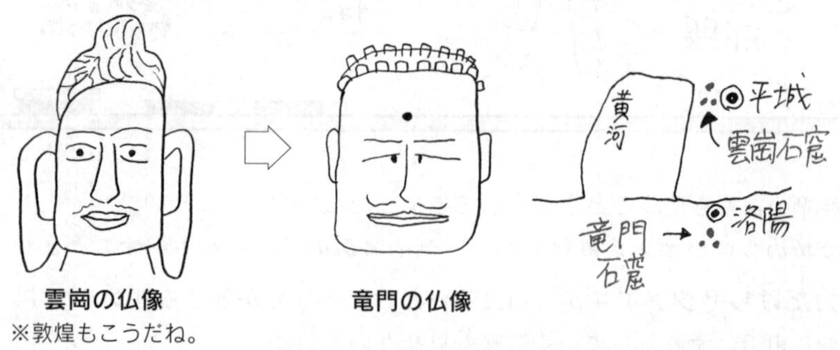

雲崗の仏像
※敦煌もこうだね。

竜門の仏像

それから，北魏では**太武帝**（たいぶてい）が仏教弾圧をやりましたけど，太武帝の死後に**文成帝**（ぶんせいてい）が廃仏政策を止めています。そして雲崗石窟の造営を始めるのですね。

竜門石窟　遠景(上)と大仏(右)
国家による石窟寺院の造営は**北魏**から始まる。最も大きい仏像は唐代につくられた(写真右)。顔のモデルはあの則天武后といわれる。(注：筆者の右はガイドさんである。念のため)

北魏の分裂

さて，**漢化政策**によって鮮卑人と漢民族の融和が進んだことは間違いありません。

また漢人貴族と鮮卑人の上層部との婚姻も進み，**遊牧民出身の貴族層**も誕生していきました。彼らは**洛陽**に住み，漢人風の生活をし，**漢人貴族**とともに北魏の支配階層を構成しました。

一方これは，北方の辺境で昔ながらの遊牧生活をしている鮮卑人——とくに「**六鎮**」と呼ばれる北方の防衛拠点にいる**鮮卑人の反発**を買い，彼らは524年に反乱を起こしました。これを**六鎮の乱**と言います。

これを契機に，北魏は**西魏と東魏に分裂**してしまい，さらにこの2つの国は，それぞれ**北周**と**北斉**にとって代わられました。北魏以降のこれら**5つの王朝**は，まとめて**北朝**と呼ばれます。いずれの王朝も，支配層は**鮮卑系**の**拓跋氏**が中心です。

西魏の府兵制

西魏が創始した制度で重要なのは**府兵制**でしょう。その基本方針は**兵農一致**。要するに，**農民を兵士として組織**する，というものです。

これは苦肉の策でした。というのも，東魏のほうは遊牧生活を送っている人々の数が多く，そのぶん**騎兵**の数に事欠きませんでしたが，西魏はこれが少なかった。ということで，“数で勝負だ”とばかり，戦争に関しては“アマチュア”の農民たちを組織することに踏み切ったのです。

ちなみにこの軍制を導入したのは，西魏の丞相であった宇文泰という人物でした。

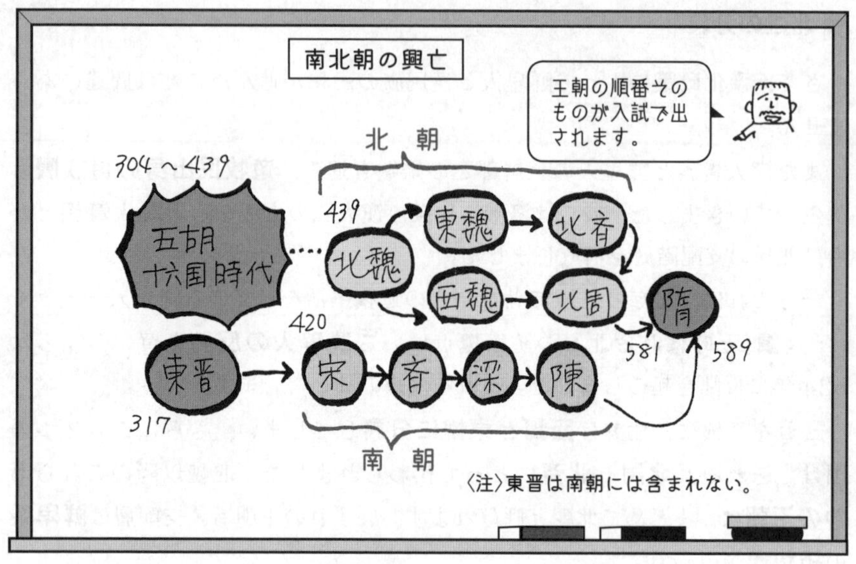

では続いて，中国南部に成立した王朝を見ていきましょう。

4 東晋・南朝４王朝

別冊プリント p.61 参照

東晋と南朝諸王朝

▶概況

東晋や南朝４王朝は，**江南**を中心に成立した王朝です。この時代の江南は，華北の争乱を避けて南下した漢人の数が増加し，その労働力によって**江南開発**が進んだ時代でした。

開発の主体は，**在地の貴族**たちです。彼らは**荘園**と呼ばれる**私有地**を拡大して，いっそう大きな力を地方で発揮するようになりました。ということは，中央の権力者である**皇帝は弱くならざるをえない**ですね。

この時代には政治的な話題はほとんどありません。それは皇帝が中心となって，国家単位で何かをやらかすことができなかったからです。というわけで，話題は**貴族趣味**の芸術を中心とした文化史ネタが中心となります。

▶東晋の文化

では東晋時代から。首都は**建康**です。呉の時代には**建業**と呼ばれていました。現在の**南京**ですね。続いて貴族趣味の文化を見てみましょう。

Q 『**帰去来辞**』を残した田園詩人はだれか？ ――**陶淵明**

Q **書聖**といわれ，「**蘭亭序**」を書いた書家は？ ――**王羲之**

Q 「**女史箴図**」を描いた**画聖**といわれる画家は？ ――**顧愷之**

王羲之の“羲”の字がややこしい。それからだいたい“何々聖”ときたら，その道のナンバーワンということです。では，詩聖はだれか知っているか？　それは唐の**杜甫**です。

東晋の出身で，**グプタ朝**のインドに仏教の研究に行った坊さんがおります。名前は**法顕**と言います。

▶南朝の時代

東晋が滅んだ後は**宋**，**斉**，**梁**，**陳**が続きます。この４王朝を**南朝**と言います。言っときますが，**東晋は南朝には入りません**。だってもともと華北から来た連中がつくった王朝ですからね。

まず宋を**劉裕**が建国。彼は**武人**の出身です。東晋に続いてこの王朝でも，華北からの移住者を**戸籍登録**し，課税しようとしました。この法律を**土断法**

と言います。戸籍に登録する目的は，移住者たちが江南の**豪族・貴族**たちの支配下に入るのを防ぐためでした。

昭明太子
(501～531)

宋の次の王朝は**斉**。その建国者は蕭道成。

その次の**梁**の建国者は蕭衍という人物です。やはりいずれも**武人**ですね。この時代では，**昭明太子**という人が編集した**『文選』**という作品が有名です。春秋時代以降の名文を彼の趣味に合わせて集めたものです。

Q 対句を用いたはなやかな文体で，この時代の特色ある文体は？

──四六騈儷体

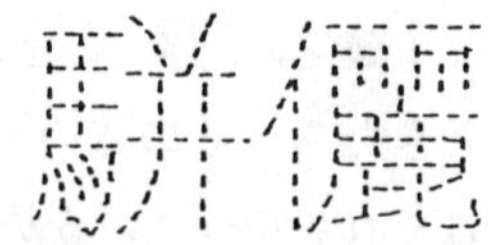

『文選』(岩波文庫)第2巻の表紙。
表紙の絵は，顧愷之の「女史箴図」である。「女史」とは，皇后などのお側にいる女官のことで，「箴」は守るべき「戒め」を意味する。
西晋の張華が著した「女史箴」という書物に，後になって東晋の"画聖"顧愷之が挿絵を描き，今日伝えられている「女史箴図」となった。
ただし顧愷之が描いたオリジナルは失われており，現存するものは唐代の模写といわれている。
(大英博物館所蔵)

最後の王朝は**陳**。創建者は武人の陳覇先。**589年**に**隋**によって滅ぼされた国です。

倭の五王の朝貢

東晋・南朝の対外関係についても見てみましょう。まず華北を支配する異民族王朝の北朝とは緊張関係が続いています。

一方，**『宋書』**には，**倭の五王**が遣使したことが記されています。「**五王**」とは，中国史書にいう「**讃・珍・済・興・武**」で，日本の**ヤマト政権**の天皇たちのことです。これらがだれを指すかについては諸説あるようです。

一方，「倭」による遣使の目的ははっきりしていて，**中国皇帝と友好関係**を築き，その権威を後盾(うしろだて)にすることで，当時の「倭」が進出しようとしていた**朝鮮の諸国を牽制(けんせい)**しようという意図(いと)がありました。

「冊封」という言葉

ヤマト政権の天皇からは9回の朝貢(ちょうこう)がなされ，**南朝の宋**などから**冊封(さくほう)**されました。出てきましたね，「**冊封**」！　今後も登場する重要な言葉なので，定義しておきましょう。

冊封とは？

中国皇帝が，朝貢した諸国に対して，官職や爵位(しゃくい)を与えてその統治を承認すること。

これによって**中国皇帝**と**諸国の君主**のあいだには，絶対的な上下の関係である**君臣関係**が成立しました。このような中国中心の国際関係を**冊封体制**と言います。ただし，中国皇帝が冊封した国の実質的な支配権を持つわけではありません。これには注意。

さて倭の五王ですが，期待したほどの官爵(かんしゃく)――言いかえると，朝鮮諸国をビビらせるほどの高位の官爵はもらえませんでした。それに不満だった日本は，このあと南朝に対する朝貢をやめてしまいます。

ここで，中国王朝と日本の冊封関係をまとめておきましょう。

① 倭の奴国・後漢（光武帝）……「漢委奴国王」の印綬を授けられる。
② 邪馬台国の卑弥呼・魏（明帝）…「親魏倭王」の称号を授けられる。
③ 倭の五王・南朝 …………………「倭王」として承認される。
④ 足利義満・明 ……………………「日本国王」として冊封される。

朝貢と冊封

それから，よく「**朝貢と冊封はどう違うんですか？**」という質問を受けます。

まず「**朝貢**」とは，**貢ぎ物**をもって**中国の君主**（**皇帝**）**に遣使**することを言います。中国王朝は，諸外国と**対等の関係など認めません**。だって，彼らは「**中華**」，すなわち“世界の真んなかで，世界の華”ですからね。

この「朝貢」という手続きを踏んだうえで，**君臣関係**に基づいた２国間に成立した外交関係のことを「**冊封**」と言うのです。

また「朝貢」はするけれども，**冊封関係は結ばず，貿易だけ**を行うという関係もあります。これについては唐のところでお話ししましょう（→ p.140）。

5 魏晋南北朝時代の文化

別冊プリント p.62 参照

では，政治史のところで触れられなかった文化史の事項について触れておきましょう。

衰退する儒学

まずは儒学から。イキナリだけど，**儒学はダメ**だな（笑）。儒学って，漢代に**官学化**され，**国家の安定**を支える思想になりましたよね（→ p.96）。ところが，魏晋南北朝の時代には，「安定」とはほど遠い**分裂と混乱**が続きました。だもんで，儒学は眼前の混乱を説明できず，人々から忘れられていくのです。

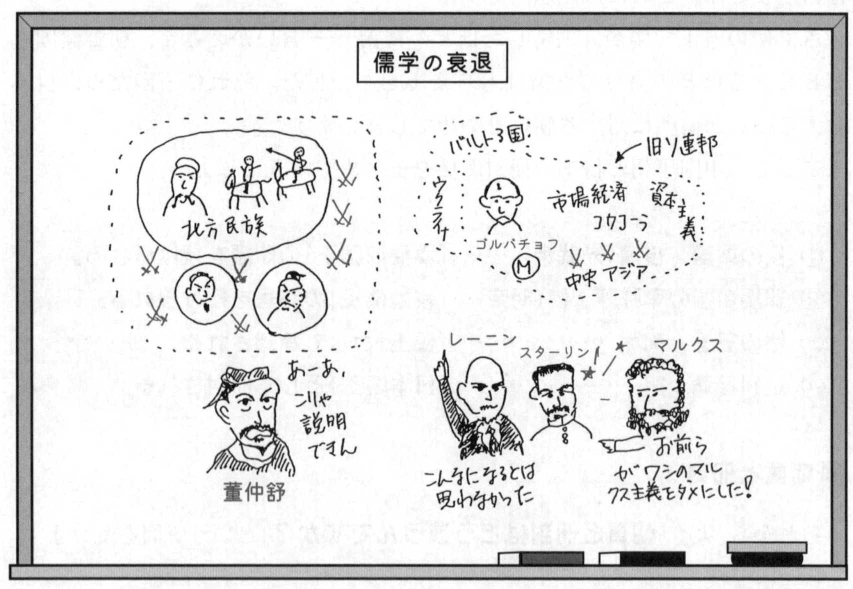

1991年に**ソ連が崩壊**すると，この国の**「官学」的な思想**だった**マルクス主義**が説得力を失い，しばらくのあいだ忘れ去られていたのと同じだね。

『世界史探究』の教科書に，「**儒学は沈滞した**」とはっきり書いてあるものは見つけきれませんでした。しかし，魏晋南北朝の時代の儒学について，何らかの記述がある教科書もありませんでした。……てことは，この時代の**儒学はパッとしなかった**ということですね(笑)。

仏教と老荘思想の隆盛

▶仏教の隆盛

代わって隆盛(りゅうせい)に向かったのが，外来の宗教であった**仏教**です。隆盛の理由ですか？　やっぱり，“すべては変化する”という仏教の「**諸行無常**(しょぎょうむじょう)」の思想が，変化が激しい魏晋南北朝の時代にフィットしたのでしょうね。ちなみに，仏教は，すでに**後漢**の時代に伝播(でんぱ)したようですが，国家が安定していた時代には，あまり流行(はや)りませんでした。

また仏教は，**キリスト教**や**イスラーム教**と同様に，**万民の平等**を説き，原則として民族や身分の差別を認めません。これは，**華北に侵入した異民族**にとってはありがたい思想でした。

仏教の布教で頑張ったのは，まず**西域の亀茲**(きじ)**(クチャ)**出身の**仏図澄**(ぶっとちょう)。彼は五胡十六国の1国だった後趙(こうちょう)の石勒(せきろく)・石虎(せきこ)に仕え，900近い仏寺を建立したようです。では，

Q やはり亀茲の出身で，五胡十六国の1つである後秦(こうしん)**のもとで活躍し，仏典の漢訳を行った僧は？**

——**鳩摩羅什**(くまらじゅう)ですね。

それから仏教の受容について一言。華北の異民族王朝のもとでは，動乱の激しさもあり**仏教は庶民にも受け入れられ**ました。一方江南の南朝においては，**貴族の教養として受容**されたようです。ここは論述のネタになりますね。

▶清談

また**清談**(せいだん)も流行しました。清談とは，“汚(よご)れた俗世間(ぞくせけん)とは距離をおいた清ら

かな議論”という意味です。魏晋南北朝の時代は，春秋戦国時代のように不安定で変化が激しい時代でした。春秋戦国時代に，その現実から距離を置いて，人間や社会のあるべき姿を追求したのが，**老荘思想**でした。

嵆康
(223？～262？)
阮籍
(210～263)

そして，この清談も老荘思想に立って，中国や人間のあるべき姿を模索しようとしたのです。魏の時代に登場した**嵆康**や**阮籍**に代表される「**竹林の七賢**」と言われる人々が有名ですね。私は旧版の『実況中継』で，彼らのことを“現実逃避”と批判的に言ってましたが，これは撤回します。彼らは彼らで，混乱のなかで必死にもがいていたのです。

▶北魏の実用的文化

一方，北魏の時代には，**実用的な文化**が発展しました。何せ華北では，江南とは違って**異民族の侵入**によって混乱もひどく，**農業生産の復興**や**生活の安定に寄与するような文化**が求められていたのです。

ここで**北朝と東晋・南朝の文化**を対比しておきましょう

- **北朝**：日常生活の安定・向上に直結するような**実用的な文化**。
- **東晋・南朝**：**貴族が担い手**で，**詩文・絵画・書道などの芸術**が中心。

まず北魏の**酈道元**が**地理書『水経注』**を著しました。これは黄河のみならず長江などの河川と，河畔の都市について，その歴史にも触れた書物です。では，

(『斉民要術』，雄山閣刊行)

Q **北魏の賈思勰が著した，現存する中国最古の農書は？**

——『**斉民要術**』です。

この本は，農業技術のみならず料理法などにも言及していますね。

道教教団の成立と発展

▶道教の起源

北魏の時代に教団が形成された**道教**について整理しておきましょう。

道教の系譜をたどっていくと，**不老長生**を目的とする**神仙思想**にたどりつきます。不老長生とは，文字通り年を取りたくない，長生きをしたい，という発想のことですね。

この神仙思想と融合し，道教の原形を形づくった思想が３つありました。その１つ目は**老荘思想**(**道家**)です。２つ目は**陰陽五行説**。

そして３つ目は，**讖緯思想**です。これは，占いや予言を中心とする神秘主義的な思想ですね。

讖緯

道教教団の成立

そして後漢の末期には，道教の源流となる２つの宗教(もしくは宗教結社)が生まれました。その１つ目。

Q 184年の黄巾の乱を起こした張角が唱えた宗教をなんと言うか？

——**太平道**

これと同時期に，**張陵**という人物が**四川地方**で活躍をしています。

Q 祈禱によって病人を治すなど，張陵が始めた宗教は何か？

——**五斗米道**

別名を**天師道**と言い，これが道教の直接の前身となります。それを組織的にも教義的にも体系化したのが**新天師道**でした。この新天師道こそ**道教**のことですね。教義には**仏教**や**民間信仰**なども混入しています。そして教団も成立しました。これは**北魏**の**太武帝**の時代でした。

Q 道教教団の確立者はだれか？ ——**寇謙之**

道教の寺院は**道観**，経典は**道蔵**と呼ばれました。

太武帝は**道教の国教化**も断行します。また唐代にも帝室から保護されたりして，発展しました。

さらには，12 世紀の話になりますが，

Q **金支配下の華北で生まれ，道教を儒教・仏教で味つけしたものは何か？また，創始者は？**
——全真教，王重陽

これに対して**南宋**支配下の**江南**で信仰された道教の一派を**正一教**と言います。全真教とこの正一教が道教の二大宗派ということになります。

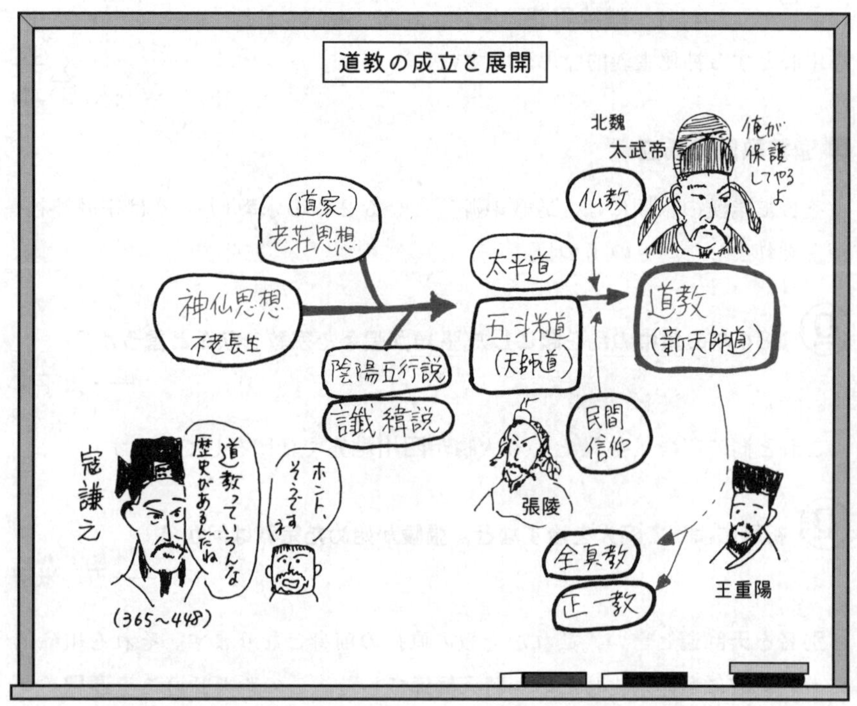

道教の特色

それからね，道教には大きな特色があります。それは，徹底して**現世**にこだわるってことです。

これは，仏教とかキリスト教，それにイスラーム教なんかとも，大きく違うところですね。だってこういった宗教は，いずれも**現世よりは来世のこ**

とが“心配”なのです。肉体が死滅したあとに，魂が天国（仏教なら極楽）に行けるかどうか。それが最大の問題なのです。

それに対して，道教は，**神仙思想**の伝統を引いていて，肉体の健康などが大きな問題なのですね。

で，そこから道教の修行者，これを**道士**というのですが，彼らは健康増進のための**医学・薬学**，それに**料理法**を研究します。また動植物の研究，すなわち**博物学**の探究者ともなるのです。言ってみれば，道士たちって中国の科学者ですな。

以上で，今回は終わりにしましょう。

隋・唐～五代十国時代

中国史(4)——東アジア文化圏の形成

589年，隋によって南朝の**陳朝**が滅ぼされ，中国は**南北が統一**されました。その隋の後がまに座るのが**唐**です。では，隋の建国からお話ししましょう。

隋(581～618)

別冊プリント p.63 参照

隋の建国は581年ですが，隋の前身は**北周**で，**楊堅**(**文帝**)という人物が隋の建国者です。首都は**大興城**(**長安**)で，従来の長安の東南部に新しい都城を築いて首都としました。**589年**における南北の統一は，**西晋滅亡**(**316年**)による南北分裂から数えると，約**270年**ぶりですね。

隋は拓跋国家

さてこうして成立した隋ですが，**楊堅**は北朝の建国者たちと同じく**鮮卑系拓跋氏**の出身でした。またこのあと登場する**唐**の建国者である**李淵**も，実は拓跋氏の出身です。そこから，北朝の5王朝と隋・唐を「**拓跋国家**」と総称する場合があります。

また拓跋氏は，漢民族の貴族などと協力しながら国家を維持してきました。そこから，教科書のなかには，北朝や隋・唐のことを「**胡漢融合帝国**」と表記しているものもあります。

まあ，要するに，魏晋南北朝から隋・唐の時代って，北方の騎馬民族たちが活躍した時代だったんですね。

じゃあね，こうした点に留意しつつ，隋の統治政策から見ていきましょう。

隋の均田制

隋では，北魏以来の**均田制**を継承しますが，内容は少し変わっています。

まず**耕牛への給田はなされていません**。また，2代目の**煬帝**の時代には，**奴婢や女性への給田が停止された**ほか，給田の対象となる男性の年齢も狭められ，北魏の時代が**16歳〜69歳**だったのに対し，隋や唐では**18歳〜59歳**となりました。給田の対象がせばめられた直接の原因は，給与する土地の不足だろうと言われています。

科挙の実施

さらに大事なのは，隋の時代に，最長の歴史を誇る官吏任用制度が始まったことです。

Q 清末まで続いたその官吏任用制度をなんと言うか？ ——**科挙**

中国の官吏任用制度といえば，覚えるべきものが3つあります。

中国の官吏任用制度

	制度	時代	
①	**郷挙里選**	**前漢(武帝)の時代**	**推薦を中心とする選抜**
②	**九品中正**	**魏(文帝)** 〃	**推薦を中心とする選抜**
③	**科挙**	**隋(文帝)の時代**	**学科試験**

基本的にこの①と②の官吏任用制度は同じです。どこが同じであるかというと，**推薦**を中心に選抜されるという点です。

一方，科挙は**学科試験**が中心となります。要するに筆記試験です。「**科**目ごとの試験をやって，点数つけて推**挙**しますよ」ということです。そういう点で，君たちが受ける大学入試とまったく同じなんです。

これによって**実力本位の官吏登用**を狙い，できれば地方の実力者である**門閥貴族を排除**したいという目的がありました。

学科試験というのは，その人が持っている能力を，短時間で，しかも客観的に測れるという点では，それなりの合理性を持っています。だから長々と続くわけです。今だって続いているでしょう，日本で。中国では**1905年**まで**1300年間**も続くんです。だいたいね，合理性のないつまらん制度が，1000年以上も存続するわけないですよ。

州県制の導入

また，隋は地方行政制度として，**州県制**を導入しました。「州」とは，「郡」をいくつか束ねた行政区域のことです。秦・漢時代の郡県制でも，郡の上に「州」はありました。しかし魏晋南北朝に**州が細分化**され，事実上かつての郡とかわらない規模となりました。そこで，郡という名称をとっぱらって「州県制」としたのです。ちなみに，州をいくつか束ねたものを「**道**」と言います。

大運河の完成

第２代皇帝は**煬帝**です。

彼の時代に**大運河が完成**しました。この大運河に対して「**新運河**」というのがあります。これはだいたいにおいて**元**の時代，13 世紀以降につくられたものが多いです。

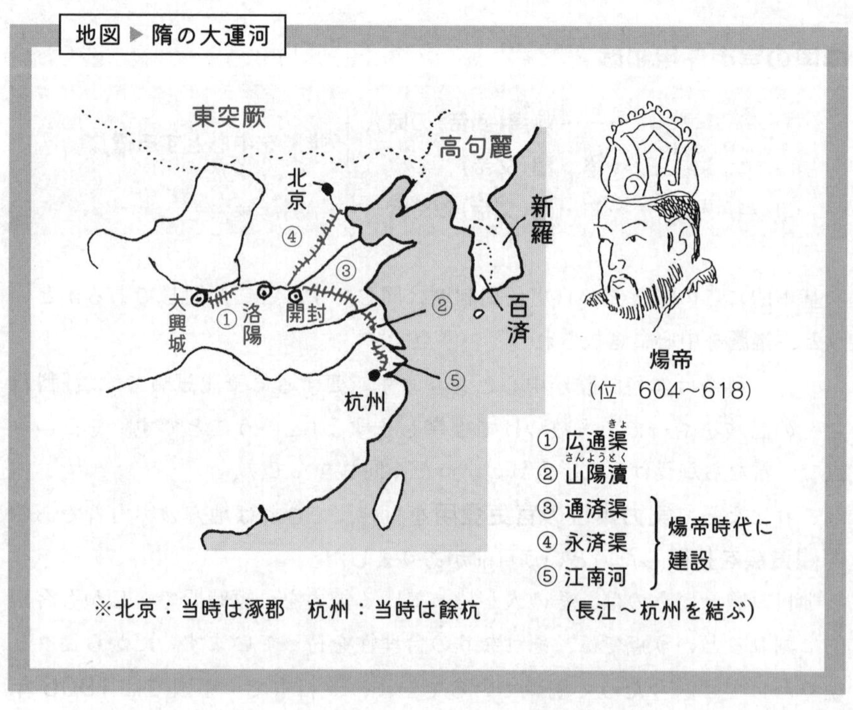

大運河建設の目的は，中国の**南北の交通路を開く**ためですね。なぜ南北なのか。これは中国の地図を見れば分かる。**黄河**，**淮河**，**長江**。こういう大きな川は東西に流れているので，**東西交通**は比較的楽にできるんです。ところが南北はつながっていませんでした。

ではこれをつなげましょう，というのでできたのが大運河です。

Q 大運河の一番北に位置する町の名は？ ——**北京**

当時の名前では**涿郡**。そして一番南側の町が，**杭州**です。当時は**餘杭**です。

ついでに地名を二，三確認しておきます。首都の大興城の下流にある町が**洛陽**，そのさらに下流にある町が**汴京**または**開封**で，**五代**や**北宋**の時代には首都になる町です。

運河は５本できました。③通済渠から南側の運河は，主として**華北と江南を結ぶ**という**経済的目的**のためにつくられました。経済的目的とは，開発が進む江南地方から取れる豊富な穀物などを，この運河を通って運んでくることでした。首都**大興城**の人々をこれで養ったわけです。

それから黄河と涿郡（北京）をつないでいる運河を④**永済渠**と言いますが，これは主として軍事目的のためにつくられました。

黄河流域の３大都市

大興城（長安）
洛陽…後漢，北魏ほかの都
開封…黄河と通済渠の結節点，北宋の都

いいですか，“**大興城**，**洛陽**，**開封**”，後には“**長安**，**洛陽**，**開封**”。この黄河流域の３大都市，よく覚えておいてください。とくに**開封**は**黄河と通済渠の結節点**付近にあるということ。

煬帝の外征と滅亡

煬帝はモンゴル高原の遊牧民**突厥**（**東突厥**）を監視する一方で，永済渠を使って，兵員を輸送し，中国東北地方および朝鮮半島北部を支配していた高句麗に対する攻撃を展開しました。煬帝は，**高句麗と突厥が同盟**を結んで攻めてくるのを恐れ，そうなる前に高句麗を攻めたのです。

高句麗は**ツングース系貊族**の国ですね。貊族は扶余族の支族です。煬帝の攻撃は３回行われ，いずれも失敗しました。

この**敗北による混乱**と，大運河建設などの**大土木工事**の負担に対する反発から各地で**反乱**が起こりました。この混乱のさなか，煬帝は兵士に殺され，隋は**約30年**あまりで滅んでしまいました。

② 唐の成立・発展(618～7世紀末)

別冊プリント p.63 参照

隋に続いて統一王朝を打ち立てたのが**唐**です。唐の建国は**618年**，滅亡は**907年**。初代皇帝は**李淵**(**高祖**)。彼は拓跋氏の軍人の家系で，実は煬帝のいとこでした。そして２代目が**李世民**(**太宗**)，３代目が**高宗**。高宗の本名は李治ですが，覚えなくていいでしょう。そんなことよりも，

Q 第２代の皇帝李世民の時代の治世をなんと言うか？　――貞観の治

「貞観」とは当時の元号で，大唐帝国の基盤がつくられた時代ですね。

中央官制

統治機構を見てみましょう。唐の時代に整備された中央の官僚制度を，ひっくるめて「**三省六部**九寺五監一台」と言います。普通は「**三省六部**」でいいですね。

皇帝を頂点として，まず**中書**，**門下**，**尚書**の３つの省があります。**中書省**では政治の基本方針について話し合いが行われ，皇帝の命令である**詔勅**の草案が作成されます。

そして，その草案を審議するところが**門下省**です。門下省は，地方の実力者たる**門閥貴族**の牙城です。彼らは封駁という草案修正や拒否の特権を持っていて，その権限で，草案を中書省に突き返すこともあったようです。

唐の皇帝といえども，貴族の意向を無視しては，政治が行えなかったのですね。

そして草案にOKが出されると，門下省から**尚書省**に送られます。尚書省

の配下には，**六部**という実務を担当する部署があります。ここで草案が実行に移されます。尚書省が行政府のトップですね。その下部組織が六部です。

▶六部

では，六部を見てみましょう。兵部，工部，刑部，そして吏部，戸部，礼部と６つあります。このなかで，**科挙**を実施する役所は**礼部**です。吏部は官僚の人事を担当するところです。それから，**財政**と**戸籍**の管理が**戸部**の仕事。これくらいでいいかな。あと，

Q 官吏の監察をする役所は？ ——**御史台**

御史台は官吏の不正に目を光らせ，不正が見つかれば，厳しく取り調べ罪に問いました。

唐代の科挙

さて隋に続いて，唐代でも**科挙**が実施されました。試験コースは複数あり，「**明経**」では儒学などの古典の知識が問われ，「秀才」では政治についての論文試験が行われました。最も人気があったのが「**進士**」で，詩作の才などのような文学的な素養が問われる試験でした。

受験生たちは，最初に地方で実施される予備試験の「**郷試**」を受け，続いて首都長安で**礼部**が所轄する「**省試**」にチャレンジしました。これに合格すると，**吏部**による採用試験を受けました。これは容貌までが判断され，貴族的な気品がないと，合格は難しいものでした。

俺、ダメだろうな

▶蔭位の制（任子の制）

また，**有力貴族の子弟**は，父祖が任官した官職に準じて官職が保障されて

いました。これを**蔭位の制**，もしくは**任子の制**と言います。

もともと科挙は，**門閥貴族を排除**するという目的のもとに隋に始まった制度でしたが，**貴族の力は無視できず**，これと妥協する道が選ばれたのでした。

州県制と律令制度

地方は，隋と同じく**道**・**州**・**県**に分けられて統治されました。名詞としては**州県制**として覚えておきましょう。ただしこれはあくまでも，**地方行政**の単位で，都の**長安**や**洛陽**などの重要都市には，「**府**」が設置されました。これは，明治以降の日本と同じです。

それから全土を統治する法体系として，**律令**が整備されました。

「**律**」は**刑法**。“悪いことしたら罰するよ”という法律です。「**令**」は**行政法**，および**民法**。行政法とは，文字通り行政を行う場合のガイドラインですね。民法は，財産や家族関係などについての規定です。さらに律令の内容を補完する勅令などを**格**，また律令の施行細則を**式**と言いました。

律令格式を整備した目的は，「**法治国家**」をつくることにありました。それによって，君主の一時の気まぐれの判断で，国家が混乱しないようにしたのです。

農民たちの状況――経済的負担

次に農民支配についてお話ししましょう。

唐は隋にならって**均田制**を採用し，農民に対して均等に土地を貸し与え，彼らの最低生活を保障しました。農民に貸し与えた土地は２種類あり，**口分田**と**永業田**と言います。じゃあ区別しておきましょう。

> ① **口分田…農民の死後，国家に返却の義務がある。**
> ② **永業田…農民による世襲が認められている。**

では，農民にどんな負担があったかと言いますと，

均田制にともなう農民の負担

①租　②調　③役

まず「租」は**穀物を納めさせる**ものでした。また「調」は**絹や麻などの布**で納入させる税です。そして「役」は，**中央官庁が徴発する労役**です。たとえば，「長安に城壁をつくるから，石材を運んでもらうぞ」という労役です。

ですが，地方に住んでいる農民が，長安まで行って労役をやるのは大変です。ですから，「田舎に住んでる諸君は，来なくていいよ。かわりに，絹をくれよ」となることが多かったのです。この「役」という**労役のかわりの納入品**を「**庸**」と言うようになりました。ですから，一部の教科書では，「租調役」と記さずに，「租庸調」としているのです。

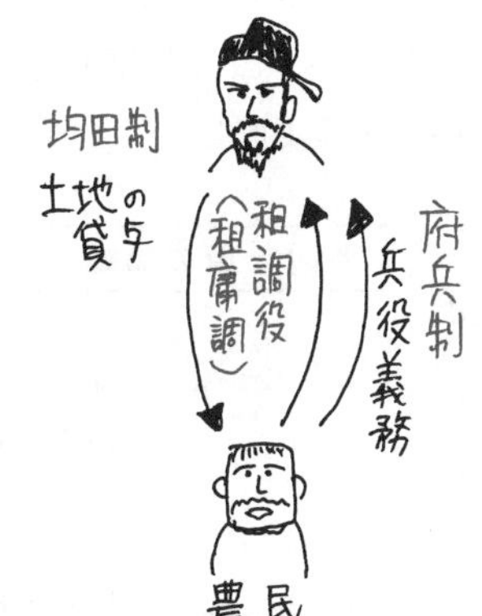

また労役にはもう1つありました。それは「**雑徭**(ぞうようとも読む)」と呼ばれ，これは**地方官庁が要求する労役**でした。これには，地方にいる農民も対応できますね。

兵役

また唐では，西魏に始まる**府兵制**が継承され，農民には**兵役**も課せられました。ただし，実際に徴兵されたのは**長安や洛陽付近の農民に限られていた**ようです。

農民兵のほとんどは**歩兵**です。これに対して，**騎兵**の主力は，唐に服属した**トルコ系**や**ソグド系**の異民族兵でした。

唐の外征

初唐期の対外政策はどんなだったのでしょうか。

まず，2代目**太宗**のときに**西域**(中央アジア)にあったオアシス都市国家の**高昌**(カラコージョ，トゥルファン)を滅ぼしました。またモンゴル高原にいた**東突厥**なども服属させました。服属した北方遊牧民は，太宗のことを自分たちの族長である「**可汗（カガン）**」，もしくは「**天可汗（テングリ=カガン）**」として位置づけました。さらに，3代目**高宗**のときに**西突厥**を服属させて，**西域が支配下に**入りました。それから，隋が失敗した**高句麗の征服**にも成功しました。

服属した異民族に対する支配

新しく支配領域に入った地域や交易路を支配するために，**都護府**という役所が設置されました。

とにかく広大な領土です。そして配下には，様々な異民族がいました。唐の異民族支配は，

地図▶唐の領域と六都護府

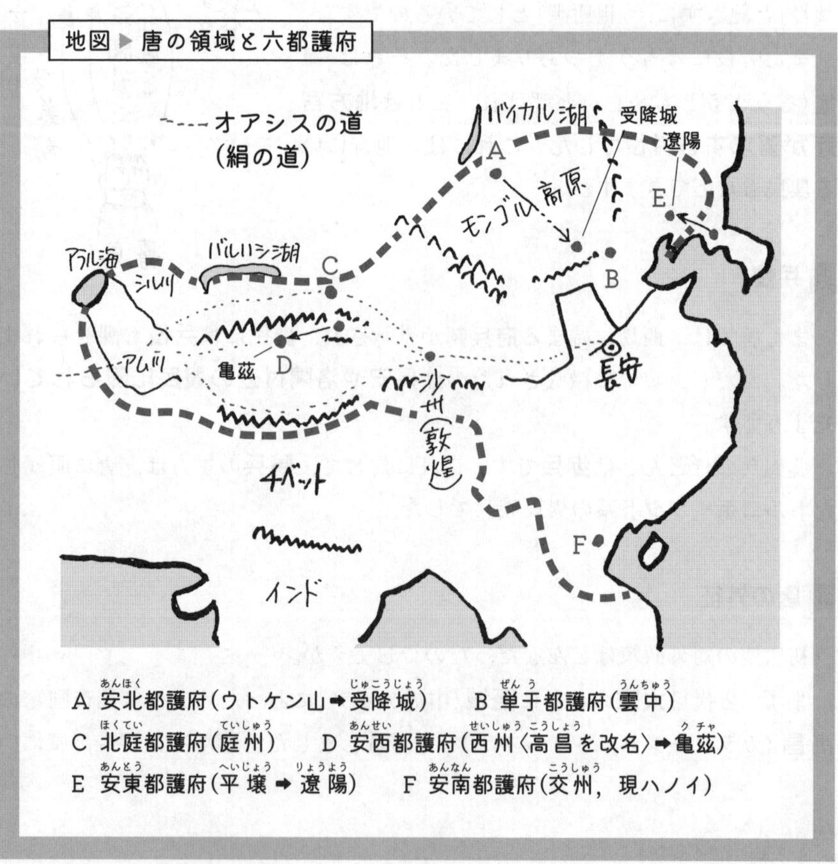

A 安北都護府（ウトケン山➡受降城）　B 単于都護府（雲中）
C 北庭都護府（庭州）　D 安西都護府（西州〈高昌を改名〉➡亀茲）
E 安東都護府（平壌➡遼陽）　F 安南都護府（交州，現ハノイ）

中国の法律・慣習・風俗などを**強制**せず，現地の**首長**に統治をまかせる**間接**統治策をとり，都護府はそれを監督するにとどめる。

というものでした。

Q 周辺異民族に対してとった，このような緩やかな支配，懐柔政策はなんと呼ばれるか？
――羈縻政策

羈縻とは，牛馬をつなぎ止めるための綱のことをいい，**羈縻政策**とは，“離れない程度に関係を待つ”くらいの意味でしょう。漢字は難しいけど，これは書けないといかん。

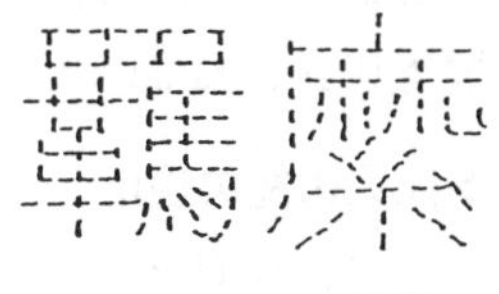

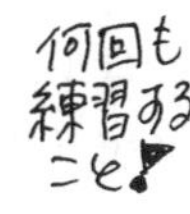

周辺諸国との関係

▶冊封

服属民族統治策に続いて，次は周辺諸国との関係です。

唐は周辺諸国から**朝貢**を受け，それらの国々の君主たちに官爵を与えて**冊封**しました(→ p.123)。この場合，唐の皇帝と諸国の君主たちとの関係は，主君と家臣の関係(**君臣関係**)です。君臣関係は，あらゆる上下関係のなかでも，最も**厳格な上下関係**ですね。

▶冊封された諸国――渤海

唐から冊封された国としては，まず**中国東北地方**の**渤海**です。民族的には**ツングース系の靺鞨人**が中心で，建国者は**大祚栄**という人でした。また，その首都**上京竜泉府**(**東京城**)は，長安と同じく**都城制**(→ p.151)に基づいて建設された都市でした。日本などとも交易を行い，唐から「**海東の盛国**」と呼ばれました。しかし926年に，**契丹人**の**耶律阿保機**によって滅ぼされてしまいました。

大祚栄

▶南詔

また**雲南地方**の**南詔**も，唐から冊封された国です。民族的には**チベット=ビルマ系**といわれ，8世紀までには王国が成立していたようです。冊封後は

漢字・儒学などの中国文化を取り入れました。しかし，吐蕃と唐の抗争が激化した9世紀には，**冊封体制からの自立**を表明しました。すなわち唐の皇帝を無視して，南詔の君主自らが皇帝を名乗るようになったのです。まっ，はっきり言って調子に乗ったのですね(笑)。

調子に乗った南詔は，その前後から南方のミャンマーにあった**ピュー**(驃)を攻撃し，またチベットの**吐蕃**(とばん)も攻撃しました。ただその無理がたたって，10世紀の前半に，**大理国**(だいり)にとってかわられたのでした。

あと，朝鮮の**新羅・百済**，それから東北地方と朝鮮の北半を支配した**高句麗**も冊封されています。

▶家人の礼の適用

さて，冊封とは別に，**家人の礼**(かじん)によって結ばれる国際関係もありました。例えば，モンゴル高原の**突厥**(とっけつ)**・ウイグル**(回紇)などが，一時期それでした。

家人の礼で唐と結ばれた国といえば，チベットにもありました。

Q 7世紀にチベットを統一した国は？ ——**吐蕃**(とばん)

吐蕃の建国者は**ソンツェン=ガンポ**という人物です。都は**ラサ**。

さて，これらの国々や民族は強力で，“俺は唐の家臣なんかにゃならねえよ”という連中です。そこで，君臣関係ではなしに，**義理の親子関係**，もしくは**兄弟の関係**を結ぶというものでした。これが**家人の礼**です。

ソンツェン=ガンポは，唐の太宗の公主(皇帝の娘，もしくは娘と見なされた女性)であった文成公主と婚姻を結んだ。よって唐皇帝は義父となる。

▶朝貢のみの国々

じゃあ日本はというと，これは唐から**冊封もされてません**し，**家人の礼**

で結ばれてもいません。でも，日本としては唐と貿易はしたい……。そんな日本に，唐は**朝貢**という形式を踏んだ形での貿易を認めました。

今言った言葉をわかりやすく翻訳すれば，「わかった。貿易には応じてやる。ただし日本よ，土下座しながら，貿易品を，唐の皇帝に対する**貢ぎ物**としてもって来い。そうしたら，欲しいものはくれてやる！」……というところでしょうか⁉(笑)

同じように，朝貢するだけという国には，スマトラの**シュリーヴィジャヤ**やクメール人の**真臘**(**カンボジア**)，それにベトナム中部の**チャンパー**(**林邑**)などがありました。

《注》「真臘」については，教科書によって異同がある。山川出版社『新世界史』，実教出版『世界史探究』，それに東京書籍『世界史探究』では，「真臘」を“クメール人がつくった国”としている。また帝国書院『新詳世界史探究』，第一学習社『世界史探究』では“真臘(カンボジア)”。そして，山川出版社『高校世界史』，同じく山川出版社『詳説世界史探究』は，「真臘」という記述はなく，単に「カンボジア」と記している。本書では，「真臘(カンボジア)」と表記することにした。

東アジア文化圏の確立

このようにして，唐とアジア諸国の関係は深まりました。また，それを背景に，唐の**律令制**や**都城制**，宗教・思想では**儒教**や**中国仏教**が，**漢字**を媒介にしてアジア諸国に広まりました。都城制とは，長安のような，**宮殿を中心とした都市づくり**のことですが，これは周辺諸国の君主にとっては憧れの的だったようです。**渤海**の都の**上京竜泉府**なんか，もろ長安だもんね。

とくに日本は**遣隋使**・**遣唐使**を派遣し，中国の制度・文化の摂取に努めました。たとえば**都城制**にしたがって，奈良時代の**平城京**，平安時代の**平安京**が造営されました。また**均田制**は，「**班田収授法**」として日本でも施行されました。また，**大化の改新**も，唐のような**律令国家の建設**，言いかえると**法治国家**の建設が目的でした。

こうして唐を中心とする**東アジア文化圏**が確立したのです。

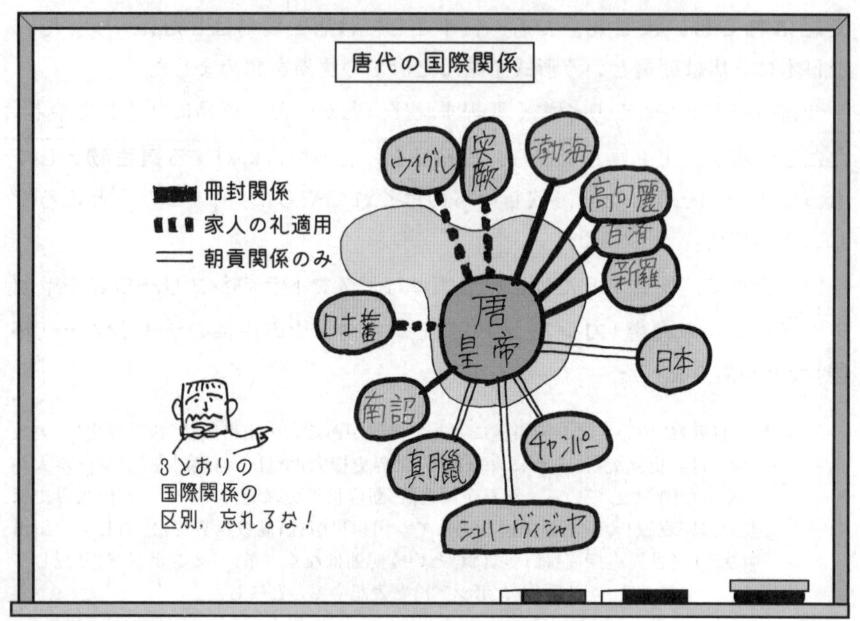

国際都市長安

首都の**長安**は，**オアシスの道**の起点として**西域**を経由して多くの異国の人々が来訪しました。651年に**ササン朝ペルシアが滅亡**したため，唐に亡命してきたイラン人も多かったようです。そのため**ポロ競技**のようなペルシア起源のスポーツも流行し，繁華街の**酒楼**(レストラン)では**胡姫**と呼ばれる西域の女性がブドウ酒を振るまい，陶器の**唐三彩**にはペルシアや西域の風俗が描かれました。

商人では，**イラン系のソグド人**や**トルコ系のウイグル人**が目立ちました。8世紀の前半に**遣唐使**の一員として入唐した**阿倍仲麻呂**のように，科挙に合格して唐の高級官僚に任官するものもいました。

3 唐の衰退・滅亡(7世紀末～907)

別冊プリント p.65 参照

8世紀に入ったあたりから唐の衰退が始まっていきます。その根本的な要因をつくったのは**農民**でした。

では，7世紀末に起こった唐の動揺から見ていきましょう。

「武韋の禍」

7世紀末に，「**武韋の禍**」という事態が起こりました。これは，武という字の付く女性と，韋という字の付く女性，この2人の女性があいついで登場して，唐の政治に災いをもたらした，ということなのです。

要するに，“女が政治にくちばしを挟むとろくなことがない”という事例としてよく使われるんです。もろに女性差別的な表現ですけどね。

則天武后

まずは，中国史上唯一の女帝といわれる**則天武后**（武則天）が登場しました。彼女は第3代**高宗**の皇后ですが，子の第4代**中宗**を廃して自ら帝位につき，国号を「**周**」としました。これを通称「**武周革命**」と言います。これで唐王朝は一時的に中断してしまいました。

則天武后がめざしたのは**皇帝権力の強化**。そのために，地方の実力者である**貴族の力を排除**しようとして，科挙で選抜された官僚，すなわち**科挙官僚**を政権の基盤にしようとしたのでした。

のちに子の中宗が復位して唐を復活させるので，周は一代で終わりますが，今度は**中宗**の皇后である**韋后**が，中宗を毒殺して政権を奪うという事件を起こしてしまいます。たしかに中宗にとっては「禍」だったようですね。

開元の治

この混乱を治めて登場したのが**玄宗**でした。彼は**節度使**（→ p.147）を初めて設置し，彼らを辺境に派遣して国境の警備を強化したほか，国内の治安の維持にも努めました。これを評価して，彼の治世を，**開元の治**と言います。

玄宗
（位 712〜756）

しかし，一方で玄宗の時代は，初唐期にできた統治の原則が崩壊を露わにした時代でもありました。

結論から言っちゃうと，**均田制・府兵制・租調役制**という，農民支配策・兵制・税制の実施が困難になった時期だったのです。もともと均田制には，**口分田の慢性的不足**とい

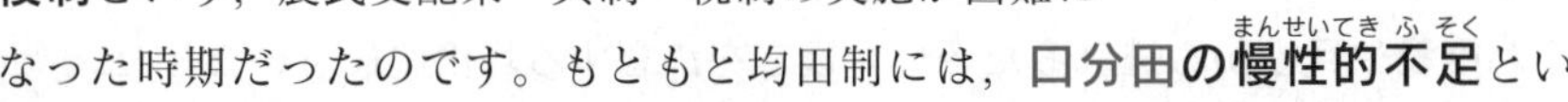

う問題がありました。それに加えて，**均田制の崩壊**を促進させたのは**農民**でした。いったい農民は何をしたのでしょうか？

オレたちをなめんなよ！ 農民アオキ

商業の発達

農民たちは均田を耕していましたが，**二毛作の普及**など農業生産力の発展にともなって，**商業**も活発化するようになりました。その結果，都市のなかの官営の**市**(マーケットのこと)のみならず，**草市**と呼ばれる**民間**が運営するマーケットも形成されました。そしてこのような商業の発達は，農民間の**貧富差の拡大**という結果をもたらしました。

世界史の法則

商業の発達 ➡ 貧富差の拡大

この因果関係は，いろんなところで登場しますね。なのでちょっと説明しておこう。

そもそも農業は食べ物などを生産する産業です。そしてその目的は，

① 自分たちが食べる(自給用)　　**② だれかに売る(市場向け)**

大体この２つです。問題は，この②なんです。「だれかに売る」ためにつくっていた農産物，これを**商品作物**と言います。唐代にとくに**江南**で栽培されていた商品作物といえば，**茶**，**サトウキビ**，**漆**などです。で，それが売れなかったら，その農民は終わりですね。……商業って，緊張感に満ちたストレスたくさんの生業なのです。一方，②で“当てた”農民は裕福になっていきます。こうして貧富差が拡大するのです。

論述問題なんかでは，この「商業の発達➡(農民に限らず)貧富差の拡大」は自明のものとして使っていいですよ。**あれこれ説明は不要です**。

農民の逃亡——荘園の拡大

話を戻そう。商業に巻き込まれ没落した農民は，**均田から逃亡**しました。また**重税**や**兵役**から逃れるために，逃亡を決意する均田農民もいました。

逃げた彼らのなかには，逃亡先で自作農になったものもいたかもしれませ

ん。しかし，彼らの多くが落ち着いた先は，**貴族や寺観**，あるいは**新興の地主**が経営する**私有地**でした。これを**荘園**と言います。なお寺観とは，仏教寺院と，道教の寺院である**道観**の総称です。

さて，逃げてきた農民を囲った貴族や寺観や新興地主は，その労働力を利用して**荘園を拡大**しました。一方，逃亡農民たちは**佃戸**と呼ばれる**小作人**として使役されました。

▶唐の苦悩

一方困ったのは**唐王朝**です。均田に役人を派遣しても農民がいなくなってるわけだから，**税は取れないし，徴兵もできない**。

かくして**均田制とそれに連動する租調役制**(租庸調制)，および**府兵制は実施が困難**となりました。

こうして唐は，**財政危機**と**軍事的危機**に直面することになりました。しかし唐はここで頑張って，効果的なその対策を講じました。まずは財政危機への対処から見てみましょう。

両税法──財政危機への対策

楊炎(727〜781)

唐は均田制の崩壊にともなう財政危機に対処して，**両税法**を導入しました。

Q 両税法を提案した宰相はだれか？

──**楊炎**です。

彼は均田制とそれに立脚する租調役制がすでに実施不可能なことを認識しています。いったんは掲げた基本政策を，今や放棄する段階にきているんだということを自ら認めたのですね。それは両税法の内容を見るとよく分かります。

▶両税法が画期的なワケ

例えば，「**現住所主義**」という両税法の基本原則。

これは土地所有者に対して，**現在住んでいる場所で課税する**というものです。これはとりもなおさず**農民たちが均田から逃げているという現実**を唐王朝自らが，あるいは皇帝自らが認めたことになりますね。

さらに両税法には，「**資産**(≒**土地所有高**)**の大小に応じて課税する**」という原則もありました。均田制のもとでは，原則として土地は皇帝のものであり，さらに土地は「均等」に配分されました。よって，「**資産に大小はない**」というのが原則でした。しかし，現実は違いました。

こうして**土地の私有の原則を認め，その大小に応じて課税しようとした**わけです。これも柔軟な対応といえますね。

このように，現実に柔軟に対応しようとする合理性をこの両税法は持っているわけです。だからこそ唐王朝が滅びたあとも，歴代王朝はこれを継承したのです。ちなみに当時の皇帝は**徳宗**です。

両税法(整理)

① **現住所主義**
② **資産**(**土地所有**)**の大小に応じて課税**
③ **夏秋 2 期に課税**

あと「**夏秋 2 期に課税**」ということも覚えておいてください。“両税”という名称は「1 年に 2 回，税をいただきますよ」という意味からつけられたものです。当時，**二毛作が普及**し，夏には**麦**などが，秋には**粟**(**江南では稲**)などが収穫されました。そこで 2 期に徴税したのです。また**銭納**が原則でした。

それから，両税法とならんで，国家による**塩の専売**も行われるようになり，この収益も唐にとって重要な財源となりました。

募兵制――軍事的危機対策

次に，唐は軍事的な危機に対して，どのように対応したのか？　まず，**府兵制の崩壊**に対しては，**募兵制の導入**で対処しました。

要するにお金をばらまいて，**傭兵**(**募兵**)を集めてくるわけです。ちなみに**府兵制が廃止**されて，募兵制に切り替えられたのは，749 年のことでした。そして，集まった兵隊たちを率いて，辺境警備に向かった軍人たちがいました。

 辺境警備の任を与えられた司令官をなんと言うか？

——節度使

すでに8世紀の初めには，10の節度使が設置されていました。

ではこれから，唐の滅亡に至る過程を，具体的史実を織りまぜて説明していきましょう。

タラス河畔の戦い

751年，唐は**アッバース朝**と激突しました。これが**タラス河畔の戦い**。唐は敗北し，**西域からの撤退**が本格化することになります。

安史の乱

その直後に起こったのが，**安禄山**と，その部下であった**史思明**の乱——2つ合わせて**安史の乱**と言います。これは農民反乱ではありません。**755年**に起こった**節度使の反乱**です。この反乱で荒廃してしまった長安の都を題材にした**杜甫**の詩があの有名な『**春望**』ですね。「**国破れて山河あり**」，漢文で習った例のやつですよ。

安禄山　史思明

最初に乱を起こした安禄山の父は**イラン系のソグド人**でした。母は**トルコ系の突厥人**だったそうです。安禄山が反乱を起こした場所は幽州，今の北京の北方で，長城にも近い軍事拠点でした。

彼の死後，乱を引き継いだのが部下の**史思明**です。彼も**ソグド系**でした。

さて反乱が続くなかで，玄宗皇帝は**四川**に逃亡。結局，唐王朝自らではこの反乱を粉砕することができず，トルコ系民族の援助に頼らざるをえませんでした。

Q 安史の乱の鎮圧のため唐を援助したトルコ系民族は？

——**ウイグル**(**回紇**)です。

安史の乱の影響

さて鎮圧はしましたが，安史の乱の影響は甚大(じんだい)でした。

というのも，これ以降，**内地にも節度使が設置**されるようになったのです。中央政府の力が弱体化したため，治安が極度に悪化し，**軍隊**でなければ治安の維持ができなくなった結果のことでした。たとえて言うなら治安が悪くなった日本で，警察に代わって自衛隊が治安出動するようなものだね。しかも彼らが自立した結果，ますます**皇帝権は弱体化**するようになったのです。では**節度使の自立**とはどういうことなのでしょうか？

節度使の内地設置(日本でいえば)

▶節度使の自立

節度使は，皇帝の監視の目が行き届かないのをいいことに，好き勝手なことをし始めました。すなわち，軍事権のほかにその地方の**財政・行政権を掌握(しょうあく)**し，徴収した税を自分の懐(ふところ)に入れて，その地域を支配し始めたのです。こうして**独立政権**みたいなものになっちゃったものを**藩鎮(はんちん)**と言います。

彼らの力には，地方の実力者である**貴族**も対抗できません。そりゃ無理ですわな，戦争のプロと一般的な実力者とじゃ勝負にならないよ。

だいたい**コントロールの効かなくなった軍隊ほど怖いものはない**のです。現代史が専門の僕は，1931 年以降の**関東軍**(満州に派遣された日本陸軍)の暴走を思い起こしますねえ。まっそれはともかく，安史の乱以降の唐は，"**藩鎮の集合体**"というありさまとなりました。

また，弱体化した唐に対して，周辺の**異民族の進入**もあいつぎ，**都護府を通じた支配も崩壊**するようになりました。

地図▶内地に設置された節度使

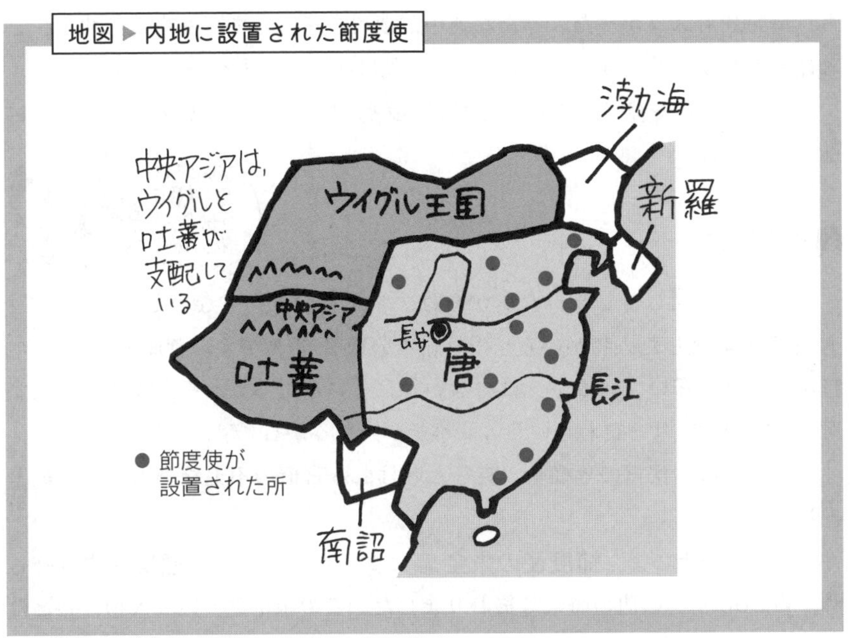

黄巣の乱

そして875年に**黄巣の乱**が勃発しました。黄巣は人の名前で，山東で活動した**塩の密輸商人**です。なぜ密輸か？　先述のように8世紀の末以来，**塩は国家の専売**となり，唐はなんと従来の数十倍の値段で人々に売りつけました。これに反発した人々が密輸のネットワークをつくっていきました。

黄巣は**王仙芝**という人物の挙兵に応じて乱を起こしたのですが，最終的には黄巣軍の幹部，**朱温**の裏切りによって鎮圧されてしまいます。しかしながら，この乱は唐王朝にとって致命傷になりました。

なぜならばこの反乱，他の農民反乱と比較してスケールが格段に大きかったのです。だって指導者が**塩商人**だろう。彼らは，生活必需品を販売するために，農村の隅々までも網羅する濃密なネットワークを持っていました。しかも，国家の目を盗んで"密売"をやるわけだか

ら，情報網もスゴかった。そんな連中が農民を指導して反乱を起こすと，これはもうどうしようもないくらいの大反乱になってしまうわけだね。

山川の用語集を見てごらん。「**大農民反乱**」と表現されているのは，黄巣の乱くらいだよ。

唐の滅亡

ここまで衰退してしまった唐からは，学ぶものは何もないということで，**遣唐使を廃止**した人物がいました。日本の**菅原道真**です。菅原の“菅”の字，竹かんむりを書いているやつはいないか？　いるだろう。そんな輩は，太宰府天満宮のお守りを買わないこと。バチが当たるから(笑)。

宮廷内では，**宦官**の専横や，**党争**と呼ばれる官僚の不毛な勢力争いも続きました。

そして，いよいよ，**節度使の朱全忠**によって，**907年**に**唐は滅亡**させられ，約300年間の唐の時代は終わりました。この朱全忠という人物，もとは黄巣の乱の一味だった朱温が改名したものです。

朱全忠　(852~912)
もとは**黄巣の乱**の一味だったが，乱を裏切り皇帝に寝返った。そして帝より“全忠”という名をもらった。その後節度使となり勢力を伸ばし，昭宗の子を1人残して皆殺しにして最後の哀帝を立てた。そしてこの帝にも退位を迫り唐を滅亡させた。

4 唐代の社会・経済

別冊プリント p.67 参照

唐代の農村

唐代の人口の大半は農民でした。農民は，**均田制**のもとで国家から土地を貸し与えられ，耕作をしていました。しかし実際にどれくらいの人々が均田制のもとで暮らしていたかについては，疑義もあるようです。ただ明らかなのは，唐代のなかごろから，貴族などの私有地である**荘園**が広がって，農民の多くが**佃戸**と呼ばれる**小作人**となったことでした。

農業の変化

農業の変化で重要なのは，**華北で小麦の栽培が普及**し始めたことです。それまでの穀物といったら，**アワ(粟)やヒエ(稗)**などのいわゆる雑穀でした。さらに**二毛作**や，**二年三毛作**も始まりました。二年三毛作とは，2年間のあいだに種類の違う3種類の作物を栽培することです。

また中国の南部では，**田植え**の知識が広まり，**稲作も発展**しました。さらに，**飲茶の習慣**が広まったので，**お茶の栽培**も拡大しました。

唐代の都市

唐代には，都市も存在していました。その代表は首都**長安**でしょう。周囲は**城壁**で固められ，**宮殿を中心に都市造り**が行われました。これを**都城制**と言います。市内には**碁盤目状に道路**が走り，その道路によって居住地区は区切られていました。これを**坊制**と言います。

市内では厳しい制限のもとに商業活動が認められていました。長安ですと，**東市・西市**という2つのマーケットが，国家管理のもとで運営されました。それ以外の地区では商業はできません。

Q 都市での商業に対する国家の管理体制をなんと言うか？

——**市制**です。

また，**夜間営業は禁止**でした。まず，日が暮れると城門が閉じられて，出入りはできません。そりゃそうだろ！　だって長安には皇帝がいらっしゃるし，地方中核都市にも重要な行政機関が設置されています。なのに，門を開けっ放しにしていたら，危なくてしょうがないよね。

唐代の都市は，政治都市・軍事都市

唐代の都市は，都市の機能という点では，**政治都市・軍事都市**の性格が強かったといえます。都市は政治の中心だったり，防衛や進攻の基地として機能することが多かったのです。

新興都市のうぶごえ

ところが，唐代なかごろから状況は変わっていきました。すなわち，経済の発展とともに，経済活動の拠点となるような都市が生まれつつあったのでした。このような都市を，文字通り「**経済都市**」と言います。

その始まりの１つは，民間が運営するマーケットでした。

Q この民間が運営するマーケットをなんと言うか？

——**草市**です。

この草市を出発点として，次の宋代に多くの経済都市が発展することになります。まっそれは，宋のところ(第②巻)で説明しましょう。

対外貿易

唐代には，外国との貿易も発展しました。まず**オアシスの道**(**絹の道**)を通じて，**ソグド人商人**などが来訪しました。こちらは**内陸貿易**ですね。

そして**海上貿易**については，**アラブ人やイラン人のムスリム商人**が多数来訪しました。また彼らがインド洋などで使用した三角帆の船は，**ダウ船**と呼ばれました。

唐代の海外貿易の“玄関”は，南方の**広州**(こうしゅう)でした。

Q 広州に初めて設置された貿易管理機関は何か？

——**市舶司**(しはくし)です。

後の宋代には広州以外の都市にも設置されることになります。また広州にはムスリム商人など，外国人のための特別居住地域も設置されました。これは**蕃坊**(ばんぼう)と呼ばれました。日本でいえば，**長崎の出島**だね。

5 唐代の文化

別冊プリント p.68 参照

儒学の復活

唐という国家が生まれ，皇帝はこの安定を長続きさせたいと思いました。

そこで漢の時代以来，久々に，**儒学の復活**となりました。儒学の経典の知識は**科挙**でも問われることになりました。だって，儒学には政治に関する知恵が満ちあふれていますからね。ただし，経典の解釈を統一するために，『五経正義』が編纂されました。編纂を命じたのは，2代皇帝**太宗**（**李世民**）です。

Q 顔師古とともに，『五経正義』編纂の中心人物だったのは？

――孔穎達ですね。

統一解釈の基準になったのは，**鄭玄**など漢代以来の**訓詁学**の学者たちの見解でした。この『五経正義』の編纂によって，**訓詁学は大成された**といわれています。

唐詩

唐代には，「**詩**」の分野がとくに隆盛を極めました。それで，唐代の**唐詩**の歴史を，「初唐・盛唐・中唐・晩唐」の4期に区分することがあります。とくに**盛唐**の時代は，8世紀前半の皇帝**玄宗**の時代です。

杜甫
（712～770）

その時代を担う有名な人物が2人います。まずは「詩聖」とうたわれた詩人の**杜甫**。そして，

Q “詩仙”といわれ，杜甫と並び称された詩人は？

――李白

感情豊かな作品が特徴で，『月下獨酌』などの作品があります。

杜甫の作品は『**春望**』，『兵車行』など社会的な作品が多い。とくに前者は，**安史の乱**で疲弊した**長安**の姿をうたったものです。

次に「中唐」の時代というのは，**安史の乱以降**です。杜甫とか李白よりも1世代か2世代ぐらい後になるこの時代に活躍したのが，**白楽天**（**白居易**）です。彼の詩文を自ら編集した『**白氏文集**』は，清少納言も好きだったみたいです。

Q 白楽天の代表作とされる，玄宗と楊貴妃の悲劇を描いた詩といえば？

――『長恨歌』

彼と同じ時代に登場した文章家が**韓愈**と**柳宗元**。彼らは詩人というよりは文章家です。魏晋南北朝時代の**四六駢儷体**に代表されるような文章ではなくて，**漢**の時代の雄渾な文章を復活させよう，というのが彼らの主張です。モデルになったのは『**史記**』や『**漢書**』の文でした。こうした動きを**古文復興**と言います。

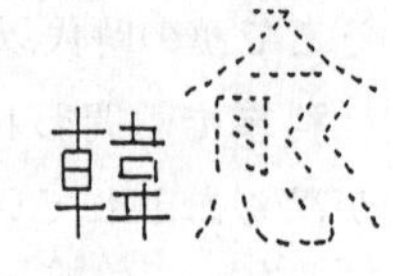

初唐の書家・画家

7世紀の前半には，「初唐の三大書家」が登場しました。**虞世南**，**褚遂良**そして**欧陽詢**の３人です。

とくに欧陽詢の書は**楷書**の極致ですね。僕は高校生のとき，芸術科目で書道をとりました。そのときにこの欧陽詢に出会ったのです。影響は受けましたが，あんな字は書けません(笑)。

それから，**閻立本**は「歴代帝王図巻」の制作者といわれています。この人は，第３代**高宗**の時代には宰相にもなりました。

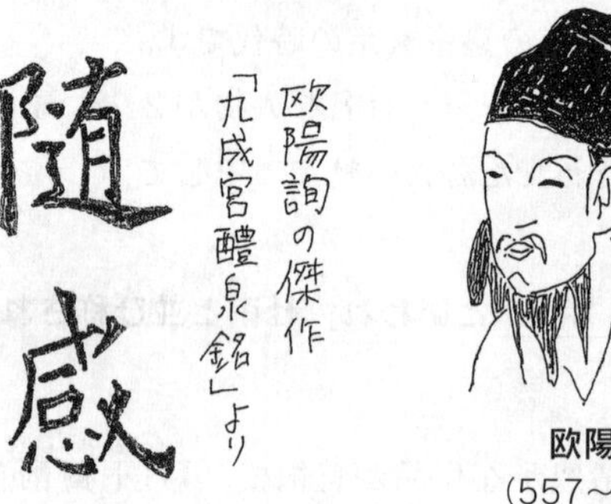

欧陽詢
(557~641)

【漢字の変遷】

書道の話が出たので，漢字の書体についてもまとめておく。

① **甲骨文字**(殷～春秋時代)：漢字の最古型。亀の甲羅(腹側)や獣骨に刻まれた。

② **金文**(殷～周)：青銅器に刻まれた。

③ **篆書**(殷～)：秦の時代に小篆という字体に統一された。現在でも印鑑の字体などに使用されている。

④ 隷書(秦〜):篆書をさらに簡略化したもの。雑務を担当する下級の役人(隷臣)などがメモなどに使用した。漢代に普及。
⑤ 草書(前漢〜):隷書を筆記用に崩したもの。
⑥ 楷書(後漢〜):現在われわれが常用しているスタイル。
※ 竹簡・木簡:紙が発明される以前に用いられた竹片・木片。

篆書体の「貴」 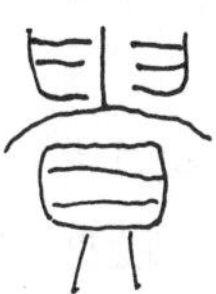

 隷書体の「貴」

盛唐の書家・画家

盛唐の画家として特筆されるのは,**李思訓**と**王維**,それに**呉道玄**です。彼らは詩人として知られる一方で,画家でもあったのです。

彼らは南朝の時代に発展した**山水画**を発展させました。山水画とは,文字通り“風景画”のことです。とくに唐の時代の山水画は水墨で描かれました。

で,**李思訓のそれは写実的**でしたが,**王維が描いたのは自分が理想とする風景**で,インテリが好むようなものでした。そこから,王維に始まる絵画の流れを,しばしば**文人画**と表現します。

書家としては**顔真卿**を挙げておきましょう。彼の作品には,よく「力強い筆致」という形容がなされますね。まったくそうです。そして政治生活もそのようでした。だって**安史の乱**が起こったときに,義勇軍を率いて鎮圧に向かったくらいでしたからね。

顔真卿
(709〜785)

唐代の道教・仏教

まず**道教**ですが，これは唐の帝室の保護を受けて繁栄しました。

仏教は魏晋南北朝時代に続いて，唐代でも盛んでした。

7世紀になると，**玄奘**が，**中央アジア経由**で**ヴァルダナ朝**インドに至り，**ナーランダー僧院**で勉強して帰ってきました。帰国後，玄奘は**法相宗**を開きます。

また**義浄**は，**往復路とも海路**でインドに至りました。ここで渡印した3人の仏僧の著作と経路を掲げておきましょう。最初に渡印した**法顕**は**東晋**の人でしたね。

人名	著作	経路
法顕	『仏国記』	往路：陸路　帰路：海路
玄奘	『大唐西域記』	往復路ともに陸路
義浄	『南海寄帰内法伝』 ※スマトラのシュリーヴィジャヤ王国で書いた。	往復路ともに海路

天台宗，真言宗，続いて6世紀の僧**達磨**を開祖とする**禅宗**，それに東晋の**慧遠**を開祖とする**浄土宗**などの宗派も中国に定着していきました。

キリスト教の伝播

次はキリスト教です。中国に最初に入ってきたキリスト教は**ネストリウス**派でした。中国ではこれを**景教**と言いました。

唐代にはそこそこ流行ったようで，781年に長安に「**大秦景教流行中国碑**」が建てられました。景教寺院は**大秦寺**と呼ばれました。景教寺院は，もともとは「**波斯寺**」と呼ばれていました。これは，「ペルシア寺」という意味で，ネストリウス派は**ペルシア**起源の宗教だと思われていたのでした。しかし，本当は「**大秦国**」，すなわち**ローマ帝国**(**東ローマ帝国**)から伝来してきたことがわかって，こう呼ばれるようになったのでした。

ちなみに，カトリックが入ってきたのは，13世紀の**元**の時代でした。カトリックは**十字教**と呼ばれることになります。

玄奘と大雁塔

玄奘は28歳のとき(629 or 627年)にインドに向かった。中央アジアを経た旅は困難をきわめた。そのことは**『大唐西域記』**に詳しい。インドに着いた彼は**ヴァルダナ朝**の**ハルシャ=ヴァルダナ**(中国名　**戒日王**)に厚遇されている。またナーランダー**僧院**では教理研究につとめた。帰国後，**法相宗**(ほっそうしゅう)の開祖となる。

大雁塔は玄奘が持ち帰った仏典をおさめたもの。なお現在の西安市内には，**義浄**が持ち帰った仏典をおさめた小雁塔も残っている。

(左) 西安の碑林という石碑の博物館にて。

(下)「流行碑」頭部の拡大写真。たしかにそう書いてあるネ。

大秦景教流行中国碑

ゾロアスター教とマニ教，イスラーム教

最後は西アジア起源の宗教です。唐代の中国には多くの外国人が来訪しました。その彼らのために，長安や洛陽などには，ゾロアスター教・マニ教・イスラーム教の寺院（聖殿）が建設されました。

まず**ゾロアスター教**ですが，この中国名は**祆教**です。寺院は**祆祠**。**マニ教**は，中国名を明教，もしくはペルシア起源だったことから「波斯教」と呼ばれました。「波斯」はペルシアの音訳だね。

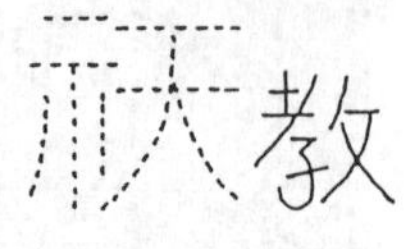

西安のイスラーム教徒街のなかにある清真寺。

イスラーム教徒街の肉屋さん。彼らは豚肉は食べないので「牛羊肉店」。「伊蘭生」とはイスラームのこと。

イスラーム教の聖堂は**清真寺**と言います。ただしこれは清朝以降のハナシで，明朝では礼拝寺，それ以前には総称はなく，それぞれのイスラーム聖堂に固有の名前が付いていました。

⑥ 五代十国時代

別冊プリント p.69 参照

では，政治史に戻りましょう。

唐王朝が滅亡した**907年**から，宋の第２代の**太宗**によって中国統一が完成されるまでに，**五代十国**といわれる国々が興亡します。

まず,「**五代**」とは**華北**に興亡した５つの王朝を指します。これに対して「**十国**」とは，主に**江南**に創建された国々のことで，全部で10ありました。

ということは, 唐が滅亡してからの数十年間に, 15の国々ができては消え, できては消えをくり返したことになります。要するに五代十国の時代とは, 激しい**争乱の時代**だったのです。そして，そうした時代に発言権を高めるの

は“戦争のプロ”である**武人**(軍人)ですね。

五代の各王朝は華北に建国され，その創建者はいずれも武人の**節度使**(せつどし)でした。順番はこうです。

五代

後梁(こうりょう) ➡ **後唐**(こうとう) ➡ **後晋**(こうしん) ➡ **後漢**(こうかん) ➡ **後周**(こうしゅう)

一方，江南中心の十国のなかで1つだけ華北にできた国がありました。それは**北漢**(ほくかん)です。また**南唐**(なんとう)や**後蜀**(こうしょく)などは，五代諸国とともに唐の文化の継承に努めました。

五代の国々

では，五代の各王朝について見てみましょう。

まずは唐を滅ぼしてできた国が**後梁**，建国者は**朱全忠**(しゅぜんちゅう)。その後梁もすぐさま滅ぼされ，あとにできたのが**後唐**。建国者は李存勗(りそんきょく)。五代のなかでこの王朝のみ，都は**洛陽**(らくよう)でした。では，

Q ほかの4つの王朝の都はどこだったか？ ——**開封**(かいほう)(**汴京**(べんけい))

しかし後唐もすぐ滅ぼされ，その後がまに座るのは**後晋**。建国者は**石敬瑭**(せきけいとう)という人でした。

石敬瑭は建国にあたって，北方民族の**契丹**(きったん)(後に国号を「**遼**(りょう)」とする)の援助を受けています。そして，

Q 援助の見返りに，後晋が契丹(キタイ)に割譲(かつじょう)した中国本土の地域は？

——**燕雲**(えんうん)**十六州**です。

次は**後漢**と**後周**ですが，とくに覚えることはありません。

社会構造の変化

一方，**唐末五代の社会構造の変化**については，よく論述問題で出題され

るところです。例えば，こんな具合ですね。

Q 唐末五代 100 年間の争乱は，どのような社会構造の変化をもたらしたか，70 字以内で記しなさい。

安史の乱前後まで，地方の支配の実権は**貴族**にあり，その下には農民がいました。ところが**黄巣の乱**がドカンと起こった。これは貴族にとって大きなダメージとなりました。また，安史の乱以降は，**節度使**（**藩鎮**）も，その強大な力で貴族の勢力を侵食していました。それに加えて，**五代十国の争乱**がつづきます。

この結果，魏晋南北朝以来，権勢を誇ってきた**門閥貴族**は全滅するのでした。まあ，入試の論述問題などで問われたら，**「門閥貴族は決定的に没落」**あたりの表現にしておいてください。

農村の新たな支配者

その動乱を生き抜いて頂点に立った武人が，**趙匡胤**です。言うまでもなく**宋**の初代皇帝。

一方，農村の新しい支配者になったのは，この動乱のなかで成り上がった**新興地主**です。

彼らを**形勢戸**と言います。「権勢のある者」，「成り上がり」という意味です。彼らは努力家で運も良かった。しかし，農民などから成り上がったわけだから，**権威がありません**。そこで，彼らは一生懸命勉強して，**科挙**に合格し，皇帝陛下に仕える**官僚**になることで，それを補おうとしたわけです。

Q 科挙合格者を出した家のことをなんと呼ぶか？ ——**官戸**

以上をまとめれば，解答ができますね。

・解答例・
魏晋南北朝以来権勢を誇ってきた門閥貴族は没落し，代わって節度使などの武人が台頭した。また農村では形勢戸と呼ばれる新興の地主が登場した。 (67字)

問題が要求しているのは「**社会構造の変化**」。で，「社会」とは人間の集団のことです。その「構造」だから，要は**“だれが支配者で，だれが支配されているか”**についての「変化」を書けばいい。

一方で，経済的には**江南地方の開発**が進みました。

混乱の中心は**華北**ですからね。華北がダメな分，江南が新たな食料生産地帯として開発されたのです。華北の混乱って，それまでも江南開発の契機(けいき)だったのですが，**五胡十六国時代の争乱**，**安史の乱**なども**江南開発の契機**となりました。と，論述のネタを確認したところで，今回はこれまで。

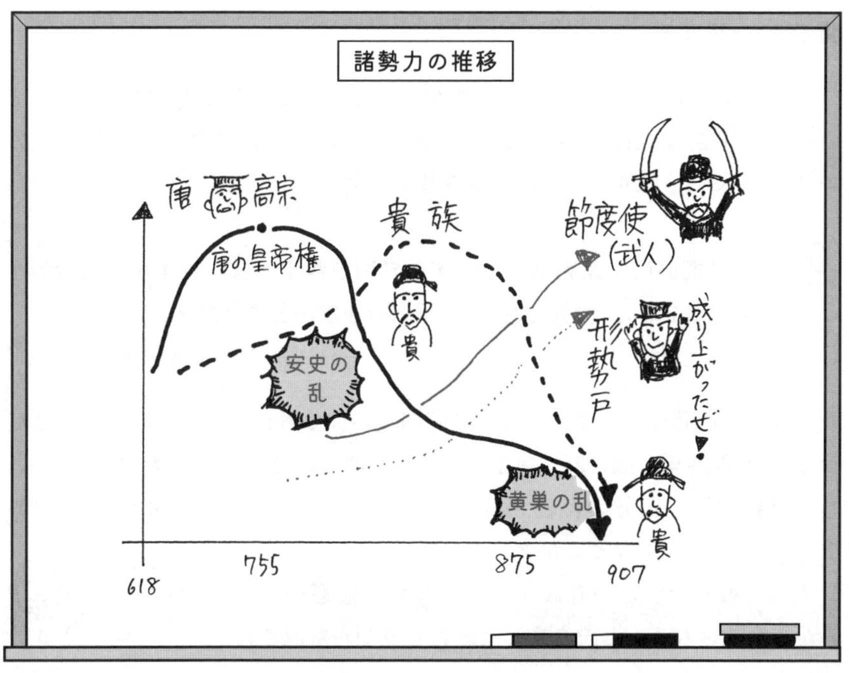

仏教・ヒンドゥー教の成立と南アジアの諸国家

仏教とヒンドゥー教の特色

都市国家の形成と新宗教

別冊プリント p.70 参照

都市国家の成立

南アジアではBC６世紀ころになると，**ガンジス川**流域の開発が進み，**人口も増加**し，周りを城壁で囲まれた**都市国家**が形成されました。とくにガンジス川中流域の**コーサラ国**や，下流の**マガダ国**は優勢でした。

この都市国家を拠点に商工業も発展し，商工業者を含む**ヴァイシャ層**の台頭（たいとう）をもたらします。また都市国家どうしの抗争も盛んになり，こうした戦争の多発は，その“専門家”たる**クシャトリア**の台頭を促（うなが）しました。

哲学の芽ばえ

また社会の大きな変化は，「俺たちが生きている**世界とは何か**？」とか，「そのなかで生きる**人間とは何か**？」とか，「どのように生きていけばいいのか？」なんていう疑問を人間に生じさせました。

Q　こんな問いに答えを出そうとする学問を哲学と言いますが，当時のインドに成立した「世界最古の哲学思想」をなんと言うか？

——ウパニシャッド哲学ですね。

こういう問題について，ゆっくり時間をかけて考えることが出来るのは**バラモン教の祭司**に限られています。そして彼らの答えは，**梵我一如**（ぼんがいちにょ）。すなわち，**世界**（**梵**）と**自分の存在**（**我**）は同一だというのです。要するに「俺が世界で，世界は俺だ」てなとこかな⁉

もうひとつ
わからん

そして彼らは，この梵我一如によって，**輪廻**（りんね）の苦しみから解放される，と説きました。苦しみから解放されることを「**解脱**」と言います。また輪廻とは，**生命が永遠に生と死を繰り返す**（輪廻，輪廻転生）という考え方です。さらに生前の行いは，生まれ変わったあとを支配する，と説きます。この考え方を「**業（カルマ）**」と言います。この輪廻，業，解脱という考え方は，この後，**ヒンドゥー教**などに継承されることになりました。

新宗教の誕生――仏教

一方で，台頭する**クシャトリアとヴァイシャ**は，あいかわらず祭司として威張っている**バラモン**に不満をもち，**新しい信仰**を求めるようになりました。

それに答えたのが**仏教とジャイナ教**でした。両方に共通しているのは，**ヴァルナを否定**し，修行・修養による**魂の解脱はだれにでも可能**だとしました。

では，仏教から。

Q BC 5 ～ 6 世紀ころ，仏教の創始者となった人物は？

――ガウタマ=シッダールタ

こんな問題が出たときに「仏（ぶつ）」じゃダメだよ（笑）。彼は人間の「**生老病死**」という「**四苦**」などから逃がれるために，極端な**苦行を廃し**，**中庸**の精神に裏うちされた修行である「**八正道**」を提唱しました。それから，「**ブッダ（仏陀）**」とは“**悟りを開いたもの**”の意味です。一方，「**釈迦**」とは彼の出身部族である**シャーキャ（シャカ）族**に由来する名前で，いずれも尊称です。

ブッダ

ジャイナ教

一方，ジャイナ教の創始者と言われるのは**ヴァルダマーナ**で，尊称を**マハーヴィーラ**と言います。彼は徹底した**苦行**と**不殺生**を訴え，ヴァイシャのなかでも，とくに**商人層**に受容されました。

ヴァルダマーナ

だって，クシャトリアにゃ広まらんだろう。武人が「不殺生」じゃ，やっていけないからね。また農民や漁民も殺生に携わる……というので，商人に受け入れられやすかったのです。

2 古代王朝の興亡

別冊プリント p.71 参照

マウリヤ朝の成立

チャンドラグプタ

BC 4 世紀の後半，インドの連中をビビらせる事態が起きました。それは**アレクサンドロス大王の侵入**です。

これによって**インダス川**流域には，複数のギリシア系の政権が成立しました。大王自身は撤退していきましたが，ビビったインド人の 1 人**チャンドラグプタ**はこう思った――"インドを統一して強国にしないと，ギリシア人にやられちゃう"。

すでに BC 5 世紀の段階で，**マガダ国**はコーサラ国を併合していますが，BC 4 世紀後半になると，マガダ国の王朝である**ナンダ朝**は弱体化していました。チャンドラグプタはこれを滅ぼして，新しい王朝を創建します。これが**マウリヤ朝**で，首都は**パータリプトラ**に置かれました。

Q BC 3 世紀半ば，第 3 代の王として活躍し，マウリヤ朝の最盛期を築いたのは？

――アショーカ王

彼は東南の**カリンガ王国**を滅ぼし，南部に領土を広げましたが，そのときの大殺戮に心を痛め，仏教に帰依するようになったといわれます。

仏教の真理たる**ダルマ(法)**を政治の基本に据え，**石柱碑**や**磨崖碑**に勅令を刻んで命令を布告しました。そこには，慈悲の精神や，むやみに殺生をしないこと，さらには父母への従順などが説かれていました。領土はアフガニスタン南部にもおよぶ広大なもので，インドの**古代王朝のなかでは最大**でした。

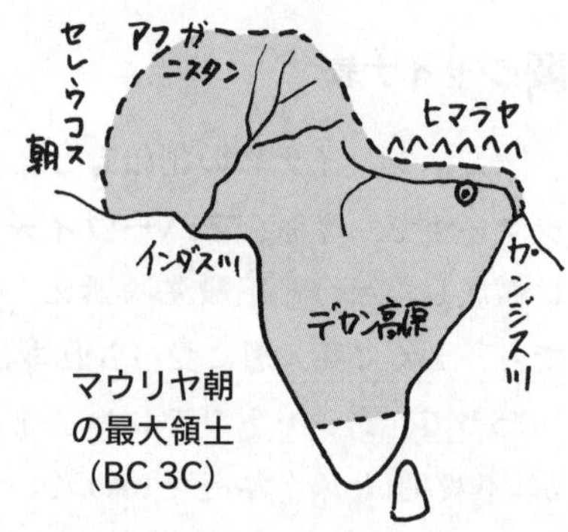

マウリヤ朝の最大領土(BC 3C)

また**仏典結集**と呼ばれる仏典の編纂

会議を実施しました。それから，**アーリヤ系シンハラ人**が支配していた**セイロン（スリランカ）への仏教布教**も知られていますね。

クシャーナ朝

アショーカ王の死後，マウリヤ朝による統一は崩壊しました。原因は，**仏教に対する過重な寄進**や，広大な領土を維持するために**官僚・軍隊の保持**にお金がかかり財政が破綻したことや，**仏教に対する優遇政策**が**バラモン層の反発**を招いたことなどが挙げられます。

その後しばらく不統一の時代が続き，**AD 1 世紀**から**3 世紀**にかけて，インドの**西北部**を中心に，**クシャーナ朝**が存続しました。

建設者は中央アジアから南下した**イラン系のクシャーナ人**で，首都はインダス川上流域の**プルシャプラ**に置かれました。

Q AD 2 世紀ころに登場し，クシャーナ朝の全盛期を築いた王は？

——カニシカ王

地図▶AD 2 世紀初めの世界

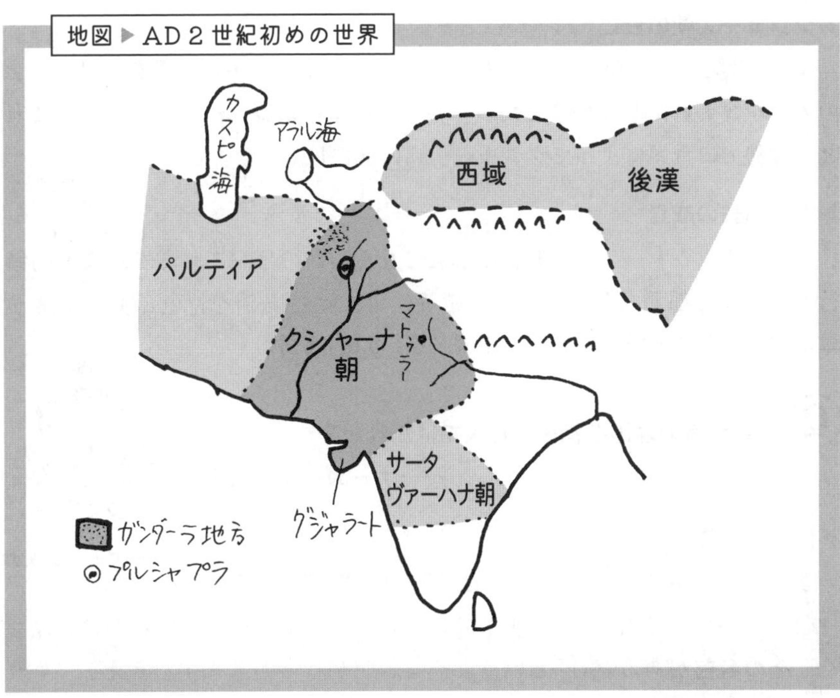

カニシカ王

農業生産では，水が豊富なガンジス川流域のほうが優勢なのですが，クシャーナ朝には**東西貿易**の利益が入ってきました。ちょうど，**後漢(ごかん)・パルティア・ローマ帝国**を結ぶ絶好のロケーションにあるんですね，この王朝は。とくに**中国**から運ばれてきた**絹**が，インダス川河口やグジャラート地方の港市から**ローマ帝国**に送られ，ローマ帝国からは**金貨**が輸入されました。

▶仏像の制作が始まった

また中央アジアにできた**バクトリア王国**の**ギリシア人**の影響によって，クシャーナ朝の人々も仏像をつくるようになりました。その制作現場の地名をとって，これを**ガンダーラ美術**と言います(→ p.227)。仏様のお顔は，**ギリシア風**でした(→ p.227)。一方，ガンジス川上流域の**マトゥラー**でも仏像制作が始まりました。しかしこちらの仏様は，ギリシア風ではなく，**インド人の顔**でした。ガンダーラとマトゥラー，どちらが早く仏像制作を行ったかについては，議論が分かれているようです。

▶クシャーナ朝の衰亡

AD 3 世紀前半になると，西隣(どなり)の**ササン朝ペルシア**から攻撃を受け，領土の大半を奪われてしまいました。ペルシアの皇帝は**シャープール 1 世**。これと地方勢力の台頭によってクシャーナ朝は衰亡していきました。

▶大乗仏教の成立

それからクシャーナ朝の時代で忘れてならないのは，これまでの**個人的修行**を重んずる**部派(ぶは)仏教**に対して，**菩薩(ぼさつ)信仰**と**衆生(しゅじょう)救済**を特色とする**大乗(だいじょう)仏教**が成立したことです。さて，中国名を「竜樹(りゅうじゅ)」と言い，

大乗仏教の理論を構築した人物はだれか？

――ナーガールジュナ

ナーガールジュナ

▶「空」の思想

まず大乗仏教の根幹(こんかん)にあるのは「空(くう)」の思想です。この「空」について，教科書には“すべてのものは本当に存在しているわけではなく，その名前があるだけ”というような説明がしてあります。ええ！　それ

じゃ分からないから，説明しろって顔してるね，みんな!?

難しいなあ……。「空」を僕は，こう理解しています。すなわち，“**人間も事物も，他者や周りの事物との関係性のなかで，初めて存在していると言えるのだ**”。逆に言うと，“人間も事物も絶対的に存在しているわけではない”。図解にするとこんな感じだ。

これは“存在”している状態とは言い難い。

これこそ，存在の真の姿。（僕もこっちがいいなあ…）

ただしこれは，あくまで私の解釈だからね。試験で書かないように。

▶衆生救済と菩薩信仰

それから大乗仏教の教義についても，少し触れておきましょう。

さっき出てきた「**衆生**(しゅじょう)**救済**」とは，「**生きとし生けるものすべての救済**」という意味です。救済とは，魂が**極楽往生**(ごくらくおうじょう)して，極楽で（キリスト教やイスラーム教だったら天国というが）永遠の平安を獲得することですね。

大乗の教えによると，人間は生物世界の一員であり，一人で孤立(こりつ)して生きているわけではない。よって，「あなたが救済されるためには，あなたと関係がある**世界全体も救済されなければならない**」という考え方があるようです。で，みんなで極楽に行くためには，文字通り，**大きな乗り物**（**大乗**）に乗って行く必要があります。

それから「**菩薩**」とは，自ら極楽往生するために修行を積み，なおかつ他者をも救済する努力を続ける人のことをいいます。大乗仏教では，その菩薩に導かれて極楽に行こう，と主張するのです。まっ，言うなれば，「極楽ツアー」の添乗員(てんじょういん)さんですね（笑）。

▶部派仏教

それから部派仏教は，大乗仏教の人々からは小乗(しょうじょう)と呼ばれました。個人で極楽を目指すので，“1人乗りの小さな乗り物に乗っていく”というほどの意味ですね。また部派仏教(小乗)のなかで，修行に厳格な人々はとくに**上座部**と呼ばれました。

グプタ朝の盛衰

クシャーナ朝の衰退後，北インドはしばらく混乱が続きましたが，それを終わらせたのが，ガンジス川流域に生まれた**グプタ朝**でした。

Q 320年ころ成立したグプタ朝の創建者は？

――チャンドラグプタ1世

この「1世」を忘れないように。これがなかったら，マウリヤ朝の創建者になってしまうからね。

最盛期は4世紀の後半に出た**チャンドラグプタ2世**の時代で，彼の名は「超日王」として中国にも知られていました。ちなみにアショーカ王は，中国名では「阿育王」です。

グプタ朝の王権は，マウリヤ朝に比べると**強力とはいえません**でした。グプタ朝では**地方の有力者に臣従を誓わせるにとどまりました**もんね。要するに**中央集権的な国家体制ではなかった**ということ。言いかえると，**分権的**だったということになります。

Q グプタ朝は，なぜ分権的だったのか？

マウリヤ朝の時代あたりまでは，**ガンジス川流域の生産力が圧倒的**で，そこを押さえた王権がスーパーパワーをもっていました。しかしグプタ朝の時代になると**地方の開発**が本格化して，**実力ある勢力が地方にもたくさん登場**したってことかな。教科書には分権的だった理由については何も書いてないですけどね。

グプタ朝の衰退の理由としては，この地方勢力の台頭や，**5～6世紀の(東西)ローマ帝国の混乱による東西貿易の沈滞**などがあげられます。また中央アジア西部に拠点をもっていた遊牧民のエフタルの侵入も，**グプタ朝と西方との交易を衰退**させました。

こうして，**6世紀半ば**に，グプタ朝は崩壊したのでした。

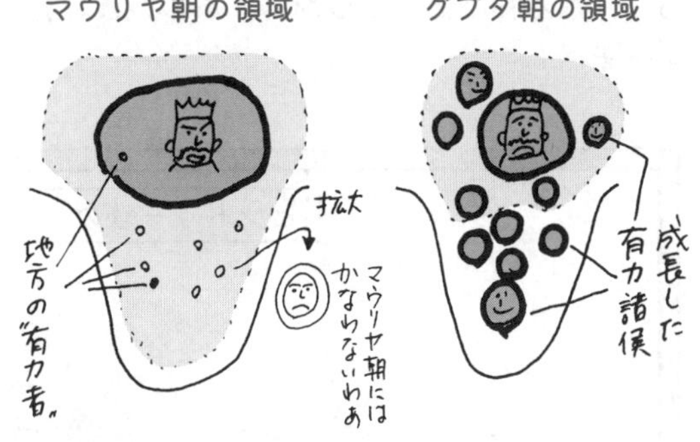

▶インド古典文化の完成

このように，政治的にはもひとつパッとしないグプタ朝ですが(笑)，文化的には重要です。というのも，この王朝の時代に**インド古典文化の完成**を見たからです。「古典文化」とは，その国，その地域の基調になるような文化のことで，それがグプタ朝の時代にできあがったのです。

日本だと，奈良時代以降かな？ 民族文字たる「仮名」ができ始め，平安時代に至って，その仮名で『源氏物語』が書かれたころに日本風の文化(**国風文化**)の基礎ができたと考えることは可能ですね。で，それにあたる文化がインドで生まれたのが，グプタ朝の時代だったのです。

Q 『シャクンタラー』という戯曲の傑作を残した文人は？

——カーリダーサ

Q 支配者たる王の義務や人々の生活規範を定めた法典は？

——『マヌ法典』

▶ヒンドゥー教

そしてなんと言っても**ヒンドゥー教**。ヒンドゥー教が成立した時期というのはよくわかりませんが，これが**浸透したのはグプタ朝**の時代でした。

ヒンドゥー教は，**バラモン教**とインド各地の**民間信仰**などが融合してできあがった宗教です。バラモン教は**複雑な祭式**が特徴でしたが，それだと**民衆には浸透しにくい**。そこでバラモン(祭司)たちは，積極的に地域の信仰を取り入れて，バラモン教の延命，もしくはイメージチェンジを図ったのでした。

図解にすると次のような感じ(→次ページ)。**特定の開祖もいない**し，**特定の教典もありません**。しかし人気のある神様はいて，破壊・創造の神であり，踊る神である**シヴァ神**。あるいは世界維持の神である**ヴィシュヌ神**などです。

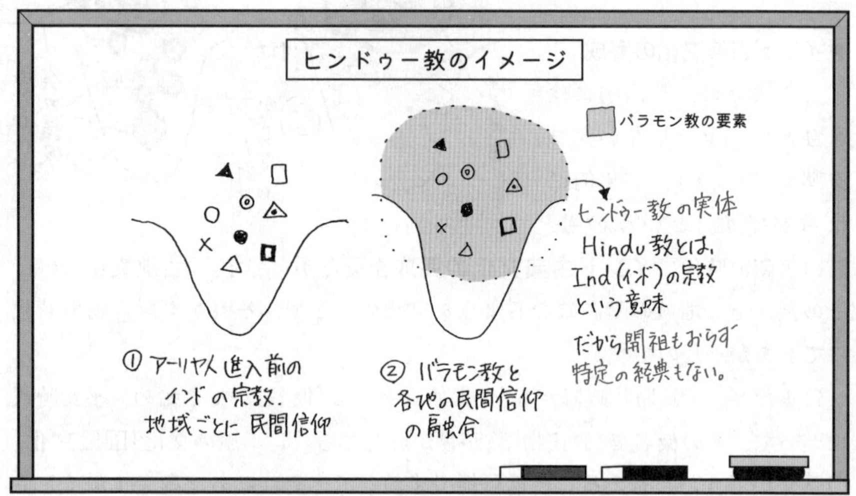

また，このころ完成した『**マハーバーラタ**』『**ラーマーヤナ**』という**二大叙事詩**は，ヒンドゥー教の聖典の１つになりました。それから『**マヌ法典**』もヒンドゥー教徒の生活規範として読まれ，事実上，聖典となっています。

▶仏教

仏教の研究機関としては，**ナーランダー僧院**もつくられていますね。これができるチョイ前にインドに来た中国僧が**法顕**です。またアジャンターや**エローラ**には**石窟寺院**も創建されました。

▶バクティ運動と仏教の衰退について

しかし，仏教は，インドでは**６世紀ころから急速に衰退**しました。その原因の１つが，当時ヒンドゥー教徒のあいだに起こった**バクティ運動**でした。この運動は**シヴァ神**などに対する熱狂的な信仰運動で，その一方で運動参加者たちによって，仏教やジャイナ教は激しく排撃されました。これが衰退の一因のようです。

▶数学

十進法，**ゼロの概念**，**インド数字**が生まれたのもこのころでした。

ヴァルダナ朝

7世紀の前半には**ヴァルダナ朝**が成立しました。これは**ハルシャ=ヴァルダナ王**1代の王朝と考えてください。短命な王朝です。

彼自身はヒンドゥー教徒だったのですが，**仏教を保護**し，彼の治世中に有名な唐僧が訪印(ほういん)しています。

Q **インドを訪れ，ナーランダー僧院で学んだ唐僧は？** ——**玄奘**(げんじょう)

同じく唐僧**義浄**(ぎじょう)が海路インドに来たのは7世紀の後半。もうヴァルダナ朝はなくなっています。

ラージプート時代（7世紀～13世紀初めころ）

王の死後まもなく北部インドの統一は崩れ，これから**13世紀初めころ**まで，強力な王朝は登場しませんでした。しかし，その一方で，**地方の開発**が進み，それなりの力をもった中小の権力者が活躍しました。彼らのことを**ラージプート**と言い，彼らが割拠(かっきょ)した時代を**ラージプート時代**と言います。ヨーロッパの**中世**みたいな時代ですね。

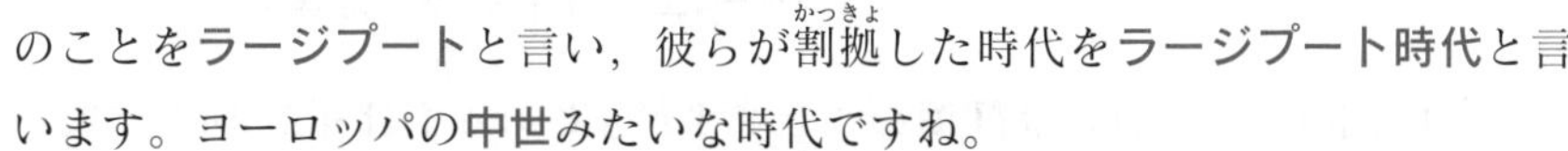

あと目立ったことといえば，西北インドに根拠地(こんきょち)をもつ**プラティーハーラ朝**と，ベンガルの**パーラ朝**，それにデカン高原を中心とする**ラーシュトラクータ朝**の3王朝が，8世紀から9世紀にかけて，インドの覇権(はけん)をめぐって争ったことです。決着はつきませんでしたが。

南インドの王朝

最後に南インドの王朝をまとめておきましょう。北部の王朝が**アーリヤ系**が多かったのに対して，南部はおおむね**ドラヴィダ系**です。

▶サータヴァーハナ朝と季節風貿易

デカン高原からインド南部の沿岸部を支配したのは，**サータヴァーハナ朝**（**アーンドラ王国**）でした。とくにAD1世紀には，インド洋の**季節風**（モ

ンスーン）を利用した貿易（**季節風貿易，モンスーン貿易**）が本格化しました。季節風とは，季節ごとに一定方向に吹く風で，これをうまく利用すると，まずオールを漕(こ)がなくてもいい（笑）。そして，沿岸の港町を這(は)うように航行しなくとも，目的地に直航することも可能となります。

▶海の道の"開通"

こうしてインド洋に，「**海の道**」と呼ばれる遠洋航海ルートが成立し，しばらくすると**南シナ海**や**東シナ海**とも結ばれました。東は**中国**（当時は**後漢**）と西は**ローマ帝国**，そして**東南アジア**と**インド**，**アラビア**や**アフリカの東海岸**を結び着ける壮大(そうだい)な交易が本格化したのです。

取引商品は，ローマ帝国の**金貨**，東南アジアやインドの**香辛料**(こうしんりょう)，インドの**綿布**(めんぷ)，中国の絹などです。アフリカ産の商品といえば，**象牙**(ぞうげ)や**奴隷**(どれい)ですね。陸路の**オアシスの道**と違って，こっちは船。運べる量が違いますね。

このころAD 1 世紀ころのインド洋の貿易について記された重要な史料があります。

Q ギリシア人商人が記したといわれる，紅海・インド洋の交易の記録をなんと言うか？

——『エリュトゥラー海案内記』ですね。

「エリュトゥラー海」とは**紅海**のことですが，この本では**インド洋全域**を指す言葉としているようです。

『エリュトゥラー海案内記』
（中公文庫）
訳：村川堅太郎

村川堅太郎先生
（1907～1991）

村川先生は古代ギリシア・ローマ研究の泰斗。山川詳説教科書の著者でもあった。

ということで，サータヴァーハナ朝は貿易で有名ですが，この王朝の時代に**鉄製農具**が普及して，農業でもそこそこ頑張ったようです。

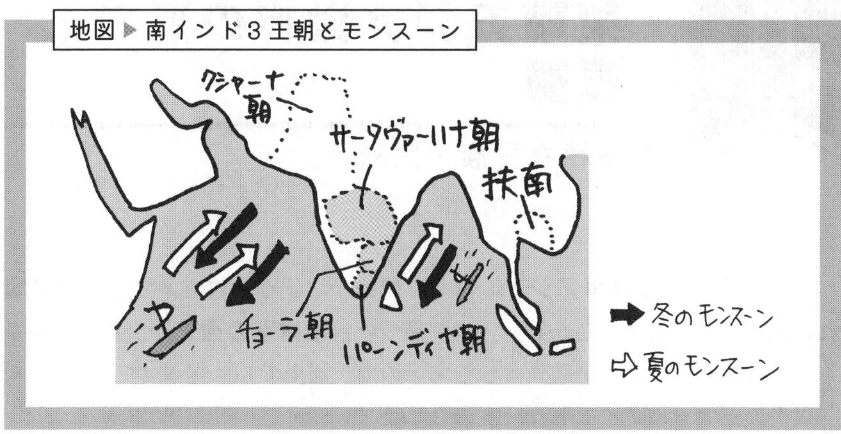

この王朝が衰退した後，８世紀までデカン地方を支配したのが**チャールキア朝**でした。この王朝はグプタ朝の文化の摂取に努めました。

▶チョーラ朝

BC３世紀からAD13世紀まで，断続的に南インドやセイロン(スリランカ)北部をも支配したのが**チョーラ朝**です。ドラヴィダ系の**タミル人**の王朝で，全盛期は**10世紀**から11世紀，**海上交易で繁栄**しました。また農業でも，**灌漑設備**を建設して，乾燥した**デカン地方**でも農業で頑張りました。

対外的には**スリランカ**に進出し，11世紀には**マラッカ海峡**にも進出しました。中国の**宋**にも商人使節を派遣し，交易を行いました。

また，７世紀に**スマトラ島**に成立した**シュリーヴィジャヤ王国**も攻撃し，これはこの王国に大打撃を与えたようです。

チョーラ朝のこうした遠征は，**南アジア**や**東南アジア**に，**ヒンドゥー教**やその他の**ヒンドゥー文化**が浸透する契機にもなりました。

▶パッラヴァ朝とパーンディヤ朝

インド東南部で栄えた**パッラヴァ朝**と，インド最南端の**パーンディヤ朝**も，ともに交易で繁栄しました。とくにパーンディヤ朝は，北インドに成立したデリー=スルタン朝というイスラーム王朝に対抗するために，ペルシア湾岸から**馬**を輸入しました。

以上でインドの歴史を終わります。

東南アジア世界の形成と展開

多様な民族・宗教

では，**前近代の東南アジア**の授業を始めましょう。教科書では，**コマ切れ**に記されています。しかし，入試問題では，**地域別の通史**が出ることも多く，またそちらのほうが勉強もしやすいので，通史でしゃべらせてください。

東南アジア史のポイントは，次の２つです。

① **各地域における王朝交替(こうたい)**
② **宗教のありよう**

東南アジアの諸地域

東南アジアの地勢を見ると，２つの地域に分かれます。すなわち**ユーラシア大陸**の一部である**半島部**(大陸部)と，島々がたくさんある部分ですね。この部分を**島嶼(とうしょ)部**(諸島部)と言います。

次に地域に分けて見てみましょう。次ページの地図を見てください。

東南アジアを，①**ベトナム北部**，②**ベトナム中部・南部**，それから③**カンボジア**，④**ラオス**，⑤**タイ**，⑥**ビルマ(ミャンマー)**。そして今は**インドネシア共和国**になっているけど，⑦**スマトラ**と⑧**ジャワ**に関しては，分けて学習します。

フィリピンについては，スペイン国王の支援のもとに来航した**マゼラン**と，彼を殺した現地の首長である**ラプラプ**。それに16世紀の**アカプルコ貿易**のあたりを押さえておきましょう。

東南アジアといえば，いろんな文化が混淆(こんこう)しているところで，各地域で民族・伝統・言語・宗教などはホントに多種多様です。しかし，ただ１点だけ共通点がある。

それは，**太平洋戦争中に日本の支配下にあった**ということ。その日本を打破するために，連合軍がこの辺りのエリアを一括(ひとくく)りにして，"The South

地図▶東南アジア地域

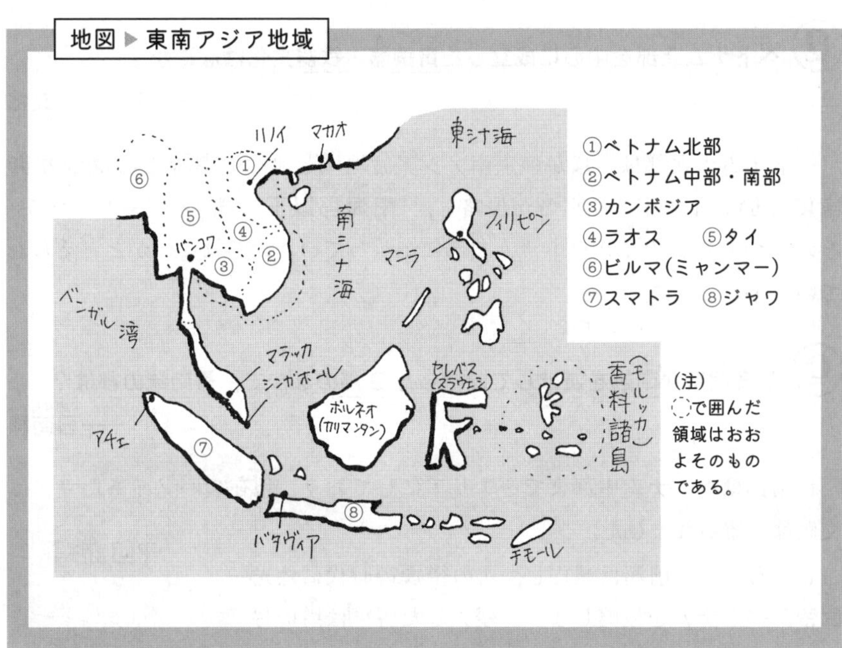

East Asia" という名称を与えたのでした。

それから，別冊プリントの見方ですが，横の流れは**王朝交替**(こうたい)を示します。そして縦(たて)の矢印は**侵略**を意味します。

最初に民族について，ざっくりと説明しておこう。半島部に住んでいる，タイの**モン人**やカンボジアの**クメール人**，それに**ベトナム人**などは**オーストロアジア系**です。また，島嶼部の**インドネシア**や**フィリピン**，それに**マレー半島海岸部**の人々は，**オーストロネシア系**に大別されます。

じゃあ，地域別に，王朝・国家と宗教の変遷を見ていきましょう。

1 ベトナム，ラオス，カンボジア

別冊プリント p.74 参照

ベトナム北部と中国の支配

まずベトナム北部ですね。この地域には，**中国文明の影響**が及んできました。そこで，中国文明の影響の下に，BC4 世紀に，

Q ベトナム北部を中心に成立した青銅器・鉄器文化はなにか？

——ドンソン文化

ベトナムの北部は，ほかの東南アジア諸地域と比べて**中国との関係が非常に深い。**まず秦の始皇帝が侵略し，「**南海郡以下３郡**」を設置しますが，その１つである象郡がベトナム北部にかかっていたのではないかと考えられています。これに対して，

Q 前漢武帝が南越を滅ぼして設置した９郡のなかで，最南端の郡は？

——日南郡

日南郡はベトナム中部までをエリアにしており，現在のハノイあたりには交趾郡も置かれました。

しばらくして前漢は滅亡し，次の**後漢**の時代には**光武帝**がベトナムを侵略します。侵入した将軍は馬援将軍。これに対しベトナム人は果敢なる抵抗運動を展開します。しかし反乱は鎮圧され，運動の中心にいた**チュン姉妹**も処刑されてしまいました。

AD 166 年には，後漢支配下のベトナムに**大秦王安敦**（**マルクス=アウレリウス=アントニヌス帝**）の使いと称する者が日南郡に到達しました。「大秦王」とは**ローマ皇帝**のこと。

この**日南郡・交趾郡**は，後漢にとっては**南海貿易**の拠点でした。南海貿易とは，中国とインド・東南アジアの貿易のこと。**南海**とは，狭義では**南シナ海**ですが，それに隣接するインド洋が含まれることもあります。

この海域は**AD 1･2 世紀**に**季節風**で繋がれ，「**海の道**」と呼ばれる交易ルートが栄えるわけですが，さきほどの「使い」と称する者も，この海の道をたどって，後漢の南限に位置する**日南郡**に到達したと思われます。

また７世紀には，**唐**が今の**ハノイ**に**安南都護府**を設置しますが，その前後にも中国のさまざまな勢力が北部ベトナムを支配します。その間にいくつかのベトナム人の王朝が成立はするものの，いずれも存続年代が短いので，覚える必要はありません。こうして**約 1000 年間**，ベトナム北部は断続的にではありますが，中国の諸勢力に支配されたのでした。

▶**李朝**

やがて，唐は**907年に滅亡**。これを契機に中国周辺には**遼**や**高麗**が成立しますね。そしてベトナム北部にも，**11世紀の初め**に，初の永続的王朝が成立します。

Q このベトナム最初の本格的統一王朝の名は？ ——①**李朝**です。

国号は**大越**。李氏大越国と表記することもあります。首都はタンロンで，現在の**ハノイ**ですね。この国には**宋**が攻撃をしかけますが，撃退しました。

▶**陳朝**

続いて1225年に成立した王朝が②**陳朝**。この王朝は13世紀の末には**元**によって3回の攻撃を受けますが，これも撃退しました。これに成功した民族的英雄が陳興道。ベトナム語的に読めばチャン=フン=ダオです。

この王朝の時代には**科挙**が定着し，中国的な**官僚制度**が確立しました。

Q 陳朝の時代につくられた漢字を利用した独自の文字はなんと言うか？
——字喃(チュノム，チューノム)

漢字を利用して文字をつくるという点に関しては，われわれ日本人と一緒だよね。要するに朝鮮や日本と同じく，**ベトナム北部も中国文化圏(東アジア文化圏)の一部**なんですね。

▶**黎朝**

陳朝の次に登場するのは③**黎朝**ですけれども，その黎朝が登場する前に，**明**がベトナム北部を支配した時期があります。15世紀前半の30年間ですが，そのとき**永楽帝**がハノイを中心に設置したのが**交趾郡**でした。

約30年間にわたってここを支配した明の勢力を追っぱらってできた王朝が，黎朝というわけです。建国者は黎利。黎朝は，15世紀後半にベトナム中南部を侵略し，**チャンパー(占城)**の首都を征服しています。

明を撃退して建国した黎朝でしたが，明との関係はすぐに好転し，**冊封**を受けました。そして中国の**律令制度**や**朱子学**を導入しました。

▶ベトナム経済の特徴

またこれは，李朝以来のベトナムの王朝に言えることなのですが，いずれも**交易よりは農業開発に重点**を置いて国造りをしてきたという点に注意してください。教科書に登場する東南アジアの国々の多くは，13・14世紀あたりまでは，交易拠点に建設された**港市国家の連合体**が目立つのですが，ベトナムの場合は異なっているということです。

理由としては，ベトナムには**香辛料**や**香木**のようなアジア全域で売れるような**魅力ある輸出品が乏しかった**ことが挙げられます。

▶黎朝の分裂・滅亡

さて黎朝は，16世紀に**南北に分裂**しました。北部では**鄭氏**が実権を握り，黎朝の君主は名ばかりの存在となりました。またベトナム中部には**阮氏**が**広南王国**を建てました。首都はベトナム中部の**フエ**。

しかしいずれの政権も，1771年に起こった**農民反乱**によって滅ぼされました。

Q この農民反乱をなんと言うか？

——**タイソン(タイソン党)の乱**ですね。

タイソン党を率いたのは，西山(タイソン)村出身の阮氏3兄弟。彼らは一時的に全国統一を果たしました。それで昔の教科書には「西山朝」という言葉も載ってましたが，『探究』の教科書からは完全に消えました。

阮氏3兄弟

▶阮朝の成立

この混乱を収拾して新王朝の**④阮朝**を建てたのが，**阮福暎**でした。

この阮朝が，**フランス**の本格的侵略を受ける経過は，近現代史(第③巻)でお話しします。

ベトナム北部の王朝

①李朝(11C～) ➡ ②陳朝(13C) ➡ ③黎朝(15C)
➡ タイソンの乱 ➡ ④阮朝(1802～)

ベトナム中部・南部

次はベトナム中部·南部。ここには2世紀末に,**オーストロネシア系**のチャム人が,後漢の**日南郡**から独立して国家をつくりました。これを中国では**林邑**と記したのですが,5世紀以降になると「**インド化**」,すなわち**ヒンドゥー教が浸透**するなどインド文化の影響が強まり,インド風に①·②**チャンパー**という国名で呼ばれるようになりました。漢字の表記は,8世紀ころから**環王**,9世紀半ばからは**占城**と変化しました。

▶インド化

ここで「**インド化**」についてもう一言。「インド化」とは,要するに**インド文化の影響が強まった**ことを言います。具体的には**サンスクリット語**の使用や,**インド文字**をもとに各地で文字がつくられたこと,宗教だと**仏教**や**ヒンドゥー教**の伝播,さらには**建築様式**や**王権の概念**などです。

《注》 山川出版社『詳説世界史探究』では,インド文化の影響は“東南アジアの基層となる文化に影響を与えた”としているが,東京書籍は“インド文化の影響は支配層のみにとどまり,東南アジアの基層文化は維持された”としている。その証左として,東南アジアでは**カースト制が存在せず**,**女性の地位が高い**ことを挙げている。

ベトナム中南部の国家

チャンパー(林邑 ➡ 環王 ➡ 占城)

林邑は,AD2世紀から7世紀あたりまで存続しました。AD2世紀といえば,**インド洋の海の道**が**南シナ海と連結**したころですね。林邑も,次の環王,占城も,海の道を舞台とする交易で繁栄した国です。

また占城は**占城稲**の名でも知られています。1012年,**宋**の**真宗**は占城からこの稲を取り寄せ,**江南**で栽培されるようになりました。

占城稲は，従来の稲よりも短い期間で熟し，また**干伐**・**塩害**に強く，さらにやせた土地でも生育しました。これは干拓田や，水はけが良すぎる傾斜地が多い江南にはピッタリだったようです。これによって**江南の稲作は安定**し，さらなる**人口増加**，**経済発展**をもたらしました。

チャンパー(占城)は17世紀まで続きますが，15世紀後半以降はベトナムの**黎朝**によって圧迫されることになりました。

ラオス

ラオスに**14世紀半ば**にできたのは，**①ラン=サン王国**です。タイ系の**ラオ人**が，ラオス北部のルアンパバーンに建国しました。

カンボジア――扶南の建国

じゃあカンボジア，ここは頻出。まずカンボジアが**メコン川**の下流に位置

地図▶AD1・2世紀の東南アジア

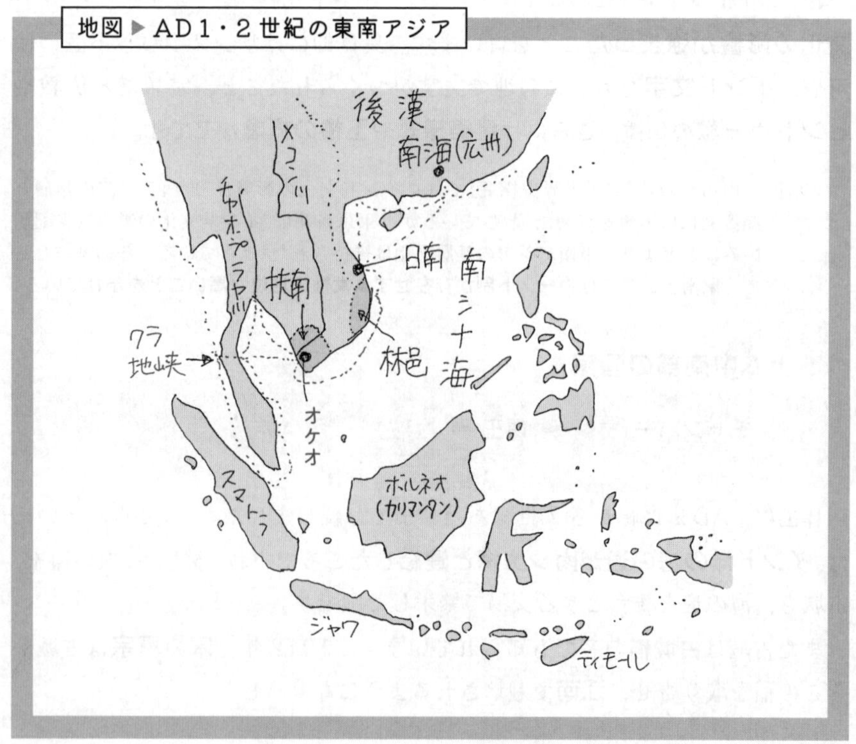

していることを押さえておきましょう。では,

AD 1 世紀末ころにメコン川下流に登場した**東南アジア最初の国家**は?

——①扶南(ふなん)

「扶南」とは中国の史料に登場する表記です。また民族系統はよくわからないようです。しかし山川出版社の『新世界史』だけは,「クメール人が建てた」としています。

キャッチフレーズが「**東南アジア最初の国家**」なので,「いつできた?」は入試でよく問われます。ですから **AD 1 世紀**は覚えておきましょう。

扶南建国の背景

じゃあなぜこの時期に国家ができたのか? その背景はこの時期に**インド洋と南シナ海を結ぶ貿易**が盛んになったことでした。扶南が位置していたカンボジアは,その中継地だったのです。

とくにマレー半島の付け根の**クラ地峡**が,ルートとして脚光(きゃっこう)を浴(あ)びました。「**マラッカ海峡**は通らなかったのですか」って聞かれそうですね。浅瀬が多いマラッカ海峡は危険だったので,安全な航路が確立される **7 世紀**までは,クラ地峡横断ルートのほうが栄えたようです。

さらに,南シナ海も浅瀬が多くて危ないので,貿易船はインドシナ半島の沿岸を進みました。これが,**チャンパー(林邑)**の建国と繁栄の背景ともなりました。

ただし国家とはいっても,広大な領土を保有した領土国家ではなく,

> **海上商業のネットワークを共有するいくつかの港市(こうし)国家が連合したもの**

というのが実態のようです。**港市国家**とは,**港町(港市)を中心とするコンパクトな都市国家**のことで,周辺の農村や輸出品の生産地を支配しているものもありました。扶南の代表的港市としては**オケオ**が知られています。

図解にすると,こんな感じかなあ(→次ページ)。

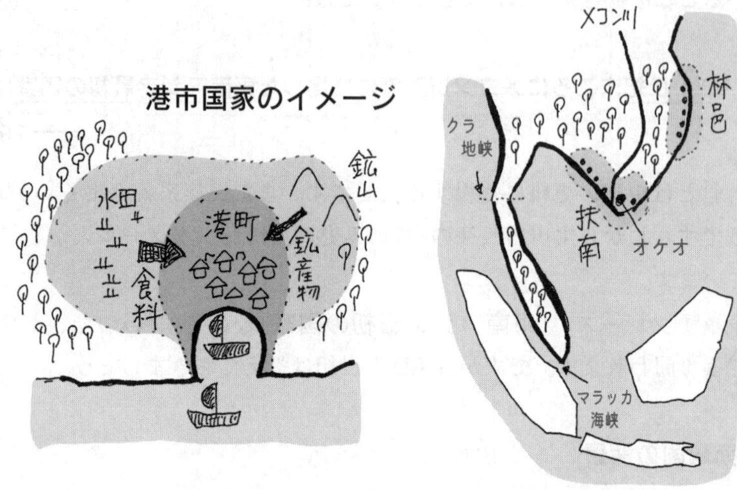

東南アジアの港市国家群

そもそも東南アジアは，広大で豊かな地域ではありますが，海岸まで大森林が繁茂(はんも)していて，耕地は乏しい状態でした。

ただし海に面しており，**インド洋と南シナ海の接点**に位置していたため，昔から交易は活発で，各地に交易の拠点となる**港市国家**が成立し，それらが共通の利益のために連携(れんけい)したのです。確認しておきますが，**扶南**や**林邑**という国の実体は**港市国家の連合体**だったのです。

代表的な港市国家の連合体としては，さっき出てきた**林邑**(**チャンパー**)，扶南のほかに，この後出てくるビルマ(ミャンマー)の驃(ひょう)(ピュー)，タイのドヴァーラヴァティー(堕羅鉢底(だらはつてい))，**スマトラ**を拠点としたシュリーヴィジャヤ(室利仏逝(しつりぶっせい))などが挙げられます。

やがてこれらの国々のなかにも，次第に内陸に支配を広げていくものが出てきます。

真臘の発展

続いて，**6世紀**に中国名で②**真臘(しんろう)**(**カンボジア**)という国ができます。これはメコン川の中流域に，オーストロアジア系の**クメール人**がつくった国で

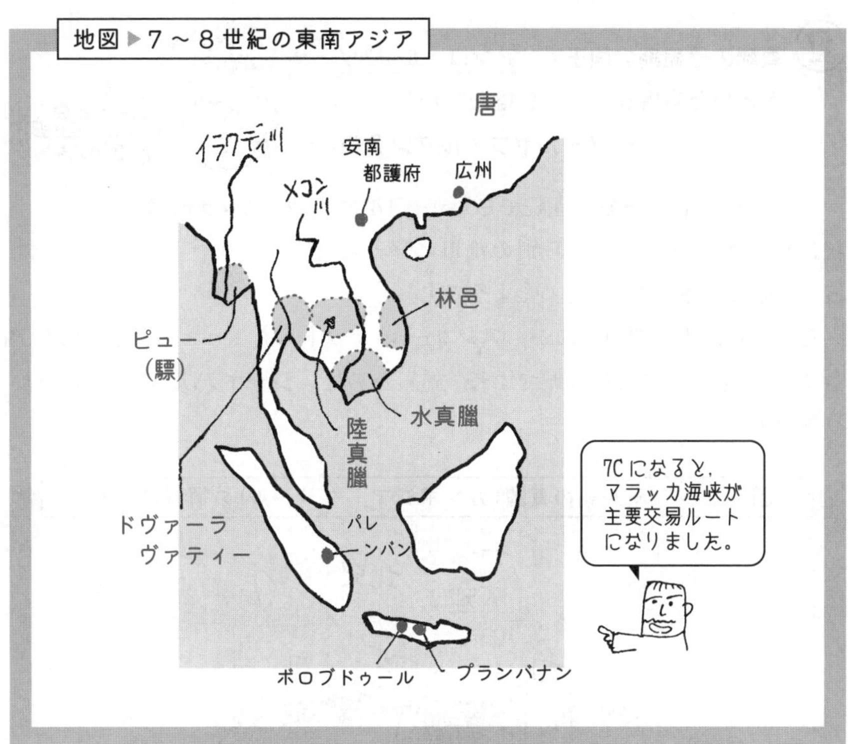

す。彼らは**ヒンドゥー教**など**インド文化**を積極的に摂取しました。

そして7世紀には，衰退した**扶南を併合**しました。扶南衰退の原因は，**7世紀**に**マラッカ海峡**が主要交易ルートとなり，クラ地峡を経由するルートが衰退したことにありました。このあと，南シナ海では**林邑**（**チャンパー**）が貿易の中心勢力となりました。

しかし8世紀初頭になると，真臘は内陸の**陸真臘**と，メコン川水系を支配する**水真臘**に分裂しました。水真臘は唐代の中国との交易で繁栄します。とくに貿易相手となったのは，現在のハノイに設置された**安南都護府**でした。

さらに8世紀後半には2つの真臘が統合され，首都**アンコール**にちなんで**アンコール朝**が成立しました。その最盛期は**12世紀**です。

では，

Q **真臘の最盛期の国王で，アンコール=ワットという寺院を造ったのはだれか？**

――スールヤヴァルマン２世

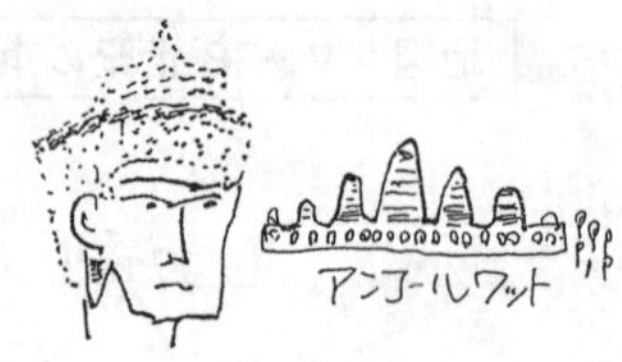

スールヤヴァルマン２世
(位 1113～1150？)

当初は**ヒンドゥー教**の寺院でしたが，14 世紀に首都がアンコールから別の都市に移った後に**上座部仏教**の寺院となったようです。

それから，よく間違うのが，アンコール=ワットのちょっと後に造られた**アンコール=トム**。これは都城ですね。造ったのは，**ジャヤバルマン７世**という国王です。

地図 ▶ アンコール朝の真臘(カンボジア，クメール)の領域(12 世紀)

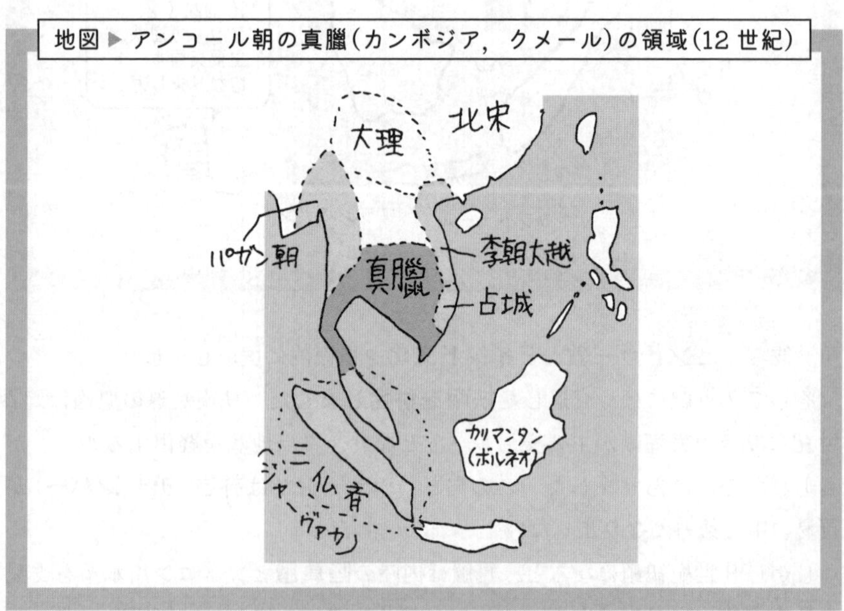

② タイ，ビルマ(ミャンマー)，スマトラ，ジャワ

別冊プリント p.76 参照

タイ

次はタイ。チャオプラヤ(メナム)川の中流・下流域だよね。ここに７世紀ころから，①**ドヴァーラヴァティー王国**と呼ばれる**港市国家連合**が成立しま

した。玄奘の旅を記録した『大唐西域記』のなかには，「堕羅鉢底」と表記してあります。中心民族は，オーストロアジア系の**モン人**です。モン人は，タイからビルマ（ミャンマー）に居住している民族でした。

▶スコータイ朝，アユタヤ朝

13 世紀に登場したのが，**②スコータイ朝**。この王朝は**インドシナ半島最初のタイ人の王朝**です。

さて，スコータイは首都の名前。では，13 世紀後半に出た，

Q スコータイ朝最盛期の王はだれか？ ——**ラーマ=カムヘン王**

彼の時代に，民族文字たる**タイ文字**が創始されています。これは**漢字が母体**であるベトナムの**字喃（チュノム）**とは異なり，**南インド系の文字**である**カンボジア（クメール）文字**が母体です。また彼の時代には**上座部仏教**が国教になっていますね。

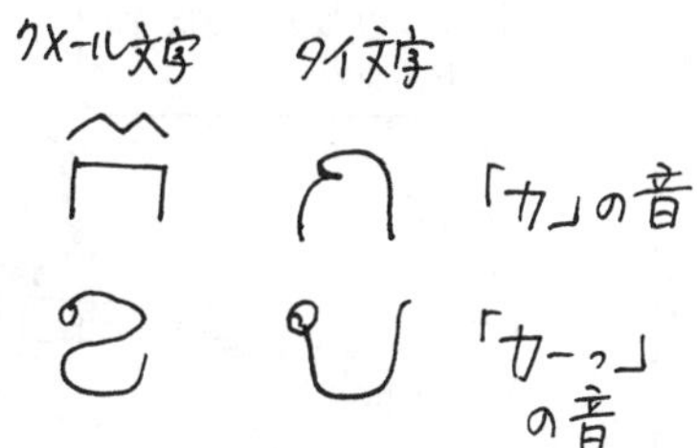

14 世紀には，**③アユタヤ朝**が創建されました。この王朝下には，17 世紀前半に貿易の発展を反映して**日本町（日本人町）**ができてますね。

また同じころにやってきた**中国人の移民**，すなわち**華僑**の来訪は重要です。なぜならば，渡航してきた華僑は，その商業ネットワークを活用して，渡航先の経済活動の中心にすわり，大きな影響力を持ったからです。

アユタヤ朝は，ほぼ現在のタイ王国の領域にあたる地域を支配し，**農業**も発展した国家ですが，17 世紀には**タイの歴史上最大領土**を誇るまでになりました。

▶チャクリ朝

それから **1782 年**にできた王朝が，**④チャクリ朝**。

チャクリというのは建国者の武人の名前なんですね。また，タイの暦名をとって**ラタナコーシン朝**とも言います。そして後に都を**バンコク**に移したものだから，**バンコク朝**という場合もあります。これが**現在まで続いている王朝**です。

タイの王朝（国家）

①ドヴァーラヴァティー … ②スコータイ朝 ➡ ③アユタヤ朝
➡ ④ラタナコーシン朝（チャクリ朝・バンコク朝）

ビルマ（ミャンマー）

続いてビルマですが，1989 年に当時の軍事政権によって国号が**ミャンマー**とされました。

このミャンマーに最初にできた国が①「驃（ピュー）」（笑）。**エーヤワーディー**（**イラワディ川**）流域の**港市国家が連合**したものですが，9 世紀に雲

地図 ▶ 東南アジア方面への元の侵攻（13 世紀末）

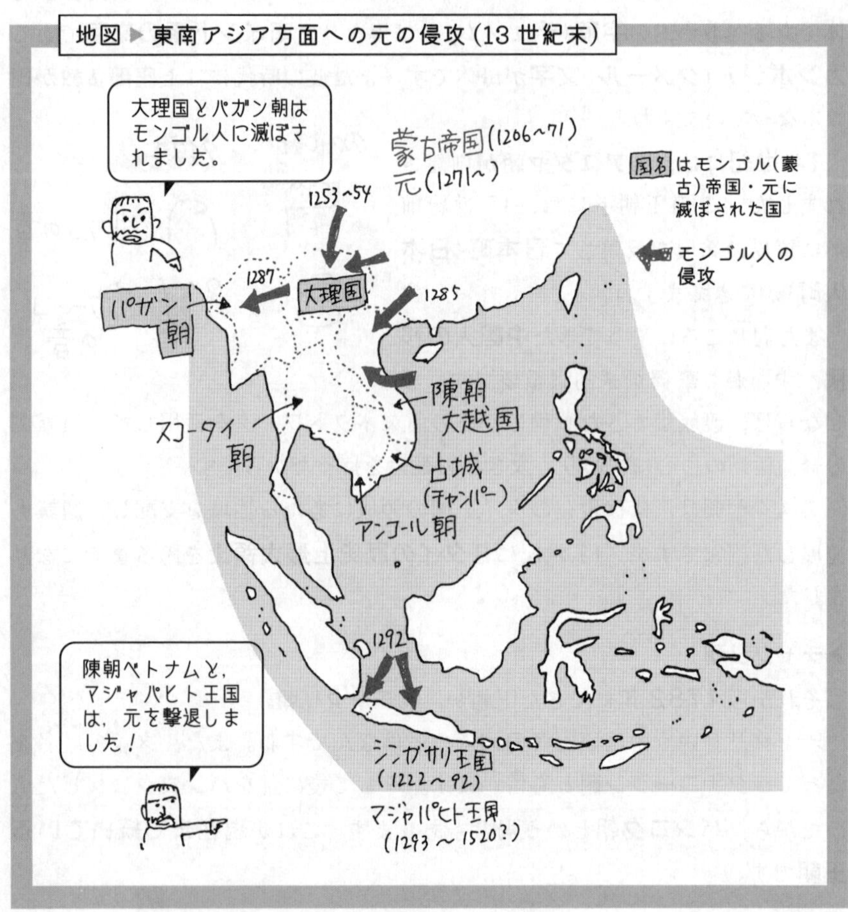

南の南詔に侵攻されて衰えてしまいました。

▶パガン朝

そして**11世紀**にできたのが**②パガン朝**。ビルマ初の統一王朝であり，**上座部仏教**の拠点ですね。しかし，パガン朝は，**雲南**を経て陸路をやってきた**元**に攻撃されて滅亡してしまいます。首都パガンを中心に，たくさんの寺院が建てられたので**建寺王朝**とも呼ばれました。

次に登場するのが，16世紀におこった**③タウングー（トゥングー）朝**。トゥングーというのは，この王朝発祥の地です。首都はペグー。もともと内陸におこったトゥングー朝です。この王朝は，**ポルトガル人傭兵隊**などを用いて，タイやラオスにまで進出しました。ベンガル湾の交易をめぐってタイの**アユタヤ朝**との抗争もありました。

次に出てくるのが，**④コンバウン朝**，もしくは**アラウンパヤー朝**。このコンバウン朝によって，**アユタヤ朝タイ**は滅ぼされてしまいます。しかしこの王朝も，3次にわたる**イギリス**の侵略によって**1885年**に滅ぼされ，**1886年**には**英領インド帝国**の1州に編入されてしまいます。

ビルマ（ミャンマー）の王朝（国家）

①驃（ピュー） … ②パガン朝 ➡ ③タウングー（トゥングー）朝
➡ ④コンバウン（アラウンパヤー）朝

まあこれで大体半島部は終わったので，次はスマトラとジャワですね。

スマトラ

まずスマトラから。

7世紀に登場して，8世紀まで繁栄したのが**①シュリーヴィジャヤ王国**。扶南・林邑などと同じく，その実態は**港市国家の連合体**です。中国名は「室利仏逝」です。

シュリーヴィジャヤの実態

Q 唐僧の義浄がこの国で記した，インド・南海の見聞記は？

──『南海寄帰内法伝』

義浄
(635～713)

仁木英之さんの小説『海遊記』の表紙を参考にしました。

彼は訪印の際に往復路とも**海路**を利用しました。なんせ**マラッカ海峡**が安全に通れますからね。しかし，これより先にインドを訪れた**玄奘**は往復とも**中央アジア(西域)**経由の**陸路**をとりました。

Q シュリーヴィジャヤの首都はどこだったか？ ──パレンバン

▶ジャーヴァカの繁栄

このあと，10世紀から14世紀の**マラッカ海峡沿岸**には，**ジャーヴァカ**と総称される港市国家群が交易で繁栄しました。10世紀といえば，中国は**宋代**で，大量の**陶磁器**を携えた**中国人商人**が，**ジャンク船**に乗って大挙してやって来るころですね。

この地を訪れたムスリム商人たちは，ジャーヴァカを「サーバジュ」と発音し，中国人は「**三仏斉**」と記しました。7世紀に誕生したシュリーヴィジャヤも，三仏斉の一部として11世紀まで存続したようです。

スマトラの宗教は，最初は**大乗仏教**だね。だけど，スマトラは14世紀にジャワの**マジャパヒト王国**の支配下に入って，**ヒンドゥー教**圏に編入されることになります。

ジャワ

次，ジャワ。ジャワの歴史は，とくに宗教の変遷がポイントになります。最初は**大乗仏教**。で,次に**ヒンドゥー教**。そして最後は,**イスラーム教**に変わっていくのです。まあスマトラも同じだけどね。

▶シャイレンドラ朝，クディリ朝

じゃ見ていきましょう。まず，ジャワ島で最初に覚えるべき国家(王朝)というと，①**シャイレンドラ朝**。この国は，この時期の島嶼部では唯一の**農業国家**でした。一方で**強力な海軍力**を背景に，海域の**交易でも繁栄**しました。

Q この国で造られた 120 メートル四方，高さ 42 メートルの壮大な大乗仏教遺跡(寺院)は？
――ボロブドゥール(寺院)

シャイレンドラ朝を建てたのは，マラッカからやってきた**マレー人**です。彼らはジャワ島の北岸に住んで，**香辛料貿易**などで活躍しました。それから先住民である**ジャワ人**は，ジャワ島内陸部に 8 世紀なかごろに**②マタラム朝**(**古マタラム**)を創建しました。この国は**ヒンドゥー教**で，多くのヒンドゥー教寺院を建てました。これは**プランバナン寺院群**と呼ばれ，ボロブドゥール寺院とならんで，ユネスコ認定の世界遺産となっています。

マタラム朝は 9 世紀半ばに，シャイレンドラ朝をジャワから放逐しました。

続いて，**③クディリ朝**。この王朝は，マタラム朝が首都をジャワ島東部の**クディリ**に移転して建てた王朝です。このあたりで**ジャワ島のヒンドゥー化**も本格化します。

Q クディリ朝のころからジャワの伝統芸能として知られる影絵の人形芝居が始まるが，これをなんと言うか？
――ワヤン

題材は古代インドの英雄叙事詩である『マハーバーラタ』などです。ジャワがインド文化の影響を受けたことの表れですね。

ワヤン

▶シンガサリ朝，マジャパヒト王国

次は，**④シンガサリ朝**(王国)。

この国は**クビライ**(**フビライ**)に臣従を要求されますけれども，そのクビライの使節の顔に入れ墨をして送り返してしまうんです。これにクビライが怒って，元軍の遠征という事態にたち至ってしまう。そして混乱のなかで勝手に滅亡(笑)。無責任きわまりない王朝です(笑)。

その後，元軍を撃退しつつ**⑤マジャパヒト王国**が誕生しました。ジャワ島で**最後のヒンドゥー教国**と言われています。

14 世紀の後半が全盛期で，ほぼ今日のインドネシアの領域を支配しました。

ジャワ・スマトラの宗教の変遷

大乗仏教 ➡ ヒンドゥー教 ➡ イスラーム教

マラッカ

▶マラッカ王国

で，そのちょっと後，マレー半島南端に，14 世紀末ころに**マラッカ王国**が成立します。東南アジアの最初の本格的な**イスラーム教**の国です。重要なのは，この国が，**イスラーム教が東南アジアに伝播(でんぱ)する際の前進基地**になったことですね。

またもう 1 つ大事なのは，この国が**鄭和(ていわ)の遠征**の前進基地だったことです。マラッカは**明に朝貢**することで，明という“後ろ盾(だて)”を確保し，**上座部仏教**のタイの**アユタヤ朝**への従属状態を脱しました。また交易(こうえき)のライバルである

地図 ▶ 16 世紀の東南アジア

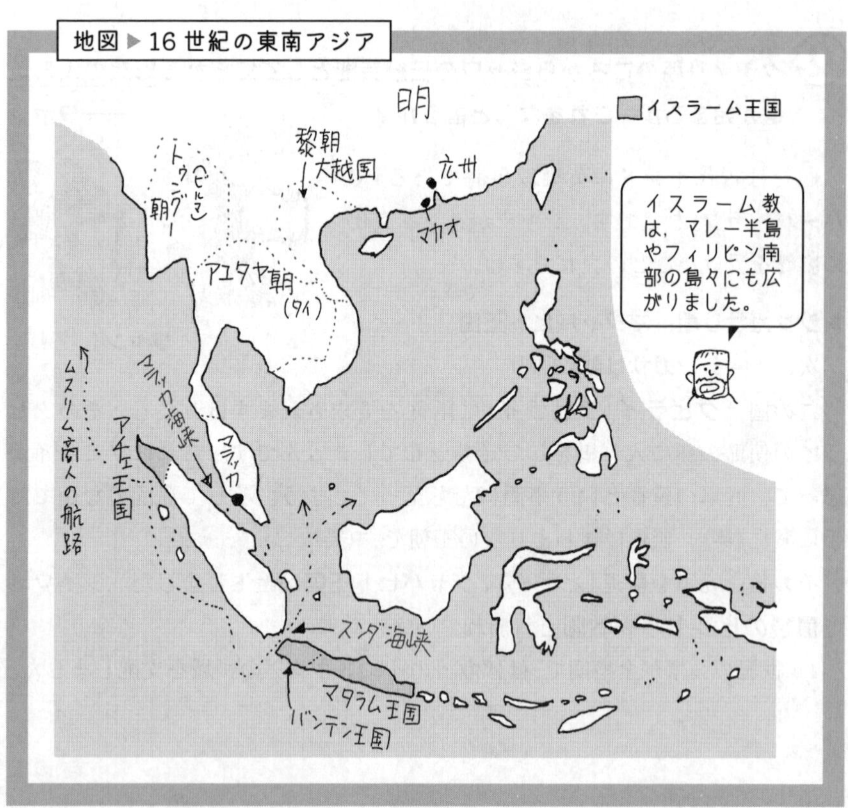

マジャパヒト王国に対抗しようともしました。

しかし，鄭和の遠征も1430年代に終わり，その後，明の勢力がマラッカを訪れることはありませんでした。これに乗じて，再び**アユタヤ朝**がマラッカ進出の気配(けはい)を示すと，マラッカ王国はインド洋西方の**イスラーム教徒の商業勢力**との連携を強めました。これをきっかけにして，一層マラッカ王国に**イスラーム教**が浸透することになったのです。

しかしマラッカに侵攻して来たのは，タイの勢力ではありませんでした。

Q 1511年，マラッカ王国を滅ぼした国はどこか？ ——ポルトガル

すると，**ムスリム(イスラーム教徒)の商人**たちは，ポルトガルが支配する**マラッカ海峡**を避(さ)けて，スマトラ島の西岸から**スンダ海峡**を抜けて南シナ海に至る交易ルートを活用するようになりました(→前ページ)。

▶アチェ王国，バンテン王国・マタラム王国

その結果，新たな交易ルート沿いに国家が発展しました。それは，スマトラ北端に②**アチェ王国**，ジャワ西岸の⑥**バンテン王国**，中部に**マタラム王国**などのイスラーム教国でした。とくにスンダ海峡に面したバンテン王国は，香辛料のなかでも，とくに**胡椒(こしょう)生産**が盛んだったことでも知られていますが，いずれも17世紀に入って**オランダ**の侵略を受けてしまいます。

ジャワの王朝・国家の交代

①シャイレンドラ朝，②マタラム朝(古マタラム)
➡ ③クディリ朝 … ④シンガサリ朝 ➡ ⑤マジャパヒト王国
➡ ⑥バンテン王国・マタラム王国

そのオランダは**1619年**にジャワ島の**バタヴィア**を占領。バタヴィアは現在の**ジャカルタ**ですね。ちなみにバタヴィアというのは，ローマ帝国時代のオランダの呼称です。そして**1641年**には，ポルトガルを破って**マラッカ**を占領しました。このあと，オランダが何をやらかしたかについては，別の回にお話ししたいと思います。

では，以上で前近代の東南アジア史を終わります。

イラン諸国家の興亡とイラン文明

アケメネス朝，パルティア，ササン朝

① イランの概況

別冊プリント p.78 参照

イランの地勢

今回は，**紀元後７世紀**までの**イラン地方の歴史**を見てみましょう。

まずはこの地域の地理から。おおむね**高原地帯**で，**乾燥**していますね，イランは。で，農業に必要な水は，**カナート**(**カレーズ**)と呼ばれる地下水路によって確保されてきました。ちなみに，カナートはアラビア語，カレーズはペルシア語です。中国では，坎児井と言うそうです。

このイラン，東隣りはインド，西はイラク(メソポタミア)，北部は中央アジアに接しています。

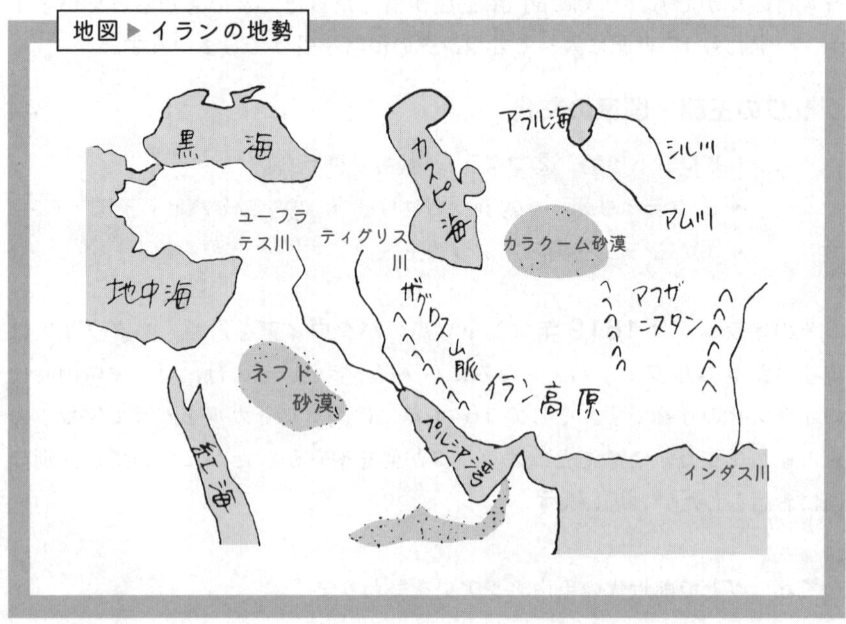

地図▶イランの地勢

イラン人

住んでいるのは**インド=ヨーロッパ(印欧)語族**の**イラン人**。ペルシア人と言う呼び方もありますが，これは，もともとはイラン南西部の**ファールス**(パールサ)地方に住んでいた人々を指す名称です。

このファールス地方は，しばしばイランの政治経済の中心を占める有力な地域になったので，この呼称がギリシアに知られ，ギリシア語風に“ペルシア”となったようです。

メディア

ちょっと復習しとこう。古代オリエントを最初に統一した**アッシリア**の力は，イラン西部におよびました。しかしイラン高原の大部分は，その支配下には入らなかったようです。そのアッシリア帝国が滅亡した後，イランを支配したのは**メディア**でしたね。

② アケメネス朝ペルシア(BC 550～BC 330)

別冊プリント p.78 参照

アケメネス朝の成立と発展

そのメディアの領土のなかにファールス地方があり，そこを根拠地に台頭したのが**アケメネス(アカイメネス)家**でした。

Q その当主で，メディアを打倒して，アケメネス朝ペルシアの初代国王となったのは誰か？

――キュロス2世ですね。

彼は，その後**リディア**，ついで**新バビロニア**を征服しました。その際に，彼はバビロンに「捕囚」されていた**ヘブライ人を解放**したのです。そして，次の国王カンビュセス2世が，BC 525年にエジプトを征服して，**古代オリエント世界を再び統一**しました。

ダレイオス１世
（位 BC 522〜BC 486）

ダレイオス１世の全盛期

さらに，最盛期と言われる**ダレイオス１世**の時代には，東は**インダス川流域**から，西はエーゲ海北岸におよぶ広大な領土を支配しました。ダレイオス１世の功績を記したのが**ベヒストゥン碑文**ですが，そこに刻まれた**楔形文字**の解読に成功したのが，19 世紀のイギリス人の**ローリンソン**です。

ローリンソン
（1810〜95）

それから，「新首都」として**ペルセポリス**がイラン高原の西南部に建設されましたが，首都とは言っても王宮と新年の祭事を行う場所だったようで，政治的な首都機能は従来通り**スサ**にありました。

アケメネス朝の統治政策

さて，この広大な領土を１人の国王が直轄支配するというのは不可能なので，**約 20 の州に分け**，それぞれ**サトラップ**と呼ばれる**知事（総督）**を派遣して支配させました。そしてそれを監視するのが王直属の監察官です。

Ⓠ この王直属の監察官はなんと呼ばれていたか？

――王の目・王の耳

さらに首都であった**スサ**と，かつてのリディアの首都**サルデス**を結ぶ国道は**王の道**と言われました。

また，アッシリアと同じく主要道路には**駅伝制**が設置され，首都スサと地方都市が結ばれました。

それから，経済面では，**フェニキア人の海上交易**や**アラム人の陸上交易**を保護しました。もちろん彼らの利益の一部は，アケメネス朝に入ってきます。また**金貨・銀貨**も発行して商業を促進しました。

公用語は**ペルシア語**と**アラム語**，それにアッシリア語やバビロニア語などですね。また**楔形文字**から**ペルシア文字**もつくられました。

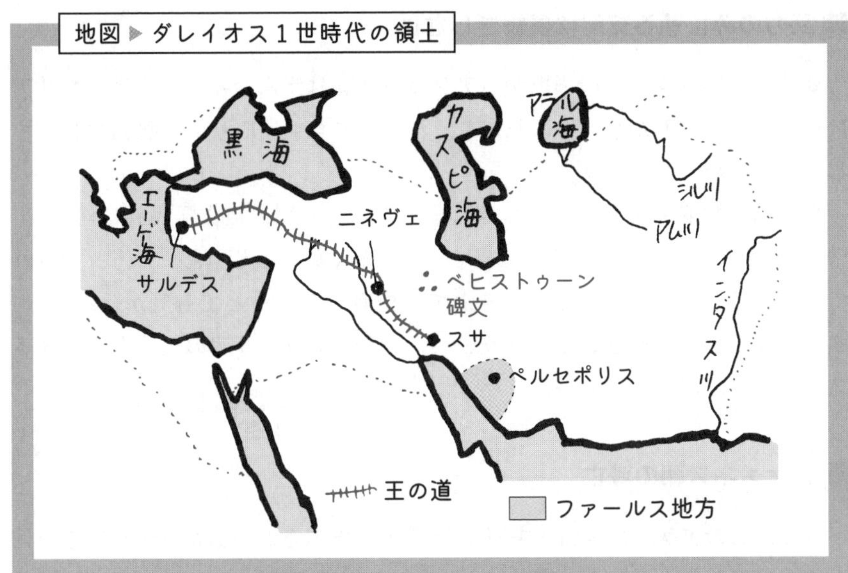

アッシリアとアケメネス朝の比較

さてここで，しばしば論述で問われるテーマを確認しておきましょう。

Q アッシリアとアケメネス朝の統治体制は，どこが何が違ったか？

アッシリアのオリエント世界の統治期間は**60年間**でした。一方のアケメネス朝は**200年間**続きました。一体何がこの違いを生んだのでしょうか？結論は，

- **アッシリアは武力を前面にした強圧的支配。**
- **アケメネス朝は被支配民族の慣習や宗教を認めた寛容な支配。**

論述問題の解答なら，この内容で充分です。ですが，理解を深めるために，補足説明をしておきましょう。

武力のみに頼る支配は長続きしない

要するにアッシリアの失敗からアケメネス朝は学んだんだね。アッシリアは世界支配の前例がないものだから，どうしても手っ取り早く**武力**に頼ってしまいました。

でも武力に頼る支配は，長続きしません。だって，被支配民族に対して，常に両拳を振り上げている支配って，すごーく疲れるじゃん。一方，やられているほうはムカつきますね。それで支配者がちょっとでも気が緩んだら，すぐに反抗されて倒されてしまう……。そんなアッシリアの失敗をアケメネス朝は見たんだね。

暴力に頼るものは，
暴力で滅される！

アケメネス朝の滅亡

さて，このアケメネス朝も**ギリシア遠征**が撃退されたあたりから，その将来に暗雲がただよい始めます。

そして BC 330 年に，**アレクサンドロス大王の東方遠征**によって滅ぼされてしまうわけです。最後の国王は**ダレイオス 3 世**。滅亡の直前に戦われた**イッソスの戦い**（**BC 333 年**）と**アルベラの戦い**（**BC 331 年**）は頻出事項ですね（→ p.225）。

ダレイオス3世は，部下の手で殺されました。

ゾロアスター教

ペルシア人のあいだに広がった宗教は**ゾロアスター教**でした。その発想のなかに，世界は善・悪 2 つの世界から成っている，という**善悪二元論**があります。

そして善の世界を支配する光明神が**アフラ=マズダ**，悪の世界を支配する暗黒神が**アーリマン**（アンラ=マンユ）です。2 つの神ともに「ア」で始まってるんで混同しないように。信徒たちはアフラ=マズダを信仰しているので，マズダ礼拝教と言うようですが，こっちを入試で書いてもダメですよ。

さて，この 2 つの神と，2 つの神に従う神々は戦います。その戦いの終末には**救世主**が現れ，**最後の審判**を経て善の勢力が勝利します。このような**世界の終末観**や**最後の審判**などの考え方は，このあとに形成される**ユダヤ教**や**キリスト教**，それに**イスラーム教**にも影響を与えたと言われます。

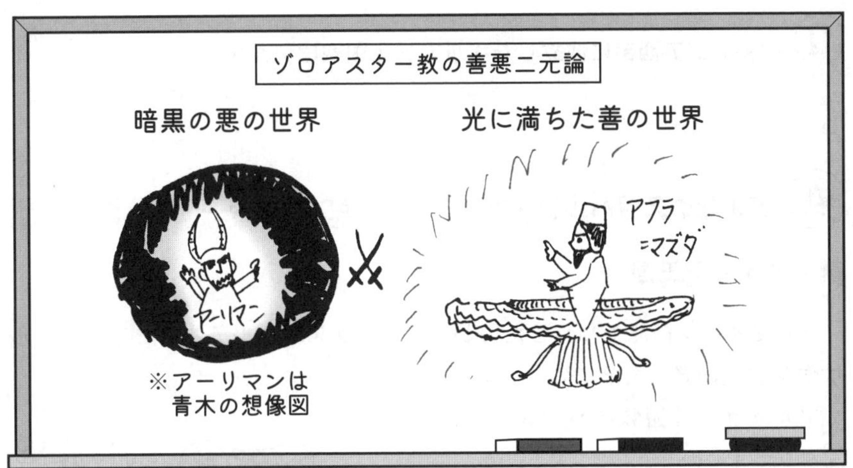

3 ギリシア人支配の時代(BC 4 世紀後半〜BC 3 世紀半ば)

別冊プリント p.79 参照

セレウコス朝の支配

アレクサンドロス大王の遠征以降，イランとその周辺は**ギリシア人の支配下**に入りました。イラン各地にも「**アレクサンドリア**」という名前の**ギリシア風の都市**が複数築かれました。

《注》 アレクサンドリアという都市は，プトレマイオス朝エジプトの首都だけではない。

しかしアレクサンドロス大王が死去したあと，国家は大王の部下の軍人たちによって分割されました。

Q イラン・イラク・中央アジア西部・小アジア半島の南半を支配したギリシア人王朝は何か？

——**セレウコス朝**です。

地中海東岸の**シリア**が拠点だったので，**セレウコス朝シリア**ともいいます。初代国王は**セレウコス 1 世**で，彼はインド侵入を試みましたが失敗しました。そしてBC 3 世紀半ばには，シリアから遠く離れた**中央アジア西部**と，**イラン高原**で 2 つの国が独立しました。

Q 中央アジア西部に成立したギリシア人国家は何か？

——バクトリアです。

4 アルサケス朝パルティア(BC 248 ~ AD 224)

別冊プリント p.79 参照

パルティア王国

そしてイラン高原で独立したのが，アルサケス朝パルティアでした。**アルサケス**は建国者の名前です。

アルサケスは**遊牧イラン人**を率いてこの国を立てました。

Q この国の中国名は？　——**安息**です。

中国名って，要するに漢字を当て字したものですね。最初の首都は，カスピ海の南東に位置するヘカトンピュロス。

ついでBC 2 世紀，この国は，**メソポタミア**という農業地帯をセレウコス朝から奪いました。そして，**ティグリス川**の中流に**クテシフォン**という都市を建設しました。これがBC 1 世紀になって首都になります。

ローマとの死闘

このBC 1 世紀は，パルティアに新たな強敵が西から登場した時代です。その新たな敵とは，**ローマ**(共和政期)。そのローマの**ポンペイウス**が**セレウコス朝を滅ぼし**，**シリア地方はローマの配下**となりました。

その後，パルティアは，三頭政治の一翼を担った**クラッスス**と，カレ(カルラエ)の戦いで激突しました。場所はユーフラテス川の上流域だね。ここでクラッスス軍は敗北し，彼も死んでしまいます。

パルティアの勝因は，**騎射戦術**に長けていたことでした。これは馬に乗ったまま，手綱をコントロールしつつ，上下動する馬の背の上で弓を射るという戦術です(→p.76)。これができるローマの騎兵は少なかったと思われます。

地図 ▶ パルティア王国（AD 2 世紀）

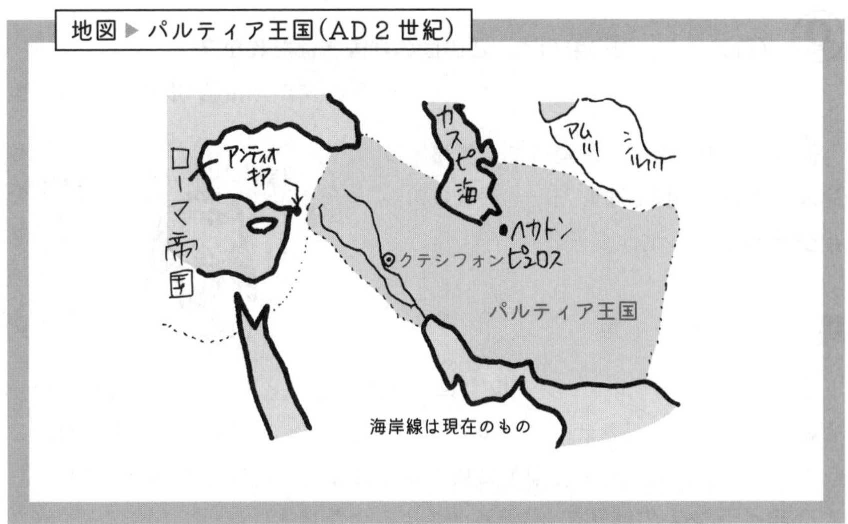

パルティアの経済と文化

パルティアの財政基盤は何だったのでしょうか？　もちろんメソポタミアの農業地帯から得られる租税収入は大きかったと思います。それに加えて，この国は**オアシスの道**の一端を支配していました。そこから得られる**関税収入**も，この国を潤したようでした。

また文化の面では，**ギリシア文化の影響**が強かったようです。まあ，ギリシア人に支配された時代が，300 年近く続いたからしょうがないですね。で，当初は，公用語も**コイネー**と呼ばれた**ギリシア語**でした。

しかし，ギリシア文化の影響が薄れるにつれ，**ペルシア語**が公用語となっていきました。宗教は，やはりペルシア人が生んだ宗教である**ゾロアスター教**が主流でした。ただし，国教にはなっていなかったようです。

5 ササン朝ペルシア（AD 224 ～ 651）

別冊プリント p.80 参照

ササン朝ペルシアの成立

さて, 5 世紀近くイラン·メソポタミアを支配していたパルティアでしたが, AD 224 年に滅ぼされてしまいます。

新たに成立したのは，**ササン朝ペルシア**でした。

Q ゾロアスター教の祭司で，この国の建国者はだれか？

——アルダシール(アルデシール)1世

彼は，パルティアとは違って，**農耕イラン人**を率いて建国しました。首都は最初から**クテシフォン**です。

シャープール1世

そして第2代が，**シャープール1世**。彼は西北インドに侵入して，**クシャーナ朝**を決定的に衰退させ，その後インダス川の西岸までを支配しました。こうして，イラン人以外も支配下に置くようになり，彼は自ら“**イラン人，および非イラン人の諸王の王**”と称するようになりました。この称号って,「皇帝」のような“世界の支配者”という意味ですね。

また西方では，エデッサの戦い(260年)でローマ帝国を破り，軍人皇帝の1人だった**ウァレリアヌス帝**を捕まえています。

全盛期——ホスロー1世

しかしこのササン朝も，5世紀以降には外敵の侵入によって衰退しました。

Q 中央アジア西部から侵入した遊牧民は何か？ **——エフタル**

フーナという読みもあるようです。民族系統はわかんないみたい。イラン系，もしくはトルコ系だという説があるみたいだけど。

そして6世紀になると，ササン朝に**ホスロー1世**(位531～579年)が登場しました。言うまでもなく，ササン朝全盛期の君主ですね。

彼は，遊牧民の突厥と結んで**エフタルを滅ぼしました**。このあとエフタルがいた中央アジア西部は，**トルコ系の突厥**の支配下に入ります。ササン朝は？って，ササン朝は，西方の**ビザンツ帝国**との戦いに忙しかったね。これがなかったら，中央アジアに進出していたかもしれませんね。ちなみに，ホスロー1世とほぼ同時期のビザンツ皇帝は，**ユスティニアヌス帝**でした。

地図▶6世紀のササン朝ペルシアとその周辺諸国

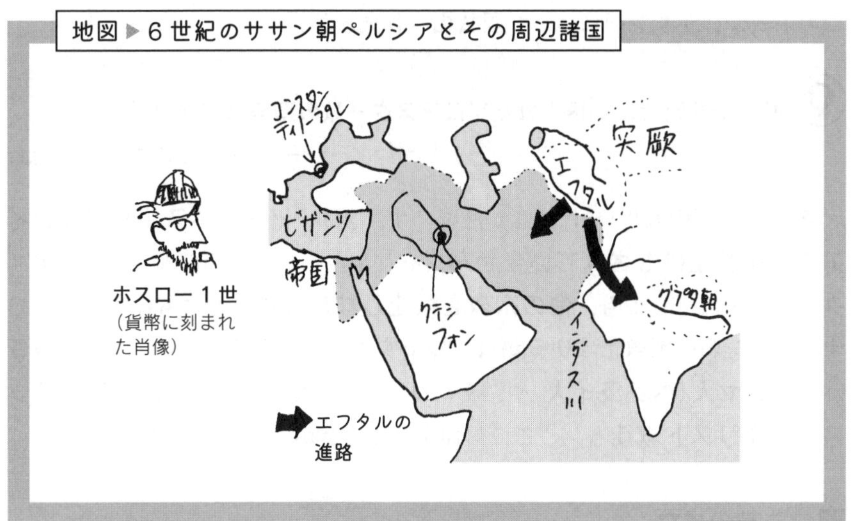

ササン朝の滅亡

ビザンツ帝国とササン朝は，シリアやエジプトを取り合ったりして戦いが続きました。そして**7世紀**には，アラビア半島に**イスラーム教が成立**しました。ほどなく**アラブ人**の**イスラーム教徒**は，642年にササン朝を撃破(げきは)します。

Q この戦いをなんと言うか？ ——**ニハーヴァンドの戦い**ですね。

場所はクテシフォンの東方500キロくらい。もう高原地帯だな，ここは。ベヒストゥーン碑文(ひぶん)にも近いな……。そして651年に最後の君主ヤズデギルド3世が殺されて，ササン朝は滅亡したのでした。

ササン朝の文化

ササン朝の文化は，政治史以上に頻出箇所(ひんしゅつかしょ)ですね。

これまでは**ギリシア文化**など，外来の文化の影響を受けていたイラン人ですが，パルティアの後半あたりから，イラン人が本来持っていた文化，言うなれば「**イラン民族文化**」の要素が強まってきました。

その最たるモノが，**ゾロアスター教**ですね。もちろん昔からありましたが，この宗教が，ササン朝によって**国教化**されました。

Q **ササン朝時代に編纂されたゾロアスター教の聖典は何か？**

——**『アヴェスター』**ですね。

それから，「国教化」には注意が必要です。まず，**アケメネス朝やパルティアでは国教化はなされていません**。それから，ササン朝の場合，ゾロアスター教を国教化しても，**他の宗教を禁止しなかった**ことにも注意が必要です。ササン朝の国教化はゆるかったのですね。だからこそ，ローマで迫害された**ユダヤ人**(**ヘブライ人**)や，またローマ帝国で異端となった**ネストリウス派のキリスト教徒**も，ここで信仰を守ることができたのです。

マニ教の成立

また３世紀には，**マニ教**が成立しました。マニ教は**ゾロアスター教**をベースにして，インドからは**仏教**，西方からは**キリスト教**の影響を受けた“**融合宗教**”と言えます。

マニ教は**善悪二元論**に立ちましたが，これは**ゾロアスター教**と同じですね。また，信者を，家を捨て俗世間から離れて主体的に修行を積む人々(出家者)と，そうではない人(俗人)とに分ける発想は**仏教**の影響です。

この宗教は，**シャープール１世**の保護を受けたりしましたが，後にゾロアスター教の祭司たちから危険視され，弾圧されました。

マニ教の東西伝播

その結果，マニ教はイランから東西に広がっていくことになり，東方に向かっては，中央アジアを経て**唐代の中国**に伝播しました。中国では「**摩尼教**」と表されました。また北方民族の**ウイグル**(**回紇**)では**国教**となりました。これは彼らと関係が深かった**イラン系ソグド人**の影響です。

一方，西方では，ローマ帝国時代の地中海世界に広がりました。あの**教父アウグスティヌス**も，もとはマニ教徒でした。さらにマニ教の影響は**中世フランス**のアルビジョワ派にも及びました。だから，アルビジョワ派って，一元論のカトリックと違って二元論なのね。

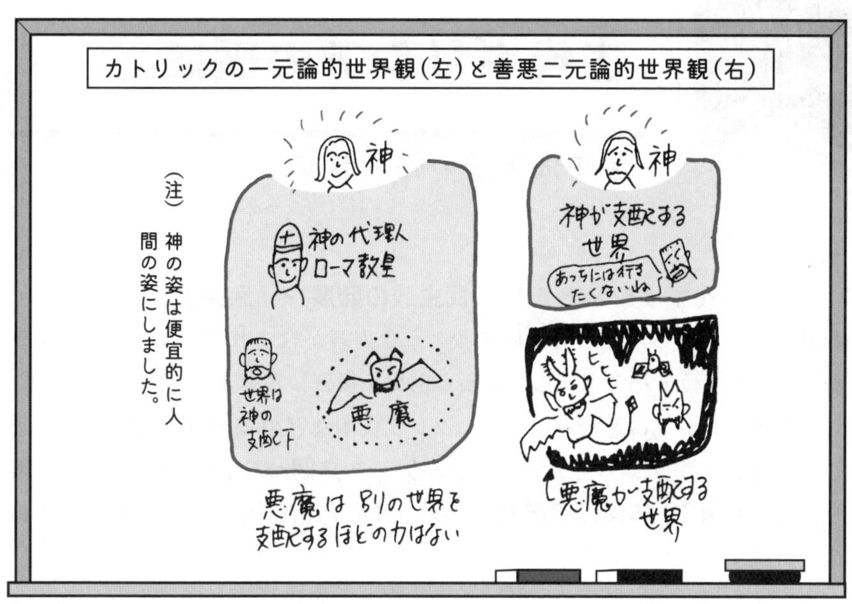

それからローマに伝播したという点では，**ミトラ教**についても触れておきましょう。ミトラとは太陽神で，イランやインドで信仰されていました。で，これを崇拝する**密儀宗教**がミトラ教でした。「密儀」とは，儀式などを信者以外に絶対に教えない宗教のことです。

サザン朝のデザインの伝播

またササン朝では，**絨毯**などの毛織物，金属器，それに**ガラス器**が生産され，**オアシスの道**や**海の道**を通じて輸出されました。

そしてそのデザインが，遠く**日本にも影響**をおよぼしていることが，教科書には書いてあります。とくに奈良の**法隆寺**に所蔵されている，**獅子狩文錦**や，東大寺の宝物殿である**正倉院**に納められている**漆胡瓶**などが有名ですね。

獅子狩文錦のデザイン

以上，第12回，イランのお話でした。

古代ギリシアの歴史

地中海周辺の国家形成

今回は**古代ギリシア史**です。「**民主政の発展**」や「**衆愚政治**」など，今のわれわれが抱える問題とも通底するような内容が含まれています。しっかり勉強しましょう。そこで，ちょこっと前史を復習しときましょう。

古代オリエントの影響を受けて，クレタ文明などの**エーゲ文明**が花開きました。そしてギリシア人がつくった**ミケーネ文明**が**BC 12 世紀**ころに崩壊した後，約**400 年間の暗黒時代**が続きましたね(→ p.37)。今回は，その後の時代です。

ポリスの形成

別冊プリント p.82 参照

ポリスの形成

暗黒時代を経たのち，**BC 8 世紀**ころからギリシアのいたるところで**ポリスの形成**が始まります。

その際に，ギリシア人たちは**集住**を行いました。集住は，ギリシア語では**シノイキスモス**と言います。

複数の教科書には，「集住は有力な貴族の指導のもとに行われた」と記しています。しかし，「なぜ集住してポリスをつくったか？」については説明していません。これにはいくつかの動機が考えられますが，一番の理由と思われるのは，**軍事上の動機**からでした。要するに外敵などに備えるためですね。

Q ポリスの中心部にあった小高い丘はなんと呼ばれたか？

——アクロポリス

アクロポリスは砦としての機能をもち，ここには守護神をまつる**神殿**も建てられました。周辺には**アゴラ**と呼ばれる広場も設けられ，**集会場**や**市場**として機能しました。さらにその周辺には田園が広がり，市民たちは**クレーロ**

スと呼ばれる土地(「持ち分地」)を分与されていました。

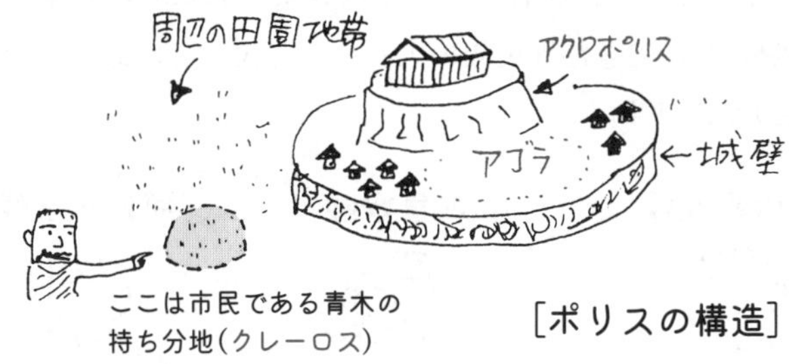

［ポリスの構造］

ギリシア人の同胞意識

代表的なポリスは，アッティカ地方に**イオニア人**がつくった**アテネ**(アテナイ)と，**ドーリア人**がつくった**スパルタ**です。とくにスパルタは，**ペロポネソス半島**の南部のラコニア地方に位置し，独特の国家体制を持っていましたが，それは後で説明しましょう(→ p.219)。

さて，それぞれのポリスを単位に生活していたギリシア人にも，「俺たちはギリシア人だ」という同胞意識がありました。

自らを英雄ヘレンの子として，「**ヘレネス**」と呼び，周辺の異民族を「**バルバロイ**」と呼んでいたギリシア人の同胞意識。それを育んだのは，共通の信仰です。信仰の中心は**オリンポス**の山に住む神々でした。**主神は雷神ゼウス**。そしてその子である**太陽神アポロン**が**デルフォイの巫女**たちに下す神託(神のお告げ)を信じていました。

また数年に一度開催される**オリンピアの祭典**や**大詩人ホメロス**の詩なども，同胞意識を育みました。

ポリスの社会――貴族・平民・奴隷

ポリスには３種類の人間が住んでいました。まず「**貴族**」，これは，簡単に言うと“**金持ち**”で，広い土地をもっている人のこと。そして「**平民**」，これは“**貧乏人**”のことです。で，この２者をまとめて**自由民**。

そしてその下には「**奴隷**」がいました。彼らは，人格を認められていません。じゃあなぜ，奴隷に転落してしまったのか？

これには大きな３つのパターンがありました。まず，**債務奴隷**。これは借金を返せなくて，奴隷に転落した人たちのことです。ついで**戦争奴隷**。これは戦争で負けた人たちが，勝者によって奴隷とされたものです。そして最後は，海外から輸入されてきた異民族の人たち。古代社会にあっては，奴隷は“**商品**”の１つだったのです。

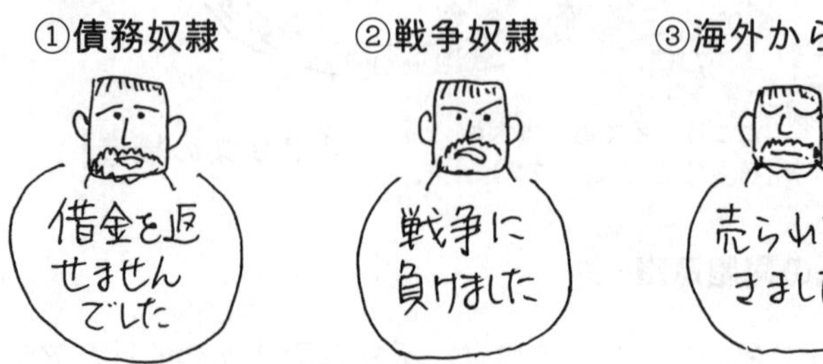

② 民主政の発展についての基礎知識

別冊プリント p.82 参照

では，次にアテネを中心とした**民主政の発展**を見ていきましょう。

民主政発展とは参政権の拡大のこと

「**民主政**」という言葉について，説明しておきます。まず，古代ギリシア史で，「**民主政の発展**」という言葉が意味するものは，“**参政権**(さんせいけん)**の拡大**”のことだと理解しておいてください。

貴族だけに参政権，なぜ？

当初は，**参政権は貴族にしか認められていなかった**のです。要するに古代ギリシアでは，金持ちである貴族にしか参政権がなかったのです。

それはなぜでしょうか？ 理解の鍵(かぎ)は次の事実です。それは，

> **古代ギリシア・ローマ世界では，参政権という権利と，軍役という義務が表裏の関係にあった。**

ということです。つまり，**戦争に行かないやつには参政権は与えられない**，という原則です。

では，それはなぜなのか？　当時のギリシアは土地の生産力が低く，**人口が常に食料生産を上回る**という状況でした。よって食べ物を求めて戦争が瀕発(ひんぱつ)したため，戦争に行くことがあたりまえの世界だったのです。

そして，軍役義務には，もう１つの“常識”がありました。それは，

武器は自分で調達する。つまり「武器は自弁(じべん)」という原則。

そうなると，武器を買うことができない**貧乏人（＝平民）は戦争に従軍(じゅうぐん)できない**ということになります。それで，金持ち（＝貴族）しか軍役義務が果(は)たせない。だから，参政権が彼らだけにあるのもしょうがない。そういう理屈です。

「**手ぶらで戦争に行けば？**」って……，そんなの戦場じゃ足手まといにしかなりませんよ。せめて，自分の身を守るヘルメットくらいはかぶってもらわないと。だって傷ついたら，その人のケアに数人の兵士が必要になりますからね。

ヘルメットは絶対必要!

海外植民活動

ですが，状況はだんだん変わっていきました。その変化の原因の１つは，**BC８世紀**からギリシア人が活発に行った**海外植民(しょくみん)活動**でした。彼らは**地中海**や**黒海**の沿岸に多くの**植民市**を建設しました。

ギリシア人が住み慣(な)れたポリスをあとにして，植民市の建設に向かった背景は２つありました。１つはポリス内部の政争。これに負けた人々が，新天地を求めて出て行ったのです。もう１つの背景は，**人口の増加**やそれに伴(ともな)う**耕地の不足**でした。

代表的な植民市としては**マッサリア**，現在の**マルセイユ**ですね。で，**ネアポリス**は現在の**ナポリ**。

Q　では，現在のイスタンブルにあたるギリシア人の都市は？

――ビザンティオンです。

こうして植民市の建設に伴ってギリシア人の活動領域は広がり，交易もス

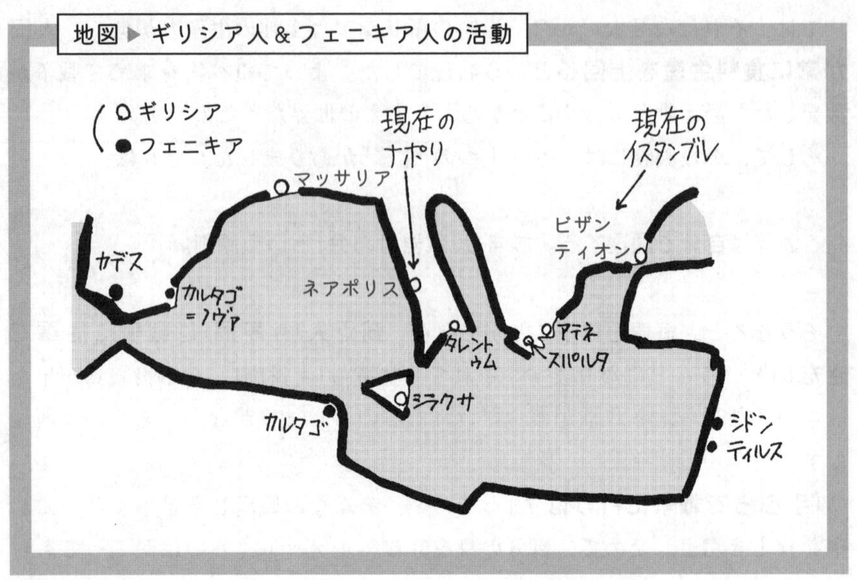

地図▶ギリシア人&フェニキア人の活動

ケールが大きくなります。ギリシアが輸出したものは，**オリーヴ油・ブドウ酒・陶器**など。そして主たる輸入品は，**エジプト**などから流入する**穀物**でした。

またフェニキア人から学んだ表音文字からつくられた**アルファベット**も普及し，これでギリシア語が記されるようになりました。

武装する平民たち

さて，ギリシア人の交易が従来以上に活発化すると，**リディア**に始まる**金属貨幣の普及**もあって，**手工業生産**も活性化します。

こうして生産量が増えると**商品の値段は下がります**。これは経済の法則だ。そして値段が下がった商品のなかには**武器**も含まれていました。また，商工業の発展によって，**富裕な平民**も登場してきました。

かくして平民たちでも武器が買えるようになり，彼らは自分の買える範囲で武装をしました。すなわち平民たちは，青銅製のヘルメットと，盾と槍で武装し，**重装歩兵**として戦場に向かうようになるのです。

ただし，“重装”歩兵とはいっても１人ひとりの戦闘力は低いので，彼らは**密集隊形**(**ファランクス**)をとりました。

文字通り，すき間なく
ピッタリと密集して突撃する。

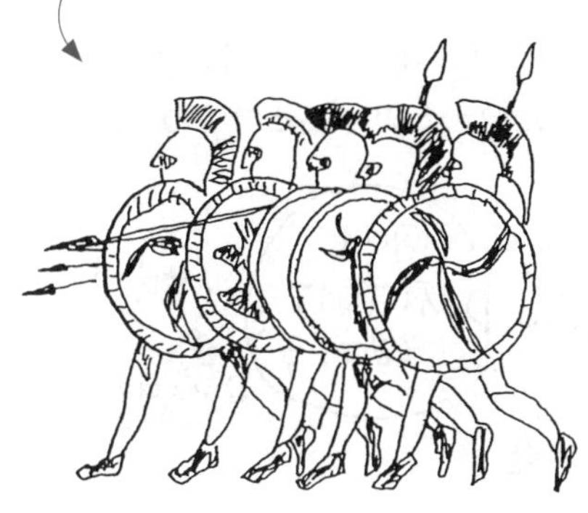

重装歩兵部隊

「一糸乱れずに敵に向かっていくには，かなりの訓練が必要であったし，兵士相互の強固な連帯感も必要である。少数の人間が武勇にすぐれているよりも，隊列の全体が，そのなかのもっとも体力の劣る兵士でも他の兵士とともに戦いつづけられる程度の強さでまとまることが大事であった」
（「世界の歴史」⑤ギリシアとローマ p.90　桜井万里子，中公文庫）

この重装歩兵部隊は，騎馬で戦場に向かう貴族と連携しながら戦争で活躍します。ちなみに平民が馬に乗って戦争にいくのは不可能ですね。だって，馬を飼育するのってものすごく金がかかるのです。今だって，競走馬を持つのってすごい金持ちしか無理だろう。

しかし，平民も**軍役義務**を果たすようになったのは事実です。こうなると話は変わってきます。

武器を自弁し，軍役の義務を果たしたわけですから，**平民**たちも当然の権利である「**参政権**」を貴族に対して要求するわけです。

じゃあ，アテネを舞台に民主政の発達を見ていきましょう。

3 アテネの民主政の発展史

別冊プリント p.83 参照

貴族共和政

まず**王政**というのが最初にあったようですが，すぐにその実体はなくなり，**貴族共和政**の時代が始まりました。ところで，

Q 共和政というのは，そもそもどのような政治体制か？

共和政とは，**複数の人間**が仲良く（あるいは喧嘩しながら）**話し合いをし**

ながら進める政治のことです。反対語は1人で決めちゃう政治。これは**独裁政治**と言います。

したがって，当時の「貴族共和政」というのは，社会の上半分，すなわち金持ちだけが集まって，話し合いをして進めた政治ということですね。

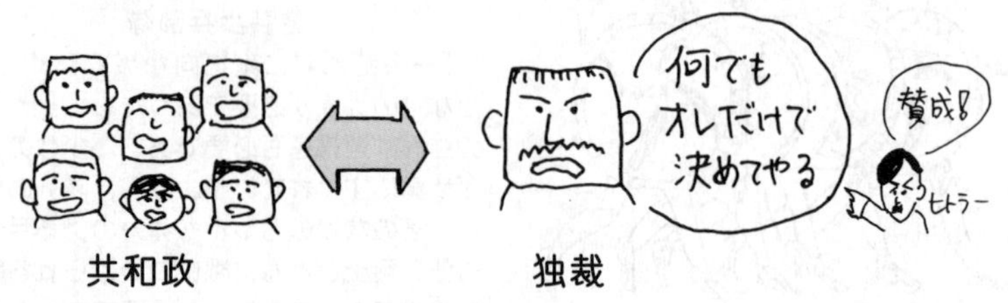

ドラコンの立法（BC 621 年）

さて，BC 621 年に，平民の参政権要求に対して，初めて貴族が妥協(だきょう)しました。これが，**ドラコンの立法**という事態(じたい)です。この事実の大事な点は，次のとおり。すなわち，

慣習法を成文化して，貴族による恣意的(しいてき)な法解釈を制限した。

「成文化」とは，**文章化**するということです。文章化されたことで，法の内容が平民にも**情報公開**されました。すると，貴族たちは法の条文を守らざるを得ず，自分たちに有利な法解釈をして行政や裁判を行うことができなくなります。これは平民たちにとっては一歩前進でした。

ソロンの改革（BC 594 年）

続いては，**BC 6 世紀初頭**に行われた**ソロンの改革**について。

ソロンは**アルコン**（**執政官**(しっせいかん)）という古代アテネの最高官職についていた人でした。彼の改革のポイントは2点あります。

ソロンの改革(1)

財産に応じて，市民の権利と義務の関係を定めた。

彼は**財産の大小**に応じて，市民を４つの階級に分け，それに応じた**権利と義務を定めた**のでした。このことをもって，彼の政治を「**財産政治**」といいます。財産の大小は何で計ったかというと，オリーブやブドウの収穫量の大小で決めたそうです。そして裕福な順に，騎馬で戦争に行くもの，重装歩兵となるもの，そして最下層第４身分の人々は軽装歩兵になりました。

ソロン

実はこの第４身分の下にも，まだ市民はいました。

それは奴隷ではありません。それは市民でありながらまったく武装ができない連中，言いかえると安くなった武器すらも買えない連中です。彼らを無産市民と言います。彼らは戦争には行けませんから，当然参政権もありません。そして，ソロンの改革の第２点。

ソロンの改革(2)

負債を帳消しにし，平民が債務奴隷に転落することを禁止した。

債務奴隷というのは，借金が払えないばかりに奴隷に身をやつす人々のことですね。この事態はポリス全体にとってマイナスです。理由は，債務奴隷に転落する平民が増えてしまうと，ポリスの**防衛の主力**である**重装歩兵部隊が解体**してしまうからです。

また奴隷に落とされた人々は，不満分子として**社会不安の源**にもなりますね。それでは困るから，借金も棒引きにしたのでした。以上がソロンの改革ですね。

ペイシストラトスの僭主政治

やがて**BC６世紀半ば**にはペイシストラトスという人物が登場し，**僭主政治**を展開しました。

ペイシストラトス

「僭主」って分かりますか？　**クーデタ**を起こして政権を奪取し，**独裁者**として振る舞う政治家のことです。こんなふうに言うと，皆さんはきっと，悪いやつなんだなと思うでしょうね。

まあ，一般的にはそういう場合が多いんですが，**ペイシストラトス**の場合は**平民の支持**を得て行われたのでした。とくに貧民に対して土地の再配分などを行っているようです。それで38年間もアテネの政治を執りました。しかし，彼の死後，息子の**ヒッピアス**が暴君化し，アテネは大混乱となりました。

クレイステネスの改革(BC 508年)

クレイステネス

そういう状況を見て，BC 508年に**クレイステネス**が**陶片追放**を導入しました。ギリシア語で，**オストラキスモス**，英語では**オストラシズム**。陶片のことをオストラコンと言います。

僭主になりそうな人物名を市民がこのオストラコンに書いて投票し，票数が一定数に達すれば追放処分にするという制度で，**僭主**の登場を防止したんです。

デーモスの設定

クレイステネスはまた，**地域的な10の**「**区**」を設定しました。その際に，貴族の政治基盤であった**血縁**に基づく**4部族制は解体**されました。

新たに設定された10の「区」を**デーモス**と言います。そしてこの地縁的なデーモスを単位に，**抽選**によって50人ずつの評議員を選び，**五百人評議会**が設置されました。この評議会では，**成年男性全体の会議**である**民会**の予備審議や日常的な行政を行いました。

こうして平民の政治参加は進展し，貴族だけで政治を左右することが難しくなったのです。しかしまだ参政権がなかった市民がいました。それは例の**無産市民**。しかし，

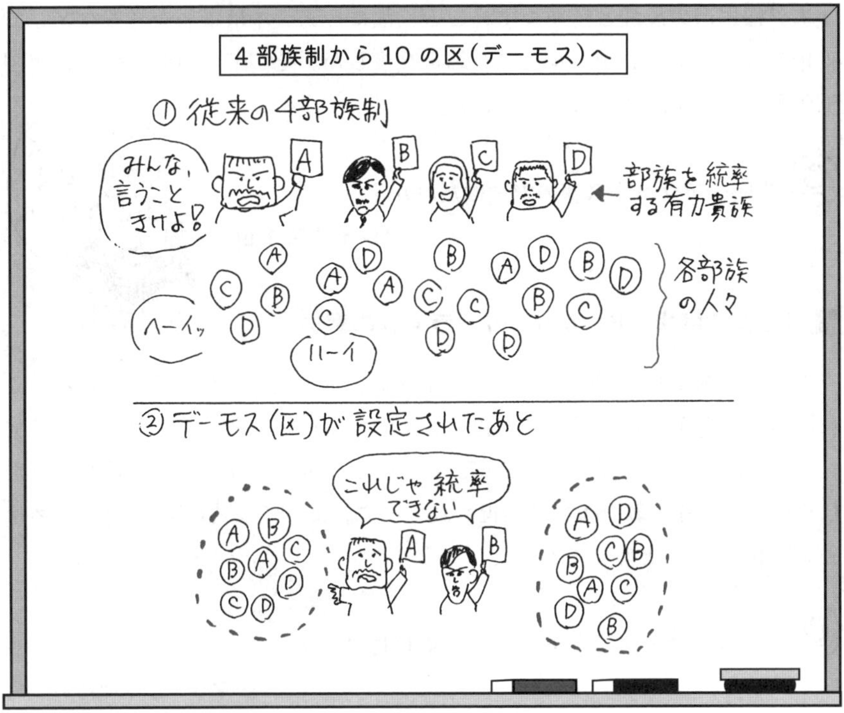

4部族制から10の区(デーモス)へ

①従来の4部族制

みんな、言うこときけよ!

A B C D

部族を統率する有力貴族

各部族の人々

ヘーイッ

ハーイ

②デーモス(区)が設定されたあと

これじゃ統率できない

この無産市民にも,やがて政治参加を果たすチャンスがめぐって来ました。それが,**ペルシア戦争**でした。

ペルシア戦争の意義

ペルシア戦争は**BC 500 年**に始まりました。

ではさっそく,ペルシア戦争の経過を見ていきましょう。まず最初に,

Q なぜギリシアとペルシアが戦争をするに至ったか?

では,開戦の契機を見てみましょう。

小アジアの**イオニア人**の植民市であった**ミレトス**という町を中心に,**BC 500 年**に**アケメネス朝ペルシアに対する反乱**が起きます。これを**イ**

オニア植民市の反乱と言います。この反乱に，アテネは軍船を送るなどして支援しました。これがペルシアを怒らせました。そして，当時のペルシア国王がギリシア遠征を決意したのです。

Q 当時のアケメネス朝の君主はだれか？

――ダレイオス１世

ペルシア戦争：BC 490 年/マラトンの戦い

ダレイオス１世はBC 490 年に，ギリシア本土侵攻軍を派遣しました。これに対してアテネが反撃をし，勝利しました。一緒に戦ったのはプラタイア（プラタイアイ）という小ポリス（笑）。……ポリスというよりは“村”といったほうがいいかな。教科書では無視されてます。よって入試対策上は「アテネは独力で勝利した」と覚えておきましょう。

アテネ軍がペルシア軍を破った戦いは？

――マラトンの戦いです。

ペルシア戦争：BC 480 ～ 479 年

BC 486 年，ダレイオス１世は死にました。で，

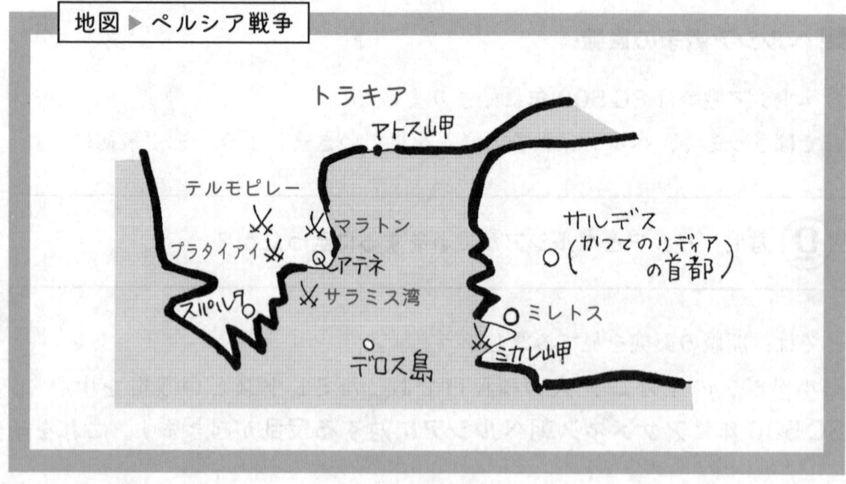

 **ダレイオス1世の後を継ぎ，遠征を断行した国王はだれか？**

――クセルクセス1世

さてこの対決は，ギリシアにとって悲惨な戦いから始まりました。

レオニダス率いるスパルタの重装歩兵部隊約300名と，10万のペルシアの大軍が，**テルモピレー（テルモピュライ）の戦い**で激突しました。

レオニダス率いるスパルタの300名の重装歩兵はペルシアの大軍に突撃を敢行し，全滅しちゃうんです。

サラミスの海戦

次に登場するのが，当時**将軍職**に就いていた**テミストクレス**です。彼は，**ラウレイオン銀山**の収益を軍艦建造にまわして，海軍力の強化に努めていました。その海軍が活躍するチャンスがめぐってきた。

テミストクレス
（BC 524?～BC 460?）

200隻以上ともいわれるアテネの軍艦は，通常は帆を張って風の力で進みますが，戦場となると，いつも都合のいい風が吹くとは限りません。というわけで，残る道は“漕ぐ”しかない。

三段櫂船と呼ばれたアテネの軍艦の**漕ぎ手**の役目を担ったのが，**無産市民**でした。貧乏であるがゆえにヘルメットすら買えない連中！　しかし彼らにも軍艦を漕ぐことはできます。ふんどし1つあればね。人によっては，ふんどしすらいらない(笑)。

こうして**フェニキア**の軍船を主力とするペルシア海軍と，アテネ海軍を主力とするギリシア軍が激突し，ギリシアは勝利をおさめました。これが**サラミスの海戦**です。

それから，**なぜここにフェニキアが出てくるのか？**　フェニキア人って**海上交易**で活躍していましたね。そしてその活動は，アケメネス朝によって保護されていました。またギリシアとフェニキアのあいだには，**地中海商業をめぐる対立**もありました。そんなことから，フェニキアはアケメネス朝の側についたのです。さて，

ギリシア民主政の発展にとって，ペルシア戦争，とくにサラミスの海戦はどのような意義があるか？

と問われたら，こう答えることができます。

サラミスの海戦の意義

無産市民が軍艦の漕(こ)ぎ手として軍役義務を果たしたため，彼らが参政権を獲得する契機(けいき)となった。

無産市民が“**ふんどし１つ**”で軍役に参加した。この“ふんどし１つ”という言葉は重要ですよ(爆笑)。論述で書いちゃいかんけどね(笑)。要するに，**武装なしで参加できる戦い**だったところが重要なのです。こうして彼らは参政権を，「与えられた」んじゃなくて「**獲得した**」んです。

さて，サラミスの海戦のあと，さらにアテネ・スパルタ連合軍により陸上の**プラタイアの戦い**で大勝したのち，ギリシア海軍が小アジアの**ミカレーの戦い**で最後の勝利をおさめます。こうして，ペルシアはエーゲ海域から撤退(てったい)しました。

《注》 テルモピレー，プラタイア，そしてミカレーの戦いは，教科書本文には載っていないが，地図には，密かに(?)載せてある。注意！　ここを見て出題する大学もあるかもしれない！

一方，ギリシア側は，ペルシアの再攻に備えて，**デロス同盟(どうめい)**という軍事同盟を組織しました。しかしこの後大きな衝突はなく，BC 449 年にカリアスの和約という講和条約が結ばれて，ペルシア戦争は終結しました。

ペリクレス時代――アテネ民主政の完成期

このペルシア戦争終結後の**BC５世紀の後半**期には，アテネに**ペリクレス**が登場して，アテネは**黄金時代**を迎えます。

また彼の時代には，**デロス同盟**の資金をアテネのために横領(おうりょう)して神殿(しんでん)をつくっています。それが**パルテノン神殿**です。教科書に写真が載(の)っています

パルテノン神殿 左側のジャンパーが筆者(まだ 28 歳だったころ)。
正面のデザイン，どこかで見たことない？ これ，英国の名車ロールス=ロイスのラジエータのデザインである。

ので，知らない人はいないと思うんですが。ついでに，

Q **パルテノン神殿の建築様式は？** ——**ドーリア式**ですね。

さらにペリクレスの時代は，「アテネの**民主政が完成**した時代」と言われています。このあたりの事項について確認しておきましょう。まず，

Q **立法・行政・司法上の最高の意志決定機関とされたのは？**

——**民会**

元老院(げんろういん)じゃないですよ。じゃあ，民会というのはどういう集まりかというと，**自由民の成年男性すべてが集まる会議**であったのです。彼らは**18 歳以上**なら，**貧富の差にかかわらず平等な参政権**を持っていました。

公職は抽選，再選は禁止

さらに**公職**(こうしょく)は**抽選**(ちゅうせん)で選出されました。要するにくじ引きだよね。

また公職についたら**手当て**が出ます。これは貧乏人には嬉(うれ)しい。そして**再選は禁止**です。なぜかというと，特定の人間が特定の役職に長く居座(いすわ)ってし

まうと，どうしてもそこに“利権”が生まれます。すると，すぐに腐敗が起こります。そういったことを防ぐためなんですね。

ですが，例外が１つだけあった。

Q 選挙で選ばれ，再任（再選）も認められていた役職は？ ――**将軍（職）**

将軍とは軍事の最高責任者です。そして，最高の行政官であった**統領（アルコン）職**が抽選制になった後には，将軍職の権威は高まり，事実上ポリスの最高の官職となりました。

で，この将軍職だけは**選挙**なんですね。しかも**再任もOK**。なぜかって？戦争のときのリーダーと，一般の公職とでは，重みが違うのです！

将軍がアホで，戦争に負けたらそのポリスは即滅亡だよね。だから将軍職に関しては，みんなが，“この人だったら大丈夫だ”という人に任せることになるわけだ。

古代ギリシア＆現代の“民主政の違い”

次に，現代の民主政とギリシアの民主政の違いについておさえておきましょう。

ポイントは３つあって，まず１つ目は**奴隷の存在**です。その奴隷も使われ方に２パターンある。１つは**家内奴隷**で，各家にいて家事などの労働をさせられます。これに対して，鉱山など１か所に何百人も集められて大規模に使用される奴隷たちがいました。こっちを**生産奴隷**といって，典型的なのが，**ラウレイオン銀山**における使用の例。これはアテネの銀山ですね。

続いて２つ目の相違点。それは**女性には市民権が認められてなかった**ということ。それから**在留外人**も同様。ギリシア語では**メトイコイ**と言います。要するに，そのポリスの生まれではない“よそ者”ですね。

とくにアテネでは，ペリクレスの時代に**市民権法**を制定し，**両親ともアテネ人**である**18歳以上の男性**に市民権を限定しました。

そして相違点の３つ目は，**直接民主政**

であったこと。いまの日本みたいな**代議制**（言いかえると**間接民主主義**）じゃなかったのでした。

ギリシアの民主政・民主主義の特色を，現代と比較して60字以内で述べよ。

なんていう問題を出されたら，以上の3ポイントを書けばいい。

> **・解答例・**
> ギリシアでは人格を否定された奴隷が多数存在しており，女性や在留外人には市民権はなかった。また直接民主政であった。　(56字)

スパルタについて

以上，アテネを中心にお話ししてきました。そこで，アテネのライバルであった**スパルタ**についても触れておきましょう。

スパルタは，ギリシア人の一派である**ドーリア人**が隣接（りんせつ）した地域を征服してつくったポリスです。支配者は**スパルタ市民**（**スパルティアタイ**）。彼らは，商工業などに従事（じゅうじ）し軍役と納税を課せられるけれども参政権は認められない**ペリオイコイ**と呼ばれる**劣格**（れつかく）**市民**や，**ヘイロータイ**（**ヘロット**）と呼ばれる**隷属的**（れいぞくてき）**な農民**を支配していました。ヘイロータイは家族を持つことは許されていました。ヘイロータイの人口はスパルタ市民の10倍ほどだったと言われます。

Q スパルタの基本的国制は，伝説的立法者の名前を冠（かん）してなんと言うか？
――リュクルゴスの国制

リュクルゴスの国制

リュクルゴスの国制の基本方針は，次の2つです。

1つは，**軍国主義**を貫（つらぬ）くこと。軍国主義とは，すぐにでも戦争ができるような国造りのことです。具体的には武器を準備し，体を鍛え，いつでも敵を殺傷できるようにテンションを高めておく。さらに，何のための軍国主義かというと，これは**ヘイロータイの反乱**に備えてのことでした。

とにかく，こうしてスパルタは**強力な陸軍**をつくり上げました。その自信があったためか，スパルタは**城壁を築きませんでした**。

2つ目は**鎖国体制**。要するに国を閉じるってことですね。アテネじゃ，こんなことできませんよ。あそこは**商工業**を基礎に**貿易**で食ってますからね。鎖国なんかやっちゃお終いだ。じゃあ何でスパルタは鎖国なのか？

まず，貿易などをやると**商工業が発展**しますね。すると，それにともなって**貨幣経済が浸透**してきます。この貨幣経済の浸透によって，**完全市民間に貧富の差が生まれること**が怖かったのでした。

だって，もともと数が少ない完全市民のあいだに貧富の差という対立が生じると，これはヘイロータイにとって絶好の**反乱のチャンス**となりますね。リュクルゴスは，これを恐れたんだろうね。

それで，貨幣が必要以上に入ってこないように，国(ポリス)を閉じちゃったのです。

ああ，それから，ご心配なく。スパルタはギリシアでも数少ない，**穀物の自給**ができる農業ポリスでしたから，鎖国やっても餓死者なんか出ないよ。

貨幣経済とは？

ついでだが，「**貨幣経済**」って何だ？

これは生活に必要なものを，貨幣を仲立ちにして獲得して生きていくシステムのことをいいます。

で，貨幣が浸透すると，それを蓄えることができるものと，そうでないものとの格差がどうしても生じてしまうのですね。

商工業の発展 ➡ 貨幣経済の浸透 ➡ 貧富の差の増大

この定式は，教科書にも何度も登場する「世界史の法則」ですね。……そういえば，唐のところでもこの因果関係については話しましたよね(→ p.144)。

ペロポネソス戦争とポリスの変質

別冊プリント p.85 参照

ペロポネソス戦争――アテネの横暴に反発

さて **BC 5 世紀の後半**，ギリシアでは 30 年間にわたって**ペロポネソス戦争**が展開されました。この戦争はギリシアの**ポリス同士の内紛**です。

では何が原因だったのか？　……こりゃあ，やっぱり**アテネ**が悪いね。

ペルシア戦争で勝てたのはアテネが頑張ったから。だれもそれは否定できなかった。それでアテネって，調子に乗りすぎたんですね。だって，**デロス同盟**の資金を横領して**パルテノン神殿**をつくったりしたじゃないか!?

あるいは他のポリスの内政に干渉したりもしました。

こういうアテネの横暴に対して，**スパルタ**を中心とする**ペロポネソス同盟**が反発して，ついに **BC 431 年**に戦端が開かれたのです。

戦いが始まって 2 年目に，**ペリクレス**が病死しました。その後アテネの劣勢に拍車がかかります。そして，約 30 年後の **BC 404 年**，アテネとアテネに率いられたデロス同盟は敗北したのです。

ギリシアの覇権：スパルタからテーベへ

ペロポネソス戦争で勝ったスパルタはギリシアの中心となりました。ところがスパルタも愚かでした。

だって調子に乗って，ペルシアが支配する小アジアに勢力を伸ばそうとしたのです。これにはペルシアが怒り，ペルシアはギリシアの反スパルタ勢力を焚き付けて，BC 395 年に戦争を起こさせました。これを**コリントス（コリント）戦争**（～ BC 386）と言います。ちなみに反スパルタ勢力とは，コリントスやテーベ，それにアテネなどです。そして，

Q　BC 371 年，新興ポリスのテーベがスパルタを撃破した戦争は？

――レウクトラの戦い

これでスパルタの覇権に終止符が打たれました。

こうしてギリシアの覇権は，BC 5 世紀から，

アテネ➡スパルタ➡テーベ

へと移ったわけですが，その過程で，戦乱が長く続くことになりました。これはギリシア全体にとっては大きなダメージとなります。

そして**BC 338**年に，北方の**マケドニア**によってギリシアは征服されることになるのです。

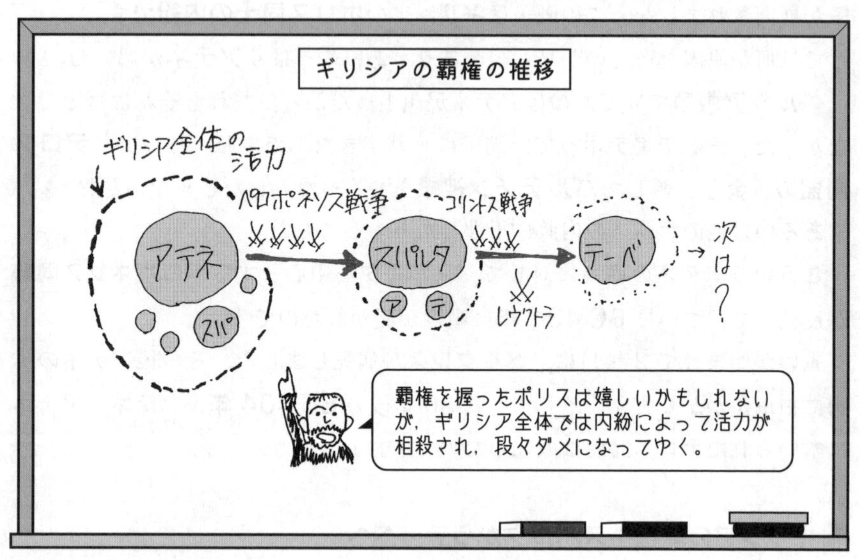

ポリス社会の変容

ではこの戦乱の時代，ギリシアにどのような**社会的な変化**が起こったのでしょうか。

結論から言うと，**多くの市民が没落**(ぼつらく)して**無産市民化**したことが重要です。その原因は**戦乱による農地の荒廃**(こうはい)や，**貨幣経済の浸透**(しんとう)，さらには感染症の流行です。ちなみに，貨幣経済の浸透は市民間の**貧富の差**を増大させました。

ポリスの軍事的変質

没落した市民には，もう財産も何もありませんから，ヘルメット，あるいは盾(たて)，槍(やり)を買うことができなくなっちゃうわけです。こうして平民を中核としていた**重装歩兵部隊は解体**してしまいました。

じゃあ，ポリスの防衛(ぼうえい)はどうするか？　「しょうがないね。金をばらまいて兵隊を雇うしかないね」と。こうして**傭兵**が登場することになり，市民が自ら武器を買い，市民の義務として戦争に行くという原則は崩壊したのです。言い換えると，**武器自弁・市民皆兵の原則が崩壊**したのでした。

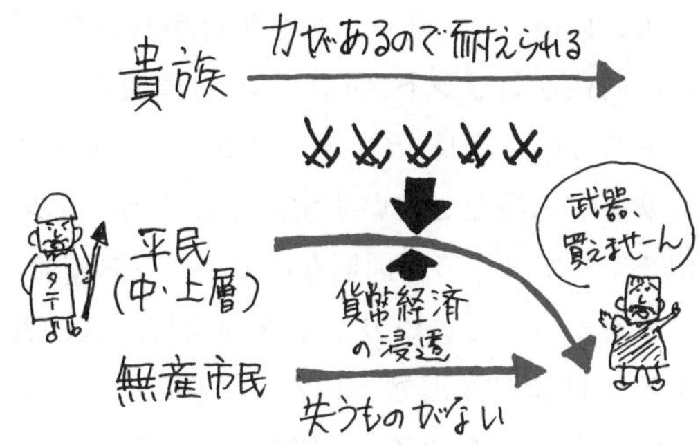

衆愚政治

さて，没落した市民たちは生きるのに精一杯。だから，ポリスの行く末について，冷静に考える余裕がなくなります。その結果，野心をもった口の上手い連中が，威勢のいいことを言ったり，耳心地のいいことを言ったりすると，コロッと騙されてしまうのでした。これを**衆愚政治**と言います。

Q 衆愚政治の時代に登場した扇動政治家をギリシア語でなんと言うか？
――デマゴーゴス(デマゴゴス)

この言葉，もともとは民衆の指導者という意味なんだけどね。

《注》「ポリス社会の変容」については，帝国書院『新詳世界史探究』と山川出版社『新世界史』の記述が詳しく，それを基準にして説明(授業)を行いました。

マケドニアの進出

こうしてギリシアが混乱していたところを，**マケドニア**に突かれてしまうわけですね。当時のマケドニアの国王は**フィリッポス 2 世**。

このとき，**反マケドニア**の論陣を張ったアテネの弁論家が**デモステネス**です。また同じく弁論家**イソクラテス**のように，マケドニアを核としてギリシアを結束させ，**ペルシア遠征**を唱えるものもいました。

Q BC 338 年，フィリッポス 2 世がアテネ・テーベ連合軍を撃破した戦いは？
――カイロネイアの戦い

戦いの後，フィリッポス２世はギリシアの諸ポリスに同盟を結ばせました。その同盟を**コリントス（コリント）同盟**もしくは**ヘラス同盟**と言います。コリントスというポリスに，全ギリシアのポリス代表を招集して成立させたので，コリントス同盟と言います。もしくはギリシア本土，すなわち“ヘラス”の連中を集めてつくった同盟なので，ヘラス同盟。どちらでも結構です。

それから，このコリントス同盟に，**スパルタは非加盟**でした。フィリッポス２世は，脅迫もまじえて加盟を促しましたがダメでした。理由ですか？まず，**スパルタって，マケドニアに負けてない**よね。だから，マケドニアの言いなりにはなりたくなかった。さらにフィリッポス２世は，**ペルシア遠征**を考えていましたから，スパルタとのトラブルに余計なエネルギーを取られたくなかったのです。

5 アレクサンドロス大王の東方遠征とヘレニズム諸国

別冊プリント p.86 参照

アレクサンドロス大王の登場

それからすぐあと，フィリッポス２世自身が暗殺されてしまいます。そこで，まだ若かった息子の**アレクサンドロス**が国王の位に就き，**マケドニア・ギリシアの連合軍**を率いて，**ペルシア**に向かって侵略戦争を開始しました。

これがいわゆる**アレクサンドロス大王の東方遠征**。**BC 334 年**，これは東方遠征が始まった年ですが，この年か，もしくはアケメネス朝ペルシアが滅亡した**BC 330 年**から，**プトレマイオス朝エジプトが滅亡**した**BC 30 年**までをヘレニズム時代と言います。**約 300 年間**ですね。

ヘレニズム時代――ギリシア人の全盛期

このヘレニズム時代こそ，**ギリシア人の全盛期**です！　ペルシア戦争で勝ったころが全盛期じゃないですか？　とんでもない！　ペルシア戦争は，侵略されたのを撃退しただけの戦いです。

ところが，アレクサンドロスの遠征では，**シリア・パレスチナ**，**エジプト**，**メソポタミア**（いまのイラク），**イラン**，**中央アジア**の一部，さらにインドでは**インダス川の流域**にまで支配がおよびました。

まじな話，世界中にあるおいしい部分のほとんどだ。あと残っているとこ

地図▶アレクサンドロス大王の帝国

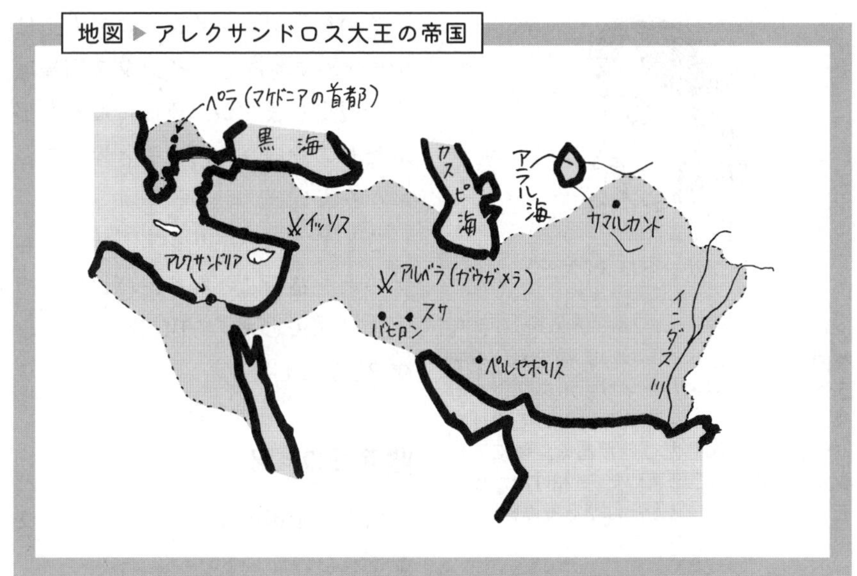

ろでおいしい部分って中国だけだよ。

文字通り，ギリシア人が最も“**ヘレネス**”，すなわち英雄（えいゆう）**ヘレン**の子孫（しそん）の名にふさわしかった時代，それが**ヘレニズム時代**なのです。

東方遠征の過程

では次に，東方遠征の過程を見ていきましょう。

主敵は**アケメネス朝ペルシア**で，それをやっつける戦いとしては，まずグラニコスの戦い。でも入試にはめったに出ません。

ダレイオス3世
（位 BC336〜BC330）

そして翌年のBC333年に**イッソスの戦い**。これでペルシアは大ダメージを受けます。さらにBC331年の**アルベラの戦い**（ガウガメラの戦い）でも，ペルシアは敗北しました。

そしてついにその翌年のBC330年，最後の国王が家臣に暗殺されて，**アケメネス朝ペルシアは滅亡**しました。

 **アケメネス朝ペルシアの最後の国王は？** ——**ダレイオス3世**

アレクサンドロス"大王"
(BC 356~BC 323)
アレクサンドロス3世(かつてJ大学がこれを問うたことがある……ヒドイ)ともいうそうだ。父はもちろんフィリッポス2世。母はオリュンピアス。家庭教師として**アリストテレス**に師事したことがある。後にアレクサンドロスはこう言った。「私は母から美を，アリストテレスからは徳を受け継いだ」……だって！　フン，て感じだね。

その後，アレクサンドロス大王は中央アジアを経て，**インダス川**流域まで侵出しますが，遠征に疲れた部下たちの意向をくんで引き返すことになりました。

そして，再びギリシア・マケドニアの地を踏むことなく，**バビロン**で大王は死去します。BC 323年，享年(きょうねん)32歳でした。

帝国の支配

広大な帝国の領土はいかにして支配されたのでしょうか。

まず，各地に**ギリシア風の都市**が多数建設され，その多くは**アレクサンドリア**と名付けられました。ここを中心に，ギリシアやマケドニアから多くの**無産市民が移住**してきました。

またアレクサンドロス大王は，ペルシアの**官僚(かんりょう)制度**を利用する一方，ペルシア人などとの融和(ゆうわ)を図(はか)るために，**異民族間の結婚**を奨励(しょうれい)しました。

共通言語「コイネー」

さて，広大な領域の支配を円滑(えんかつ)に進めるためには，通信・運輸システムの拡充(かくじゅう)，さらには全領域で通用する言語が必要となります。この役目を果たしたのが**コイネー**と呼ばれたギリシア語でした。コイネーとは「共通語」を意味し，もともとのギリシア語よりも平易なものでした。

ヘレニズム文化の誕生

このヘレニズム時代には，新しい文化も生まれました。それが**ヘレニズム文化**。これは，各地の**土着の文化**と，侵略者である**ギリシア人たちの文化が融合(ゆうごう)**したものです。この文化は各地の**ギリシア風の都市**を拠点に広がっていきました。

ちなみに，そのギリシア文化の影響は，このあと6世紀に**オアシスの道**（**絹の道**）を経て日本にまで伝わってきます。

ヘレニズム文化の“前進基地”の1つに，**バクトリア王国**がありました。**アム川**流域にBC3世紀半ばにできた**ギリシア人**の国ですね。

ガンダーラ美術――ギリシア風仏教美術

このバクトリア王国の**ギリシア文化**の影響を受けて，インドにも**ガンダーラ美術**という**ギリシア風の仏教美術**が生まれました。ガンダーラはインド西北部の地名ですね。

Q ガンダーラ美術を育んだインドの王朝は？　――クシャーナ朝

さて，まず“**仏教美術**”とは何かというと，仏教の創始者であるお釈迦様などの姿を描いた美術のことです。

ガンダーラの仏像
…うーん，ギリシア人の顔だね。

じゃあ，“**ギリシア風**”というのはどういう意味かというと，本来**インド人**の顔のはずのお釈迦様の顔が，**ギリシア人**っぽい顔をしている，ということなんです。

よく教科書に「もともと**インドの仏教徒には仏像を刻む習慣はなく**……」と書いてあります。そうなんですよ，仏教はインドに生まれた宗教ですけれども，インド人たちは仏様の顔を像に描こうとはしなかった。なぜか？　それは，偉大なる仏様のお姿を描くことが，**畏れおおかったから**だよ。

▶神に対して，気軽なギリシア人

これに対して，**ギリシア人はそうじゃない**んですよ。彼らは，自分たちが信仰している**オリンポスの十二神**なんかを，気軽に像に刻むし，絵も描くしね。なんでかって？　そりゃ**ギリシア人が自分に自信があるから**だろう。

“ギリシアみたいな痩せたところに住んでいるわれわれは，努力によってここを豊かな地にしていった。そのわれわれは実に偉い。たぶん，神々もわれわれに近い姿かたちをしているに違いない……”なんてね。

たぶんギリシア人って，世界でも数少ない，**神様に対してため口をきく民族**なんです。試しに**ギリシア神話**を読んでみては⁉　ギリシア神話って，その多くが主神**ゼウス**の浮気の話だろ？　ユダヤ教やキリスト教の神が浮気なんてするかい!?　ギリシアの神々って本当に**人間的**ですよね。

で，話を戻しますが，中央アジアに侵出したギリシア人たちは，畏(おそ)れも何もなしに，仏様を気軽に描いちゃったわけですよ。そして出来もよかった。これを見てインド人たちが,「へーッ，素晴らしいできばえだね！」と感心して，ギリシア人のまねをして，自らも描き始めました。

“**感心して，まねをする**”，このことを教科書では“**影響を受ける**”と表現しています。

コスモポリタニズム

この時代にはポリス市民としての自覚が薄(うす)れるなかで，**個人主義**の風潮(ふうちょう)が強まります。

さらにこの時代に**世界市民主義**という新しい発想も生まれました。これも非常に重要ですね。世界市民主義のことを，カタカナでは**コスモポリタニズム**と言います。

コスモポリタニズムとは……，ひとことで定義するのって難しいのですが，「**理性を持つ存在として，人間は同質である**」という発想だと僕は理解しています。要するに「人間，みな同じ」ということですね。

このことにギリシア人たちは気づきました。**東方遠征**を通じてね。人間には，見かけ上の違い，すなわち**肌(はだ)の色や姿(すがた)かたち**などの他に，**言語・風(ふう)俗(ぞく)・習慣(しゅうかん)**など，さまざまな相違(そうい)があります。

しかしギリシア人たちは，遠征を通じて，さまざまなアジアの文化に接し，それに感動するなかで，**見かけの違いこそあれ，そこに存在する人間の同質性に気づいた**のでした。

そして何よりも，人間の同質性の基盤は**理性**にあると判断したのです。

図解にすると，こんな感じです。

帝国の分裂

さて，アレクサンドロス大王が亡くなったあとに，大王の帝国は主に**3つに分裂**してしまいました。

その分裂の混乱を「**後継者の争い**」，もしくはギリシア語で**ディアドコイ戦争**と言います。最後の決戦は，BC 301 年の**イプソスの戦い**で，この前後から各地に王国が分立しました。

まず**ギリシア・マケドニア**には，**アンティゴノス**という軍人が自立しました。これが**アンティゴノス朝**の成立ですね。

▶セレウコス朝シリア

そして西アジアには，**セレウコス**という軍人が王国をつくります。これが**セレウコス朝シリア**。首都は**アンティオキア**。最初はメソポタミアの**セレウキア**というところにありましたけど。

セレウコス朝シリアというのは，面積的にはいちばん広い。でも都のアンティオキアは**地中海岸**だろ。こんなところに拠点をおいて**イラン高原**のあたりまで支配するというのは，実際には無理なんですよ。だから，ちょっとでも力が弱まったと見るや，イラン高原あたりの連中が自立をしてしまうんですね。

で，**アム川**上流域には，**ギリシア人**国家の**バクトリア**が成立しましたね。

またイラン高原にできたのが**パルティア**。王朝は**アルサケス朝**。

さらにBC 2 世紀には，**ハスモン(マカベア)家**という**ユダヤ人**の一族の指導のもと，パレスチナのユダヤ人がセレウコス朝に対して**マカベア戦争**という反乱を起こしました。そしてセレウコス朝自身は，BC 64 年ないし 63 年に，ローマの武将**ポンペイウス**によって征服されてしまうのです。

それから，シリアの**パルミラ**もセレウコス朝から独立し，**隊商交易**(たいしょうこうえき)の中継都市として，このあと数世紀にわたって繁栄しました。この街は，ユネスコの世界遺産に認定されていますね。

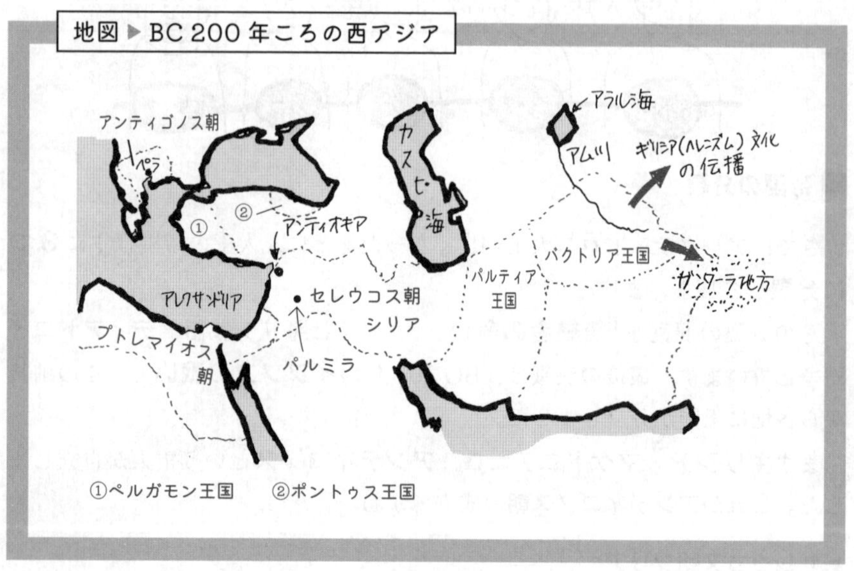

▶プトレマイオス朝エジプト

そして最後まで残ったヘレニズム国家が**プトレマイオス朝エジプト**。プトレマイオスもやはりギリシア人の武将の名前です。都は**アレクサンドリア**。この都市には，**ムセイオン**と呼ばれる研究所が建てられ，とくに**自然科学**が発展しました。

この国がローマの**オクタウィアヌス**によって滅ぼされた**BC 30 年**に，「ああ，ギリシア人が強かった時代も完全に終わったね」。で，これをもって**ヘレニズム時代の終焉**となるわけです。

難関私大を受ける諸君もいるよね。あと２国押さえておこう。

その１つが黒海沿岸の**ポントゥス王国**。そしてもう１つが小アジア半島の西海岸にある国で，**ペルガモン王国**と言います。

いずれもローマによって制圧されてしまいます。

じゃあ，次回はギリシア文化とヘレニズム文化に進みます。

古代ギリシアの文化・ヘレニズム文化

「人間的・合理的」文化とコスモポリタニズム

では始めましょう。最初にギリシアの地理について確認しておきましょうね。

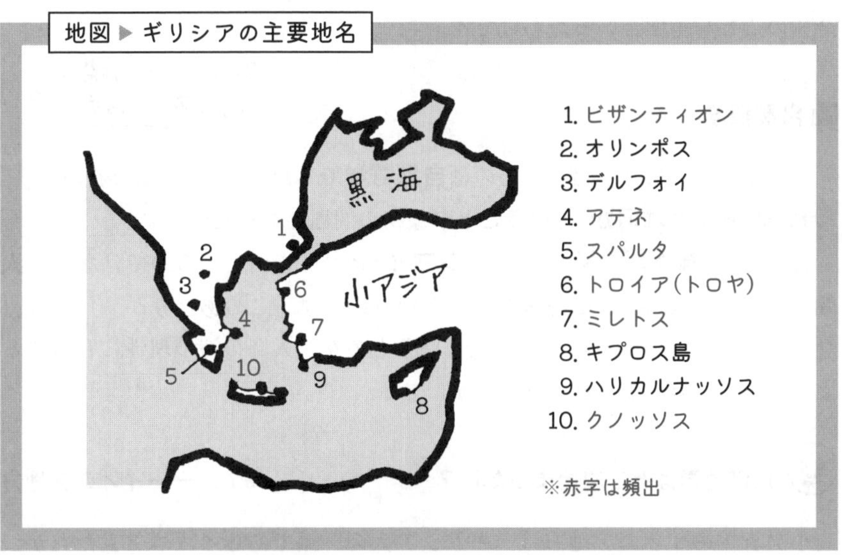

これが**ギリシア文化の舞台**になるところです。ですから地名が出てきたときには，こちらの地図をチラチラ見て確認してください。

それから，ギリシア文化についてよく使われる形容詞の確認。

ギリシア文化は，人間的・合理的文化である。

どういうところが**「人間的・合理的」**なのかがポイントですね。

じゃあ，実際に見ていきましょう。

古代ギリシアの哲学・歴史学

別冊プリント p.88 参照

ではギリシアの哲学からいってみましょう。

まず，「**哲学**」という言葉についてひとこと。

普通「哲学」といえば，「**世界とは何か**」「**人間とは何か**」などという問題を追求する学問です。しかし，ヨーロッパの古代から中世あたりまででの「哲学」という言葉は，「**いろいろな学問**」という意味で理解しておいてください。

だって哲学は英語で Philosophy で，‘phil’ は「愛する」ということ，‘sophy’ は「知」を意味します。要するに，「知を愛する」ということで，学問全体のことを哲学といったわけです。

じゃあ愛知県は、フィロソフィ県だね♥

自然哲学

で，ギリシアにまず起こったのは**自然哲学**でした。BC 6 世紀ころのこと。「**万物の根元とは何か**」ということが最初の問題となったのです。

自然を，「**神々がつくった，オシマイ**」といって済ませるのではなく，**人間の持つ理性によって追求**しようというのです。このあたりが，「合理的」なのですね。言いかえると，自然というものを，人間の持つ理性に合致するような形で解釈しようというのです。では，

Q 自然哲学はどこで始まったか？ ——**イオニア地方**

小アジアのイオニア地方は，ギリシア人の一派であるイオニア人たちがつくった植民市が多くあったところです。そのなかでもとくに**ミレトス**が中心です。

自然哲学者たち

次は自然哲学者たちについて。まず**タレース**(**タレス**)です。登場は **BC 6 世紀**前半。彼は“**哲学の祖**”と言われ，万物の根元(ギリシア語で**アルケー**)は「**水**」であると説きました。また，**日蝕**を予言したことでも知られています。

次は，BC 6 世紀末に登場した**ヘラクレイトス**。彼は万物の根元を「**火**」としました。彼の名言も要チェック。

Q ヘラクレイトスが残した名言は？ ──「万物は流転(るてん)する」

要するに，“すべてのものは移ろいゆくのであって，必ず変化するのだ，何物も固定した状態が続くことはない”，ということです。タレースからヘラクレイトスあたりまでをミレトス（イオニア）学派と呼ぶことがあります。次に，

Q 万物の根元は「数」であると言ったのはだれか？ ──ピタゴラス

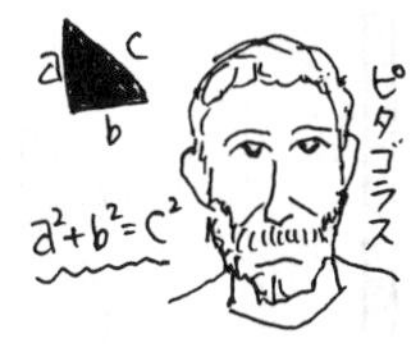

Q 万物の根元は「原子（アトム）」であると言ったのは？ ──デモクリトス

この点から，彼はしばしば“**唯物論(ゆいぶつろん)の祖**”と言われます。じゃあ唯物論って何でしょうか？

唯物論とは何か？

昔からあった論争で，今の哲学界でも「**世界の本質は何か？　精神か，それとも物質か**」という議論が延々と続いています。そのうちの後者の立場で「万物の根元は結局，物質である」と言う議論を「**唯物論**」と言います。

これは重要なタームなので，説明しておこう。例えば人間というものをとらえるときにも，デモクリトスならば，「人間はアミノ酸の化合物が寄り集まったものなのだ」，とでも言うのでしょうね。これが**唯物論**の発想です。

一方，そうではなくて，人間の根元は**精神**であり，これが肉体を動かしているんだ，**精神こそが実在する**ものだという発想があります。このような立場を「**唯心論(ゆいしんろん)**」と言います。さて，

Q デモクリトスの発想が影響を与えたヘレニズム時代の哲学の一派は？ ──エピクロス派ですね。

続いて**ヒッポクラテス（ヒポクラテス）**。この人は医学者で，彼にも名言があります。

「学芸は長く，人生は短し」

まあ，人生は限られているから，時間を大切にして勉強しましょうね，という意味ですね。

ソフィストの登場

続いて，**ソフィスト**の登場です。ソフィストとは何か？　よく「**職業的教師**」という説明がしてありますが，彼らは哲学史的には非常に重要な問いかけをしました。

すなわち，「**人間とは何か？　社会とは何か？**」。では，なぜソフィストたちは，このような問題にチャレンジしたのでしょうか？

ソフィストが登場する背景としては，「ギリシアの**民主政発展期**に**弁論・修辞**(しゅうじ)の必要性が増大し，その専門的な教師が必要となった」てなことが教科書に書いてあるよね。

これってわかる？　民主主義って，みんなで**議論**して，**多数決**でポリスの行く末を決定する政治システムだろ!?　だから，そこで目立って出世するためには，説得力ある議論を展開し，なおかつそれを上手にしゃべれないとダメなんだよね。それでそういう技術や知識を教える専門家としてソフィストが登場したわけ。予備校でいうなら，社会科学系小論文の先生です(笑)。

プロタゴラスの主張

“最大のソフィスト”と言われたのはプロタゴラスでした。プラトンは『プロタゴラス』で，ソクラテスと彼を討論させています。

Q **プロタゴラスが残した名言は何か？**

——**「人間は万物の尺度である」**

これは**万人に通用する絶対的な真理は存在しない**という意味です。だからソフィストについて**相対的**，**懐疑的**といった形容詞が与えられるのです。

ソクラテス登場

これに対して，「**絶対的真理は存在する！**」と言う人が登場しました。それが**ソクラテス**でした。なぜ彼は絶対的真理の存在を主張したのか？　以下は僕なりの解釈です。論述問題の答えなんかで書かないように。

彼が生きていたころのアテネは，**ペロポネソス戦争**(BC 431 ～ 404 年)に突入し，だんだん力が弱まってきていました。ソクラテスは**アテネの衰退期**に活動していたのです。多くの**市民は没落**して，アテネは**扇動政治家**(**デマゴーゴス**)に操られる**衆愚政治**に陥ってしまいました。

そういうアテネを復興させるためには**市民の団結が必要**になる。そして，みんなを団結させるためには何がしかの結集軸が必要になってくるのです。

ソクラテスが結集軸にしようとしたのは，みんなを納得させうる「**絶対的真理**」だったのでした。では，彼は真理を広めるためにどんなことをしたのでしょうか。

「知徳合一」を説く

ソクラテスは**ソフィスト**を**批判**しつつ，**真理の存在**を知り，生き方はそれと一致していなければならないという「**知徳合一**」を説きます。

また「**無知の知**」も重要です。世のなかで知者といわれる人たちは，自分が「無知」であることを自覚していない。これではダメだ。「無知の知」こそが，真理と徳へ通じる道だ，と彼は主張します。そこで彼は偉そうな顔をしている人々をつかまえては，対話を通じて自分の無知を悟らせるわけです。これは**問答法**と呼ばれました。

で，彼，青年をつかまえて討論をしていたのですが，これが誤解されちゃいました。要するに，青年を惑わして自分の力を拡大しようとしている……。結局彼は裁判にかけられて死刑になってしまいます。

プラトン

（岩波文庫）

続いて**プラトン**登場。彼は尊敬する師匠ソクラテスの言行を『**対話篇**』にまとめました。ギリシア語ではシンポジオン。「シンポジウム」という言葉は，日本語にもなってますね，「対話集会」という意味で。ソクラテス先生がいろいろな問題について誰かと話す。それを劇の台本のような形でプラトンが残しているのです。

イデア論

プラトンは，永遠かつ不変の秩序に基づく**理想界**と，生成消滅を繰り返す**現実界**から成る**二元論的世界観**を展開します。

Q この二元論的世界観に立脚するプラトンの思想の根本をなす考え方をなんと言うか？

——イデア論

では，イデア論とはどういうものか？　プラトンは，「**目の前の“現実”は，必ずしも“真実”ではない**」，と言うのです。例えば，現実界に人間「青木」が存在している。その青木は見た目にはメタボで顔が大きく足は短い（ほっとけ！)が，これが青木の本質ではない。

青木はこういう形をしていながら，自らの理想の姿に憧れがあって常にそれに近づこうとしている。この「理想」「本質」をイデアと呼ぶわけです。

理想国家論

また，プラトンの政治論も見てみましょう。

Q プラトンの著作『国家論』に展開されている議論で，有徳の人物が政治を担当すべきだ，という彼の議論をなんと言うか？

――**哲人政治**ですね。

注意すべきは，彼が**民主政治に対して批判的**だったことです。理由ははっきりしています。だって尊敬するソクラテスが，民主主義の手続きである多数決によって処刑されたからです。

以上のような思想をみんなに伝えるために，プラトンは**アカデメイア**という学校をアテネにつくるわけです。アカデミーという言葉がありますが，その語源です。もともとは地名ですけどね。

「万学の祖」アリストテレス

さて，プラトンの一世代あとの弟子が，三大哲人の最後である**アリストテレス**です。世界史の試験には，**アレクサンドロス大王**の家庭教師としても出題されますね。

よく彼のことを“**万学の祖**（ばんがくのそ）”と表現しますが，これは彼の業績を示すのに的確な言葉です。今いろいろな学問がありますね。自然科学や人文・社会科学系のいろいろな学問。そういう学問の源をずっとたどっていくと，全部アリストテレスにたどりつく，というのです。

そりゃあアリストテレス以前にも，ギリシアには，いろいろな「**知識**」が存在していましたよ。しかし，それはバラバラに雑然と存在していただけでした。するとアリストテレスは，バラバラに見える知識を，関連性のあるものどおし結びつけて，“**知識のかたまり**”をつくっていったのです。このような作業を“**知識の体系化**”と表現することがあります。そして，このかたまりを「**学問**」と言うのです。

観察と経験

また彼が探究した学問は，形而上学（けいじじょうがく）・倫理学や政治学のような人文・社会科学のみならず，動物学のような自然科学の領域にもおよびました。目的は，**ありとあらゆる視点から「人間の本質」について迫るため**です。アリストテレスほど，多角的に人間の本質に迫った人はいませんね！

さらにその際に，アリストテレスは，**観察と経験**を駆使しました。これは，それまでの学者たちが，さまざまな現象をただ「解釈」するだけだったのとは大きな違いでした。彼は**対象をしっかりと見つめ（観察），それを忘れずに知識として蓄積（ちくせき）（経験）**していったのです。

一元論的世界観を展開

次にアリストテレスのいろいろな思想の内容について見てみましょう。

『**政治学**』という本のなかで，彼は「**人間はポリス的動物である**」と書いています。これは，人間の倫理は，ポリスという**社会集団のなかで最高に高められる**という主張です。

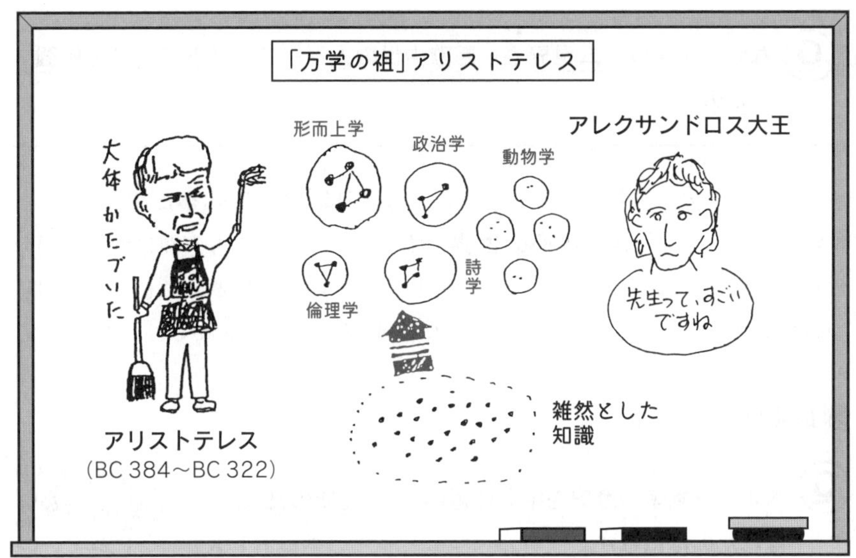

また**一元論的世界観**を展開し，プラトンと比べて現実的な立場に立ちました。すなわち,「**現実に存在しているもののなかに,本質は内在している**」，というのです。この点が，プラトンとアリストテレスが決定的に違う点なんですね。

アリストテレスはイデア論なんか展開しませんよ。彼は**見えたままが真実**だと言っている。それから，彼はアテネに学園をつくりました。

Q アリストテレスがつくった学園はなんと言うか？　　——リュケイオン

西欧の学問への影響

その後，彼の思想はギリシアを支配した**ビザンツ帝国**に継承(けいしょう)されただけではなく，**イスラーム世界**にも継承され，さらにはイスラーム世界から**12世紀**以降の**中世の西ヨーロッパ**に**も流入**していきました。具体的にはスペインのトレドなどで，**アラビア語に翻訳**されていたアリストテレスの著作が**ラテン語へと翻訳**されたのです。

なぜ，イスラーム世界や，西欧中世の人々がアリストテレスを勉強したのか？

そりゃあ，アリストテレスを通して，「**人間**」**について知るため**だよ。

2つの世界とも，**神様中心の世界**ですから，どうしても人間についての分析がおろそかになります。そこで，アリストテレスの知恵を借りて，人間について勉強しようとしたんですね。次に**歴史学**について触(ふ)れておきましょう。

歴史学

Q ペルシア戦争の歴史を中心に書いて，“歴史の父”と呼ばれたのはだれか？
——ヘロドトス

この人は知ってるでしょう。ナイル川とエジプト文明について，「**エジプトはナイルの賜(たまもの)**」と言ってますね。著作は『**歴史**』。そのなかには，エジプトなどの地誌についての記述もあります。また彼の歴史は「**物語的**」と形容されることがあります。それは彼が，歴史をしばしば誇張(こちょう)もまじえた“**面白い物語**”として記述したことが原因のようです。

Q では，ペロポネソス戦争の歴史を書いて，批判的あるいは科学的歴史記述の祖となった人物は？
——トゥキディデス（トゥキュディデス）

その彼の著作が『**歴史**』。でも，これじゃヘロドトスの著作と同じになるので，『**戦史**』と訳すこともあります。

さてトゥキディデスが，なぜ「科学的」，「批判的」なのか？

それは主題が**ペロポネソス戦争**だからでしょうね。彼はアテネの出身で，彼の眼前でアテネがボコボコにされていくのです。これはたまらなかった。そこで敗因の追及(ついきゅう)となるのです。冷静に敗因を追及する態度は「科学的」であり，それを踏(ふ)まえた上でアテネの現状に対して「批判的」となるのでした。そして彼自身も，**アテネの敗戦**（**BC 404 年**）の後，ほどなくして死去しました。

●史料：『歴史(戦史)』

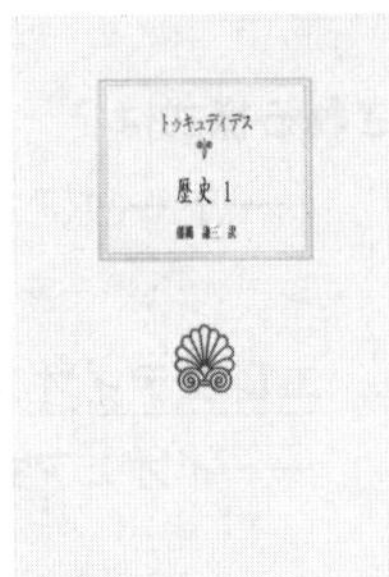

「(アテネは)言葉の上では**民主制**であったが，実際には(**ペリクレス**という)第一人者の支配になっていたのである。ところが彼の後継者たちは相互に優劣の差がなく，むしろ対等であったのにもかかわらず，各々が第一人者たらんと熱望したので，国事をも民衆の恣意に委ねることになった。その結果，(アテネが)帝国を支配する大規模なポリスであっただけに，多くの失敗，とりわけシケリア(**シチリア**)遠征の失敗が起こった」

※(　)のなかは，著者による補完。

(トゥキュディデス『歴史(戦史)』，藤縄謙三訳，京都大学学術出版会)

2 古代ギリシアの美術・建築・文学

別冊プリント p.89 参照

彫刻・建築

続いては美術と建築物です。彫刻(ちょうこく)では，ギリシアの人々は神々の姿をも，**人間と同じ形**で描きました。このあたりが，ギリシア文化が「**人間的**」といわれる所以(ゆえん)かな。

もっともギリシアの神々って，キリスト教やイスラーム教の神と違って超越(ちょうえつ)的な神ではなく，人間くささに満ちていますよね。その理由らしきものは，以前指摘しました(→ p.227)。

じゃあ，具体的に見てまいりましょう。まず，

Q パルテノン神殿(しんでん)の美術監督で，「アテナ女神像」がその代表作とされるのはだれか？

――フェイディアス

彼は**ペリクレス**の友人でもありました。このように**政治史に絡(から)む文化人**は要注意です。あと，「槍(やり)をかつぐ人」や「海神ポセイドン」の彫像をつくった**ポリュクレイトス**がいます。彼の孫(まご)は**エピダウロス劇場**の設計者でした。ギリシアではよく悲劇が上演されましたが，ペロポネソス半島にあるエピダウロス劇場はそのなかでも一番有名で，14,000人の観客収容能力がある屋外劇場でした。次は**プラクシテレス**，「(幼いディオニソスをあやす)ヘルメス像」が有名ですね。

建築様式としては，次の３つをおさえておきましょう。

Q **簡素・荘重を特色とし，パルテノン神殿の柱で代表される様式は？**
――ドーリア式

Q **軽快・優美を感じさせる柱頭の渦巻きが特色とされ，エレクテイオン神殿で有名な様式は？**
――イオニア式

Q **技巧的で繊細とされる様式は？**
――コリント式

ギリシア人の理想的肉体は８等身で，多くの作品がそうである。青木のように頭が大きく５等身の肉体は古代ギリシアでは描く対象とはならなかった。

ほっとけ!

アテナ女神像
〈ルーヴル美術館にて〉

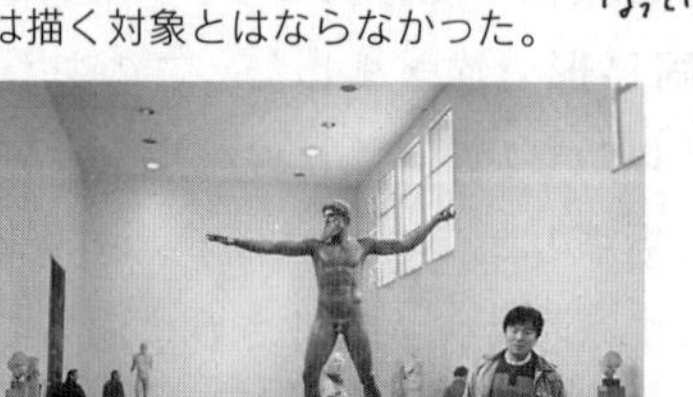

海神ポセイドン
〈アテネ国立美術館にて〉

©植村

エレクティオン神殿

アテネ大学の図書館
柱はイオニア式。左にプラトン，右にソクラテスの石像。……ギリシアだねえ。

コリント式は技巧的・繊細というよりは，むしろゴチャゴチャしたという感じです。ローマの**パンテオン**(**万神殿**)の柱がこれでした。

文学

▶叙事詩

ギリシアの文学者といえば，まずは**ホメロス**ですね。実在したかどうかにも「?」がつく人物ですが，この人抜きには語れません。登場したのは**BC 8世紀**ころといわれ，ちょうどギリシア人が**海外植民活動**を活発にやり始めたころです。

Q ホメロスの作品を2つあげよ。

――『イリアス』，『オデュッセイア』

『イリアス』は**トロイア**(**トロヤ**)**戦争**を扱い，アキレウスを中心に多くの英雄の姿を描いています。『オデュッセイア』は英雄オデュッセウスのトロイア陥落後の漂流と帰国を歌っています。では，

Q 『イリアス』を読んで，トロイアの実在を信じ，トロイアの遺跡を発掘したドイツ人は？

――シュリーマン

シュリーマン
(1822〜1890)

彼の自伝が，『古代への情熱』です。

Q ホメロスのあとに出て，叙事詩『労働と日々』を書いたのは？

――ヘシオドス

この詩は，**労働の尊さ**を歌っています。労働は奴隷がするものとされていたギリシアでは，この主張は斬新でした。ヘシオドスはまた，**『神統記』**を書いて神々の系譜を整理しました。ホメロスとヘシオドスは**叙事詩**の分野で活躍しました。次は**叙情詩**(**抒情詩**)です。

▶叙情詩

叙事詩とは，民族的な大事件や実際の出来事を，時系列に沿って表現した

もの。これに対して叙情詩は，人間の**感情**を歌いあげたものです。

叙情詩には３人登場します。

Q ピンダロス，アナクレオンと並ぶ女流詩人は？

——サッフォー

サッフォー

このなかで，とくに覚えるとしたらサッフォーかな。アナクレオンはじいさんです。彼は酒と恋と青春を歌った。なぜ青春を歌うか，それは老人だからですね。ワシにはよくわかるよ（笑）。ピンダロスは**オリンピア競技**の勝利者への讃歌で名をはせました。

▶三大悲劇詩人

BC５世紀には**三大悲劇詩人**が登場しました。

Q 三大悲劇詩人とは，アイスキュロス，エウリピデス，あと１人はだれ？

——ソフォクレス

アイスキュロスはペルシア戦争に従軍しました。ソフォクレスやエウリピデスよりも一世代くらい前の人物です。作品としては『アガメムノン』。トロイア攻撃の際のギリシア軍の総大将ですね，アガメムノンは。

ペリクレス
頭が大きいのを気にしていたので，いつもヘルメット姿だったという（?）。

ソフォクレスは政治家の**ペリクレス**の同僚で，**将軍職**も歴任しました。

Q ソフォクレスの代表作を１つあげよ。 **——『オイディプス王』**

（岩波文庫）

ソフォクレス
（BC 496?〜BC 406）

（あらすじ）テーベの王ライオスは，息子が自分を殺すとの予言におびえ，山中に子供を捨てる。しかしその子は拾われて，オイデュプスと名付けられた。その後，そうとは知らぬまま実父を殺し，実母イオカステと結婚して２男２女をもうけた。その後真相が判明し，彼は目をくりぬいて放浪の旅へと出る。劇の後半，オイデュプスの運命が明らかになるくだりは，すさまじい迫力がある。

喜劇

次に喜劇に触れておこう。

Q 『雲』，『女の平和』という喜劇で知られる作家はだれか？　　——アリストファネス

まず**『雲』**は**ソクラテス**を皮肉った作品ですね。この劇を見た連中が「そうか，ソクラテスはそんな悪い奴なのか」ということで，いうなればソクラテスを結果として死刑に追いやってしまった作品ということです。ソクラテス自身も**『弁明』**（書いたのはプラトン）のなかでアリストファネスの名を出して，この作品が自分を誤解させるものだとしています。

もう１つ有名な作品に**『女の平和』**があります。これは，**ペロポネソス戦争**に対する**反戦の気運**を著わした作品ですね。戦争ばかりやってる男たちに対して，諸ポリスの女たちが団結し，セックス・ストライキをして戦争を止めさせようとする話です。

●史料：『女の平和』

リューシストラテー：（前略）アテーナイ（アテネ）人からこの恩恵をこうむりながら，恩人の地をあなた方は荒しているというのですか。

アテーナイ人：リューシストラテー（注：アテネの女性），確かにこいつらが悪い。

ラコーニア人：おいどんらが悪い。〔とリューシストラテーをじろじろと眺めて〕とはいえ，なんとよか尻でごわすな！

（アリストファネス『女の平和』，高津春繁訳，岩波文庫）

ラコーニア人とはスパルタ人のこと。訳者の高津春繁さんは，彼らの言葉を鹿児島弁で訳している。

次にヘレニズム時代の文化を見ていきましょう。

３ ヘレニズム文化

別冊プリント p.90 参照

ヘレニズム文化とは，ギリシア文化とオリエント各地の文化が融合した“ギリシア風”の文化のことです。

この「融合」を生む契機になったのは，**アレクサンドロス大王**の**東方遠征**。

そして，遠征の始まりあたりから，**プトレマイオス朝エジプトの滅亡**までの，**約 300 年間**がヘレニズム時代ですね。

「ヘレニズム」というのは「ギリシア風」という意味ですが，

Q この言葉を創った 19 世紀ドイツの歴史家は？

――ドロイゼン

彼は 19 世紀のドイツ統一の際には，プロイセン中心の統一を訴えました。いわゆる“小ドイツ主義者”だったのです。くわしいお話は，第③巻で。

ヘレニズム時代の新発想

ヘレニズム時代に生まれた新しい「考え方」とは，

個人主義と，コスモポリタニズム(世界市民主義)。

まず「**個人主義**」。もともとギリシア人たちは，ポリスという都市国家が生活の場でした。ポリスでは，軍役(ぐんえき)などを通じて「ポリスという共同体の成員(せいいん)」という意識が強く，「個人」はそのなかに埋没(まいぼつ)しがちでした。

しかしペロポネソス戦争以降のギリシアの内紛(ないふん)によって，まず**ポリスそのものが衰退**しました。このため，これまで意識されにくかった「自分(≒個人)」が前面に登場するようになったのです。

さらに，**コスモポリタニズム(世界市民主義)**という新しい発想も生まれました。内容は前に触れましたね(→ p.228)。

ストア派

Q いきなりで恐縮ですが，ストア派の創始者はだれか？

――ゼノン

この人は**キプロス島**の出身です。

ストア派は欲望(よくぼう)を排(はい)した**禁欲的生活**によって**心**

の平安（**アパテイア**）を獲得しようと訴えます。英語に**ストイック**（禁欲的，stoic）という単語がありますが，その語源ですね。

それからストア派は，**コスモポリタニズム**の立場に立って，「全世界の人々が同質ならば，すべての人々に通用する生活信条も存在するはずだ」，と結論付けました。この考え方から，後にすべての人々にアジャストする**普遍的な自然法という発想**が生まれてきました。

この発想は，このあと**万民法**たる**ローマ法**や，**近代自然法**（**国際法**）へと引き継がれていくことになります。

エピクロス派

続いては，ストア派とよく対比される，**エピクロス派**です。創始者の名前と一緒ですね。「**精神的快楽を求める**」，というのがポイントです。

美術

美術では理性・調和・均整美を追求したギリシア美術の雰囲気は減少し，**官能的・流動的な表現**が特色となりました。代表作品を４つあげます。

まず，ミロ島で発見された「**ミロのヴィーナス**」は有名ですね。

「**サモトラケのニケ**」は，サモトラケ島で発見された勝利の女神像です。この像は翼を持ち，それをやや広げ，片足を前に出して今にも翔び立とうとする瞬間を描いています。これを見たら感動すると思います。

©植村

ミロのヴィーナス

ルーヴル美術館に入ってすぐ，階段の踊り場にニケ像はある。©植村

サモトラケのニケ

©青木

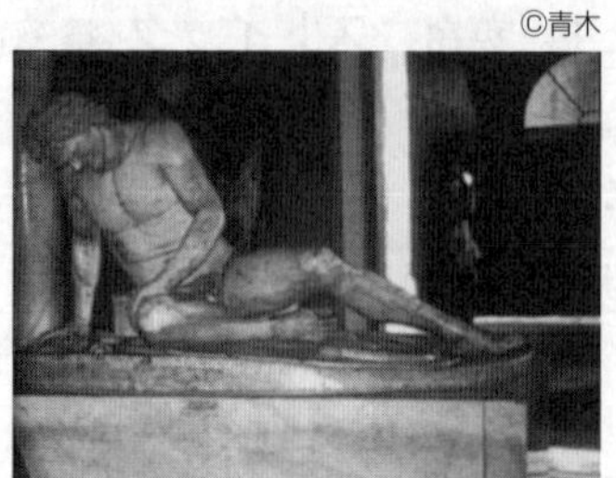

瀕死のガラテア人
〈ローマ・カピトリーノ美術館蔵〉

©青木

ラオコーン
〈ローマ・ヴァチカン美術館蔵〉

それから「瀕死のガラテア(ガリア)人」。こんなかっこうを来年の3月にしなくていいように勉強しましょう(笑)。

「**ラオコーン**」はロードス島で発見されました。神の怒りに触れ，子供とともに蛇に締め殺される神官ラオコーンの苦悶の表情が印象的です。

科学

試験対策という点からすると，科学が一番出やすいですね。

Q プトレマイオス朝の時代に作られた学術研究機関をなんと言うか？
——ムセイオン(王立研究所)

Q この施設がつくられた場所は？　——アレクサンドリア

ムセイオンは英語の museum の語源となっています。また，アレクサンドリアは**プトレマイオス朝エジプト**の都だったところです。そこをベースに活躍した人物で，まず，

Q 地球の円周を約4万キロと測定したのはだれ？　——エラトステネス

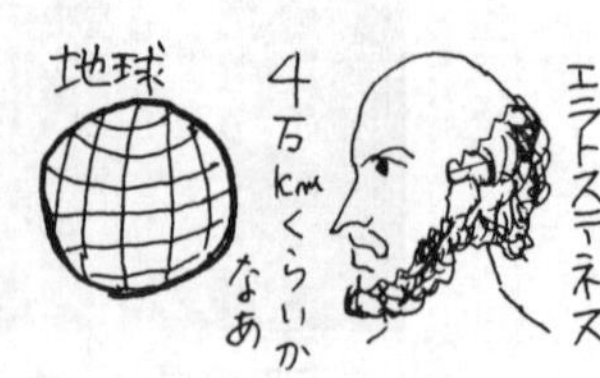

Q 太陽中心説に立って，地球の自転と公転（地動説）を唱(とな)えた人物は？

――アリスタルコス

アリスタルコスは，16 世紀の**コペルニクス**などにも影響を与えることになります。次に数学・物理学の分野では，

Q 平面幾何学(きかがく)の大成者と言われるのは？

――エウクレイデス

英語ふうにいえばユークリッドですね。では，

Q 浮体の原理などを発見した物理学者は？　　**――アルキメデス**です。

なんでも水浴中に自分の体が軽くなるのを感じて発見したとのことです。

また，彼は**シチリア島**の**シラクサ**で活躍していましたが，**第２回ポエニ戦争**の際にシラクサは**カルタゴ**側につき，そのため**ローマの攻撃**を受けます。そして，侵入したローマ兵によって彼は殺されてしまうのです。

では，第 14 回古代ギリシア・ヘレニズム文化は，これくらいで。

共和政時代のローマ

古代ローマと地中海世界(1)

古代ローマ史のポイントは２つあります。第１点は，「**領土の拡大**」です。

ローマはアテネと同じように**都市国家**から始まります。けれども，アテネと違って都市国家では終わらなかったのです。すなわち，**BC３世紀前半**には**イタリア半島統一**，そして**BC１世紀後半**には**地中海世界の統一**を達成し，その後も領土は拡大していきました。

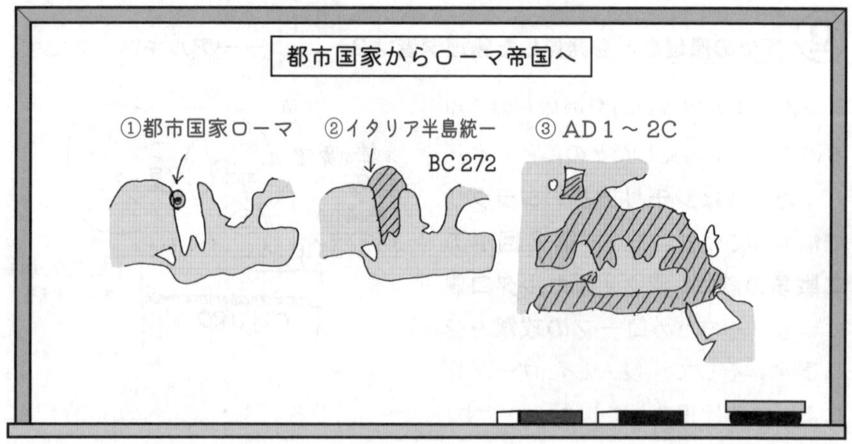

「皇帝」と「国王」の違い

今でこそ，われわれは世界地理の知識があるから，地中海は世界のなかのほんの一部というイメージがあるけれども，当時にあっては，ローマが支配した地域は文字通り“**世界のすべて**”であり，それ自身が**１つの“宇宙”**だったんです。

その**世界の支配者を**「**皇帝**」と言います。これに対して，特定の地域や特定の民族の支配者を「**国王**」と言いましたよね(→ p.85)。

そして，ローマ史の第２のポイントは，「**政治体制の変化**」です。

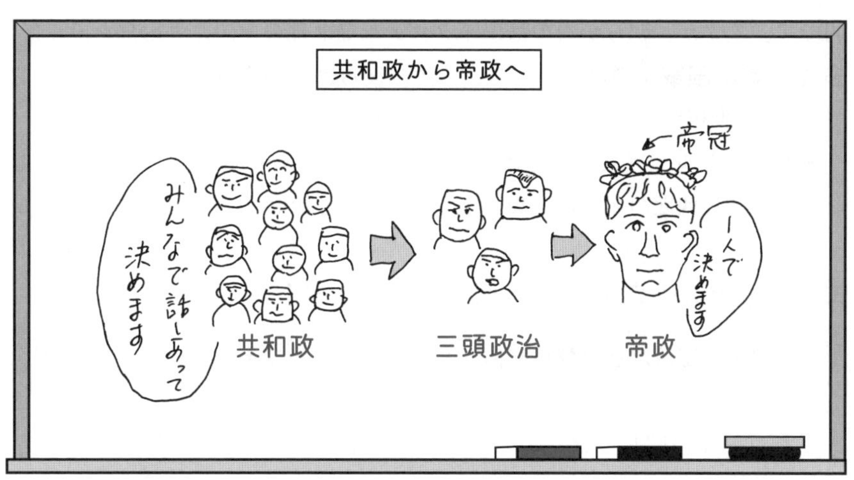

もともとローマは**共和政**でした。ところが，**BC 1 世紀**には**三頭政治**を経て，「**帝政**」という**皇帝による独裁政治**に変わりました。それはなぜか？

以上 2 点に注意しながら，古代ローマ史を勉強していきましょう。

ではまず，都市国家ローマの建設あたりから見ていきましょう。

1 建国期の都市国家ローマ

別冊プリント p.92 参照

どこの国にも国づくりの神話というのがあります。ローマの場合は**ロムルス**，**レムス**という兄弟がいて，そのうちのロムルスがローマの基礎をつくったというのです。

またローマの建国叙事詩として有名な作品が，**ウェルギリウス**の書いた『**アエネイス**』です。

では史実はどうかというと，**BC 1000 年**ころから**イタリア人**の一派である**ラテン人**が，イタリア半島に南下を始めました。そして複数の都市国家を建設しました。そのうちの 1 つが，**ティベル**（**テヴェレ**）**川**河畔に建設されたローマでした。ちなみにイタリア人は，**インド=ヨーロッパ語族**です。

先住民のエトルリア人

イタリアには先住民がいました。それが**エトルリア人**です。民族系統は不明です。ですが，明らかなのは，イタリア半島北部の**トスカナ地方**を拠点に，**多くの都市国家**を築いていたことです。彼らは**ギリシア人**などと交易をして，BC 7 世紀から 100 年ほどのあいだはかなり繁栄していました。

また，エトルリア人の文化は，ローマを含むイタリア人に影響を与えました。短い論述問題のネタにもなりそうなので，まとめておきましょうね。

エトルリア人の文化がイタリアに与えた影響

①アーチ工法などの建築技術　②公職制　③剣闘士競技

またローマに関しては，エトルリア人の王に支配されていました。

アーチ工法。石を弓なりに積みあげる工法。

貴族と平民

都市国家ローマにも，ギリシアと同じように**貴族と平民**という 2 つの階級が成立していました。そのうちの**貴族（パトリキ）**とは，“金持ち”と理解していいでしょう。実際には**大土地所有者**です。

一方，**平民**のことは，ラテン語で**プレブス**と言います。平民は，ギリシアの場合と同様“貧乏人”というイメージでいいでしょう。

彼らはおおむね中小の**自作農民**です。そして，彼らもアテネの平民と同じように，**重装歩兵**として戦争に参加しました。

貴族共和政の始まり

そして，**BC 6 世紀の末**，その**エトルリア人の王を追放**して**貴族共和政**が始まりました。

この貴族共和政を運営する機構として，まず**元老院**があります。日本でいうなら，国会にあたるものですね。元老院議員の多くは，高位の公職を経験した**貴族**たちでした。ラテン語でセナトゥス，アメリカの上院を Senate と言いますが，これが語源ですね。

Q 元老院の決定を実行する，任期１年の行政職をなんと言ったか？

——**コンスル**(**統領** or **執政官**)

そして，それとは別に**独裁官**という役職がありました。ラテン語で**ディクタトル**と言います。

ディクタトルは**非常時に大権を振るう**官職で，必要なときに，元老院によって**２名のコンスル**のうちの**１名**が任命されるというものでした。

非常時とは，例えば都市国家ローマが敵によって攻撃されたりした時です。そんな時に話し合っているヒマなどありません。そこで独裁官１人の判断ですべてが迅速に決定され，危機に対処しようというのです。

ローマの場合に限らず，

危機的状況は，独裁体制を生む。

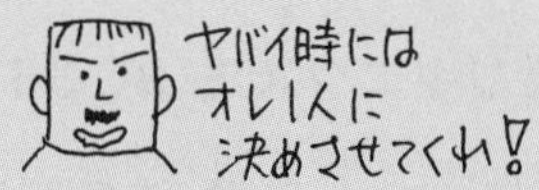

これって,世界史ではしばしば出てきますよ。**フランス革命**や**ロシア革命**，そして世界恐慌の時のドイツもそうでした。

コンスルは**２名**ですが，独裁官になるのは**１人**だけ。しかも，権限が大きい分だけ任期は短くて，**半年**です。

② 身分闘争の時代(BC５世紀～BC 287)

別冊プリント p.93 参照

当初，平民にはギリシアと同じように，参政権がありませんでした。

貴族は騎馬兵として戦争に行き，貧乏な平民は武器が買えず，軍役義務を果たせないので，参政権もない。……アテネと似たような論理展開ですね。

しかし，**商工業の発展**などによって**武器の値段が安くなり**，平民たちも**重装歩兵**として戦争に参加をし，活躍をするようになる。

平民の重装歩兵　　貴族

そうすると，やはりアテネの場合と同じように，平民は貴族に対して参政権の要求闘争を起こすようになるわけです。この闘争のことを，「**身分闘争**」と言います。この身分闘争はBC 5 世紀からBC 287 年まで，およそ**約200 年間**続くことになりました。

聖山事件

その最初の大きな事件が**聖山事件**でした。これは，BC 494 年に**平民**が断行した軍役ストライキに対して，**貴族が妥協**した事件でした。妥協点は2つです。

第1点目は，**護民官を設置**したこと。護民官の“民”とは**平民**のことです。平民から選出され，貧乏人の立場を護る官職，それが護民官でした。

第2点目は，平民たちの独自の会議である**平民会を公認**したことです。

リキニウス法（BC 367 年）

続いて**十二表法の制定**（BC 451/450 年）。これはローマ初の**成文法**でした。アテネのドラコンの立法と同じく，**慣習法が成文化**されたことで，法律の内容が**平民にも情報公開**されたことが重要です。では次に，

Q BC 367 年に制定された，平民層進出の表れといえる法律の名は？
――リキニウス・セクスティウス法

両方とも当時の護民官の名前です。この法律のポイントは以下の2点。

リキニウス・セクスティウス法

① **コンスルの1人は平民から選ぶ。**
② **公有地の占有を制限する。**

①に関しては，**商工業の発展**などによって平民のなかに台頭する者が登場した結果ですね。貴族も**有力な平民を無視して政治を独占し続けることができなくなった**のです。

②に出てくる「**公有地**」とは，ローマが戦争などの結果獲得した土地のことです。原則として私有はダメ。一部は貧民にも分配されたようですが，ほと

んどは有力者によって**占有**されていたのです。これは占有できない人たちの反発を生みました。そこで公有地の占有を制限することになったのです。

ローマのマンホール
「SPQR」とは，“元老院と市民のローマ”という意味。

ホルテンシウス法（BC 287 年）

そして最後は**ホルテンシウス法**。制定は **BC 287 年**です。

これも非常に大事な法律ですね。まず内容をまとめましょう。

ホルテンシウス法

> **平民会の議決が，元老院の承認を経ずに国法となる。**

平民だけで決めた法律であっても，貴族を拘束する。これは，**平民と貴族のあいだの政治的身分の平等が達成された**ことを意味しました。

しかし，注意を要するのは，貧乏な**下層平民の意見がローマの政治を左右したというわけではない**，ということです。

実際に平民会を牛耳っているのは，**富裕な平民**たちでした。なにせカネを持っているから，平民会の決定も左右できるわけだ。その彼らのなかには，**コンスル**などの尊い（ノーブルな）官職を歴任することで権威を獲得し，貴族との婚姻などを通じて貴族の仲間入りをするものも出てきました。

Q 「新貴族」とも訳される，この新しい支配階層はなんと呼ばれるか？
——ノビレス

結婚
貴族
富裕になった平民
父
娘
新貴族（ノビレス）
平民

結局のところ，ローマは，昔から金持ち（大土地所有者）だった**貴族**と，**ノビレス**が支配するようになったのです。

③ ローマの対外発展(1)：イタリア半島統一

別冊プリント p.93 参照

さて，次にローマの対外発展を見ていきましょう。

ローマの対外発展には 2 段階ありました。まず第 1 段階は，都市国家ローマが**イタリア半島を統一**するまでです。これが **BC 272 年**までかかる。ということは，ホルテンシウス法の制定が 287 年ですから，

ローマは，身分闘争と並行(へいこう)してイタリア半島統一を進めた。

ということです。そしてこの後，第 2 段階として，「**地中海世界の統一**」に乗り出して行くんですね。地中海世界の統一を完成させたのが **BC 30 年**のことでした。これを今から見ていきます。

イタリア半島統一

まずは第 1 段階の**イタリア半島の統一**について。ローマにとって，最初の敵は北方にいた**エトルリア人**。ついで中部，東部にいたラテン人が支配する諸都市を征服(せいふく)しました。そして最後の敵は，**南イタリア**にいた**ギリシア人**でした。

南イタリアのギリシア人たちは，自らを**マグナ=グレキア**(**大ギリシア**)と呼んでいました。"内紛で衰えたギリシア本土はマイナーになった。そして我々がメジャー(ラテン語でマグナ)になった" という意味ですね。

ローマは，この勢力を BC 272 年に征服するんですが，彼らの最後の拠点(きょてん)となったのが**タレントゥム**という町ですね。

分割統治

こうしてローマは，たくさんの都市国家を支配することになりました。

するとローマは，征服された諸都市が団結しないように，各々の都市国家と別々の関係を結び，横の連帯ができないようにしたのです。

かなり大ざっぱですが，ローマは征服した諸都市を，次の 3 種類に分けたらしいです。

地図 ▶ ローマ建国のころのイタリア

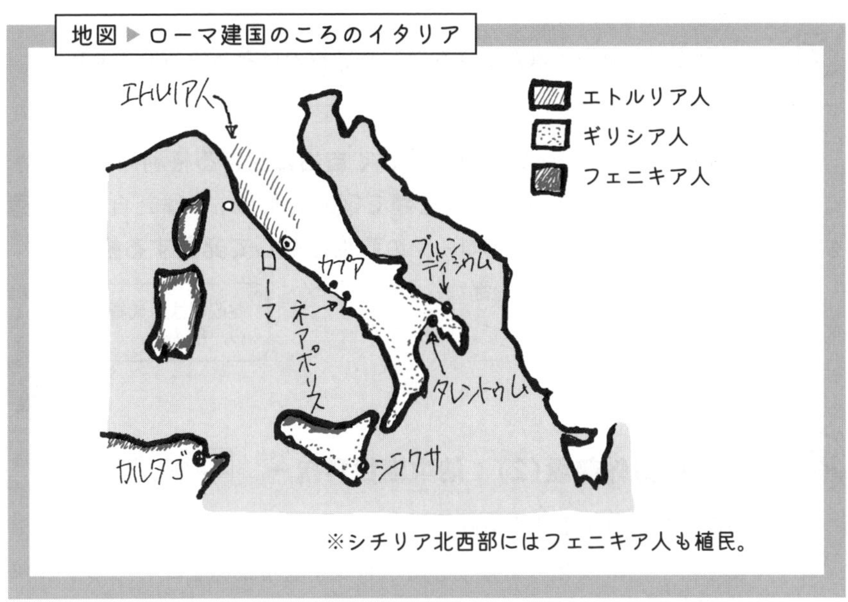

ローマの被征服諸都市

- **植民市… ローマと対等の関係。ローマ市民権あり。納税義務あり。**
- **自治市… 自治を認められ，市民権を認められ，納税義務もあり。**
- **同盟市… 軍役義務あり，納税義務はない。市民権なし。**

このように，征服された連中が団結しないようにする政策を**分割統治**と言います。

この３種類のなかで，**植民市**というのはローマ出身の連中がつくったものであって，その関係から**ローマとは対等**なんです。

一方，**同盟市**にはローマのために尽くす**軍役義務だけあって市民権がない**んですね。この怒りは蓄積されて，**BC 91 年**に爆発しました。これが**同盟市戦争**です。結果として，BC 88 年には**全イタリアの自由民にローマ市民権が付与**されることになりました。

ローマの市民権とは？

ここでよく出る質問に答えておこう。それは，

 ローマの市民権ってなんですか？　参政権とはどう違うんですか？

まずローマの市民権とは，**ローマ人として自由に生きる権利**のことです。具体的には，自由に**土地を所有**し**家を建て家族を形成**し，また自由に**商売**をして金儲け(かねもう)けをする権利。そしてローマの**政治に対して発言する権利**。

だから，参政権って市民権の一部なんだね。さっき質問に来た人いるだろ，これでいいかな⁉

ローマの対外発展(2)：地中海世界統一

別冊プリント p.93 参照

次は**地中海世界**に対する征服活動です。

ローマにとって，敵は２つありました。１つは**地中海東部**のギリシア人勢力。そしてもう１つは**西部**のフェニキア人。

イベリア半島南部のカディス，マラガという都市はこのフェニキアがつくっているし，**カルタゴ**もそうでした。

ポエニ戦争：第１回

そこで，まずは西地中海をめぐる**カルタゴ**との**ポエニ戦争**ですね。始まった年号(BC 264 年)，終わった年号(BC 146 年)，両方とも覚えてください。スケールの大きな戦争は年号問題になりやすいですから。

激突は３回ですね。まず第１回戦はローマの勝ち。

Q この戦争の結果，ローマが獲得した初の属州は？　　——シチリア

属州とは，**イタリア半島以外のローマの征服地**のことです。

ポエニ戦争：第２・３回

第２回戦ではローマが苦戦しました。なにせカルタゴに英雄**ハンニバル**が登場しましたからね。そして**カンネー(カンナエ)の戦い**でローマは大敗北。

地図▶第2回ポエニ戦争直前の地中海世界

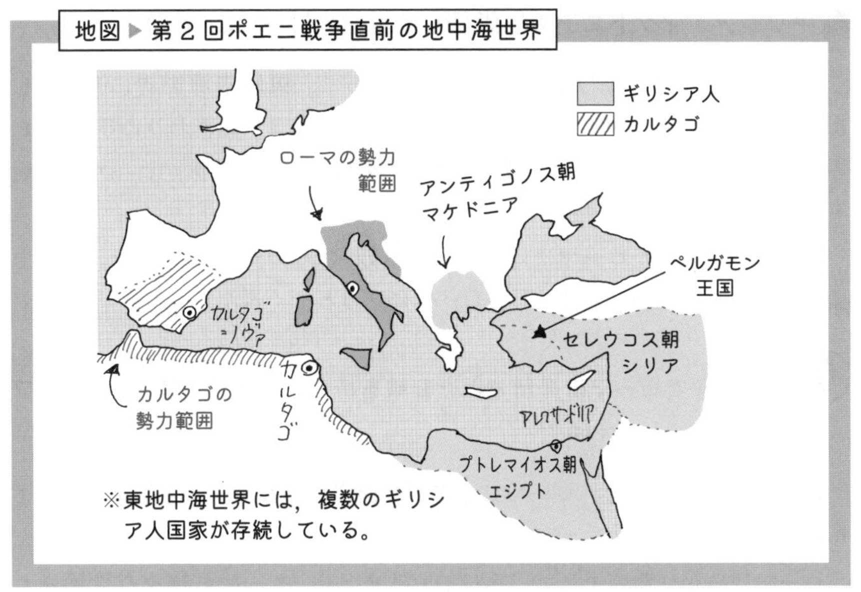

ハンニバルはスペインのカルタゴ=ノヴァ——現在のカルタヘナで，バレンシア地方にありますが，ここから出発して**アルプス**を越えてイタリア半島に侵入し，10年以上にわたって暴れ回るんです。

ここに登場したのが(大)**スキピオ**。ちなみに名前の前の「大」とか「小」というのは，同名の人を区別するために付けたものです。

彼はハンニバルの本国カルタゴを強襲しました。これは凄いよ。だって本国イタリアをほったらかしにして，敵の本陣に突撃したんですから。捨身の戦法というやつだ。これにハンニバルは慌てました。大慌てで帰ってきて疲れちゃった。これが敗因の1つかな？　そこをスキピオ軍にやられたのです。

Q **スキピオ軍が，カルタゴに圧勝した戦いは？**

——**ザマの戦い**(BC202)

第3回は(小)**スキピオ**ですね。彼が活躍をして，ローマが勝利し，カルタゴは滅亡しました。

こうして**西地中海世界はローマの支配下**に入りました。

ギリシア・マケドニアの征服（BC 3 世紀半ば～ BC 146）

さらにローマは，**ギリシア人**の勢力を破って，**東地中海世界**にも進出しました。時期は，第2回のポエニ戦争が始まったBC 3世紀終わりころですね。そして，アンティゴノス朝を破って**ギリシアとマケドニア**がローマの支配下に入りました。

この戦争に勝ったローマには多くの**戦争奴隷**がもたらされました。戦争で捕虜になった連中が，奴隷としてローマに送られてくるんですね。

Q この戦争でローマに抑留された経験を持ち，『歴史』を書いたギリシア人の歴史家といえば？
――ポリビオス（ポリュビオス）

またBC 133年には，ローマは小アジア西岸の**ペルガモン王国**を征服しました。

ローマは確かに勝ちました。そして海外発展は，ローマに**様々な変容**をもたらしました。では次に，その変容を説明しましょう。**論述で頻出**の箇所です。

海外発展の影響

▶騎士（階層）の台頭

まず戦争の連続のなかで，台頭する階層がいました。それが，**騎士**でした。「エクイテス」の訳語ですね。彼らは**平民**から成り上がった連中でしたが，**貴族**の仲間入りはしませんでした。

当時のローマには，「貴族によって構成される元老院議員は商業・金融に関わってはならない」という法律があり，騎士はここに目をつけ，**商業**や**大土木工事**，それに**属州の徴税請負**などを通じて巨利を獲得したのです。名誉や家柄などよりは，実利を追求するという連中ですね。

▶没落する中小農民

その一方で，平民の中核である**中小農民の多くは，土地を失って没落**し，**無産市民化**してしまいました。

何が彼らを没落させたかといえば，

長年の従軍による農民の疲弊，そして耕地の荒廃，
さらには属州からの安価な穀物の流入。

こういう事態がイタリアの中小農民の経営を破壊しました。

彼らは，土地を売って何がしかの現金を手に入れ，それを使い果たすと，都市に流入しました。すると都市の有力者は，彼らを支持基盤にするために「**パンと見世物**」を提供したのです。「見世物」とは**剣闘士競技**や戦車の競争などですね。

▶ラティフンディアの形成

一方，中小農民が売却した土地は，有力者に買収されました。

有力者とは**貴族**，**ノビレス（新貴族）**，**騎士**といった連中です。彼らはますます広くなった所有地に，**戦争奴隷**を投入して，**大規模な農業経営**を行います。こうして，BC 2 世紀以降に，**イタリアに広がった**この新たな農業経営システムを**ラティフンディア（ラティフンディウム）**と言います。

ラティフンディアでは，主として**オリーヴ**や**ブドウなどの果樹栽培**が行われました。

▶重装歩兵部隊の解体

また，**中小農民の没落**は**重装歩兵部隊の解体**という事態を引き起こしました。重装歩兵はローマ国防上あるいは侵略の主力部隊ですから，その解体はすなわち**国家の危機**となります。

それを裏書きするかのように，BC 135 年には**シチリア**で**大奴隷反乱**が起きました。このような危機に迅速な対応をしようとした**護民官**がいました。

Q **大土地所有制の制限やローマ市民軍の再建を図って元老院と対立し，非業の死をとげた兄弟は？**
——**グラックス兄弟**

5 内乱の 1 世紀

別冊プリント p.95 参照

グラックス兄弟の改革

彼らの改革の目的は，**重装歩兵部隊を再建**して，ローマ国防の危機を克服することにありました。そのためには，かつて重装歩兵部隊の中核であった**中小農民の生活を再建**せねば！と，グラックス兄弟は考えました。

中小農民の生活を再建するためには，彼らに**土地を分配**しなければなりません。グラックス兄弟の判断は，「土地は，大土地所有者から取り上げよう」。しかしこれは，当然にも**大土地所有者たちの激しい反発**を引き起こしました。結局お兄ちゃんのティベリウス=グラックスは暗殺されました。弟のガイウス=グラックスにいたっては，火責めにされた挙句，自殺に追い込まれてしまいました。**グラックス兄弟の改革は，失敗**に終わったのです。

マリウスの兵制改革

グラックス兄弟のあとに登場したのが，**平民（民衆）派**の**マリウス**でした。彼は**武器自弁の原則を撤廃**し，**傭兵制を導入**しました。これを**マリウスの兵制改革**と言います。

マリウスは，給料をばらまき，没落した**無産市民**を兵士に組織しました。確認ですが，**傭兵制（職業軍人制）**を導入したわけですね。これはローマの伝統であった**市民皆兵制の崩壊**を意味しました。

「私兵化」という現象

しかし，マリウスの兵制改革は，一方で「**私兵化**」という現象を促進してしまいました。すなわち集められた兵士たちは，ローマに対して忠誠を尽くすのではなく，自分たちがお仕えしている将軍（その多くは有力者の出身）たちとの個人的結びつきを強め，その**将軍個人に対して忠誠を尽くす**ようになってしまったのです。

自分の意のままに動く**私兵**を手にした将軍（≒有力者）たちは，それを行使してライバルと争いました。そしてその結果は**ローマの内乱**でした。

《注》 内乱の１世紀の始まりを，山川出版社『詳説』と東京書籍は，グラックス兄弟の改革の失敗の後からとしている。一方，実教出版はグラックス兄弟の改革からとしている。

平民派（民衆派）と閥族派

さて，マリウスのライバルに**スラ**という人物がいます。

マリウスは，平民（民衆）派に分類される政治家でした。**平民派は平民会や無産市民層，**それに**騎士などの新興勢力**を支持基盤とする集団でしたが，これと対立したのが**閥族派**です。閥族派は**元老院議員などの伝統的支配層**を基盤とするグループでした。スラは閥族派のほうですね。

同盟市戦争（BC 91 ～ 88）

さて，BC１世紀初めには各地で反乱などがあいついで起こりました。なかでもBC 91 年に起こった**同盟市戦争**は重要です。イタリアでは，**植民市**や**自治市**の住民には，一部に制限はあったものの**市民権**が認められていました。しかし，同盟市は，ローマに対する**軍役義務**はありましたが，**市民権は認められていません**。これに対する同盟市市民の不満が爆発したのです。

結果としては，同盟市の要求が認められ，**同盟市住民に市民権が認められた**ことで，**全イタリアの自由民に市民権が付与**されることになりました。

クラッススとポンペイウスの活躍

さてスラが政界から引退すると，同じ**閥族派**の**ポンペイウス**が後継者となりました。その彼が，大富豪で**騎士**の出身だった**クラッスス**とともに，ローマの大きな危機を克服しました。その大きな危機とは……。

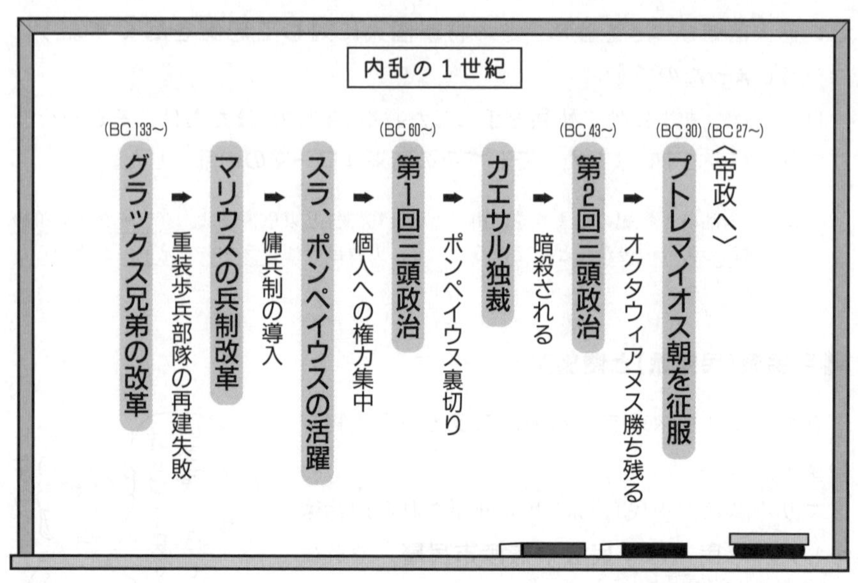

Q BC 73 年に南イタリアで起こった剣奴(剣闘士奴隷)の大反乱は，指導者の名を冠してなんと言うか？

――スパルタクスの反乱

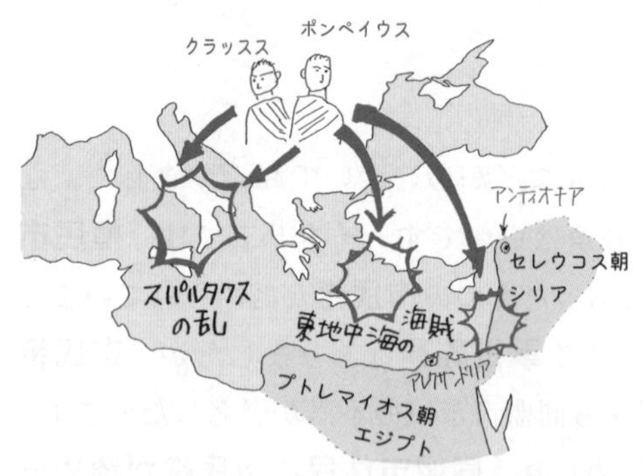

クラッスス・ポンペイウスの活躍

剣奴とは，闘いを見世物とさせられている奴隷のことです。

さらにポンペイウスの武功は続きます。BC 67 年には，**東地中海の海賊**を一掃することに成功しました。さらにBC 63(64)年には，シリア・パレスチナを支配していた**セレウコス朝**を滅ぼしました。

さて反乱や海賊の活動など，危機が連続し，それを有能な個人が突破していくなかで，ある風潮が強まっていきます。さて，何だろう？

それは**個人への権力集中**を良しとする風潮でした。言いかえれば，

「**共和政，いらねえんじゃねぇ**⁉」

第 1 回三頭政治（BC 60 年～）

しかし，こうした風潮に対して**元老院共和派**の人々が反発し，ポンペイウスなどは冷遇されるんですね。

これに反発したポンペイウスは能力のある２人と組んで，**たった３人で**政治を運営していこうと図りました。これが**第 1 回三頭政治**ですね。時に **BC 60 年**。

みんなで決める**共和政から，帝政への過渡期**の時代といえます。

第 1 回三頭政治のメンバー

ポンペイウス，クラッスス，カエサル

これはそうそうたるメンバーだ。この３人で，**元老院共和派**に対抗するんですね。そのためには，**平民たちの支持**を得る必要があります。そこで彼らは戦争で勝利をおさめ，人気を得ようとしたのでした。

クラッススが遠征し，戦った国はどこか？

――アルサケス朝パルティア

一方，カエサルは**ガリア**へ遠征しました。

ところがポンペイウスは，クラッススが戦地で死んだあとに，カエサルを裏切るんです。彼は元老院と組んで，カエサルをやっつける陰謀を企てました。動機ですか？「カエサルと元老院，どちらが自分にとって恐い存在か？そりゃあカエサルだ」。多分ポンペイウスは自問自答したんだね。

裏切りを知ったカエサルは頭にきて，ガリアからイタリアにもどって来ました。そのイタリア北部には**ルビコン川**があります。この川を渡れば，ポンペイウスはもとより元老院をも敵とすることになる可能性があります。しかし彼はルビコン川を渡りました。その時に彼が言った言葉が有名ですね――"**骰子は投げられた**"。結局ポンペイウスはカエサルに敗北し，元老院もカエサルに屈服しました。

カエサルの独裁体制(BC 46 ～ 44 年)

こうして第 1 回三頭政治は崩壊し，その後**カエサルの独裁体制**が成立します。彼は10年任期の**独裁官**となり,2年後にその地位は終身となりました。また“**インペラトル**”という称号を元老院から授けられます。これは将軍に与えられた称号に起源があるのですが，後には，世界の支配者たる“**皇帝**”の語源になりました。英語の**エンペラー**ですね。ところで,

Q カエサルがエジプトの太陽暦をもとに制定した暦の名は？

──ユリウス暦

しかし，あまりにも急激なスピードで独裁的な傾向を強めてしまったがために，カエサルは**元老院共和派**の連中を怒らせてしまいます。そしてその結果，暗殺されてしまうのでした。

Q カエサルを暗殺した共和派の中心人物はだれか？

──ブルートゥス(ブルトゥス)

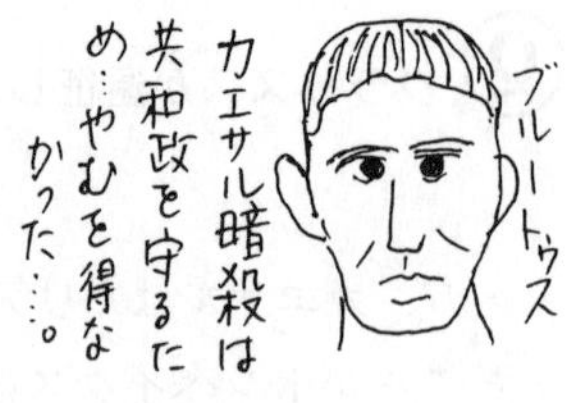

カエサル暗殺は，シェイクスピアの戯曲『**ジュリアス=シーザー**』のなかの名場面ですね。シーザーのお気に入りであったブルートゥスが剣を持って自分に襲いかかってくるのを見て，カエサルはこう言ったのです，「君もか，ブルートゥス。(注:カエサル自身に向かって)ならば死ね，シーザー」(福田恆存訳，新潮文庫)。

第 2 回三頭政治(BC 43 年～)

カエサルを暗殺したブルートゥスたちは，その後カエサルの部下**アントニウス**と，カエサルの養子であった**オクタウィアヌス**の連合軍に敗れてしまいます。そして，オクタウィアヌス，アントニウス，それに将軍**レピドゥス**の3人によって，**第 2 回の三頭政治**が成立しました。

第 2 回三頭政治のメンバー

オクタウィアヌス，アントニウス，レピドゥス

オクタウィアヌスはカエサルが養子にしたくらいですから，だれもがその能力を認める人間なんです。偏差値は 73 ぐらい(笑)。アントニウスもカエサルの一番の部下だから，偏差値は 66 だね。ですが，同じ部下でも，レピドゥスはというと，これが 28(笑)。第 1 回三頭政治に比べると，かなり見劣りするね。レピドゥス君がいるんで，第 2 回は $2\frac{1}{2}$ 頭政治(爆笑)。

レピドゥス

結局，レピドゥスは後にオクタウィアヌス陣営の一員になります。こうしてオクタウィアヌスとアントニウスの対決構造ができました。

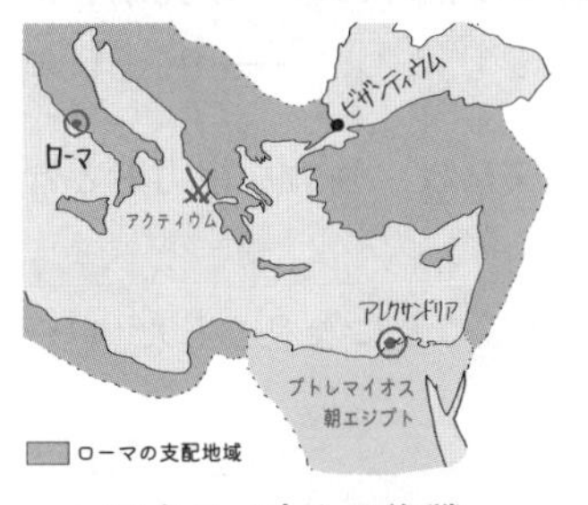

アクティウムの海戦

Q この 2 人が対立して起こした BC 31 年の海戦は？

――アクティウムの海戦

アントニウスの側には有力なパートナーがいました。それが**プトレマイオス朝エジプト**の女王**クレオパトラ**。

女王クレオパトラ――プトレマイオス朝滅亡

エジプトはローマによる地中海世界統一にとっての最後に残った大国で，BC 48 年には**カエサル**に侵攻されました。

クレオパトラは軍事力では対抗できないと分かるんですね。そこで彼女は“女性”という武器に賭けました。

クレオパトラは**ギリシア系の女性**です。鼻すじも高かったんだろうね。その美貌を武器に，カエサルを誘惑するのでした。

そしてカエサルはそういう攻撃に非常に弱い。彼のあだ名はラテン語で“モエクス=カルウス”。訳すと「はげの女たらし」(笑)。これがカエサルの自他ともに認めるあだ名だったんです。

クレオパトラはそんなカエサルの陣中に，自らを贈りものとして届けさせるのです。「私を食べて！」(笑)――それで子どもができるんです。そうなると戦争をする理由がなくなるんですね。ところが，そのカエサルは死んでしまった！

そこで今度は**アントニウス**に狙いをつけ，誘惑します。2人のあいだには，3人の子供が産まれます。しかし，**アクティウムの海戦**では，クレオパトラは途中でアントニウスを見限り，単独で戦線離脱をしてしまいました。アントニウスは**アレクサンドリア**に逃げ帰った後に自殺します。

一方クレオパトラは，自分がオクタウィアヌスの凱旋パレードの際に見せ物にされることを知り，彼女も毒蛇に胸をかませて自殺します。こうして，**プトレマイオス朝は滅亡**しました。

Q プトレマイオス朝が滅び，ローマによる地中海世界の統一が完成した年は？
――BC 30 年

こうしてライバルをすべて倒した**オクタウィアヌス**は，強力な権力者となり，内外に安定をもたらしました。

これで約1世紀間続いてきた動乱は終わりを告げることになりました。ローマの**「内乱の1世紀」は終結**したのです。

次回は，共和政ローマのあと，すなわち**帝政ローマ**の歴史です。

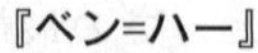
『ベン=ハー』

時代は帝政ローマの初頭。ローマの属州ユダヤに生きるユダヤ人貴族ベン=ハー（演チャールトン=ヘストン）の波乱の人生を，イエスの受難に絡めながら描く，壮大な歴史スペクタル大作。公開は1959年で，この作品は大ヒットし倒産寸前だった映画会社MGMは立ち直ったと言われる。監督のウィリアム=ワイラーは，『ローマの休日』や西部劇の傑作『大いなる西部』でもメガホンをとった。音楽はハンガリー出身のミクロス=ローザ。スケールは大きく，それでいて憂いを帯びた彼の楽曲なくして，この作品は成り立たない。日本での先行上映は昭和天皇・皇后両陛下もご覧になった。生涯で一度は観ておくべき傑作中の傑作です。

（販売元：ワーナー・ホーム・ビデオ）

帝政ローマの時代

古代ローマと地中海世界(2)

今回は**帝政ローマ**の時代です。すなわち**個人独裁体制**のローマの歴史です。この時代を，**BC 27 年**の帝政開始から，**AD 395 年**の帝国の**東西分裂**まで見ていきたいと思います。

その 400 年間の概観を示しておきましょう。これは僕がよく使うグラフです。横軸に時間(time)，縦軸にローマ帝国の力(power)，もしくは皇帝の力をとります。だいたいこんな感じになるかな。

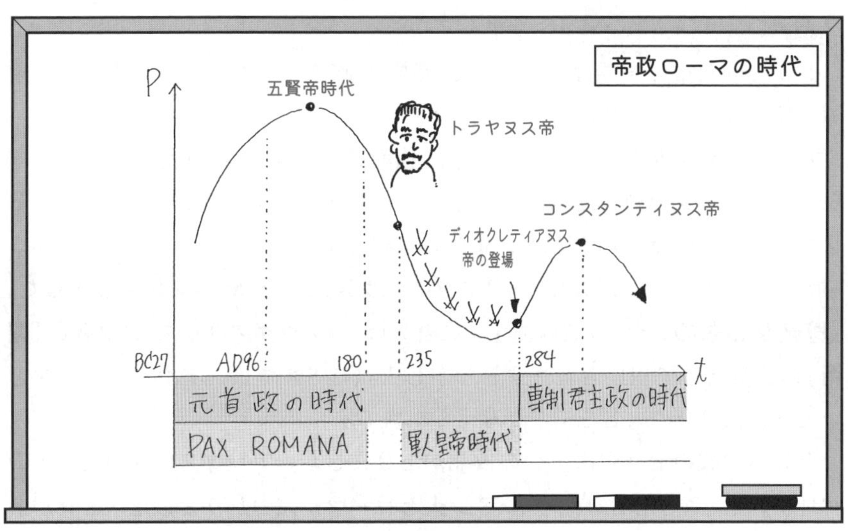

ピークは**AD 1 世紀の末**から **2 世紀前半**にかけての**五賢帝**の時代です。

しかし 3 世紀前半に**軍人皇帝時代**が到来します。ローマの大混乱の時代ですね。その危機を救ったのが**ディオクレティアヌス帝**です。

その後，AD 4 世紀前半に**コンスタンティヌス帝**が出て，帝国はそこそこ安定します。しかし**ゲルマン人**の侵入などによる混乱のなか，**テオドシウス**

帝が帝国を**東西分割**します。

じゃあ，これに肉付けしていきましょう。相当メタボな肉付けになるけどね(笑)。まずは帝政前半の**約 200 年間**だね。この時代はローマ帝国が安定していたので，「**ローマの平和(パクス=ロマーナ)**」と呼ばれています。

元首政の時代(BC 27 ~ AD 3 世紀)

別冊プリント p.97 参照

アウグストゥスの時代――元首政とは何か？

初代皇帝は**オクタウィアヌス**ですが，彼は自らを**プリンケプス**と名乗りました。日本語では「**元首**」で，「**市民のなかの第一人者**」という意味です。この呼び名は，要するに，“私は独裁者になろうなんて野心はありませんよ，共和政の伝統を守りますよ”という意志表示でした。養父**カエサル**のように，暗殺されてはたまりませんからね。なお**元首政**はラテン語で**プリンキパトゥス**と言います。

しかし元首政の実態は，**皇帝による独裁政治**でした。軍隊の指揮権，官職の任命権，それに財政の多くの部分を掌握していましたからね。

しかし，オクタウィアヌスは**露骨に独裁権力を振るおうとはせず**，**元老院議員**などの支配層と連携して政治を進めようという姿勢を見せました。そしてこれは，以降 200 年ほど，帝政の基調となります。

一方，元老院は彼に対して「**アウグストゥス**」という称号を授与しました。「**尊厳なるもの**」という意味です。これ以降，「アウグストゥス」は歴代の「**皇帝**」の称号として用いられます。しかし入試レベルでは，アウグストゥスといえば初代皇帝の人名を指すと考えて結構です。

ところで彼の治世中に 1 つの敗北がありました。アルプス山脈の北は大森林地帯。そこで AD 9 年に**ゲルマン人**とローマがぶつかりました。これが**トイトブルク森の戦い**。ローマは負けるんですね。負けた結果，**ライン川**，さらには**ドナウ川**がローマとゲルマン世界との自然の境界になりました。

一方，アウグストゥスの時代はラテン文学にとっては黄金時代でした。

Q **ウェルギリウスが書いたローマ建国の物語は？**

――『アエネイス』です。

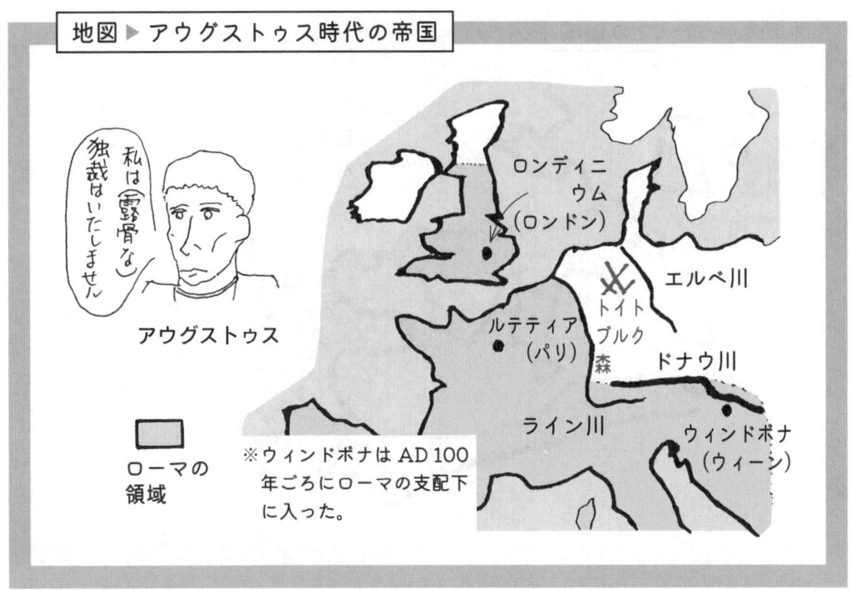

そしてリウィウス。この人は『**ローマ(建国)史**』を書いた歴史家であり，官僚ですね。

AD 1 世紀の皇帝たち

そのほかAD 1 世紀に登場した皇帝としては，第 2 代のティベリウス帝。彼は**キリスト**が**処刑**された時代の皇帝です。直接処刑にタッチした**属州ユダヤ(パレスチナ)**の総督は**ピラト**でした。

次は**ネロ帝**。第 3 代というわけではありませんよ。彼も**キリスト教徒弾圧**で有名。彼の時代にキリストの使徒**ペテロ**と**パウロ**が殉教しています。こういう混乱はあるんだけれども，ローマの領土は拡大していきました。

五賢帝時代――ローマ帝国全盛期

そして 96 年から 180 年までのあいだ，ローマ帝国は全盛期を迎えます。これが**五賢帝の時代**ですね。

五賢帝の最初は**ネルウァ帝**です。次が**トラヤヌス帝**。このトラヤヌス帝の

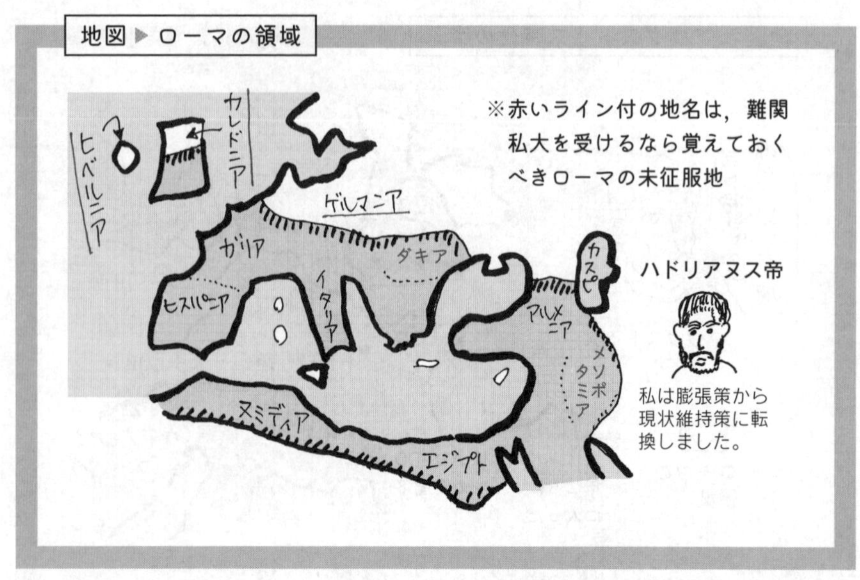

時代に**ローマ帝国は最大領土**となります。では，

Q トラヤヌス帝の時代に，どこが帝国の領域に入ったか？

——ダキアと**メソポタミア**

ただし，メソポタミアは，すぐに**パルティア**に奪われてしまうので，入試にも出ていませんね。一方のダキアは現在の**ルーマニア**。ルーマニアは，いわゆる東ヨーロッパのエリアですが，**スラヴ人**の国ではなく**ラテン系**の人々が多数派です。ダキアは，ローマ人たちがたくさん入植(にゅうしょく)した地域。だからRomaniaと綴(つづ)るんですね。

また，トラヤヌス帝は初の**属州**(ぞくしゅう)**出身**の皇帝です。イタリアの出身でない初めての皇帝ですね。どこの出身かと言うとヒスパニア(スペイン)です。

Q 五賢帝の３番目の皇帝の名は？ **——ハドリアヌス帝**

各地に**防壁**(ぼうへき)を設(もう)けたことで有名な皇帝です。万里(ばんり)の長城(ちょうじょう)みたいなものですね。**ゲルマン人**や**ケルト人**に対抗するための防壁です。とくにブリタニアの「**ハドリアヌスの壁**」は有名です。

五賢帝の４番目が**アントニヌス=ピウス**で，最後が**マルクス=アウレリウス=アントニヌス帝**です。彼は「**哲人皇帝**」として有名。**禁欲主義**を唱えるストア派の哲学者でもありました。ギリシア語で『**自省録**』を残しています。

五賢帝（②③⑤が頻出）

①ネルウァ
②トラヤヌス…最大領土時
③ハドリアヌス…防壁建設
④アントニヌス=ピウス
⑤マルクス=アウレリウス=アントニヌス…哲人皇帝，『自省録』

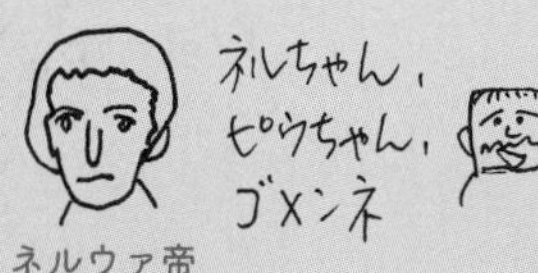

初代のアウグストゥスから，マルクス=アウレリウス=アントニヌス帝までの**約200年間**の時代が，「**ローマの平和（パクス=ロマーナ）**」の時代です。

ローマとアジアとの交易

この時代，**季節風（モンスーン）貿易**も盛んになり，ローマは**紅海・インド洋**などを通じてインドなどと交易を行いました。ローマの輸出品としては**金貨**，そして**ガラス器**・ブドウ酒が，輸入品としては，**インド・東南アジア産の香辛料**や**中国産の絹**がもたらされました。

Q 当時ローマなどと貿易して栄えていた南インドの王朝は？

——サータヴァーハナ朝

作者不詳ですが，『**エリュトゥラー海案内記**』には紅海やインド洋での交易についての記録が残されています。ローマの支配下で対アジア貿易をやっていたのは，主に**ギリシア人商人**でした。多分この書物も彼らの筆によるものでしょう。

一方，陸路では**オアシスの道**，別名**絹の道**を通じて，中国やペルシアの物産ももたらされました。

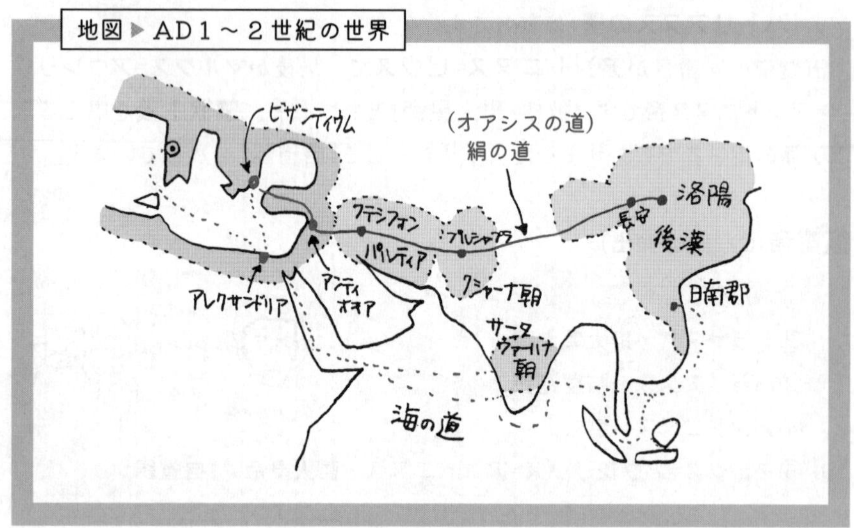

地図▶AD1～2世紀の世界

都市の発達

ローマ帝国領内には，**ローマ風都市**が多数建設されました。

都市の中心部には「**フォルム**」と呼ばれる**広場**があって，**碁盤目状の道路**が設けられ，**円形闘技場**や**公衆浴場**などの公共施設も建てられていました。とくにローマの円形闘技場は，**コロッセウム**と言います。

また，都市生活に欠かせない**上水道・下水道**も完備していたようです。なお，上水道とは飲料水を供給する施設，下水道とは生活排水などの汚水を排出する施設のことです，念のため。

裕福な人々は，「パティオ」という中庭を有する邸宅に住み，快適な都市生活を送っていました。

ローマ時代に建設された都市としては，ロンディニウム(現**ロンドン**)，ウィンドボナ(現**ウィーン**)，ルテティア(現**パリ**)，さらには，コロニア=アグリッピナ(現在のドイツの**ケルン**)などが知られています。

これらの都市は，ローマの軍事拠点であったり，属州統治の中心地であったり，また経済活動の拠点でもありました。

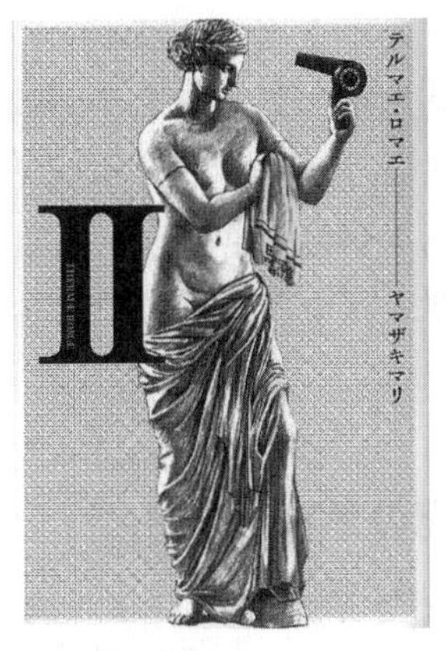

【本】『テルマエ・ロマエ』
　ヤマザキ・マリ著　発行元エンターブレイン
　古代ローマの職人ルシウスが，現代日本にタイムスリップし，日本の“銭湯”の文化を古代ローマに根付かせようと努力する姿は秀逸。時代はハドリアヌス帝の時代。当時のローマの生活が再現されていて，ローマ好きにはたまらない作品。
【サイン】映画『テルマエ・ロマエ』封切り直前，ヤマザキさんは丸一日取材を受けられた。最後の順番が青木だった。時間は30分のはずだったが，話が盛り上がって，1時間30分しゃべり倒した。そしてこのサインをいただいた。ヤマザキさん，ありがとう。

帝国の統一性

▶言語，道路網

帝国内では，公用語として**ラテン語**が，ギリシア文字から生まれた**ローマ字**（**ラテン字**）とともに用いられました。東部地域では，**ギリシア語**（**コイネー**）も準公用語の役割を果たしていたようです。また**度量衡**や**貨幣**も統一され，地中海交易で使用されました。さらには，ローマを中心に**道路網**も整備され，主要道路には**駅伝**のシステムも設けられました。共和政時代につくられた**アッピア街道**などは有名ですね。

▶アントニヌス勅令とローマ法

さらに属州の有力者に対しては，**ローマの市民権が付与**されて，彼らはローマの支配層のなかに組み込まれ，いうなればローマの“手先”として機能します。

3世紀初めに登場した皇帝に，**カラカラ帝**がいます。彼は212年に**アントニヌス勅令**を発布して，**帝国内の全自由民に市民権を付与**しました。まあこれは，これまでローマが行ってきた**市民権拡大**の法的な仕上げですね。

また**ローマ法**は，民族の差異を越えて通用するスゴい法律でした（→p.290）。

即位当時の本名は、
マルクス＝アウレリウス＝
アントニヌス＝アウグストゥス
……てか、長いわ！
カラカラとは、彼が
愛用していた、フード
付の服のことである

カラカラ帝
(位 198~217)

このようにしてローマの地中海世界支配，あるいは地中海世界の統一性は保たれていたのです。それから，各階層に浸透した**キリスト教**も統一性を保つことに寄与していますね。

 ローマ帝国の衰退——3世紀の危機

別冊プリント p.98 参照

さて，このようにして繁栄していたローマ帝国ですが，3世紀になると衰退が露わになっていきます。一部の教科書では，これを「**3世紀の危機**」と記しています。では，どのような危機がローマ帝国を襲ったのでしょうか？

軍人皇帝時代

ローマの衰退の大きな原因となったのは，3世紀前半に始まる**軍人皇帝時代**という混乱でした。ではその軍人皇帝時代とはどういう時代であったか？一言で言うと，「**軍人が擁立した皇帝**が相争った時代」です。

235年に即位した**マクシミヌス帝**から，軍人皇帝が連続する時代となりました。その長さ約50年間。では，

 **なぜ軍人皇帝時代になってしまったのか？**

軍人皇帝

教科書には，その理由は書いてありません。まあ，結論から言うと，属州に精強な軍隊が派遣されたからです。とくに北方の**ゲルマン人**や，東方の**ササン朝ペルシア**などに対抗するためにね。それに加えて，**属州の開発**が進み，地方の経済力もいっそう高まりました。

こうして属州に派遣された軍団のなかに，「俺たちのほうが，ローマにいる皇帝より強くないか？」と考える連中が出てきてしまったのでした。こうして彼らは勝手に皇帝を名乗り，あるいは擁立し，

はては，そういう連中どうしで争うようになったのでした。

そして，この混乱に乗じて，**ゲルマン人**や**ササン朝**の**侵入**も激しくなるのでした。

Q この軍人皇帝時代の260年に，ササン朝のシャープール1世にエデッサの戦いで敗北したローマ皇帝は誰か？ ——ウァレリアヌス帝

都市の衰退

さて，軍人皇帝時代の混乱や外敵の侵入に対処するには，**軍事力の強化**が必要です。そこでこの時代には，**ゲルマン人**がさかんに**傭兵**(ようへい)として組織されました。しかし傭兵を傭(やと)うには財源が必要です。

Q ローマ帝国は，どこに財源を求めたのか？

それは**都市**でした。ローマ帝国は，**都市に重税**をかけたのです。都市って，商工業の中心地なのでお金はあるし，人口が密集しているので**効率よく徴税もできます**。このあたり，人口が分散している農村とは違いますね。

ただしこれには，大きな副作用がありました。それは**都市の衰退**でした。そりゃあ，たくさん税金でもっていかれたら，商工業者はヤル気なくすわ！

また都市にいた**有力者も，重税を避けて農村に移住**するようになったのです。

こうして，ローマ帝国の衰退は進行していきました。

さあ，どうするローマ帝国？

ディオクレティアヌス帝

3 専制君主政の時代(AD 284 ～)

別冊プリント p.99 参照

ディオクレティアヌス帝

3世紀の危機を救ったのは，**ディオクレティアヌス帝**でした。登場したの

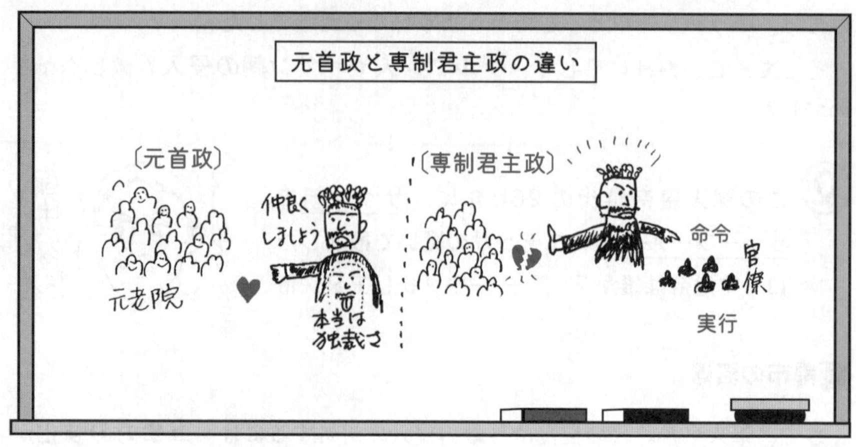

は284年です。彼はまず政治体制を大きく変えました。

彼は**ドミナトゥス**，すなわち日本語で，**専制君主政**(せんせいくんしゅせい)という政治体制をしきました。どういうものかと言うと，

元老院(げんろういん)**など共和政の伝統を全く無視した個人独裁体制。**

これまでの**元首政**では，「**皇帝と元老院の共同統治**」というのが建前でした。しかし，ディオクレティアヌス帝はこれを否定したのです。「もう(元老院の)じいさんたちの話を聞くヒマはない！ ローマは危機なのだ。独裁に基(もと)づく迅速(じんそく)な意思決定が必要なのだ……」というところでしょう。

ディオクレティアヌス帝は，その一方で**官僚制**(かんりょうせい)の整備を行いました。**官僚**とは，皇帝の命令を実行するための“手足”です。

©青木

四帝分治を記念する彫像
ヴェネツィアの聖マルコ大聖堂の外壁付近で写す。…にしても，まあ人相の悪いこと。

四帝分治制

また彼の治政(ちせい)のなかで，僕が最も興味があるのが**四帝分治制**(していぶんちせい)(**四分統治制**(しぶんとうちせい))という施策(しさく)です。ラテン語では**テトラルキア**。これは文字通り帝国を4

地図▶ディオクレティアヌス帝の四帝分治制

つに分けて支配するというものです。４つの地域には，２人の正帝と２人の副帝の計４人を配置しました。そして，自分の領域の支配に専念させようとしたのです。ディオクレティアヌス帝自身は,「東の正帝」として,小アジアや,エジプト・パレスチナを支配しました。

これってすごいと思うんですよ。だって帝国を４つに分けたのも，“１人の皇帝が帝国全土を支配するのは無理だ”という認識に立ったからでした。

普通さ，**凡人がてっぺんに立っちゃうと，裏付けのない自信がムラムラと湧いてきて，自分の能力以上のことをやろうとするじゃん！**『プレジデント』か何かに載ってるどこかの社長の成功例に影響されて。それでも何やっていいかわかんないから，とりあえず社員の席替えをする(爆笑)……。それとは全然違うね，このディオちゃんは(笑)。

賢い人間ほど，自分の**能力の限界**というものを客観的に知ってて，その**範囲内で最大限の努力**をするものなのです。その典型だな，ディオは。

ただし，４つの領域は完全に分断されたわけではなく，法律・経済活動などの面では，帝国の統一は保たれていました。

新しい徴税システム

また新しい徴税システムも導入されました。これは帝国全土で**人頭税**と**土地税**を徴収するものでした。教科書には，具体的な内容は書いてありませんけどね。

キリスト教徒に対する大弾圧

また，ディオクレティアヌスは，**皇帝崇拝の強要**を行いました。すなわち「**俺を神として崇めよ**」と言うのです。そして，皇帝に拝謁する際に，かつてのペルシア風に跪かせました。これを**拝跪礼**と言います。

ところが，「あなたは神でもないし，拝みません」という人々が出てくるのです。それは**キリスト教徒**でした。

当時のローマ帝国の総人口は5000万人くらいで，キリスト教徒の数は10%くらいといわれています。すでにこのころには，キリスト教は帝国の様々な階層に受け入れられていました。

これに対して，ディオクレティアヌス帝は**303年に大迫害**を命じました。これはディオクレティアヌス帝の支配地域のみならず，他の３皇帝の領土でも行われました。しかし迫害が苛烈であればあるほど，キリスト教徒たちは魂の救済を求め，信者の結束も強固になっていきました。

ディオクレティアヌス帝の迫害は“逆効果”だったのです。

その点を修正しつつ，**コンスタンティヌス帝**が登場しました。

コンスタンティヌス帝のキリスト教政策

まず彼は何をやったのか？　これは有名だね。**313年**，**ミラノ勅令**で**キリスト教を公認**しました。弾圧が不可能なら共存するしかないですからね。

また，ディオクレティアヌス帝の時代を過ぎると，四帝分治制の悪い面が表面に出てきました。すなわち野心を持った複数の皇帝が，帝国の再統一を狙って争うようになったのです。

結局この混乱はコンスタンティヌス帝によって収拾され，324年には，**四帝分治制が廃止**されて，再び**帝国は統一**されました。

さらに**325年**には，**ニケーア公会議**を開催してキリスト教の教義を統一し，**アタナシウス派**を**正統**としました。一方，**異端**とされたのは，**アリウス派**でした。このあたりのくわしい説明は，第18回「キリスト教の成立と発展」(→ p.298)のところでお話しします。

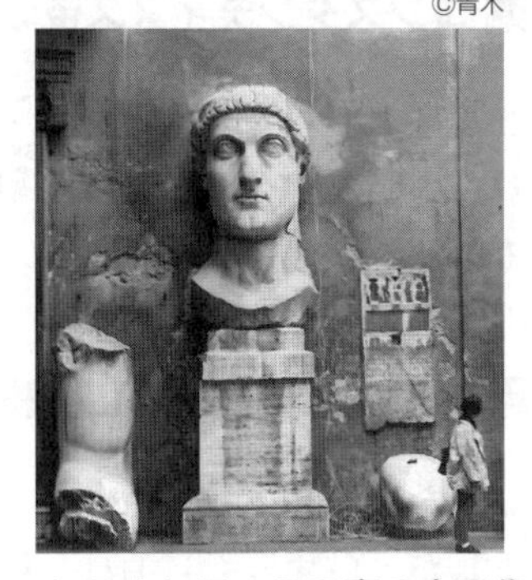

©青木

コンスタンティヌス帝の大石像

コンスタンティノープル遷都

さて，コンスタンティヌス帝は**330年**に**ビザンティウム**(**ビザンティオンのラテン名**)に都を移しました。そして，ここを**コンスタンティノープル**と改称。現在では**イスタンブル**と言いますね。

遷都の動機の1つは，「帝国の重心をアジアなどとの商業が活発な地域に移したい」ということでした。

経済政策

またコンスタンティヌス帝は**ソリドゥス金貨**を鋳造させました。「ソリドゥス」とは，“信頼のおける”とか“完全な”とかいう意味です。この金貨は，後のビザンツ(東ローマ)帝国にも引き継がれ，「**ノミスマ金貨**」とも呼ばれ，地中海貿易の決済手段として，11世紀までは改鋳(金の含有量を減らすこと)されることもなく，**高い信用**を保ち続けました。そこから「**中世のドル**」などという異名も与えられたのです。

軍人皇帝時代の混乱で地中海の治安も悪化し，海賊が横行し，**地中海貿易も衰退**していました。そこで，信頼のおける金貨を発行して，地中海貿易の復活を期待した，というところでしょうか⁉

コンスタンティヌス帝の軍制改革

また，この皇帝は**ゲルマン人**などの異民族の将校や兵士の軍団を増強しました。その一方で，**地方に駐屯していた軍団を削減**し，かわりに皇帝直属で，どこにでも迅速に駆けつける**野戦機動部隊**を創設しました。

コロヌスの移動禁止，職業の固定化

また，**コロヌス(＝小作人)の移動を禁止**したり，**職業の固定化**を行いました。いずれも目的は，**税を取りやすくする**ためでした。税を取ろうとする国家にとって一番手間がかかる作業は，今も昔も**納税者の財産調査**です。たとえば,「青木は年収が1000万円ある,ならば税金は300万円取ろう」。

ところが，帝国の臣民がコロコロ職業を変えちゃうと，そのたびに財産調査が必要になります。また，農村でも，地主の所有地の広さとそこに投入される労働力がわかれば，地主の収入は把握できます。ですが，労働力であるコロヌスが，コロコロ(笑)……，文字通りコロコロ移動しちゃったら，また調査が必要になる。そこでコンちゃんが(笑)，**「コロヌス，動くな！」**，**「青木，転職するな！」**となるわけです。

ユリアヌス帝

4世紀後半には，**ユリアヌス帝**が登場しました。彼はキリスト教に対する保護を止め，**異教の復活**を試みました。この場合の「異教」とは，キリスト教以外の宗教を指します。この結果，彼には「背教者(キリスト教に背いた者)」というあだ名が与えられます。とくにインド・イランに起源をもつミトラ教に心酔していたようです。

良い質問ですね

国ってなぜ滅ぶ？

ディオクレティアヌス帝にしてもコンスタンティヌス帝にしても，相当の努力をして，帝国の解体に歯止めをかけようとしましたが，全体的にはそのスピードを緩めることはできても，解体そのものを押し止めることはできなかったようです。

ときどき，生徒諸君から，「ヨーロッパにしても，中国にしても，なぜ帝国

(国)って滅びるのですか?」と質問されることがあります。

それに対する僕の答えは,“そもそも**広い領土**を,**強い力**で支配し続けること自体に無理があるのだ!” “強い皇帝権力が存在し,その命令が全国を貫徹する”という状態のほうが,イレギュラー,異常なのではないでしょうか? だって,みんな好き勝手に生きていきたいだろう⁉

テオドシウス帝――キリスト教の国教化

そして,統一されたローマの“最後の皇帝”**テオドシウス帝**の時代を迎えました。彼はまず**正教信奉令**を出してキリスト教の信仰を命令し,次いで**392年**に**キリスト教を国教化**し,**他の宗教を禁止**してしまいます。なぜこんなことをしたか? ローマがもうバラバラになる寸前の時代だからです。何とか精神的な面だけでも帝国をまとめたい。そういう意識の表れでしょうね。

東西分割

しかし,その努力もむなしく,彼は**395年**に**帝国を東西に分割**して2人の子に分け与え,ローマは2つの国になってしまいました。

東の最初の皇帝がアルカディウス,西の最初の皇帝がホノリウス。

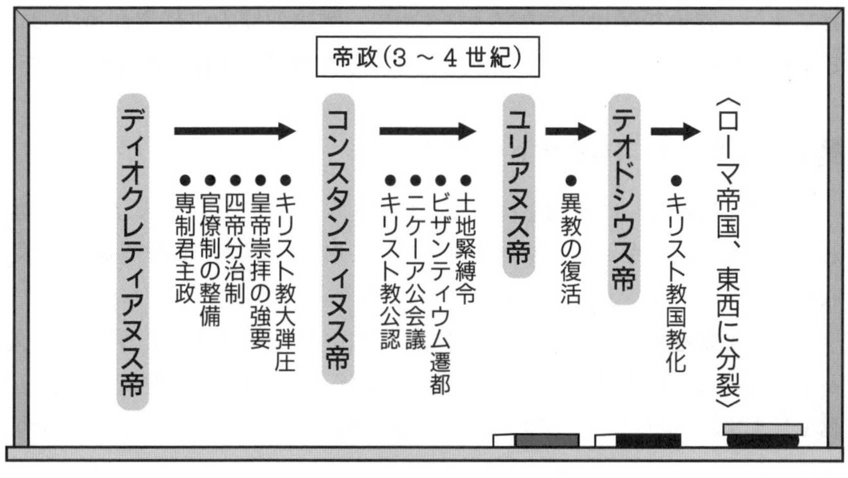

東はこのあと**約1000年間**生き延びますが，西は**100年足らず**で滅んでしまいます。これは中世ヨーロッパ史(第②巻)でお話ししましょう。

では次に，ローマの土地制度の変遷(へんせん)を整理しておきましょう。

4 ローマの土地制度(農業経営)の変化

別冊プリント p.99 参照

経済史は皆さんの多くが苦手とするところです。なぜかと言うと，話が抽象的(ちゅうしょうてき)で具体的イメージを持ちにくいところだからです。じゃ，いくぜ！

まず従来のローマの農業の中心は，**中小自作農**でした。彼らは家族を中心にして，さほど広くない土地を耕作していました。

ラティフンディア(ラティフンディウム)

ところがローマの**海外発展**の結果，彼らの多くは没落(ぼつらく)し，一方で**戦争奴隷が大量に流入**しました。そこで**有力者**が土地を集積し，そこに奴隷労働力を投入して**ラティフンディア**が生まれたわけです(→ p.261)。

収穫物(しゅうかくぶつ)は100%奴隷主のものとなり，奴隷には必要最低限の衣食住の世話がなされるといった状況でした。

ところがAD 2 世紀ころからこれに変化が生じ始めます。まずラティフンディアの労働力であった**奴隷の供給が減少し始めた**のです。原因は**ローマの対外発展が限界**に達し，**戦争が停止**されたことによって，**戦争奴隷の供給量が減少**してしまったからでした。こうして奴隷主たちは**労働力の再生産**を迫(せま)られました。

コロナトゥス(コロナートゥス)

そこで，奴隷たちに**家族**を持つことが許され，その子孫(しそん)が労働力を補うことになりました。また，奴隷主は**地主**として旧来の奴隷と**小作契約**(こさくけいやく)を結び，収穫の一部が彼らの手元に残るようにしました。

さらに**土地を失っていた没落自作農**や帝国内に流入してきた**ゲルマン人**とも，このような契約を結ぶことになり，こうして"**地主―小作人**"の関係が誕生します。

コロヌス＆コロナトゥス

この小作人のことをコロヌス，この労働力に立脚した新しい土地支配制度（農業経営の形態）をコロナトゥスと言う。

コロナトゥスのもとでは，おもに**穀物生産**が行われました。

これに対して，ラティフンディアでは**オリーヴ・ブドウ**などの**果樹栽培**が中心でした（→ p.261）。穀物生産は，ラティフンディアのもとでは難しかったみたい。なぜかと言うと，麦などの栽培は，当時の粗放（そほう）な**果樹栽培**と比べると，はるかに手間ひまが必要で，**土地に対する愛着**みたいなものがないと，できなかったようです。とすると，鞭（むち）で打たれながら強制労働をさせられる奴隷に“土地に対する愛着をもって働け”といっても無理だよね。

それに比べるとコロナトゥスの場合は，収穫の一部は自分のものになるし，家族もいる。なので，**奴隷と違って“ヤル気（生産意欲）”も出る**し，土地に対する愛着も出てくる。

さらに当時の地中海世界は，ローマの衰退とともに治安が悪化して海賊（かいぞく）の活動が活発化し，**エジプト**などからの**穀物輸入が難しくなっていました**。そこでイタリアなどでの穀物生産が迫られていたのです。……残念ながら，ここまで書いてくれている教科書はないけどね。

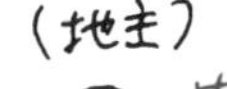

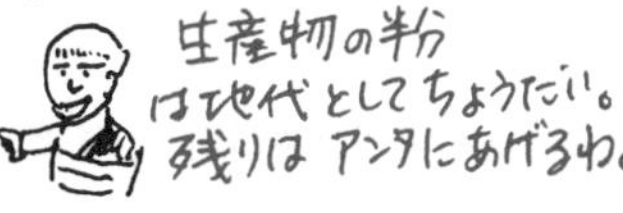

さらに，コロナトゥスは，**中世の農奴制**に継承（けいしょう）されていくことになります。

これで帝政ローマの時代を終わります。お疲れさまでした。

古代ローマの文化

「実用的文化」とは何か？

① 芸術・哲学・歴史など

別冊プリント p.101 参照

まずはローマ文化の概要から。ローマ文化は，よくこう言われてきました。

> ローマの文化は，土木・建築などの**実用的分野**で発展を見せた。

それに対して，とくに文学などの**芸術分野**では，「**ギリシア人の模倣**だった」と言われることが多かったですね。「**征服されたギリシアは，猛きローマを征服した**」とは，ローマの詩人**ホラティウス**の言葉です。これは，ギリシアはケンカでは負けたけれども，文化面ではギリシアがローマに影響を与え続けた，という意味の言葉です。では実際にはどうだったのでしょうか？

文学

では，文学から見ていきましょう。

Q 『友情論』『国家論』などの著者で，ローマ最大の文章家といわれるのはだれか？

——キケロ

キケロの文章はラテン語のモデルになるものですが，もう１つ名文として知られるのが，**カエサル**の『**ガリア戦記**』です。ガリアは，だいたい今の**フランス**ね。あ，それと『**国家論**』は**プラトン**の同名の著作に範を取ったものです。キケロは，ローマ世界におけるギリシア思想の伝達者でした。

ラテン文学の黄金時代

その後オクタウィアヌスがローマの初代皇帝**アウグストゥス**として登場し，彼の時代は「**ラテン文学の黄金時代**」と言われています。

ウェルギリウス
(BC 70〜BC 19)

そのアウグストゥスの知遇を得て活躍したのが**ウェルギリウス**。英語ふうにいうとヴァージルですが，『**アエネイス**』が有名な作品です。これは，トロイアの英雄アエネイスが，ローマ建国の礎をつくるまでを描いた叙事詩です。もう１つ『**農耕詩**』も彼の作品。ウェルギリウスとくれば『アエネイス』ですが，**難関私大の受験対策**上は，**2番目に有名な作品**まで押さえておきたいものです。

Q **『転身譜』『愛の歌』などの作品を書いたのは？**

——オウィディウス

彼はのちにアウグストゥスの不興を買い，黒海沿岸に追放されてしまいます。さっき話したホラティウスもこの時期の人で，抒情詩を残しています。

(岩波文庫)

ロムルスとレムスの像
この写真は，ローマの属州だったルーマニアのブカレストでとった。なお，『アエネイス』にはロムルス・レムスの話は出てこない。

哲学

哲学は，**ヘレニズム時代**に生まれた**ストア派が主流**で，ローマの人々にその生活信条となる**実践哲学**として広まっていったようです。そういったストア派の哲学者たちのなかで代表的な人物を３人挙げましょう。まず，

Q **コルドバ出身で『幸福論』を書いた人物は？**

――セネカ

彼は**ネロ帝**の先生で，一時帝政の実権を握ったこともありましたが，のちにネロに自殺させられてしまいます。

エピクテトスは小アジアの**奴隷の出身**でした。ストア派には奴隷出身者がいるかと思えば，**マルクス=アウレリウス=アントニヌス帝**のような人物もいました。帝は，**ギリシア語**で『**自省録**』を著しました。このように，奴隷から皇帝まで，広く人々の心をつかんだのがストア派でした。

それから**ストア派**が，**実践哲学**としてローマで広まった背景について。ストア派といえば「**禁欲**」ですが，当時のローマはこれと正反対の状況でした。すなわちローマの貴族は贅沢におぼれ，浪費と堕落の只中にあったのです。

すると“これではいけない”という人たちが現れてきます。その人たちの拠りどころとなったのが，ストア派の生き方だったのでした。

それから，エピクロス派も１人ぐらいは覚えておこう。

エピクロス派の学者で『物体の本性（物の本質について）』を著したのはだれか？

――ルクレティウス

歴史学ほか

続いて，歴史学。BC２世紀に登場するのが，**ポリビオス**（ポリュビオス）です。まず彼が**ギリシア人**であることを押さえておきましょう。作品は『**歴史**』です。では，

Q **ポリビオスがこの作品のなかで展開した独特の歴史理論をなんと言うか？**

――政体循環史観

政体循環史観とは，政治体制が王政（君主政）・貴族政などを経て民主政，そして衆愚政治を経て混乱したあとにまた王政になり……という具合に循環するという理論です。

ただし，ここで注意を要するのは，循環するのは**ローマの政体ではなくギリシアの政体**だ，ということです。

下の図解を見てもらおうか。ポリビオスはギリシア人で，彼の愛するギリシアはマケドニア戦争でローマに敗北します。これが契機になって，彼はギリシアの敗因と，ローマの勝因を追求したわけですね。

で，結論は，“ギリシアの政治体制は変化が激しく**不安定**，一方ローマはいろいろな政体を柔軟に使い分けており，**安定**している，これが勝敗を決したのだ……”てなところですね。

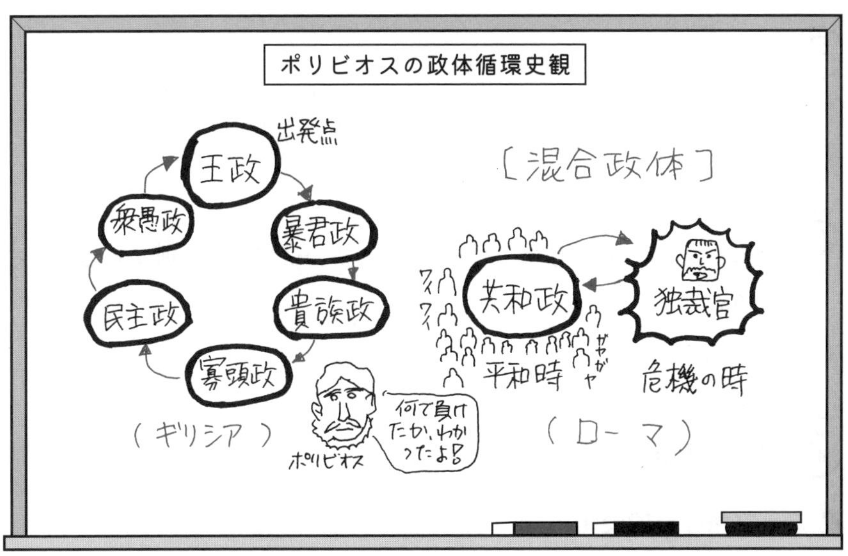

次は**リウィウス**。アウグストゥスの側近であり，『**ローマ(建国)史**』という本を書きました。

それからもう1世紀ぐらいあとに，**タキトゥス**が『**ゲルマニア**』を著します。これは**退廃するローマ人への警告の書**ですが，彼の主著といえば1世紀前半の歴史を記した『**年代記**』のほうでしょう。では，

Q ギリシア・ローマに登場した英雄たちを対比しながら歴史を展開していったのはだれ？
――プルタルコス

著作は『**対比列伝(英雄伝)**』。この人もギリシア人です。

彼とほぼ同時期の人で**スウェトニウス**がいます。その作品『**ローマ皇帝伝**』は興味深い伝記集です。

それ以外にローマ人，ギリシア人の文化人で有名な人物は，まず，**ストラボン**で，『**地理誌**』を著した小アジア出身のギリシア人です。それから，

Q 『博物誌』という百科事典を編纂したローマ人は？　——プリニウス

これは，ギリシア・ローマ時代の1000以上の著作をベースに，項目ごとに引用や補足説明を行ったもので，当時の知識の集大成といえます。

Q 天動説を主張した人物はだれか？　——プトレマイオス

英語ふうに言うとトレミーになります。彼は『数学集成』，あるいは『**天文学大全（アルマゲスト）**』という本で有名。もう1人，

Q マルクス=アウレリウス=アントニヌス帝の侍医（じい）で，解剖学（かいぼう）で知られる人物は？　——ガレノスです。

このガレノスもギリシア人ですね。

2 ローマ法と建築

別冊プリント p.102 参照

ローマ法の質的変化

さて「実用的文化」の典型（てんけい）で，ローマがその名を残した最大の業績（ぎょうせき）と言えばなんと言っても「**ローマ法**」でしょう。ローマ法について，2つの側面からその質的変化を見ていきたいと思います。

▶慣習法から成文法へ

まず従来のローマ法は**慣習法**（かんしゅう）で，文章化されていませんでした。

Q これに対して文章化された法律をなんと言うか？　——成文法（せいぶん）

成文化されることで**法の内容**（≒政治の内容）**が平民にも公開され，政治システムの民主化が促進された**ことは前にも述べましたよね。ローマの成

文法の最初のものが**十二表法**で，ギリシアにおいてはBC 621年の**ドラコンの立法**が有名です。

▶市民法から万民法へ

それからもう1つ，「**市民法から万民法へ**」という展開もありました。万民法とは，**民族・伝統・歴史・習慣などの相違を超越して通用する法律**のことです。

ローマ法は，ローマ市民だけに通用する法律から，ローマ人(イタリア人)以外の多様な被支配民族にも適用可能な法律へと発展したのです。というか，それができなかったら，ローマ帝国の支配は不可能だよね。

万民法の論拠

「**だれにでも適用できるような法律――万民法**」……。言葉では簡単ですが，実際につくるとなると大変でした。その際，ローマの連中が万民法の論拠にしたものがあります。

その1つは，ヘレニズム時代に生まれた**コスモポリタニズム**(**世界市民主義**)でした。すなわち，"人間は**理性**を持つ存在として**同質**である"，という考え方です。

もしも人間が，**民族**や**人種**によって根本的に異なるとすれば，"だれにでも通用する法律"なんてつくれるはずがありません。そういう意味で，**コスモポリタニズム**は，**万民法となったローマ法の前提**なのです。

また，**自然法**もローマ法の論拠でした。自然法とは，ギリシアの自然哲学者**ヘラクレイトス**や**ストア派**のなかに育まれた考え方です。すなわち，人間や社会のあり方を規定する法律は，**宇宙を貫く法則**，すなわち「**自然の法**」に合致しなければならないというのです。

人間も宇宙の一部分ですから，「自然の法」を法律の根底に据えれば，「だれにでも適用できる法律」も制定することができるというのですね。

Q **"ローマは三たび世界を征服した。一度目は軍事力によって，二度目はキリスト教によって，そして三度目はローマ法によって……"というのはだれの言葉か？**

――イエーリング

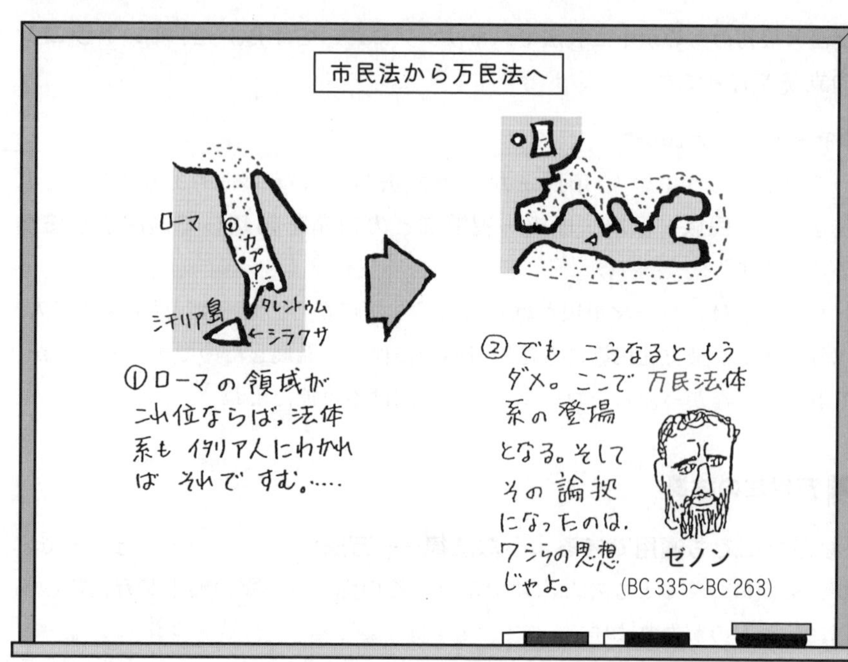

この人は 19 世紀ドイツの法学者です。この言葉は『ローマ法の精神』という著作のなかにあります。しかし，ローマ帝国の衰退・分裂とともに，だれにでも通用するローマ法も必要なくなります。

そしてそれが再び必要になったのは，**6 世紀**の**東ローマ**(**ビザンツ**)**帝国**でした。

すなわち**ユスティニアヌス帝**が**地中海の再征服**(せいふく)を行うことで，「だれにでも適用できる法律」が必要になったのです。こうして，法学者**トリボニアヌス**を中心に**『ローマ法大全』**が編纂(へんさん)されました。これについては，第②巻の中世ヨーロッパのところでも確認しましょう。

建築物

最後に建築物を見ましょう。

これまた**実用的文化**の最たるものですね。まず，**円形闘技場**(とうぎじょう)。これはいろんな所にあるんですが，やはりローマのものが一番有名で，**コロッセウム**と呼ばれていますね。近くに大きな像(ラテン語でコロッスス)が立っていた

ことから付いた名前です。次に，これもローマにあるんですが，

コロッセウムは“闘技場”。すなわち闘いを見せる場である。ここで剣奴(英語でグラディエーター)が闘ったり，キリスト教徒の処刑が行われたりした。

Q いろんな神様がまつられた神殿，万神殿(まんしんでん)と言われる建物は？

——パンテオン

一説には天空の七神をまつったものとも言われます。

それから，**水道**。地中海世界は雨があまり降らないので，水道のようなインフラが絶対に必要なんですね。南フランスの**ガール県**のものが有名ですが，これも方々にありました。

スペインのセゴビアの水道。高さは10m 以上ある。たび重なる地震にもビクともしないという。

ちなみに重力を分散するための建築に，**アーチ工法**や**ドーム**(**円屋根**(まるやね))がありますが，これはローマ人が**エトルリア人**から学んだものです。

©青木

Q ローマと南イタリアを結ぶ軍道として有名なのは？

——アッピア街道

現在のアッピア街道

アッピアはBC 4 世紀のローマの監察官の名に由来しています。

これ以外にも，ローマは多くの軍道をつくり，商業などにも活用されました。

以上，ローマ文化でした。

キリスト教の成立と発展

イエスの活動と教父たち

① キリスト教の成立

別冊プリント p.103 参照

では，キリスト教の成立と発展についてお話ししましょう。

キリスト教の成立

まず，「キリスト」とは**救世主**を意味する**ギリシア語**で，**ヘブライ語**(or **アラム語**)では「**メシア**」と言います。このメシアとしての自覚を持って登場したのが**イエス**(キリスト)でした。このイエスや，「**使徒**」と呼ばれる弟子たちの活動を通じて，**AD 1 世紀**に**キリスト教**は**成立**しました。

ではイエスたちは，どのような活動をしていたのでしょうか？

まずイエス自身は**ユダヤ人**で，**ヤハウェ**を信仰するユダヤ教徒でした。で，彼が住んでいた**パレスチナ**，そしてユダヤ人がどういう状況にあったかの確認をしましょう。

ユダヤ人の境遇

最初に，**ユダヤ人**という呼称ですが，これは**ヘブライ人**(イスラエル人)のなかの一部族の名称であったのが，のちにヘブライ人全体の呼称となったものです。そしてユダヤ人といえば，様々な**民族的苦難**と，**唯一神ヤハウェ**の啓示をベースにしてユダヤ教を形成していった民族です。

BC 6 世紀の**バビロン捕囚**の後，パレスチナに戻ったユダヤ人は，**イェルサレム**に**ヤハウェの神殿**を再建します。

さらに BC 2 世紀半ばに**ハスモン朝**という王朝のもとで，**セレウコス朝**から自立を果たしました。しかし BC 1 世紀に，**ポンペイウス**によってセレウコス朝が滅ぼされると，パレスチナのあたりは，ローマの支配下に入ります。

ローマは**ユダヤ教の指導者層**を通じてユダヤ人を支配しました。

当時ユダヤ教は，**パリサイ派**らの**律法学者**が権威を持ち，ユダヤ人のコミュニティを統率していました。「**律法**」とは，神**ヤハウェ**が**モーセ**など預言者に示した啓示(≒神の教え)で，ユダヤ教徒として守るべきルールのことを言います。

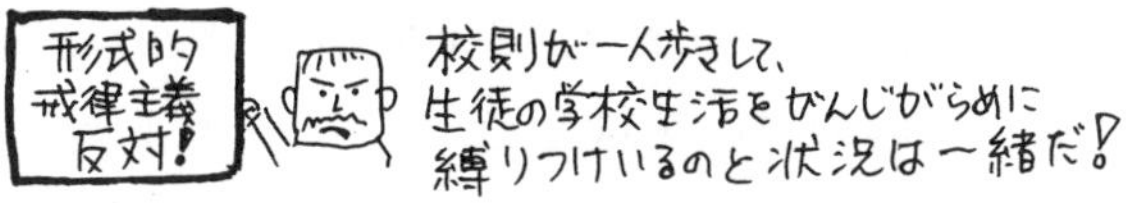

イエス登場

さあ，ここでイエス登場。生誕はBC 7 (or4) 年ころ。生地はヨルダン川西岸に位置する**ベツレヘム**といわれ，**ナザレ**で幼年期を過ごしました。

彼はユダヤ教の律法の本質を，他人を思いやる**隣人愛**にあると思いました。にもかかわらず，**パリサイ派らユダヤ教指導層は，律法をもって人々を統率することしか考えていない**……。教科書的な表現を使えば，「**形式的な戒律主義**」に陥っていると考えたわけだね。このような観点から，イエスはユダヤ教を彼の考える“本来の姿”に戻そうとしたのでした。

さて，イエスのこのような批判はユダヤ教指導層の反発を招き，イエスは社会を混乱させる者として，ローマの総督に訴えられてしまいます。

結局イエスは，ローマの**ユダヤ総督ピラト**によって**十字架で磔の刑**に処せられたのでした。

使徒の伝道

イエスには12人の弟子がいました。これを**十二使徒**というのですが，その筆頭は**ペテロ**です。もとは漁師さんです。ヘブライ名はシメオンで，これは「岩」を意味します。そしてこのギリシア語がペテロ(ペトロス)。要するにペテロってギリシア名なのですね。日本語なら「岩夫」か……。じゃ，うちの亡くなった親父と一緒じゃないか(笑)。

それから**パウロ**。彼は十二使徒ではなく，もともとイエスたちを弾圧するパリサイ派に属しました。しかし彼もイエスの隣人愛の思想にうたれ，イエスの教えに従うようになったのです。

ペテロやパウロは，**イエスの十字架の死とその復活**を，**全人類を救済**するためのものであったとして，精力的な布教を進めました。

パウロの伝道

パウロは，当初イエスの反対側にいたぶんだけ，客観的にイエスの思想を眺める機会がありました。イエスの処刑後パウロは，いわゆる「**異邦人への伝道**」を行います。「異邦人」とは，この場合は“**ユダヤ人以外の人々**”のことです。

パウロの伝道の意義は，イエスの隣人愛の思想をユダヤ人の枠内にとどめずに，**民族の違いを越えて**，いろいろな人々に広めようとしたことです。この彼の伝道があったればこそ，キリスト教は**世界宗教**となったのです。

しかしパウロは，そしてペテロも，**ネロ帝**のころに殉教したと言われます。

『新約聖書』の成立

キリスト教の教典は，ユダヤ教の経典である『**旧約聖書**』と，『**新約聖書**』です。「約」は，**神との契約**のこと。

『新約聖書』はイエスによって書かれたものではありません。それは仏典や『コーラン』と同じだね。

ビジュアル版『聖書物語』
木崎さと子(講談社)

『旧約』『新約』の内容を，我々のような“異教徒”にも分かり易く解説してくれる本。聖書の知識(あえて“理解”とはいわない)は，ヨーロッパなどの文化を勉強する時に不可欠のものである。

『新約』のおもな部分は，４人の作家による**イエスの伝記**です。これを『**(四)福音書**』と言います。「福音」とは，“喜ばしいお知らせ”ほどの意味だそうです。４人の作家とは，**マタイ・マルコ・ルカ・ヨハネ**です。

これに加えてペテロ・パウロの活動を記した『**使徒行伝**』，それに「**パウロの手紙**(注：といっても紙ではないが)」。さらにペテロ，ヨハネなどの手紙。しかし，その一部については，真正のものではないという説もあります。そして世界の終末を記した「**ヨハネの黙示録**」。これらをまとめて『新約聖書』というのです。『聖書』はローマ帝国東部の共通語であった**コイネー**と呼ばれる**ギリシア語**で書かれ，２世紀以降に現在のかたちになったと言われます。

② 教父の活動と公会議

別冊プリント p.104 参照

キリスト教の広がり

キリスト教は，2世紀ごろまではローマ帝国領内で，ほとんど浸透しなかったようです。弾圧も厳しかったしね。その時代にキリスト教徒たちが，信仰を守る拠点にしたのが，**カタコンベ**といわれる**地下の墓所**でした。ここを集会所として活動を続けたのです。

やがて3世紀に入ると，**奴隷・女性**などの**社会的弱者**を中心に広まり始め，**上層の人々**にも広がりを見せるようになりました。

理由ですか？　うーん，**軍人皇帝時代**の展開などによる**ローマの混乱**が，背景として考えられるね。政治経済的な混乱が起き，なおかつ国家はそれを収拾できない。すると人々の**心は不安に**なります。キリスト教は，そういう不安な人々の心をつかんだのです。

この後，**ディオクレティアヌス帝の大迫害**もありました。弾圧の理由はキリスト教徒たちが**皇帝崇拝を拒否**したことですね。

しかし，4世紀初めの**313年**にキリスト教は**公認**され，**392年**に**国教化**されたことは，すでに説明しましたね(→ p.280，283)。

教父の活動

さてキリスト教が人々の心を広くとらえ始めたころ，キリスト教の教義にはさまざまなバラエティがありました。『新約聖書』に書かれたイエスの言行の意味・解釈をめぐって，議論百出という状況だったのです。

とくに「**イエスとは何か？**」は大きな問題でした。**神なのか，人間なのか？**　キリスト教って，ユダヤ教の系譜を引く**一神教**ですからね。この議論は，「人間的」「合理的」文化を育んだ**ギリシア**など，ローマ帝国の東方で盛んでした。

で，そういう問題を議論しながら，教会の正統教義を確立するために力を尽くしたキリスト教の学者たちを**教父**と言います。

彼らが教義確立のために利用した哲学思想が**新プラトン主義**でした。これは，プラトンの思想にオリエントの宗教思想が混入したもので，多分に**神秘主義**的要素をもっています。

「**神秘主義**」……，すなわち**論理や理性**によってではなく，**直観や感性**によって対象（この場合は神）に迫ろうという姿勢のことですね。

代表的な教父たち

▶アタナシウスと三位一体説

アタナシウスは，キリスト（イエス）には人間として側面（**人性**）と神としての側面（**神性**）が存在する，と主張しました。またこの説をもとにして，後に**三位一体説**が形成されました。これは，**カトリック教会**や**ギリシア正教会**（**東方教会**）の教説の根幹を成す考え方です。その三位一体説とは，

> **父なる神と，子なるキリスト，そして聖霊は同質である。**

「**聖霊**」とは，「父なる神」がキリスト教徒に吹き込み，信徒の心身に宿らせたもので，この「聖霊」を通じて，キリスト教徒の精神は聖化されるとされました。

Q **一方，ニケーア公会議で異端とされたのは何派か？　――アリウス派**

アリウス派は，**キリストの神性を認めません**。キリストは，あくまで「父なる神」に従属する「**人間**」だ，というのです。異端として弾圧された彼らは，ローマ帝国の力がおよばない**ゲルマン世界**に布教をすることになりました。

▶神寵帝理念

また『年代記』『**教会史**』などの歴史書を著した**エウセビオス**は，**皇帝の権威・権力は神の恩寵**（**神の恵み**）だとする議論も展開しました。これは**神寵帝理念**といわれ，ローマ皇帝の権威付けの議論となりました。衰退しつつあるローマ帝国にとっても，この議論は都合がよかったようです。ちなみに当時の皇帝は**コンスタンティヌス帝**でした。

神寵帝理念

それから，**聖書のラテン語訳**を行った**ヒエロニムス**も重要ですね。彼が訳した聖書は『**ウルガタ**』と呼ばれます。「ウルガタ」とは，“すべての人に知られた”という意味です。

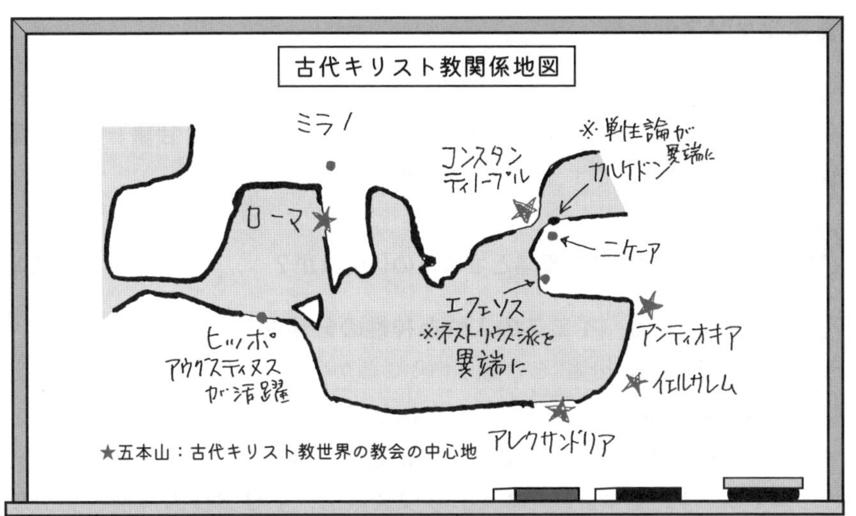

アウグスティヌス

アウグスティヌス
(354～430)
若いときは，かなりの放蕩息子だったようである。『告白録』は一読に値する名著！

4世紀の末から5世紀前半に登場したのが**アウグスティヌス**でした。彼は北アフリカのヌミディアの生まれ。今のアルジェリア・チュニジアのあたりです。

彼は「**最大の教父**」と呼ばれていますが，もともとは**マニ教徒**でした。しかし，たまたま聞いた子供の歌「取りて読め」という声に導かれるようにして聖書を開き，パウロの「ローマ人への手紙」の一節を読んで回心するのでした。

このような魂の遍歴を著した自伝が『**告白録**(**懺悔録**)』です。ほんとうに赤裸々な自己の告白ですよ。

また，5世紀前半には，**西ゴート人**の国王**アラリック**によってローマが占領され，掠奪を受けるという事態が起きました。

そしてこれをキリスト教のせいにしようという異教徒による批判が巻き起こりました。これに反駁することを中心に，

Q **真の信仰の上に立脚した国をつくろうと主張したアウグスティヌスの主著は？**

――『神の国(神国論)』

エフェソス公会議

アウグスティヌスが亡くなった翌年，すなわち431年，小アジア半島の西岸に位置する場所で，**エフェソス公会議**が開かれました。**公会議**とは，**教儀や教会のあり方**について議論する会議のことです。

Q エフェソス公会議で異端とされたのは何派か？　——ネストリウス派

ネストリウス派は，**イエスの人性と神性の分離**を主張しました。

この“人性と神性の分離”とはどういうことか？　これは，「イエスがマリア様の**胎内**(たいない)**にいた時には人間**で，**生まれた時に神**になられた」，ということです。なぜならば，母である**マリア様には神性はなく人間**だから，ということのようです。ですから，**ネストリウス派は，マリア様の神性を認めない**という立場なのですね。

ちなみにエフェソス公会議では，ネストリウス派以外の多数派によって，マリア様のことを「**神の母**」と呼ぶことが決定されました。

カルケドン公会議

それから20年後の451年，今度は**カルケドン公会議**が開催されました。この会議では，**三位一体説**が正統教義として確認されました。一方，

Q カルケドン公会議で異端となったのはどういう教説か？　——単性論

単性論とは，**イエスには神性しか認めない**，という議論です。人性は神性に吸収された，と言うのです。この説はビザンツ帝国（東ローマ帝国）で弾圧されました。単性論を信奉(しんぽう)する教会は，**エジプト**や**シリア**，**アルメニア**，それに**エチオピア**で信徒を獲得しました。とくにエジプトの単性論は**コプト派**と呼ばれました。「コプト」とはエジプトを指す地名でした。

以上，キリスト教の成立と発展のお話でした。

アラブの大征服とイスラーム世界の成立

イスラーム史(1)——7～8世紀

これから，3回にわたってイスラーム世界を勉強します。

アラビア半島に成立したイスラーム教ですが，**7世紀半(なか)ば**にイスラーム王朝の**ウマイヤ朝**が登場し，**8世紀半ば**には**アッバース朝**が成立し，いずれも広大な領域を支配しました。今回は，**イスラーム教の特色**や**イスラーム世界の拡大**などを中心に，8世紀あたりまでをお話ししましょう。

1 イスラーム世界の成立

別冊プリント p.105 参照

イスラーム教成立以前のアラビア

まずは**ムハンマド**登場以前のアラビアについて確認しましょう。そこに住んでいたのは**アラブ人**で，民族系統は**セム系**です。

彼らの一部は，アラビア半島で遊牧生活をしていました。この**アラブ系遊牧民**のことを**ベドウィン**と言います。内陸部は乾燥していて定着農耕は不可能ですから，部族を単位として水と草を求めてラクダや羊とともに移動生活が営まれていました。

これに対してペルシア湾岸には，メソポタミアとインダス川流域を結ぶ交易の**中継都市**が成立しました。

またBC1千年紀(BC1000～BC1)になると，地下水を灌漑(かんがい)用水として利用する技術が広まり，農業ができる田畑をともなった都市が発達します。それらの都市は，内陸の**隊商貿易**の基地としても機能しました。

また南西アラビアには比較的大規模な**灌漑農業**が可能な地域がありました。それが今日の**イエメン**で，**乳香(にゅうこう)**や**没薬(ぼつやく)**という**香料**の産地としても知られていました。

さらに，ここは**インドとローマ帝国を結ぶ季節風貿易の中継地**であり，**東南アジア**などの**香辛料(こうしんりょう)**，**アフリカ**などの**象牙(ぞうげ)**，それに**中国産の絹(きぬ)**といっ

たものが売り買いされていたようです。では，

Q BC 1 世紀ころにデカン高原に成立し，貿易で繁栄したドラヴィダ系の王朝は？

——サータヴァーハナ朝（アーンドラ王国）

6 世紀半ば以降のアラビア

とは言うものの，アラビア半島全体としては，ペルシアやエジプトなんかに比べると農業の発達は“いまいち”で，人口は少なく，強力な統一国家も成立しませんでした。

そのアラビア半島が，にわかにクローズアップされる状況が生じて来ました。時代は**6 世紀半ば**のこと。**ササン朝ペルシアとビザンツ（東ローマ）帝国の抗争**が激しくなり，次のような事態を引き起こしたのです。

すなわちビザンツ帝国は，東アフリカに根拠地を持つ**アクスム王国**とともに**紅海**(こうかい)**貿易**を支配していたのですが，抗争にともなうビザンツ帝国の国力の低下によって，紅海で海賊(かいぞく)が暴れるようになったのです。

その結果，紅海沿岸のアラビアが，交易ルートとして重要となってきました。**紅海沿岸のアラビア**，ここを**ヒジャーズ**と言い，そこで繁栄する都市も出てきました。

Q メッカと並ぶイスラーム教の聖地(せいち)となる都市で，当時栄えていたのは？

——メディナ（旧名ヤスリブ）

こうして，アラビア半島に，**商工業の発展**という事態がもたらされるわけです。そして，商工業の発展は，「**アラブ人のあいだの貧富差の拡大**」という事態を生みました。

そして，富んでゆくものは常に少数，貧しくなるものは常に多数です。その非常に少数のリッチな連中の代表が**メッカ**（マッカ）の商人貴族であった**クライシュ族**でした。しかし大多数のアラブ人は，前よりも一層貧乏になってしまいました。

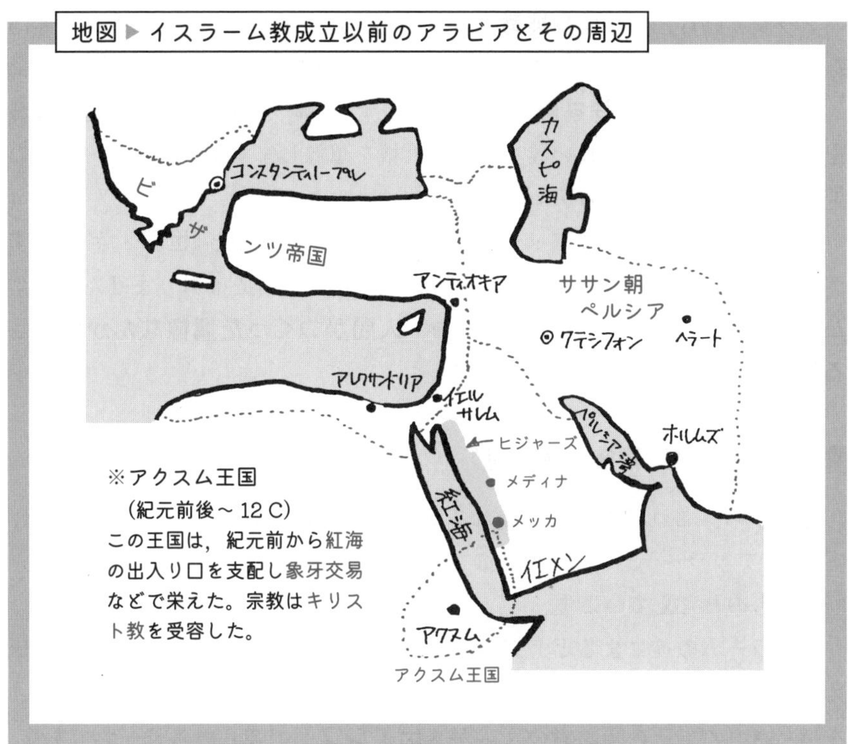

ムハンマドの登場

このような状況を見て，心を痛めた人物が**ムハンマド**でした。ちょうどそのころ，彼は**アッラー**から**啓示**(神の教え)を受けたのです。この啓示がイスラーム教の根幹です。では，イスラーム教の特色を見てまいりましょう。

イスラーム教の特色

まず第１点目の特色は，**唯一絶対の神アッラー**の啓示を信仰する**一神教**であること。その啓示を記録した経典が『**コーラン**(クルアーン)』です。

ちなみに"**イスラーム**"とは，神の名ではなく，"**神への絶対的帰依**"という意味です。言いかえると，一心不乱に神に祈り，その教えを無条件に受け入れること。要するに"イスラーム"とは，神に対する"姿勢"を示した言葉なんですね。

アラブ人はもともとは**多神教**の民族だったんですが，一神教を信仰し始めた結果，アラブ人のあいだに団結がうち固められてゆくことになります。

第２点は，**偶像崇拝を厳禁した**ことです。“神”というと，何か白い衣装をまとって，長い髪，長い髭をもった人格を想像しますが，イスラーム教の神はそういう存在ではありません。

イスラーム教でいう神アッラーとは，ひとことで言うと「**世界・宇宙のすべて**」なのです。肉体を持った人間的な姿をしたものではありません。ですからそういう茫洋とした無限の存在を，**人間がつくった偶像なんかに表せるはずがない**，という考えなのです。

ムハンマドは“最後の預言者”

それから，これは意外と思われるかも知れませんが，イスラーム教徒は，唯一神“アッラー”と，ユダヤ教の“ヤハウェ”，それにキリスト教徒の神を，同一のものと考えています。

イスラーム教徒によると，アッラーは，自分の教え，すなわち「啓示」を伝えるために，地上における**預言者**（神の言葉を預り，他の人々に知らせる人）を指名された。その預言者の１人が，**出エジプト**で知られる**モーセ**であり，またイザヤやエレミア，それに**イエスも預言者**として位置付けたのです。しかし，イスラーム教徒に言わせると，“イエスたちは十分に神の教えを伝えることはできなかった。そこで「**最後の預言者**」**ムハンマド**に啓示をくださったのだ”，ということらしいです。

啓典の民

もちろん，ユダヤ教徒やキリスト教徒は，このことを否定しますがね。

イスラーム教徒のほうは，ユダヤ教徒やキリスト教徒を**啓典の民**と呼んでいます。これは，**ムハンマド以前の神の啓示を信仰している人々**という意味です。そしてその啓示が記されている『**旧約聖書**』と『**新約聖書**』は，イスラーム教徒にとっても重要な記録なのです。そういうこともあってユダヤ教徒やキリスト教徒は，**税の負担を義務**とされつつも，**信仰を認められました**（→ p.314）。後になると**ゾロアスター教徒**や**仏教徒**も，啓典の民と同様に，税の負担と引き替えに信仰を認められたようです。

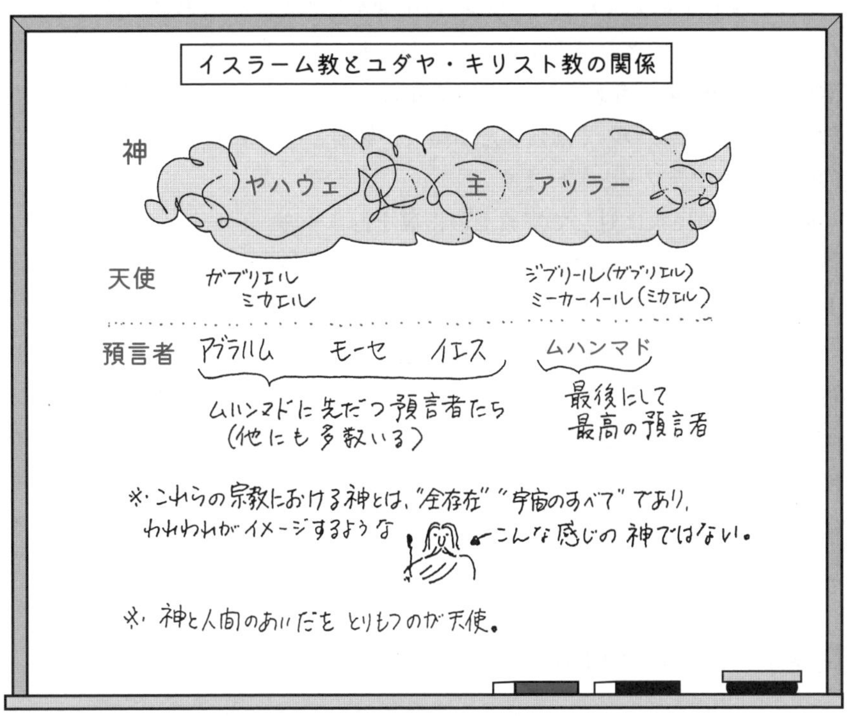

生活規範としてのイスラーム教

また，アッラーの啓示(＝イスラーム教)は，精神生活のみならず，信徒の**日常生活の規範**としても位置付けられています。このへんは，**宗教と日常生活を分けて考える多くの日本人**などとは大きな違いがありますね。例えば，イスラーム教徒は豚肉を食べないし，ヒンドゥー教徒は牛を食べない。これは徹底していますよね。

聖職者のいないイスラーム世界

それから，イスラーム世界では**聖職者の存在は認められていません。**キリスト教だと，司祭・司教など聖職者がいますね。

イスラーム世界では，“聖なるもの”は**アッラー**や**天使**，それに預言者の**ムハンマド**までであり，それら以外は崇拝の対象ではないのです。

▶イスラームの知識人

さて，すべての人々が『**コーラン**』の中身を暗唱(あんしょう)しているわけではありません。読み書きができない人が大半ですからね。しかし，アッラーの啓示は**日常生活のルール**でもあるので，それを知らないではすまされません。そこで，『コーラン』などについて勉強した知識人が必要となります。この**イスラームの知識人**を**ウラマー**と言います。

彼らは一般民衆に対して宗教上の指導を行う一方，『コーラン』に書かれていることを基準に，日常のもめごとなどの調停も行います。まあ，村の弁護士さんであり裁判官，兼(けん)(実際上は)司祭というところですかね。

教科書によっては「**イスラーム法学者**」と表記していますが，これも今お話しした事情によるものなのです。

さて，以上の結果として，彼らが一般民衆から尊敬を受け，「聖職者」的な存在になることはあるようですが，たてまえ上，イスラーム世界には聖職者は存在しません。正誤判定問題なんかで出たら，「**聖職者はいない**」のほうに○だからね。

信徒(ムスリム)の平等

イスラーム教徒のことをアラビア語で**ムスリム**(女性はムスリマ)と言います。イスラーム教では，アッラーの前ではムスリムはみな**平等**です。

イスラーム教は，民族や身分，それに人種の違いを越えて，**神の前の平等**を唱えた点では，**キリスト教**や**仏教**と同じでした。その結果，イスラーム教もアラブ人の**民族宗教**にとどまらず，**世界宗教**(**普遍宗教**)へと発展することになりました。

ちなみにユダヤ教は世界宗教にはなりにくいですね。だって**選民思想**があるでしょう。ユダヤ人は特別だという，例の発想ですね。

さて，イスラーム教の経典は『**コーラン**(クルアーン)』ですが，そこにはムハンマドにくだされたアッラーの啓示(けいじ)のみが記されています。言いかえると，**アッラーの言葉のみ**が記されているのです。さらに当初は，『コーラン』は**アラビア語以外への翻訳(ほんやく)は禁止**されていました。

ムスリムの信仰と義務――「六信五行」

イスラーム教徒（**ムスリム**）の信仰の対象は６つあり，これを「**六信**」と総称します。

六信

唯一神アッラー，天使，啓典である『コーラン』，
預言者ムハンマド，来世，天命

そしてムスリムの義務は，５つ。これは「**五行**」と言います。

まず**信仰の告白**。これはムスリムとして生きていく宣言ですね。

そして**礼拝**。ムスリムは１日５回礼拝をします。礼拝をする方向を「キブラ」と言いますが，最初は**イェルサレム**でした。しかし624年に，ムハンマドがアッラーから啓示を受け，**メッカのカーバ神殿**の方向に礼拝するようになりました。

続いて，**断食**。これは貧者に思いをいたしつつ，アッラーが命じることを黙々ととり行うためのものです。断食は，**ラマダーン**と呼ばれるイスラーム暦の９番目の月に行われます。さらに貧者のために施しを行う**喜捨**も重要な義務で，アラビア語では“ザカート”と言います。

最後は**巡礼**。アラビア語だと“ハッジ”ですね。イスラーム教の最高の巡礼地は，**メッカのカーバ神殿**です。現在の**サウジアラビア王国**領にあります。

それから，ムスリムが参集する**聖殿**を**モスク**と言います。周りには数本の塔が立っていますが，これを**ミナレット**と言い，日本語では**光塔**と訳しています。この塔は，礼拝の時を告げるためのものでした。

ヒジュラ（聖遷）

イスラーム教は**信徒の平等**という点を強調しましたが，これに対してメッカの商業貴族**クライシュ族**が反発しました。そりゃ，少数の富者にとって“平等”はいやな言葉ですね。そこで彼らはムハンマドを弾圧しました。ちなみにムハンマド自身もクライシュ族のなかの**ハーシム家**の出身ですから，彼は身内から攻撃されたことになります。

身の危険を感じたムハンマドは，**622年**に**聖遷**を行いました。これをアラビア語では**ヒジュラ**(ヘジラ)と言います。ヒジュラとは，ムハンマドたちが，**メッカからメディナへ**と移動したことを指す言葉です。方角的には**北上**しました。メディナはメッカよりも約 500 km ほど北方にあります。

ムハンマドは，以後，このメディナを拠点にイスラーム教の布教を展開することになりました。なお，**622 年**は**イスラーム暦の元年**です。

ちなみに**イスラーム暦は純太陰暦**で，1 年は **354 日**しかありません。よって季節の流れとは段々とズレが生じることになります。

Q メディナではイスラーム教徒の共同体が形成されました。この共同体をアラビア語でなんと言うか？ ——**ウンマ**と言います。

624 年には，クライシュ族らとバドルの戦いというのが起こりました。これはかなり有名な戦いですが，受験的には細かい事項ですね。その後クライシュ族のなかにもイスラーム教への改宗者が増えていきました。

そして，**630 年のメッカ占領**を経て，

Q ムハンマドがアラビア半島を統一したのは何年か？ ——**632 年**

その年ムハンマドはメディナで死去しました。実はそれ以前にムハンマドは一時昇天(しょうてん)したことがあり，その際にアッラーの前に立ったと言われます。その昇天した場所に，7 世紀末に建てられたのが**岩のドーム**です。

カリフの登場

ムハンマドが亡くなったあとは**正統(せいとう)カリフ時代**となります。**632 年**から **661 年**までで，政治的首都機能は**メディナ**にありました。

さて**カリフ**とは“ムハンマドの後継者”のことです。カリフは**イスラーム教徒の最高指導者**として権力を行使するのですが，彼には**立法権と教義決定権はありません。**

とくに**立法権がない**という点には注意が必要です。法律とは，政治の道筋と社会生活の規範(きはん)を文章化したものですが，イスラーム世界ではその両方とも**アッラーが決定するもの**であって，**人間が決定するものではない**という感覚なのです。

一方，カリフの選出はどのようにして行われたのでしょうか？　これは，まず**有力者たちが話し合い**をして，**ウンマ**(イスラーム共同体)**の合意**を経たうえでカリフを選出するという手順を踏みました。こうして最初に選ばれたのは，**アブー=バクル**でした。

征服戦争(「アラブの大征服」)

さてこの正統カリフ時代には，アラブ人イスラーム教徒の居住地域以外に対して，積極的に戦争が展開されました。この戦争を**ジハード**と言い，日本語では「**聖戦**」と訳しています。とくに2代目の正統カリフの**ウマル**の時代を中心に，積極的なジハードが展開されました。これを"**アラブの大征服**"と表現することがあります。

Q 642年，イスラーム教徒が，ササン朝ペルシアを事実上崩壊させた戦いをなんと言うか？　――ニハーヴァンドの戦い

また**ビザンツ帝国**からは，**シリア・パレスチナ**，そしてエジプトを奪取しました。ビザンツ帝国は，これらの土地を**ササン朝ペルシア**から奪還(だっかん)したばかりだったのですが，またすぐに取られちゃったのですね。

背景の1つは，これらの地にキリスト教の**異端**(いたん)であった**単性論**(たんせいろん)を信じる人が多く，**ビザンツ帝国**から弾圧されていたことです。彼らはビザンツ帝国の支配を嫌い，アラブ人の進出を受け入れたようです。

第3代のカリフが**ウスマーン**で，このときに**『コーラン』の編纂**(へんさん)が行われました。ということは，ムハンマドが現世にいた時代には，『コーラン』は存在しなかったということですね。

4代目のカリフは，**アリー**でした。しかし彼は内紛によって暗殺されました。暗殺にいたる細かい経過は省(はぶ)きますが，このころのアラブ人イスラーム教徒のあいだには，広大な領土の支配権をめぐる対立が生じていたようです。

② ウマイヤ朝とアッバース朝

別冊プリント p.107 参照

ウマイヤ朝

さて，アリーの暗殺後に権力を握ったのが，**ウマイヤ家**の**シリア総督ムアーウィヤ**という人物です。彼によって**661年**に**ウマイヤ朝**が創建されました。都の置かれた場所は**ダマスクス**です。

注意していただきたいのは，このウマイヤ朝から**カリフの位が世襲制**に変わっていくことです。そしてもう1つ，ウマイヤ朝成立は**イスラーム教徒の分裂**という副産物を生みました。

スンナ派とシーア派

ウマイヤ朝の成立後，イスラーム世界には**シーア派**と**スンナ派**という2つの派が形成されたのです。まず両派とも，『コーラン』の解釈などについては大差はないようです。じゃあ，何が違うのか？

▶シーア派とは？

まずシーア派の説明から。シーアとは，もともと"党派"を意味しました。そしてシーア派とは，第4代カリフの**アリーとその血筋の人々を，ムスリムの指導者と認める人々**のことを指します。ちなみにアリーはムハンマドの従兄弟で，その妻はムハンマドの娘**ファーティマ**でした。

要するにシーア派とは，"**ムハンマドの血を受け継いだ人々**にしか，**指導者としての権威は認めない**よ"という人々なのです。よって彼らは，**ウマイヤ家出身のカリフを認めません。**

▶スンナ派とは？

これに対してスンナ派の**スンナ**とは，ムハンマドが行った**慣行・範例**を意味します。……まあ，ムスリムが守るべき**行動の指針**のことだと考えてよいでしょう。そしてそれを遵守しているのがムスリムであり，多くのムスリムが承認すれば，**ムハンマドの血を受け継いでいなくても指導者として受け入れる**，という考え方をするのが，スンナ派の人々なのです。

ちなみに，**正統カリフ時代**は，まさしくそういう時代でした。では，カリフの選出はどのようにして行われていたのでしょうか？　これは確認ですが，まず有力者たちが話し合いをしてカリフ候補者を選出し，**ウンマの合意**を経て決定するという手順を踏みましたね。そういう意味では，スンナ派にとって，正統カリフ時代は，「**正統な**手順を踏んで**カリフ**が選ばれていた時代」だったのです。そしてウマイヤ朝についても，ウマイヤ家出身のカリフたちがスンナを守っている限り，その存在を承認する態度をとりました。イスラーム世界では，ずーっとスンナ派のほうが**多数派**ですね。

このあとのイスラーム史には，王朝が30余り登場しますが，その王朝がスンナ派かシーア派かは，しばしば入試問題になります。対策としては，とりあえず少数派のシーア派の王朝を3つ覚えましょうね。

3つのシーア派王朝

①ファーティマ朝……エジプト（10世紀）
②ブワイフ朝…………イラン系（10世紀）
③サファヴィー朝……イラン系（16～18世紀）

それぞれの説明は，この3王朝が出てきたときにやりましょう。

ジハード（聖戦）

ウマイヤ朝の時代にも，**ジハード**は積極的に展開されました。では，実際にどういう地域を征服していったか，次ページの地図で見てみましょう。

まず**中央アジア**です。ここでは**ブハラ・サマルカンド**などの**オアシス都市**を押さえました。そして次は**インダス川流域**でした。

一方，**ヨーロッパ**に対しては，西と東から攻撃を展開しました。

まず717年から18年にかけて，**ビザンツ帝国**の都**コンスタンティノープル**を攻撃。これを撃退した皇帝が**レオン3世**です。彼が用いた秘密兵器を**ギリシャ火**と言います。これは一種の火炎（かえん）放射器だね。

一方，**北アフリカ**を西に進んだアラブ人たちは，**ジブラルタル海峡**を渡って，711年には**ゲルマン人**国家の**西ゴート王国**を滅ぼし，**イベリア半島**を支配します。

そして**ピレネー山脈**を越えて，西ヨーロッパを支配していた**フランク王国**と激突しました。それが**732年**の**トゥール・ポワティエ間の戦い**。2つの

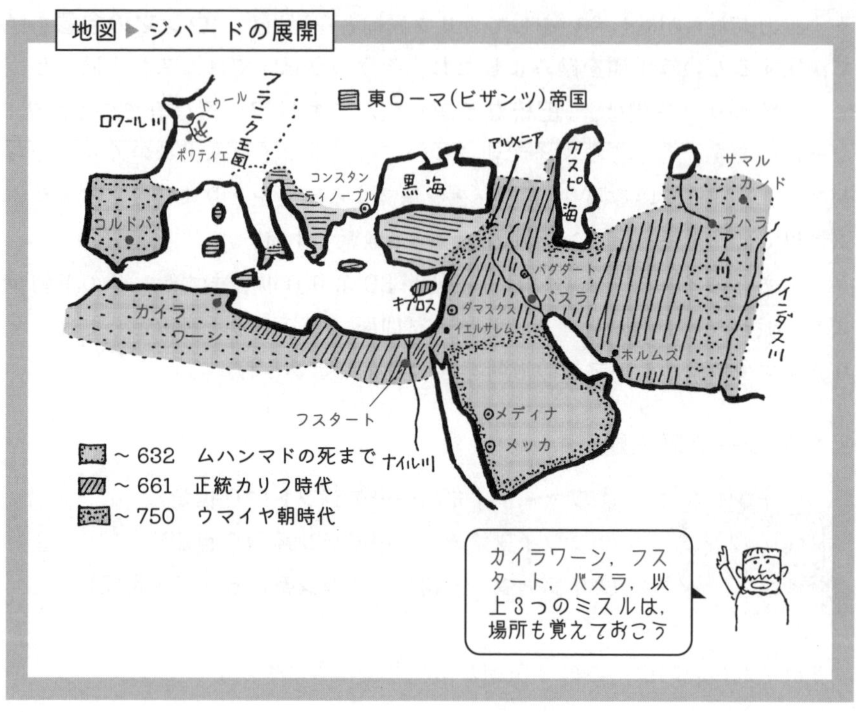

都市ともロワール川，およびその支流の流域です。

Q この戦いでイスラーム教徒を撃破し，キリスト教世界の危機を救ったといわれるフランク王国のリーダーは？　——カール=マルテル

彼は**宮宰**(きゅうさい)でした。宮宰はフランク王国の最高官職。カール=マルテル自身はカロリング家の出身ですが，当時の王朝は**メロヴィング朝**でした。これは正誤問題で問われるところです。

ウマイヤ朝の騎兵は強かった。でも勝っちゃった
カール=マルテル

征服地の支配

フランクには負けましたが，それでもアラブ人イスラーム教徒の支配領域は広大なもので，**交易ルート**もがっちりと支配しました。征服地からは税が徴収され，アラブ人の兵士や官僚には**現金**で，言いかえると**貨幣**で，**俸給**(ほうきゅう)（あるいは年金）が与えられました。これを**アター**と言います。これは正統カリフ

時代のウマルのときに始められたシステムです。

また各地に**軍営都市**も建設され，征服地の支配や進軍の際の拠点となりました。この軍営都市を**ミスル**と言います。エジプトの**フスタート**や，イラクの**バスラ**，それにチュニジアの**カイラワーン**が有名ですね。

▶『コーラン』か剣か，はウソ

征服地の人々に対して，イスラーム教徒は**改宗を強制しなかった**のでした。税さえ払ってくれるならば，という条件は付きますが。これはウマイヤ朝のみならず，イスラーム諸王朝に共通する姿勢です。

とすれば，ヨーロッパ人が言いふらした「**コーランか剣か**」はウソということになります。「イスラーム教に改宗しなければ戦争だ」ではなくて，正しくは「イスラーム教徒になるか，**税金**払うか，両方いやなら剣だ（**戦争**だ）」ということですね。

ウマイヤ朝滅亡とその原因

さて，威勢を誇ったウマイヤ朝も，100年ももたずに滅亡してしまいます。原因は内部にありました。

ウマイヤ朝が滅びた一番大きな原因は，**アラブ人第一主義への反発**にあったと言えます。

具体的には，**税制の不公平**に対する反発でした。この政策が，**異民族でイスラーム教に改宗した人々**，これをアラビア語で**マワーリー**と言いますが，この連中の反発を買ってしまったんです。

当時のイスラーム社会の一番上には，**アラブ人のイスラーム教徒**がいました。次に位置するのが**非アラブ人の改宗者**です。これが**マワーリー**ですね。民族的には**イラン人**が多いです。

そして，アラブ人でもなければ，イスラーム教徒でもないという人たちもいました。具体的には**ユダヤ教徒**，**キリスト教徒**などですが，これを**ズィンミー**（庇護民，保護民）と言います。

では，それぞれの階層がどのような税負担を持っていたのでしょうか？

アラブ人には，「**ザカート（喜捨）**」の義務があるだけでした。これは税金というよりも，宗教的な義務です。**五行**にも入っている行為ですね。

これに対して，**マワーリー**，すなわち同じイスラーム教徒だけどアラブ人ではない人々は，**ジズヤ**，**ハラージュ**という税金を払わされました。

イスラーム世界の税

ジズヤは人頭税（じんとうぜい），ハラージュは土地税。

土地税のハラージュは，今でいえば**所得税**ですね。土地所有高に応じて課せられる税です。**ジズヤは人頭税**。人頭税とは，支配者が被支配者１人ひとりに対して課す税のことです。今で言うなら**住民税**（道府県民税や市町村民税）ってとこかな。

続いて，異民族・異教徒たるユダヤ教徒，キリスト教徒などの**ズィンミー**にはどういう義務があるか？　やっぱり**ジズヤ**と**ハラージュ**を払いました。

しかし，このズィンミーたちは，税金については，たいした不満はありません。というのも，彼らは信仰の自由の代価として税金を払っているわけであり，それは納得ずくのことだったのです。

ウマイヤ朝の滅亡

これに対して納得がいかないのが**マワーリー**です。「同じイスラーム教徒なのに，なんでアラブ人は税金を払わないんだ！　これは**神の前の平等**という原則に反するではないか！」。まったくおっしゃるとおりです。

こうして不満がどんどん蓄積されて，ついに**750年**にこれが爆発しました。その中心にいたのは**イラン人のマワーリー**ですね。

彼らの怒りのエネルギーをまとめたのが**アブー=アルアッバース**。拠点はイラン北東の**ホラーサーン地方**。彼が**ウマイヤ朝を打倒**し，アッバース朝初代カリフとなります。時に**750年**のことでした。

アッバース朝――新都バクダード

アッバース朝は**バグダードに遷都**しました。これは第2代のカリフ，**マンスール**のときです。ダマスクスから，**クーファ**というユーフラテス川中流域の町を経てのことでした。

バグダードは，**ティグリス川**の中流域です。マンスールは小村であったバグダードに三重の城壁をもった円型の大都市を造営しました。

バグダードは**交易の結節点**でした。ティグリス川を下れば**ペルシア湾**から**インド洋**につながります。また**シリア・エジプト**と**イラン・中央アジア**を結ぶ**陸上交易路**の中継地でもありました。

税制の改革

アッバース朝の時代には**アラブ人の免税特権が廃止され，アラブ人もハラージュを払わせられるようになりました**。その一方で，**マワーリーに対するジズヤは廃止**されました。

こうして税制上，アラブ人と非アラブ人の差別がなくなり，これ以降，ジズヤは“非イスラーム教徒に対する人頭税”ということになりました。

かくしてアラブ人の特権はなくなり，**イスラーム教徒のあいだの平等**が達成されました。この変化を「**アラブ帝国からイスラーム帝国へ**」と表現します。要するに，「アラブ人だけが優遇され，アラブ人が支配する帝国から，イスラーム教徒全体の国になった」，という意味ですね。

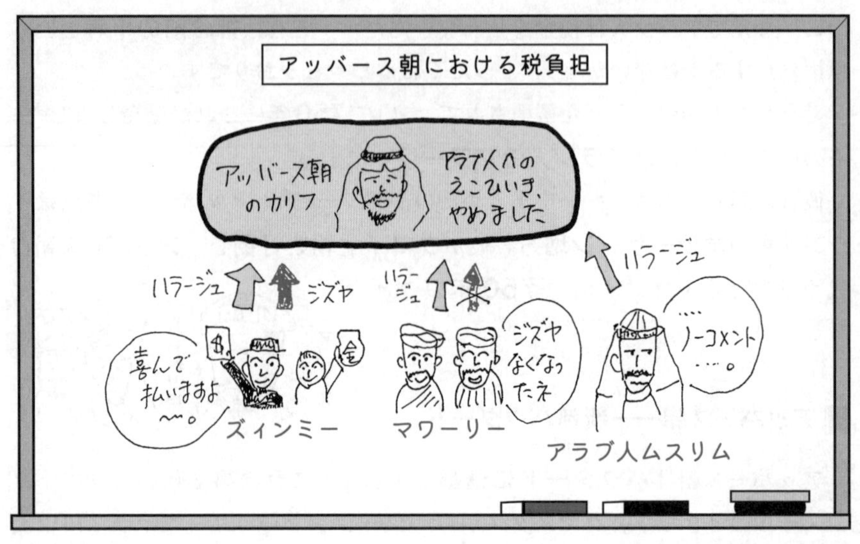

Q アッバース朝の最盛期，8世紀後半に，第5代カリフの地位にあったのはだれか？
——ハールーン=アッラシード

フランク王国の**カール大帝**とほぼ同時代のカリフですね。

いくつかのアラビア語について

今回の最後では，政治史でしゃべれなかったいくつかのアラビア語の単語について，説明しておきましょう。

▶キャラバン

まず，**キャラバン**。これは「**隊商**」と訳しますね。アラブ人たちは内陸のルートで交易活動を，多いときには数百頭の**ラクダ**を連れ，また数百人の**武装した商人たち**で展開しました。だから，**キャラバンサライ**と呼ばれた**隊商宿**は，規模がデカいものでした。

では，**隊商**は何でそんな大規模なものになるのか？　そりゃ**危ないから**ですよ。盗賊から自分の命や商品を守るためには，**自分で防衛**しなければならなかった。そのため，多くの人員で結束して，**準軍隊組織**で商業を行ったのです。……キャラバンって言葉，「軍隊商」とでも訳してくれてたら，もっと分かりやすかったですね。

▶ハンマーム

続いて**ハンマーム**。これは**公衆浴場**のことです。砂が舞い飛ぶアラビアなどでは，体が不潔になります。そこでお風呂なのですが，なんせ水は貴重品。よって“内風呂”は贅沢。こうして，みんなで使う公衆浴場となるのでした。

▶ワクフ

最後は**ワクフ**。ワクフとは，公共施設をつくるために富裕者が**財産を寄付すること**，もしくは寄付行為によってつくられた**公共施設**（**財産**）のことを言います。公共施設とは，たとえば**水道**。さらにはアラビア語で**スーク**，ペルシア語で**バーザール**と呼ばれる**市場**，それに**ウラマー**などを育成する高等教育機関である**マドラサ**などですね。日本語だと「**学院**」と訳されます。

こうしてみるとアッラーは，富裕者がその富を自分だけのために使うことを望んではおられないようですね。そして，イスラーム教徒が仲良く社会を運営できるように，**相互扶助**の精神を強調されています。

イスラーム世界の商慣行

そういえば，**信用取引**や**共同出資**という商慣行もイスラーム世界では早くから行われていました。それができたのも，「**お互いにアッラーを信仰するムスリム**」という信頼感が根底にあったからでしょう。

ちなみにイスラーム世界では，原則として**利子を取ることが禁止**されています。お金でお金を儲けることは禁止なのですね。お金が欲しければ，ものをつくるか運ぶかしなさい，というのです。

信用取引

女性の地位

イスラーム世界の**女性の地位**についてもワンコメント。よく「イスラーム世界の男は，４人の女性と結婚できる」といわれますが，これはもともとジハードなどで未亡人となった女性の生活を助けるために始まったものだと言われます。

また，富裕で余裕がある男性は，複数の女性と結婚できますが，結婚した以上，**すべての妻を平等に愛さなくてはなりません**。遺産の分与なども平等なようです。

それから，上のイラストのように，イスラーム世界では女性の体や顔は布で覆(おお)いますよね。これも女性蔑視(べっし)の発想から出てきたものではありません。

日差しが強いアラビアでは，布ですっぽり覆う装束(しょうぞく)は，伝統的なものでした。また顔を隠すのも，女性を男性たちの凝視(ぎょうし)から守り，性的な嫌がらせを起こさせないように，との目的からです。『コーラン』のなかのアッラーの啓示には，そのような理由が記されています。

最後に

日本に届くイスラーム世界からのニュースは，「**自爆テロ**」などのセンセーショナルなものが多いですね。そこでイスラーム教に対して，「過激だ」という偏見を持っている日本人も多いのではないでしょうか？

でもほとんどのイスラーム教徒は，われわれと同じように，**穏(おだ)やかに隣人(りんじん)と仲良く**，そして**冷静に**生きてらっしゃいます。**『コーラン』**の教えを守りながらね。

だいたい，人権を無視し，人間性を否定するような宗教が，1000年以上も人々の心の支えであり続けられるはずがないですよ。

……以上です！

次回は，アッバース朝の最盛期の時代も含めて，世紀ごとにイスラーム世界の状況を見ていきたいと思います。

イスラーム諸王朝の興亡

イスラーム史(2)——8世紀～14・15世紀

今回は**8世紀以降のイスラーム世界**についてです。

とくに大変なのは，**10世紀以降**のイスラーム世界です。それはアッバース朝が衰退したために**イスラーム世界の分裂**が進み，各地に多くのイスラーム王朝が成立しました。……だからね，面倒くさいのよ(笑)。

なので私は，「10世紀のイスラーム世界」，「11世紀のイスラーム世界」というふうに，時期を決めて**地図**を絡(から)めてイスラーム世界の“定点観測”をやっていきたいと思います。

ただし**イベリア半島**と**エジプト**は，地域別に見たほうがいいですね。王朝の登場順そのものが問題になりますからね。

では，さっそく入りましょう。

1 8世紀後半のイスラーム世界

別冊プリント p.109 参照

まず最初は，8世紀後半のイスラーム世界です。この時代はひとことで言うと，

8世紀後半は，アッバース朝の全盛期。

ハールーン=アッラシード
(位 786～809)

後ウマイヤ朝

じゃあ，次の地図を見てください。地図のなかに(A)，(B)，(C)の記号がついていますが，その記号とプリント説明文の記号とは対応しています。まず地図中の(A)をご覧いただきたい。

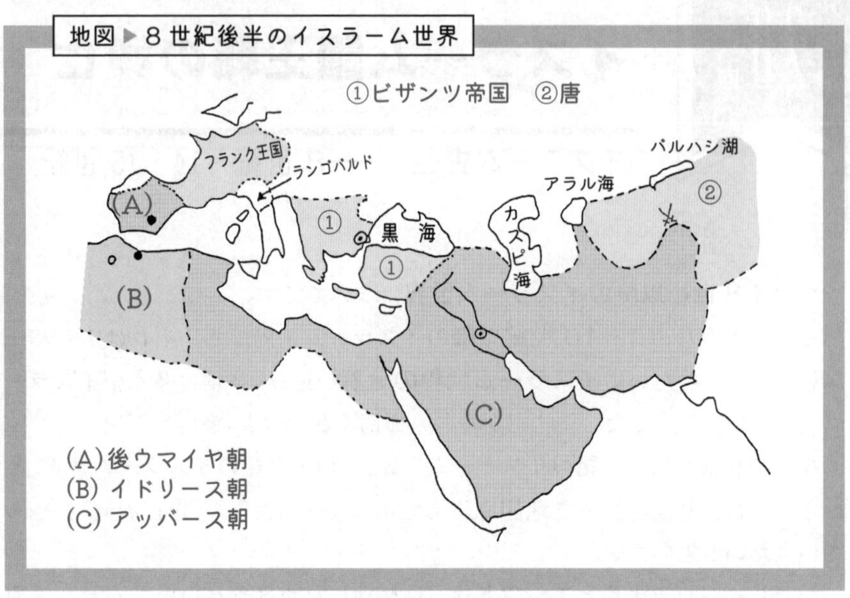

Q イベリア半島に起こり，756年から11世紀前半まで存続した(A)の王朝は何か？

——後ウマイヤ朝

ウマイヤ朝の残党がつくった国家ですね。都は**コルドバ**です。建国者はアブド=アッラフマーン1世。

イドリース朝

地図の(B)は**イドリース朝**。これは現在のモロッコのあたりです。

これは史上初めて成立したシーア派の国家と言われてますが，シーア派かどうかについては疑問視する声もあります。この王朝は，10世紀前半にファーティマ朝(→ p.326) によって滅ぼされました。

アッバース朝

(C)は**アッバース朝**で，8世紀の末に出た第5代カリフ**ハールーン=アッラシード**の時代が最盛期ですね。②は**唐**。では，

 **751年に唐とアッバース朝が衝突した戦いは？**

——タラス河畔の戦い

地図中のバルハシ湖の南側に戦いのマークが書いてありますね。ここで唐とぶつかりました。

 **タラス河畔の戦いの文化史的な意義を，25字以内で記せ。**

答えは，「**製紙法がイスラーム世界に伝わる契機となった。**(22字)」，となりますね。

アッバース朝の政治体制

ハールーン=アッラシードの時代には，アッバース朝の政治体制が確立しました。

▶イラン人の重用

政治の面では**中央集権体制**が整備され，それを支える**官僚体制**は，**イラン人官僚**が担いました。官僚組織というのは**文書**に記された命令によって稼働します。残念ながら戦争に明け暮れていたアラブ人のなかには，論理的な文章を書ける官僚として適当な人材は，それほど多くはいませんでした。

それに対して，イランには**ササン朝ペルシア**という官僚制に支えられた中央集権国家の伝統がありましたので，“読み書き”，そして“そろばん”ができる優秀なイラン人官僚を輩出することが可能だったのです。

そして官僚を統率する**ワズィール**と呼ばれる**宰相**もまた，イラン人が就任することが多かったようです。この整備された官僚制のもとで，**予算に基づいた財政の計画的運営**も可能となったのです。

またアッバース朝建国に貢献したイラン東北部の**ホラーサーン地方**出身の**イラン系軍人**も，カリフの軍隊の中心となりました。

▶イスラーム法に基づく支配

広大な領域を有するアッバース朝には，多種多様な民族がいます。その共通のアイデンティティは，**みんなイスラーム教徒である**ということ。

そこで，支配の根幹には**イスラーム法**が据えられました。イスラーム法は，アラビア語で**シャリーア**と言います。そして法律の文章の基礎となったのは，**『コーラン』**や，ムハンマドなどについての**伝承**である**『ハディース』**の記述でした。

それをもとに，シャリーアの文章を紡ぎ出す努力をしたのが，**イスラームの知識人**，すなわち**ウラマー**と呼ばれる人たちでした。ほらウラマーって，『コーラン』などの知識・理解をもとに，村人たちのトラブルを治める村の弁護士・裁判官みたいな役割を果たしてましたよね(→ p.306)。

そういった経験を持ち寄って，他の村々のウラマーたちと協議を重ねて，みんなに通用するような法律の条文に仕上げていったのです。

アッバース朝は，各地にいるこれらウラマーのなかの有力者を**カーディー**と呼ばれる**裁判官**などに任命して，司法行政の末端を担わせました。

▶**法の前の平等**

シャリーア(イスラーム法)のすごいところは，**イスラーム教徒に対してならだれにでも通用**するところです。何せ，世界宗教であるイスラーム教の経典『コーラン』がベースですからね。ていうか，先ほども言ったように，アッバース朝支配下には，多様な民族がいますから，アラブ人だけに通用するような法律じゃダメで，**普遍的な法体系でないと統治は成立しない**んですね。そしてシャリーアの前においては，イスラーム教徒は**平等**です。

こういうところも，アッバース朝が「**アラブ帝国**」ではなく，「**イスラーム帝国**」と呼ばれる由縁です。

ギリシア文化の流入

それからハールーン=アッラシードは，バグダードに**知恵の宝庫**という図書館を設置しました。これは9世紀に入り，カリフ・マームーンの時代に拡充され，**バイト=アル=ヒクマ**となりました。これは**知恵の館**と訳します。

ここでは主として**ギリシア語文献のアラビア語への翻訳**が行われました。翻訳されたのは，ギリシアの進んだ**医学・天文学**，さらに最も重要なのは，

「万学の祖」と言われる**アリストテレスの著作**でした。

イスラーム教徒がアリストテレスを学んだ理由

では，なぜイスラーム教徒はアリストテレスを勉強したのでしょうか？

答えはズバリ，**人間を理解するため**でした。アリストテレスと言えば，いろいろな角度から人間を探求した哲学者でしたね(→ p.238)。イスラーム教徒たちは，アリストテレスの知恵を借りて，**人間を**，言いかえると**自分たちを探究しようとした**のです。ん，それまではやってなかったのかって？……んー，あんましやってなかったね(笑)。だって，神であるアッラーの存在が圧倒的だろう！　だから人間の存在に，そんなには興味が湧(わ)かなかったんじゃないかなあ。

ですがアッバース朝の時代にイスラーム世界が安定し，**イスラーム教徒にも自分たちを見つめる余裕が出て来た**(?)，というところかな。

イスラーム教徒って，自分たちよりも進んだものを取り入れる柔軟性(じゅうなんせい)に富んだ人々です。テレビのニュースなんかでは，イスラーム教徒のファナティック(狂信的)に見えてしまう部分ばかりが強調されているきらいがありますが，それはイスラーム教徒の本当の姿ではありません。

経済活動

また，アッバース朝が成立し安定したことにより，イラクでの**サトウキビ生産**など農業も発展し，このことは**商業の発展**を促しました。

さらに，**バリード**と呼ばれる**駅伝制**も整備されました。

ムスリムの商人は，**地中海・ペルシア湾・紅海**だけではなく，**インド洋**を経て，遠く**中国**まで出向いていきました。当時の中国は**唐**ですね。港町の**広州**（こうしゅう）には，彼らのための居住区画である**蕃坊**（ばんぼう）が設置されたほどです。輸入品は**中国産の絹**（きぬ）**織物**や**陶磁器**（とうじき），そして**東南アジアやインド産の香辛料**（こうしんりょう）でした。

また，彼らが利用した船は，三角帆を特徴とする**ダウ船**でした。中国人商人が利用した**ジャンク船**と間違わないようにね。

② 10世紀半ばのイスラーム世界

別冊プリント p.110 参照

続いて**10世紀**のイスラーム世界。概要は，次のとおり。

> **軍人の自立によってアッバース朝のカリフの権力が弱まり，イスラーム世界の分裂が進行した時代。**

キーワードは「**分裂**」です。イスラーム世界内部においては，**10世紀半ば**は**3人のカリフ**が鼎立（ていりつ）する時代でした。

一方，**イスラーム世界の拡大**という観点からすると，**中央アジア全土**がイスラーム世界に編入された時代でもありました。

アッバース朝衰退の原因

ではイスラーム世界の分裂の原因であるアッバース朝の衰退は，何が原因だったのでしょうか？

衰退の直接的原因は，ズバリ「**軍人の自立**」でした。

とくに9世紀に入って，アッバース朝は，**イラン系軍人**を牽制（けんせい）するために，主として**トルコ人**を中心に**マムルーク**と**呼ばれる奴隷兵**を**中央アジア**などから導入し，これが新たにカリフの軍事力の重きを成（な）すようになりました。

マムルークとは？

> **マムルークとは，トルコ人（・クルド人・ギリシア人）など，アフリカ系以外の奴隷兵のこと。**

彼らは金銭で売買されてきたので，「**奴隷兵**」と呼ばれました。とくにトル

地図▶10世紀半ばのイスラーム世界

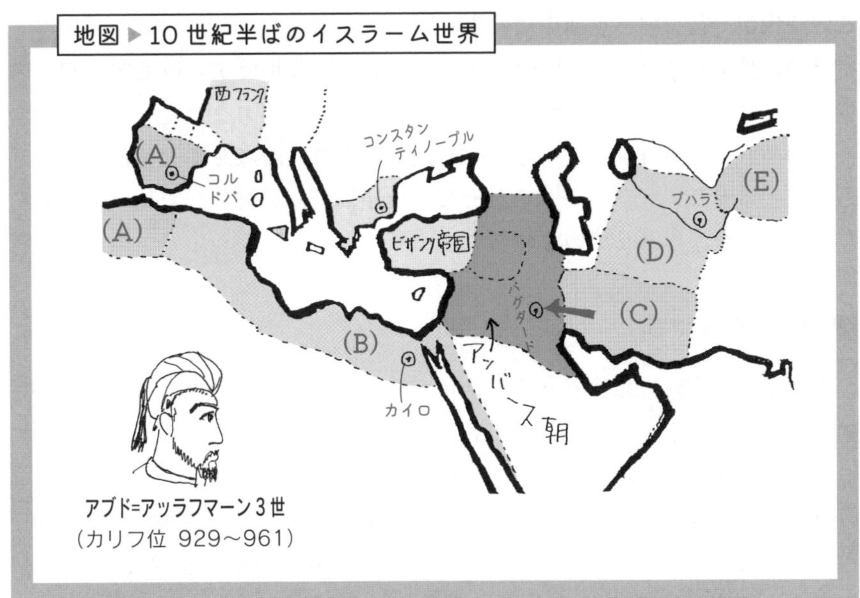

コ系のマムルークは，**騎射**を得意としていて，強力でした。

このマムルークやイラン系の軍人の勢力は，**アミール**(**将軍，総督**)に任命された後に**地方の実権を握り**，だんだんとカリフのコントロールを離れるようになったのです。

9世紀後半に，**エジプト**でマムルークがつくった**トゥールーン朝**や，9世紀前半にアッバース朝から事実上自立したイラン系軍人の王朝であるターヒル朝は，その典型ですね。

このような軍人のなかには，アッバース朝のカリフから「**大アミール**(大将軍，軍司令官のなかの第一人者)」に任命され，カリフに代わって帝国中央部の政治を牛耳(ぎゅうじ)るものも出てきました。

じゃあ，上の地図を見ながら，10世紀のイスラーム世界の諸王朝を確認しましょう。

後ウマイヤ朝

まずは地図の(A)。これはあいかわらず**後ウマイヤ朝**なんですが，**イベリア半島**南部だけではなくて，**北アフリカ**のマグリブ西部も支配しています。

この時代が，後ウマイヤ朝の最盛期です。

その最盛期の君主が，**アブド=アッラフマーン３世**です。彼はアッバース朝のカリフの権威を無視して，929 年に**カリフ**を名乗りました。

この時代には，半島南部の**アンダルシア地方**で**灌漑農業**が発達したことも見逃せません。イスラーム教徒って，地中海沿岸の乾燥した地域に，進んだ灌漑技術を流布させているのですね。

ファーティマ朝

次に地図の(B)。北アフリカの地中海沿岸を支配している国があります。根拠地はエジプトですが，この王朝が**ファーティマ朝**です。この王朝は，すでに 909 年に**カリフ**位を主張していました。

ファーティマ朝と言えばエジプトの王朝というイメージが強いんですが，もともとは**チュニジア**に建国。そして，ナイル下流に**カイロを建設**しました。ナイルの下流に**フスタート**という**ミスル**(軍営都市)があったんですが，その近くにつくったのです。ところで，

Q ファーティマ朝がカイロにつくった学院は？ ——アズハル学院

学院とは，イスラーム世界の高等教育機関で，**マドラサ**の訳語です。ここで知識人である**ウラマー**が育成されました。またマドラサに対して，地域につくられた初等教育機関はクッターブと言い，こちらは「学院」ではなく，「学校」と訳します。モロッコのクッターブの子供たちがたまらなく可愛かったなあ。

モロッコのフェズのクッターブ(学校)にて。子供たちがアラビア文字を学んでいた。みんな可愛いかった。

さてファーティマ朝は**シーア派**で，イスラーム世界では少数派です。そこで，多数派の**スンナ派**の連中に対して王朝の正統性を主張するためにも，“口げんか”で負けない人々の育成は急務だったのです。こうしてアズハル学院は，教義研究機関としても機能しました。

一方で，ファーティマ朝は**シチリア**

島をも支配していたイスラーム王朝であるアグラブ朝を打倒したことにより，**地中海貿易**に大きく乗り出してゆくことになります。

一方，弱体化したアッバース朝は，アラビア半島の一部とバグダードを支配するのみです。

海上交易ルートの変化——カイロの繁栄

アッバース朝が弱体化し，**バグダード周辺が混乱**したことは，海上交易ルートに変化をもたらすことになりました。結論を言うと，

> 海上交易ルート：**ペルシア湾ルートから，紅海ルートへ。**

従来は，インド洋から**ペルシア湾**を経て，**ティグリス川**をさかのぼり**バグダード**へ，という交易ルートが中心でした。

しかし10世紀にこのルートが衰退すると，代わって台頭したのが，**ファーティマ朝**によって守られた**紅海ルート**です。入り口の**アデン**から紅海を北上し，首都の**カイロ**や，地中海沿岸の**アレクサンドリア**に向かうこの交易ルートは，この後，エジプトを支配した**アイユーブ朝**・**マムルーク朝**のもとでも繁栄を続けることになります。

ブワイフ朝とイクター制

一方，現在のイラン地方を支配していたのが地図中(C)**ブワイフ朝**で，**イラン人シーア派**の軍人政権です。この王朝が**946年**に**バグダードを占領**し，アッバース朝のカリフから政治的実権を奪いました。

さらに，ブワイフ朝の首長は，アッバース朝のカリフから「**大アミール**」の

称号を得て，イラン・イラクを支配しました。

また，ブワイフ朝は**イクター制**を初めて実施したことでも有名ですね。

▶イクター制の概要と目的

イクター制の概要と目的を確認しておきましょう。

まずは概要から。これは，王朝に仕える**軍人**に，農村や都市の**徴税権**を与え，その見返りとして**軍役義務**を果たさせる制度です。このときに付与された徴税権を**イクター**というわけです。

アッバース朝の時代までは，兵士には「**アター**」といわれる**俸給**が，金貨・銀貨のような**現金**で支払われていたんですが，**アッバース朝の衰退とともに全国的な徴税機構も麻痺**して，税が集められなくなります。

アッバース朝にかわってメソポタミアなどを支配したブワイフ朝も，同じ問題に直面しました。そこでイクター制の導入となったわけです。

すなわち，**支配領域全土で税を徴収して，それを俸給として分配するのではなく，徴税権を与えた**のです。軍人たちは，その収入で部下の兵士を養い，戦争の時にはブワイフ朝の君主に忠誠を尽くしました。

この制度は，この後セルジューク朝に継承されたほか，多くの王朝で実施されました。

サーマーン朝とカラ=ハン朝

Q ブワイフ朝の北側にある，地図の(D)の王朝名は？

——サーマーン朝

イラン人の王朝で，中央アジア西部を支配し，**中央アジアのイスラーム化を促進**した王朝ですね(→ p.365)。この王朝の東部には**トルコ人**が居住していました。サーマーン朝は，トルコ人が**マムルーク**としてイスラーム世界に送り出されていく拠点となりました。

首都はアム川中流の北側に位置する**ブハラ**。この町の近郊で生まれたのが，イスラーム最高の医学者・哲学者である**イブン=シーナー**です。

さらにその東側にあるのは何王朝か？　地図を見てください。バルハシ湖の南側，クンルン(崑崙〔こんろん〕)山脈の北側にあたる(E)です。この王朝が**カラハン朝**(**カラ=ハン朝**)です(→ p.366)。

これは**中央アジア初のトルコ系イスラーム王朝**ですが，11 世紀なかごろには東西に分裂してしまいます。その後，東カラハン朝はモンゴル系の西遼〔せいりょう〕の支配下に，西カラハン朝は**セルジューク朝**や西遼の支配下に入りました。

3 11世紀半ばのイスラーム世界

別冊プリント p.112 参照

続いて，11 世紀半ばのイスラーム世界です。

この時期を概観すると，

イスラーム世界のなかで，トルコ人が大きな勢力となった。

具体的には，トルコ人王朝の**セルジューク朝**がイラクを中心に，広大な領域を支配した時代でした。

そして，**イスラーム世界の拡大**という点では，**ビザンツ帝国**の領土だった**小アジア**(**アナトリア**)が，イスラーム世界に編入されました。

では，イスラーム世界の西部から見ていきましょう。

ムラービト朝

まず次ページの地図の(A)ですが，これは**ムラービト朝**です。

これは北アフリカの先住民である**ベルベル人**の王朝で，都は北アフリカの**マラケシュ**です。

ちなみに「ベルベル」とは，ギリシア語の“**バルバロイ**”が語源で，ギリシアやローマの連中から見て「聞き苦しい言葉をしゃべる人々」という意味です。彼ら自身は自らを「**イマージゲン**(自由な人々)」と言います。

その彼らのあいだにイスラーム教が浸透し，とくに**シーア派**の**ファーティマ朝**に対抗する**スンナ派**の**神秘主義者**(**スーフィー**)(→ p.339)の修道士たちが建国の中心勢力でした。

地図 ▶ 11 世紀半ばのイスラーム世界

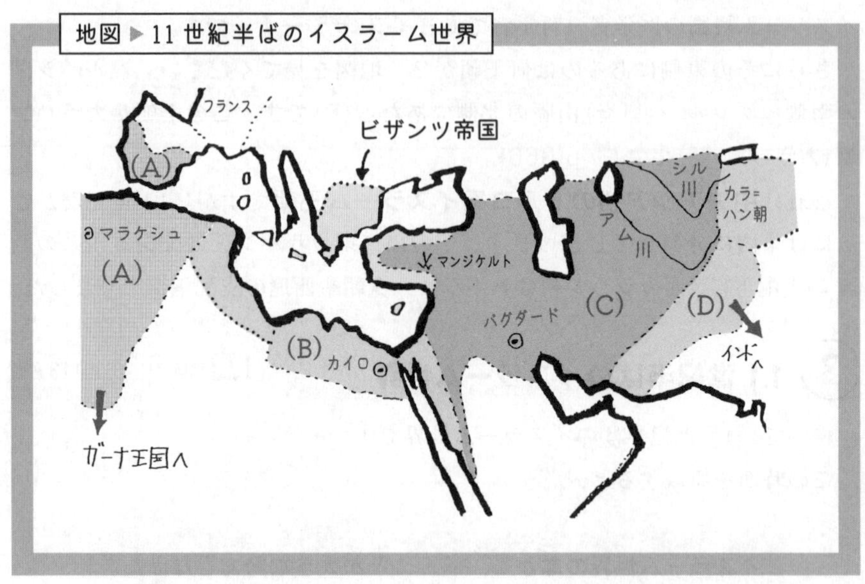

この王朝は**イベリア半島**に侵入する一方，サハラ砂漠を越えて**西アフリカ**にも進出しました。

西アフリカの黒人国家

Q ムラービト朝が衰退させた西アフリカの黒人王国は？

——**ガーナ王国**

ガーナ王国は，7 世紀ころに建国されていた**黒人王国**です。

この国は，**サハラ砂漠**を縦断（じゅうだん）する商業(**サハラ越え商業**)を通じて，イスラーム世界に**金**を輸出していました。見返りは**ムスリム商人**がもたらす**武器**や**サハラ**でとれる**塩**でした。

この国が滅ぼされる前後から，**イスラーム教**がこの地に広まり，13 世紀には**マリ王国**という，西アフリカ最初のイスラーム国家が成立しました。ここに登場した**マンサ=ムーサ**という国王は，**メッカ巡礼**に際してラクダ 100 頭分の金を道中で散財したことで知られています。また中心都市の**トンブクトゥー**には，イスラーム教徒の大旅行家**イブン=バットゥータ**も来訪しました。

さてこのムラービト朝を滅ぼしたのが，同じ**ベルベル人**王朝である**ムワッヒド朝**でした。

この王朝で忘れてならないのは，哲学者・医学者の**イブン=ルシュド**です。とくに**アリストテレス**の研究で知られ，**コルドバ**で活躍しました。この人については文化史のところでくわしく話します(→ p.346)。

ファーティマ朝

地図の(B)は**ファーティマ朝**。西方の領土はかなり減少していますが，10世紀に引き続き**ヒジャーズ**(アラビア半島の紅海沿岸地方)は支配してますね。ファーティマ朝は，依然として**紅海の商業ルート**を確保しているのです。

セルジューク朝の成立

地図の(C)が**セルジューク朝**です。**トルコ系**の**セルジューク族**は，中央アジアの**シル川**流域にいる時にスンナ派のイスラーム教を受容しました。そして，南下してイラン東北部の**ホラーサーン地方**で1038年に王朝を創建し，そこからイランやイラクに進撃しました。

セルジューク朝の創始者は？ ──トゥグリル=ベクです。

スルタンという称号

彼によって**ブワイフ朝**は打倒され，アッバース朝のカリフはブワイフ朝から解放されました。カリフはトゥグリル=ベクに対して**スルタン**という称号を与えました。これは「**支配者**」という意味です。

これはトゥグリル=ベクとしては嬉しかった。だって，彼は田舎者で**権威がありません**からね。人の上に立つためには，**実力と権威の両方が必要**なのです。

戦国大名の織田信長も，羽柴秀吉も徳川家康も京都に上って

天皇の権威を利用しようとしただろう!? あれだって，彼らに権威がなかったからだよね。

権威のみの存在だったアッバース朝

それから，当時のアッバース朝のカリフは，もはや何の実権も持っていませんでしたが，権威はありました。なぜかって？ ……難しいなあ。事実として言えることは，“**いったん確立した権威というものは，なかなかなくならない**”ということです。

さてこの**スルタン**という称号ですが，セルジューク朝の衰退後は各地のスンナ派の君主たちによって，**勝手に自称**されるようになり，単に“君主”を意味する言葉になってしまいます。これは注意ですね。

小アジアの支配

1071年には，ビザンツ帝国とのあいだに**マンジケルトの戦い**があって，セルジューク朝が勝利し，**小アジア半島**が支配下に入りました。

ちなみに，小アジアを奪われた**ビザンツ帝国**は，危機感をつのらせ，**ローマ教皇**に救援の要請をしました。これにこたえる形で，**1096年**に第1回目の**十字軍**が派遣されることになったのです。

セルジューク朝の内政

支配民族のトルコ人は，軍事担当です。当初はセルジューク族などの**遊牧トルコ人の騎兵**が軍事力の中心でしたが，後に**マムルーク**に代わりました。

一方，財務などの**官僚**には，**イラン(ペルシア)人**がリクルートされ，その結果，行政用語も**ペルシア語**が用いられました。遊牧生活と戦いの連続だったトルコ人は，行政に必要な読み書きの訓練は十分ではなかったのです。

セルジューク朝は11世紀後半が最盛期です。

Q その時代を支えた有名なイラン人の宰相はだれか？

——ニザーム=アル=ムルク

この人の時代に**イクター制**が整備されました。

また，ニザーム=アル=ムルクのもとでは学芸が奨励(しょうれい)され，各地に**ニザーミーヤ学院**が設立されました。

この学院（マドラサ）の設立目的は２つあります。１つは**ウラマーの養成**。そしてもう１つは，**ファーティマ朝に対抗**することでした。ファーティマ朝は**シーア派**でしたね。そしてファーティマ朝の首都**カイロ**には**アズハル学院**という教義研究機関がありました。これに対抗して，スンナ派の教義を理論的に強化するという機能も，ニザーミーヤ学院には期待されました。

セルジューク朝の衰退

広大な領域を支配したセルジューク朝でしたが，やはりそれを続けるのは無理だったようです。セルジューク朝は各地域の**イクター**（**徴税権**）を保持している**軍人が自立**し，分裂・衰退していくのでした。

すでに11世紀の後半には，**小アジア**に**ルーム=セルジューク朝**が自立しました。また同時期に，トルコ系マムルークによって，アム川下流域に**ホラズム=シャー（ホラズム）朝**が建てられました。

Q この王朝の下で活躍したイラン人の詩人で『ルバイヤート』を著(あらわ)したのはだれか？
――ウマル=ハイヤーム

『ルバイヤート』は，ペルシア語で記されていて，「四行詩集」と訳されます。彼は正確な**太陽暦**をつくったことでも知られています（→ p.349）。

ガズナ朝

地図の（D）は**ガズナ朝**です。現在の**アフガニスタン**にあった**トルコ系**王朝ですね。建国者のアルプ=テギンは，**サーマーン朝**に仕えていた**マムルーク**でした。ガズナ朝は，彼がサーマーン朝から自立して建てた王朝でした。

ここで活躍したイラン人の詩人が**フィルドゥシー**です。『**王の書**（**シャー=ナーメ**）』という作品があり，これは**イラン人**の民族叙事詩(じょじし)ですね。**ササン朝滅亡まで**を扱ったこの作品は，**アラブ人**や**トルコ人**などの**異民族支配**の下にあった**イラン人の民族意識を鼓舞(こぶ)**したようです。

11世紀初頭に登場したスルタンの**マフムード**は，しばしば**インド**に侵入しました。これは**インドのイスラーム化の端緒**となりました。しかし，このガズナ朝も，12世紀末に**ゴール朝**によって滅ぼされてしまいます。

④ 13世紀後半のイスラーム世界

別冊プリント p.113 参照

それでは**13世紀後半**のイスラーム世界。ポイントは，次の2点です。

> ① モンゴル人**がイスラーム世界の中心にすわったこと。**
> ② 北インド**がイスラーム世界に入ったこと。**

マムルーク朝

地図を見ていきましょう。まず北アフリカにマリーン朝，ジャーン朝，ハフス朝とありますが，彼らには悪いけども受験的には要りません。

地図の(A)がエジプトとシリアを支配している**マムルーク朝**です。マムルークとは，**トルコ人などの奴隷兵**のことでしたね。

地図▶13世紀のイスラーム世界

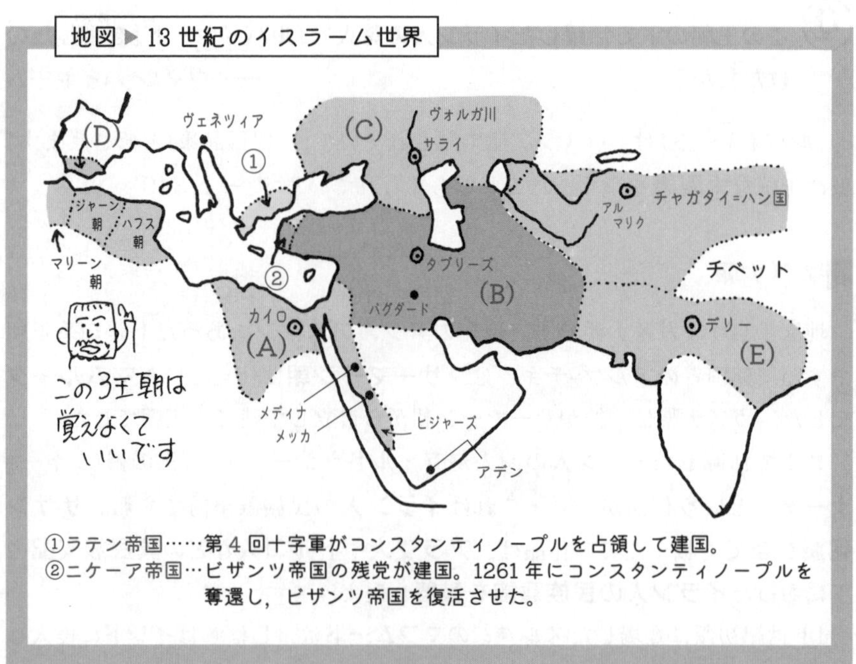

①ラテン帝国……第4回十字軍がコンスタンティノープルを占領して建国。
②ニケーア帝国…ビザンツ帝国の残党が建国。1261年にコンスタンティノープルを奪還し，ビザンツ帝国を復活させた。

▶奴隷兵って，何？

すでにアッバース朝の時代から，奴隷兵であるマムルークの導入は始まっていました。ただし奴隷兵とはいっても，戦争のときに鞭でピシピシ叩かれながら，それで泣きながら戦争にいくというイメージを持ってはダメです(笑)。身分的に低かっただけの話です。彼らは金銭で売買されます。そこが奴隷的なんです。

でも何せ兵士ですから，戦争で活躍すれば，政治的発言権は増大します。そして王朝を創建する者も登場するわけです。マムルーク朝は，そういうトルコ人の奴隷兵がエジプトにつくった王朝です。

▶アイユーブ朝について

その前の王朝が**アイユーブ朝**ですが，アイユーブ朝をつくったのは，**サラディン**(サラーフ=アッディーン)と言う人物でした。サラディンは，現在のトルコ，イラク，イランにまたがって住んでいる**クルド人**の出身です。

サラディンは，**第３回十字軍**を打ち破り，イスラーム世界を守ったことで有名になりました。彼は，今でもエジプト人の国民的英雄の１人です。

サラディン
(1138〜1193)
イラク生まれのクルド人。イスラームの慣行に従い，異教徒に対してもフェアな対応をした。そのためヨーロッパにもファンが多かったとのこと。そういえばイギリス軍の装甲車にも“サラディン”というのがあったなあ。

▶マムルーク朝の発展

そして，マムルーク朝も，イスラーム世界を防衛し抜いた偉大なる王朝なのですね。有名な君主と言えば**バイバルス**でしょう。

バイバルスは，スルタンになる前にフランス国王**ルイ９世**が率いる十字軍を撃破してルイ９世を捕らえたり，1260年にはシリアに侵入した**フラグ**率いるモンゴル軍を，アイン=ジャールートの戦いで撃破しました。このような功績があって，彼はスルタンになることができました。

この王朝も**イクター制**を実施しましたが，**徴税権**をもらった**軍人**たちは，地方ではなしに**カイロ**に居住させられました。反乱を防ぐためでしょうね。

また，バイバルスはカイロに**アッバース朝のカリフを擁立**し，さらに**メッカ・メディナ**という**２つの聖都**を支配下におさめることで，**聖地の保護者**

としてスンナ派イスラーム世界における権威を高めました。

▶マムルーク朝繁栄の基盤——農業と交易活動

マムルーク朝が栄えた理由としては，やはり**エジプト**という穀倉地帯を支配していたことが挙げられます。それに加えて，すでにアイユーブ朝の時代から始まっていますが，商品作物として**サトウキビの生産**が盛んに行われ，**砂糖**を輸出して大きな利益をあげていました。これも大きいです。

さらに繁栄のもう１つの基盤は，**紅海**と**インド洋**の広大な商業活動でした。とくに対岸のアラビアの**ヒジャーズ**をも支配して，**紅海貿易**はしっかりおさえていました。

▶カーリミー商人

ちなみに，早くは11世紀から14世紀なかごろまで，とくに**アイユーブ朝やマムルーク朝の保護**の下，紅海貿易で活躍した商人たちを，**カーリミー商人**と言います。“カーリミー”とは「船団」などの意味です。

カーリミー商人たちは，インドや東南アジアの**香辛料**や中国の**絹織物**や**陶磁器**などを，紅海入り口の**アデン**で**インド人商人**から買い付け，イスラーム世界で販売したり，ヨーロッパに輸出して大きな利益を上げました。

しかしこの**マムルーク朝**も14世紀以降になって，衰退していくことになりました。その理由は？

▶マムルーク朝の衰退・滅亡

14世紀には，**ペストの流行**によって国内は混乱してしまいました。14世紀のペストは，**ヨーロッパで流行**したことが知られていますが，**イスラーム世界でも猛威**を振るったのです。

さらにマムルーク朝にとって辛かったのは，**ポルトガルの登場**でした。1498年にはポルトガルの航海者**ガマがインド航路を開拓**して，ヨーロッパ人が直接インド(≒アジア)と交易できるようになり，これは**アジアとヨーロッパの中継貿易**を行っていたマムルーク朝にとっては，そこそこの打撃となりました。

また1509年には，**ディウ沖海戦**でポルトガルに敗北してしまいます。とどめを刺したのは**オスマン帝国**でした。スルタンの**セリム１世**率いるオスマン帝国軍は，**1517年**にカイロを占領しマムルーク朝を滅ぼしたのです。

イル=ハン国

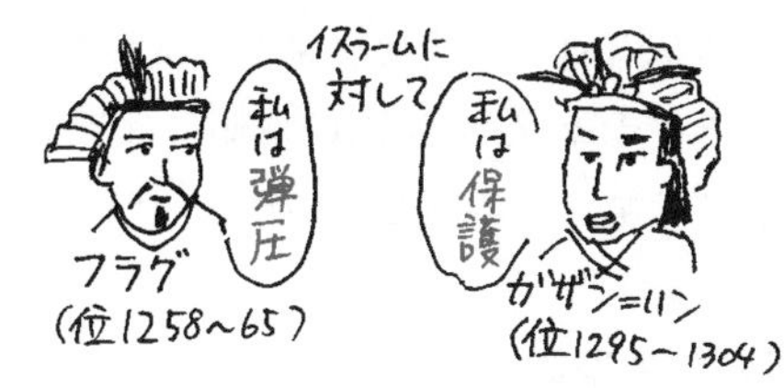

▶イスラーム保護政策

次に地図の(B)の**イル=ハン国**です。13世紀にイスラーム世界のど真んなかを支配したのが，このイル=ハン国ですね。1258年，**フラグ**はアッバース朝を滅ぼして，この国を建てました。フラグは，クビライ(フビライ)の弟ですね。当初はイスラームを弾圧しますが，やがて**イスラーム保護政策**に転換します。

Q 自らイスラーム教に改宗し，イスラーム教を国教化した13世紀末の君主(ハン)はだれか？

——ガザン=ハン

Q このガザン=ハンを支えたイラン人の宰相は？

——ラシード=アッディーン(ウッディーン)

ラシード=アッディーンは歴史家でもあります。ガザン=ハンの命によって彼が編纂した『**集史**』のなかのモンゴルに関する記述は，イスラーム・モンゴル史の貴重な史料です。

ラシード=アッディーン
(1247？～1318)

▶税制の転換

また，イル=ハン国は広大な農耕地帯を支配したため，税制の面で柔軟な対応をしました。すなわち，モンゴル式では**人頭税・家畜税**が主体でした。保有する家畜の頭数の多寡によって課税するのが家畜税で，まあモンゴルの所得税ですね。これを**地租**(**土地税**)中心の税制に変えたのです。

またこの王朝のもとで，土着の**イラン文化**とイスラーム文化が融合し，成熟しました。これを**イラン=イスラーム文化**と言います。

そのイル=ハン国の北方にあったのが，(C)**キプチャク=ハン国**です。キプチャク=ハン国の都，地図中に⊙印がありますね。カスピ海のすぐ北側，ここにある首都が**サライ**です。

とくに14世紀前半に出た**ウズベク=ハン**は，**イスラーム教を国教**とし，ムスリム商人の活動を保護しました。

キプチャク=ハン国の東側には**チャガタイ=ハン国**があります。都は**アルマリク**です。この国とその後については，第②巻で詳述します。

ナスル朝

次いでイベリア半島南部に目を転じてください。ここに，細々と存立している王朝があります。これが(D)**ナスル朝**です。1232 年に成立し，**1492 年**に滅びる**イベリア最後のイスラーム王朝**です。滅ぼしたのは**スペイン**ですね。ナスル朝の都は**グラナダ**。そこに**アルハンブラ宮殿**というのがあります。これはアラブ・ヨーロッパの融合たるムデハル様式の建築です。

奴隷王朝

地図の(E)は**奴隷王朝**です。これが**インド**に成立した**初のイスラーム王朝**で, ゴール朝の将軍**アイバク**が建国者です。彼は奴隷兵を意味する**マムルーク**出身でした。そこから「奴隷王朝」の名前がついたのです。

この後，北インドには短命なイスラーム王朝が連続しました。

デリー=スルタン朝

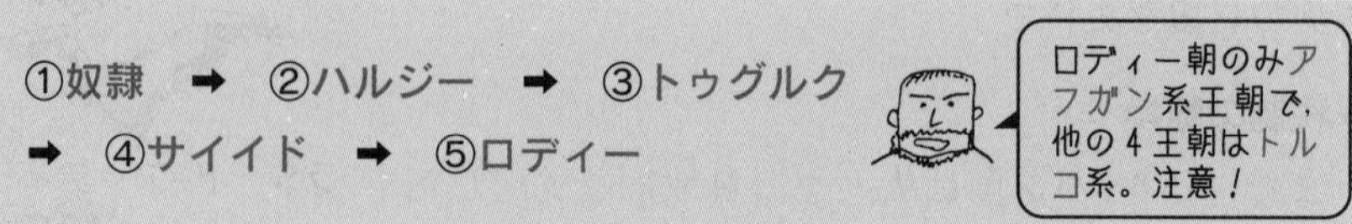

以上をまとめて**デリー=スルタン朝**と言います。いずれもデリーに首都を置いたから，こう言うのですね。とりあえず順番を覚えましょう。

気になるのは，ハルジー朝の時代に**地租（ハラージュ）が金納化**されたことですね。ハルジー朝は**検地**を行って耕地を測量し，土地所有高に応じて**貨幣で納税**させようとしました。それまでは，村落の有力者に徴税させていたのですが，この改革によって中間の不正を防ぎ，国家が税収を確保しようとしたのです。

あ，あと，トゥグルク朝の時代には，大旅行家の**イブン=バットゥータ**がデリーを訪れていますね。

インドへのイスラーム教の浸透――スーフィーの活動

これらの王朝のときに，イスラーム教はだんだんとインドに浸透していくのでした。ではだれが浸透させたか？

これは国家の強制によるものではなくて，**ムスリム商人**による布教と，**スーフィー**と呼ばれる**イスラーム神秘主義者**たちの活動によるところが大きかったようです。

スーフィーの1つ。メウレウィ教団。彼らはひたすら旋回し続ける。そのなかで神との合一をはかる。

▶神秘主義とは何か？

神秘主義とは，**理性**や**論理**ではなく，**感性**や**直観**によって対象（この場合は神）にアプローチしようとする姿勢のことを言います。彼らはこむずかしい理屈などはこねずに，“**感覚的に神を感じ取ろう**”と訴えます。一心不乱に祈ったり，ひたすら踊ったりしてね。

スーフィーたちはこれを“武器”にして，**東南アジア方面や民衆レベルへのイスラーム教の浸透**に尽力しました。

読み書きが苦手な民衆にとっては，理屈よりはこちらのほうがわかりやすい。また，言葉を介さないからこそわかることもある！　これが彼らの主張です。“考えるな，感じるんだ”ってとこですね。

仏教では**禅宗**なんかが，この**神秘主義**の典型ですね。禅宗って座禅を組んで静かに瞑想するだろう。そうして，肉体の動きを滅することによって感覚を研ぎ澄まして悟りに至る，というのが禅宗の極意だね。

さらに**デリー=スルタン朝各王朝**は，**ヒンドゥー教をことさら敵視しませんでした**。これは，以前にインドに侵入した**ガズナ朝**や**ゴール朝**とは対照的でした。この2王朝は，しばしばヒンドゥー教寺院の破壊をやってしまったもんね。

力による信仰の禁止，あるいは強制は，実際のところ無理だわな。人間の心を暴力で支配することなんて，不可能ですよ。だいたいね，自信がないやつほど物理的な力を行使したがるんだよ。授業に自信がない先生に体罰教師が多いようにね。

ホントにそうだ！

5 アフリカの国家

別冊プリント p.115 参照

東アフリカの国家

前に西アフリカの黒人国家，そう，**ガーナ王国**や**マリ王国**ね，これらについては述べましたが(→ p.330)，そこで触れなかったアフリカの国家などについて，この場を借りて話しておきましょう。

クシュ王国

BC 10 世紀に，ナイル川の上流に**クシュ王国**ができました。アフリカ最古の黒人王国で，首都は**ナパタ**に置かれました。

BC 8 世紀には，ナイル川を下ってエジプトをも支配しましたが，BC 7 世紀に侵攻してきた**アッシリア**によって，再びナイル上流部に撤退することになりました。では，この後，

クシュ王国の新首都になったのはどこか？ ——**メロエ**です。

国名も首都にちなんでメロエ王国と言うこともあります。

メロエは，現在のスーダン中部に位置し，エチオピア(アビシニア)とインド洋を結ぶ**商業**，それにエジプトから学んだ**製鉄**で栄えたようです。

また，使用していた**メロエ文字**は，現在も**未解読**。

アクスム王国

クシュ(メロエ)王国は，AD 4 世紀に**アクスム王国**によって滅ぼされました。アクスム王国は，**南アラビア**のイエメンから来た人々が，**エチオピア**に紀元前後ころに建国した国です。この国は，衰退したローマ帝国に代わって**紅海貿易**(こうかい)で繁栄しました。**ギリシア人商人**が AD 1 世紀ころに記したと思われる『**エリュトゥラー海案内記**』(→ p.172) にもアクスム王国の名前が出てきます。取り引き商品は，**象牙**(ぞうげ)や**金**，そして**奴隷**でした。

それから宗教は**キリスト教**が多数派です。それも**コプト派**。コプト派とは，エジプトで**単性論**を信じる宗派ですね。単性論とはイエスに人間的な属性を認めず，神としてのみ位置づける考え方です。

西アフリカの黒人王国

西アフリカでは，15 世紀後半に**マリ王国**にかわって**ソンガイ王国**が台頭しました。マリ王国と同じように**イスラーム教国**で，**内陸の交易**で栄えました。

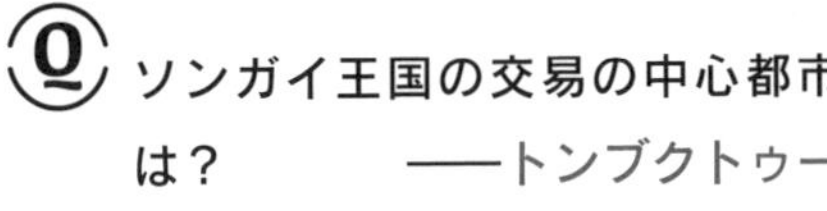

ソンガイ王国の交易の中心都市は？　　　——トンブクトゥー

ニジェール川流域の町で，大学もできたようです。

それからアフリカ中央部のチャド湖の周辺には，9 世紀に**カネム=ボルヌー王国**が建てられました。11 世紀末ころにイスラーム国家となり，北アフリカとの交易で栄えました。

インド洋の沿岸地域

一方，インド洋の沿岸地域は，8 世紀あたりから，**ムスリム商人**が活動する**インド洋交易圏**のなかに組み込まれました。その結果，いくつもの港が繁栄します。また**ウラマー**も移住してきたため，**イスラーム教もこの地に浸透**していきました。

代表的な港市は，北から**モガディシュ**，**マリンディ**，**モンバサ**，**ザンジバル**，**キルワ**，**ソファラ**，……あたりかな。

特にマリンディは，**鄭和**（ていわ）の艦隊の一部や，ポルトガルの**ガマ**が寄港（きこう）したことで知られています。

この地域でも**香辛料**（こうしんりょう）がとれるようで，重要な輸出品でした。また内陸からは**奴隷**も運ばれてきました。あと**象牙**や**金**なども輸出品です。輸入品は，中国の**陶磁器**や**銅銭**，それにインド産の**綿布**などですね。

また交易の活発化は，東アフリカの原住民であるバントゥー語系の人々の文化と，アラブ人などのイスラーム教徒の文化を融合させました。

Q こうしてできた融合文化をなんと言うか？　――スワヒリ文化

その代表は**スワヒリ語**。**バントゥー語**と**アラビア語**が融合してできた言語ですね。

ジンバブエとモノモタパ王国など

アフリカ南部の**ザンベジ川**とそのさらに南を流れる**リンポポ川**の流域では，12 世紀以降に都市の**マプングブエ**が，さらに 13 世紀以降には**ジンバブエ**という都市が，農業や牧牛，さらに**金の交易**で栄えました。ジンバブエは**石造建築**で知られ，その遺跡はユネスコの世界遺産となっています。

また 15 世紀以降には，**モノモタパ王国**(**ムタパ王国**)が**金**や**象牙**の輸出を基盤に，**インド洋交易**で繁栄したようです。ちなみに輸入品は，**綿布**や**中国産の陶磁器**などでした。この国はポルトガルとも交易し，19 世紀まで存続したようです。

《注》 この地域の教科書の記述については，出版社によって違いがある。この授業は，山川出版社の『新世界史』の記述に準拠した。

"教養の統一"って無理ですかねえ…

次回はイスラーム文化について学習したいと思います。

イスラーム文化

イスラーム史(3)——諸文化の融合と伝播

この回では，第 19・20 回に登場しなかったイスラーム文化史の事項について，語りたいと思います。

1 イスラーム文化の概要

別冊プリント p.117 参照

イスラーム文化は，**アラビア語と，イスラーム教，言いかえると『コーラン』の章句を基盤とした文化**です（注：教科書では「イスラーム文化」「イスラーム文明」と，2 通りの表記があるが，「イスラーム文化」に統一する）。

イスラーム教が成立した西アジアは，古来からさまざまな民族が興亡し，かつ往来した地域であり，周囲にも古来から文化を育(はぐく)んだ民族がいました。

イスラーム文化は，このような**周囲の文化を取り込んだ「融合(ゆうごう)文化」**として発展しました。その周囲の文化とは，**ギリシア文化・インド文化・イラン文化**などです。

イスラーム教徒たちには，自分たちのオリジナルな文化と，外部から流入した文化についての区別があったようで，前者を**固有の学問**，後者を**外来の学問**と呼んでいます。

イスラーム教徒の文化区分

- **固有の学問…神学・法学・詩学・韻律(いんりつ)学・歴史学**
- **外来の学問…哲学・医学・天文学・光学・地理学・錬金術(れんきんじゅつ)・幾何(きか)学・数学**

固有の学問

まず固有の学問ですが，**神学**はまあ当然でしょうね。それから**法学**。『コーラン』に立脚(りっきゃく)したイスラーム法のことを何て言ったか覚えてる？　これは

シャリーアと言いましたね。じゃあ，

Q 『コーラン』を学んだイスラーム世界の知識人，法学者のことは？

——ウラマーだったね。

あと**詩学**と**韻律学**。

『コーラン(クルアーン)』とは，アラビア語で「読誦(どくしょう)する」「読誦されるべきもの」といった意味があるそうです。そもそも『コーラン』は，目読・黙読されるものではなく，声を出して吟(ぎん)じるものなのですね。

“神の言葉は，耳に聞こえるときも完璧なのだ！”という考えなのです。それを研究するのが，詩学と韻律学なのです。

インドの影響

続いて外来の学問。まずは東隣(どなり)の**インド**の学問です。これの影響としては，やはり**数学**でしょう。とくに**ゼロの概念**と**インド数字**。

このインド数字は，世界で使われている**アラビア数字**のもとになります。それまでは，**ローマ数字**とか**漢数字**だったわけだよね，世界は。こういう数字を使って微分積分なんて，考えただけでゾッとする(注：青木は，不勉強のため数学が苦手だったが，受験勉強を通じて，それなりに好きになった)。

【ギリシア数字とローマ数字】

- ギリシア人は，アルファベットを数字としても利用していた。たとえば，α=1，β=2，…ρ=100，…ω=800といった具合である。
- ローマ数字で「1786」を表すと，“MDCCLXXXVI”となる。
(M=1000，DCC=500+100+100，LXXX=50+10+10+10，VI=6)

ギリシアの影響

続いてはギリシアの影響。いろいろある外来の学問のなかで，**ギリシアの影響は大きい**なあ。

とくに**アリストテレスの哲学**。彼を通じて，イスラーム教徒は人間を探究し，また「**理性**」というものが人間にあることを知ったのでした。

9世紀にはバグダードに**知恵の館**が建設されました。アラビア語で，**バイト=アル=ヒクマ**。ここが**ギリシア語文献のアラビア語翻訳活動の拠点**となりましたね(→ p.322)。

このちイスラーム教徒のなかには，**理性**を駆使して神の本質に迫ろうとしたり，人間の生き方を追求する人々が登場することになります。

ではそういうことを追求する学問である，神学や哲学の分野を見ていきましょう。

2 神学・哲学

別冊プリント p.117 参照

イブン=シーナー

まずは**イブン=シーナー**。彼は，中央アジアにできた**サーマーン朝**の出身です。彼はアリストテレス哲学を用いて**イスラーム哲学を大成した**と言われます。

それからイブン=シーナーと言えば，**医学者**としても有名でした。著書は『**医学典範**』。ヨーロッパで**ラテン語**に翻訳されて，南イタリアの**サレルノ大学**などの医学校では，18世紀ころまでテキストとして使用されました。そのため彼の名は，ラテン名**アヴィケンナ**(**アヴィセンナ**)として知られることになります。

イスラーム神秘主義とガザーリー

理性を駆使して論理的に解ることを，文字どおり「理解」と言います。これに対して，**感性**や**直観**で神との合一，あるいは神への接近をはかろうとする立場が，**イスラーム神秘主義**(**スーフィズム**)です。内容と歴史的な意義は先述のとおりです(→ p.339)。

この神秘主義をイスラーム神学に導入したのが，11世紀後半に登場した**ガザーリー**でした。彼は，バグダードに**セルジューク朝**が創建した**ニザーミーヤ学院**では教鞭もとりました。ガザーリーはアリストテレスを受容しながらも，後年には神秘主義に傾倒し，放浪の旅に出ました。

イブン=ルシュド

イブン=ルシュド
(1126〜1198)

12 世紀になると，**イブン=ルシュド**が登場しました。

彼はガザーリーが距離を置くようになったアリストテレス，および人間が持つ理性の復権を目ざしました。

活動の拠点は，**ムワッヒド朝**支配下の**コルドバ**で，アリストテレスの著作に関する詳細な注釈を行いました。

コルドバにて。右から２番目の女の子がフラメンコの練習をしていた。みーんな可愛かった。(1987 年撮影)

コルドバには彼の名を冠した通りがある。

イブン=シーナーとならんで，彼の著作も**ラテン語**に翻訳されて西ヨーロッパに影響を与えます。ラテン名は**アヴェロエス**。

彼の研究は，それまで雑然としていた西ヨーロッパの知識を体系的に整理するときに，大きな効力を発揮しました。こうして，西ヨーロッパに壮大な「知の体系」が成立します。これが**スコラ学(スコラ哲学)の体系化**と言われる事項です。これについては，中世ヨーロッパの文化のところで，またお話しします(第②巻)。

歴史学・地理学・文芸・自然科学

別冊プリント p.118 参照

歴史学

じゃ，続いて歴史。やや細かいけど**タバリー**から。彼は 9·10 世紀に，アッバース朝のもとで活躍した歴史家です。著作としては『**預言者と諸王の歴史**』。これは年代記(編年体)の形式で，歴史を記したものでした。

続いて『**世界史(歴史)序説**』。これは**チュニス**出身の**イブン=ハルドゥーン**の著作です。彼は「**都市民と砂漠の遊牧民との対立**」のなかに王朝盛衰の法則を発見し，そこに歴史を動かす動因を見いだしました。

イブン=ハルドゥーン
(1332〜1406)

岩波文庫では「歴史序説」となっている。これは，『実例の書』という膨大な著作の文字どおり「序」にあたる部分。歴史というよりは，むしろイスラーム社会学という内容である。

彼に従えば，砂漠の**遊牧民**(彼の言葉では“**粗野**(そや)**な民**”)は，苛酷(かこく)な環境のなかで生活しているために，**都市の人々**(“**文明の民**”)よりもより**強い連帯意識**によって結ばれている，というのです。その団結力によって，都市を征服して王朝を築く。しかし都市に居住することによって連帯意識は弱まり，今度は別の遊牧民によって征服される……。王朝の盛衰(せいすい)はこのような法則性を持っている，と彼は分析しました。

次は『**集史**』。これはイル=ハン国の宰相(さいしょう)**ラシード=アッディーン**の編纂(へんさん)ですね。内容はモンゴル史を中心とした世界史です。

地理学・旅行家

イスラーム世界では**地理学**が発展しました。これには背景があります。

「**六信五行**」って覚えてますか？　後半の「五行」のなかには，**聖地メッカ**への**巡礼**が入っています。この巡礼がイスラーム世界内部の交流を活発化させたのですが，このことが地理学発達の背景なんですね。

まず『**ルッジェーロの書**』という書物。著者は**イドリーシー**です。「ルッジェーロ」とは，12世紀前半に成立した**両シチリア王国**の初代国王**ルッジェーロ2世**のことです。イドリーシーは，この**ノルマン人**の王に仕えました。

モロッコのタンジール港にて。うしろのフェリーでジブラルタル海峡をわたった。

フェリーの名前は，“イブン=バットゥータ2”だった。

『三大陸周遊記』は**イブン=バットゥータ**の著です。アフリカ，ヨーロッパ，そしてアジアの**元**(げん)を歴訪したと言われています。マルコ=ポーロは13世紀，イブン=バットゥータは**14世紀**に元を訪れます。アフリカの国としては，とくに**マリ王国**に行っていますね。マリ王国の中心都市は**トンブクトゥー**で，ここに大学があることを彼は証言しています。

文芸

次は文芸。まず**『千夜一夜物語』**，カタカナでは**『アラビアン=ナイト』**。これは説話集で，そのおおもとは**ササン朝**時代にできました。それがイスラーム世界に受容されて，イスラームナイズされ，ペルシアのみならずアラビア・インドの話もまじりながら，16世紀ころにカイロで完成したと言われます。

『シャー=ナーメ（王の書）』を書いたフィルドゥシーと，**『ルバイヤート』**のウマル=ハイヤームは，前に言ったよな(→ p.333)。

フィルドゥシー

自然科学

次はイスラームの大きな業績というべき**自然科学**。

まず**化学**の基礎をつくったのが，**錬金術**(れんきんじゅつ)です。錬金そのものは失敗するんだけどね。有名な話ですが，**アルコール**という言葉はアラビア語です。

あと，**数学**はインドから**ゼロの概念**なんかを学んだ。これはさっき言ったな。イスラーム世界の数学で有名なのは，なんと言っても**フワーリズミー**です。アッバース朝のもと，9世紀前半が彼の活動期でした。その分野は**代数学**。

天文学では**ファルガーニー**かな。彼は中央アジアのシル川流域，**フェル**

ガナ地方の出身でした。名前もそれにちなんだものです。ギリシア人の天文学者**プトレマイオス**の影響を受けていて，……ということは**天動説**ですね，彼の立場は。

それから**医学**は**イブン=シーナー**，これも言ったね(→ p.345)。

あとは**ウマル=ハイヤーム**。セルジューク朝のもとで活躍した詩人としても有名ですが，一方でスルタン・マリク=シャーの命のもとに，**ジャラリー(ジャラーリー)暦**を制定しました。これはイスラーム暦 471 年(西暦 1078 年)を元年とする**太陽暦**です。**622 年**を元年とする**イスラーム暦**(**ヒジュラ暦**ともいう)は完全な**太陰暦**でしたけどね(注：イスラーム暦で，1 年は 354 日)。

このような発展を見せたイスラームの天文・暦学は，13 世紀の**元代**の中国に大きな影響を与えました。そうしたなかで中国で作製された太陰太陽暦が**授時暦**です。作製の中心は**郭守敬**。

4 イスラーム文化の伝播と融合

別冊プリント p.119 参照

ではイスラーム文化の最後に，イスラーム文化の伝播についてお話ししましょう。ここはとくに**論述問題**のネタになるところです。

この回の冒頭に，イスラーム文化は「**融合文化**」だと指摘しました。いろんな文化の要素を取り込んで成立したイスラーム文化。そして今度はそれが，**アラビア以外の地域に伝播**して，**土着の文化と融合**する番です。

話の展開上，第2巻で扱う時代の王朝にも言及します。

イラン=イスラーム文化の形成

まずは，**イスラーム文化**と**イラン文化**の融合から。

イランは，イスラーム教が成立するはるか昔から，文化が発展し，**アケメネス朝**や**ササン朝**などのような帝国が存在した地域でした。

そこに**正統カリフ時代**にイスラーム教徒が侵入したことが，**イラン=イスラーム文化**が形成される契機と言えるでしょう。

11 世紀後半には，**セルジューク朝**がイラン・イラク(メソポタミア)を支配します。王朝自体は**トルコ系**でしたが，そのもとでは，**イラン人**の**ウマル=ハイヤーム**が『**ルバイヤート**』を著しました。

13世紀半ばには，**イル=ハン国**の**ガザン=ハン**が**イスラーム教を国教化**したり，イスラーム文化の保護に努めたため，**イラン=イスラーム文化は成熟**しました。具体例はイラン人宰相**ラシード=アッディーン**による『**集史**』の編纂や，恋と酒を歌った詩人**ハーフィズ**の活躍が挙げられます。

さらに16世紀に成立した**サファヴィー朝**でも，イラン=イスラーム文化は発展し，首都の**イスファハーン**には**アッバース1世**によって壮麗なモスクが建てられました。

また**細密画**（**ミニアチュール**）も，イラン=イスラーム文化の具体例として挙げられます。細密画は書物の挿絵として発展したものです。ところで「挿絵」っていうけど，

Q **イスラーム世界では，具象芸術は禁止じゃなかったんですか？**

その通りだよ，禁止だよ。でも書いちゃったもの，しょうがないじゃないか(笑)。

どの宗教でもそうだけど，**宗教的タブーが，すべての地域で完全に守られているわけじゃない**。僕らだって，仏教徒だけど暴飲暴食するだろう。それと同じで，「ダメっ」と言われても**アラベスク**以外のものを描いてみたいというイスラーム教徒もいたわけだ。

うーっ，描きたい！
絵筆

トルコ=イスラーム文化

続いては，イスラーム文化と**トルコ人の文化**の融合についてです。

2つの文化が融合する契機は，**10世紀**における**カラハン朝**（**カラ=ハン朝**）の成立でした。場所は**中央アジア**。

カラハン朝と言えば，中央アジア初の**トルコ系イスラーム王朝**。この王朝のもとで，史上初のトルコ語でのイスラーム文芸作品『**幸福の智恵**（クタドゥグ=ビリグ）』が書かれました。

14世紀後半には，**中央アジア**に**ティムール帝国**が成立しました。ティムール帝国は，その後**イラン・イラク**にも支配をおよぼします。これを契機に，

イル=ハン国で成熟した**イラン=イスラーム文化**と，中央アジアのトルコ人の文化の融合が進み，**トルコ=イスラーム文化**が成立しました。

教科書には，具体的な文学作品までは載っていませんが，宮廷では**ペルシア語の文学**が好まれ，またイランの影響で**細密画**も流行しました。

また 15・16 世紀に盛時を迎えた**オスマン帝国**でも，トルコ=イスラーム文化が発展しました。その代表は建築物で，首都**イスタンブル**の**スレイマン=モスク**や**トプカピ宮殿**などが挙げられます。

インド=イスラーム文化

インドにもイスラーム文化の影響はおよびます。その契機は，**ガズナ朝**や**ゴール朝**のインド侵入でした。10 世紀から 12 世紀にかけてのことです。

13 世紀初頭，インド初のイスラーム王朝として**奴隷王朝**をはじめとする**デリー=スルタン朝**が続きます。これらの王朝は，支配下のインド人に対してイスラーム教への**改宗を強制しませんでした**が，スーフィーや**ムスリム商人**たちの活動によって，イスラーム教は次第にインドに浸透していきましたね。

©植村

タージ=マハル廟

そして **16 世紀前半**に成立した**ムガル朝**のもとで，**インド=イスラーム文化**が開化することになりました。

まず，広くイスラーム世界で行政用語などとなっていた**ペルシア語**がインドにも流入し，これがインドのいろいろな地方語と融合して，**ウルドゥー語**が形成されました。これは現在，**インドでは公用語**の 1 つで，**パキスタンでは国語**となっています。

5 代目の**シャー=ジャハン**の時代には，**タージ=マハル廟**が創建されました。

またイランの細密画の影響のもとで，**ムガル絵画**や**ラージプート絵画**が発展します。前者はムガル帝国の宮廷を中心に発展したものですが，これ

アウラングゼーブ帝の細密画

に対してラージプート絵画は，ラージプートと呼ばれる地方の支配者たちのあいだに流行したものでした。ただしラージプートの多くは**ヒンドゥー教徒**なので，絵画の対象はヒンドゥー教の神々や，それにまつわる話が多いようです。

イベリア半島のイスラーム文化

イベリア半島は，8世紀初頭以来，イスラーム教徒の支配下にありましたね。とくに南部の**アンダルシア地方**などには，今でもイスラーム教の文化の影響を見ることができます。とくに**コルドバ**ね。コルドバのモスク（注：スペイン語ではメスキータ）などはその典型。

それからアンダルシアといえば，イベリア最後のイスラーム王朝である**ナスル朝**があったところ。その首都は**グラナダ**でしたね。

Q グラナダに創建された「赤い城」を意味する王城は何か？

——アルハンブラ宮殿

©植村

アルハンブラ宮殿。左の写真は大使謁見の間の天井。宇宙を感じさせる。右の写真はライオンの噴水があるパティオ（中庭）。

最後は，イスラーム文化の西欧への伝播ですが，これについては，中世西ヨーロッパの文化（第②巻）のところでお話しすることにしましょう。

第22回 中央アジアとチベットの歴史

“民族”と“宗教”の変遷

今回は，中央アジアとチベットの歴史を見ていきたいと思います。まずは地図で舞台を確認しましょう。

1 中央アジア史概観

別冊プリント p.121 参照

地図▶中央アジア（およびその周辺）の地勢

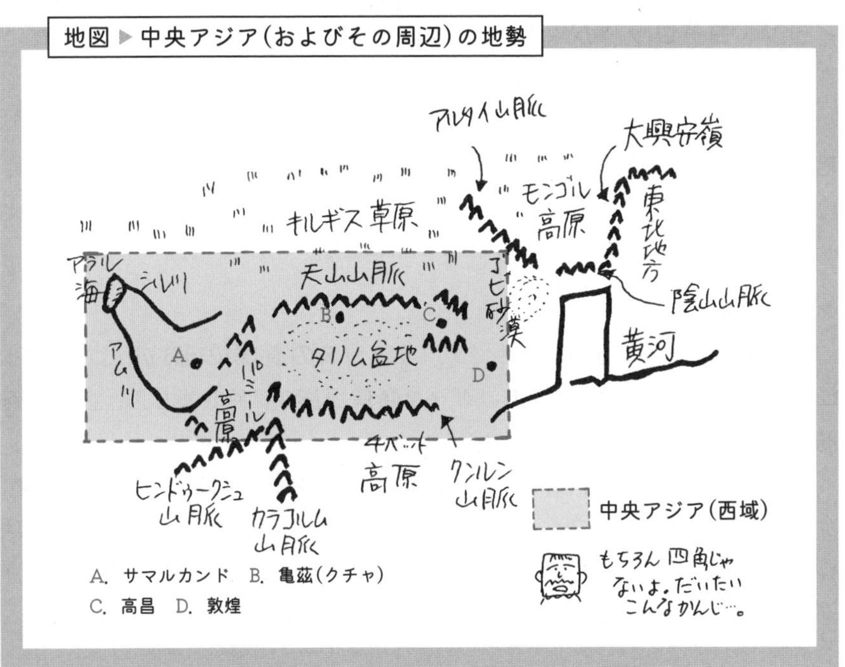

中央アジアという舞台

まあ大体こんな感じですね。今からお話をする中央アジアを，中国人は「**西域**（さいいき）」と呼びました。数多くある中国語のなかでも，こんなにロマンを感じる言葉はないな。響（ひび）きもいいね。

位置的には**敦煌**より西側の地域で，とりわけ，**天山**・**崑崙**という２つの山脈に挟まれた地域と考えていいでしょう。この両山脈に挟まれた地域は盆地になっていて，**タリム盆地**と言います。さらに，ここは砂漠なんですが，砂漠についた名前は**タクラマカン砂漠**です。そして，西の端は**アラル海**のあたりまでです。

それから，大興安嶺，陰山山脈，アルタイ山脈に囲まれた領域がありますね。ここが**モンゴル高原**で，この草原地帯で活躍する連中が，**北方騎馬民族**なのです。彼らについては，第６回ですでにお話ししましたね。

中央アジアの歴史的意義

次に，この地域が歴史的に果たした役割についてです。この地域は，**インド・イラン・ヨーロッパ**の各世界と，**中国**を結びつける地域でした。そしてここを通じてさまざまな文物が伝播していったのです。

ここには**オアシス都市**が点在しています。天山・崑崙山脈に降った雪が，地下水となって湧き出すのですね。そこでは**農耕が可能**ですが，あまり多くの人口は養えません。なんせ全体としては乾燥していて，耕地が広くありませんからね。

▶交易活動

でも**交易路**としては使えるのです。**オアシスの道**（**絹の道**）が，ここを通っていて，**イラン系のソグド人**のような**商業民族**が活躍しました。彼らは**隊商**を組んで，商業に従事しました。

隊商（**キャラバン**）とは，多くの商人が隊伍を組んで交易を行うものです。ルートの安全を確保してくれる強大な権力が存在しない場合，道中の安全は自分たちで確保しなければならない。そこで，彼らは時として数百人，ラクダも数百頭という大集団で，しっかりと武装して歩を進めたのでした。

彼らが宿泊するのは**隊商宿**，アラビア語では**キャラバン=サライ**と言います。これは防壁に囲まれたすごい建物ですよ。

▶文物の交流

ついで，文物の交流について。

まずは**仏教**です。仏教は**前漢の末**から**後漢の初期**のころに，**西域経由**でインドから伝播したと言われます。4世紀の**五胡十六国時代**に入ると，西域の僧が中国を訪れ，仏教の浸透（しんとう）に尽力（じんりょく）しましたね。**仏図澄**（ぶっとちょう），**鳩摩羅什**（くまらじゅう），覚えてますよね。

さらに，**東晋**の**法顕**（ほっけん）や**唐**の**玄奘**（げんじょう）は，西域経由で**陸路**インドを目ざしました。法顕は往路が**陸路**で，帰路は**海路**をとりましたが。それから，ついでですが，唐僧の**義浄**（ぎじょう）は往復路ともに**海路**ですよ。

また技術では，**製紙法**が8世紀半ばにイスラーム世界に伝播しましたが，契機は**タラス河畔**（かはん）**の戦い**。これも中央アジアでの戦いでした。

クルミ（胡桃），**ゴマ**（胡麻），**ブドウ**，**ザクロ**，**胡瓜**（きゅうり），**スイカ**（西瓜）なども，西域から中国に伝わったと言われています。

中央アジア史――2つの視点

では，中央アジアの歴史の流れを見ていきましょう。中央アジア史ってヤヤコシイというイメージがあるだろう？　いろんな連中が入ってくるからね。そこで本講では，2つの視点からこの地域の歴史を眺めていこうと思います。それは，

民族と宗教

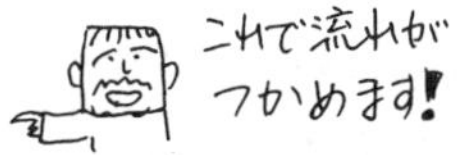

まず，ここで言う「民族」とは，どんな**言語**を話す連中がいたのか？，ということです。また一方で「宗教」とは，何を**信仰**している人たちが，中央アジアにいたのか？，ということです。この2点から，まず**10世紀**までの中央アジア史を概観してみましょう。次のページの図解を参考にしてください。

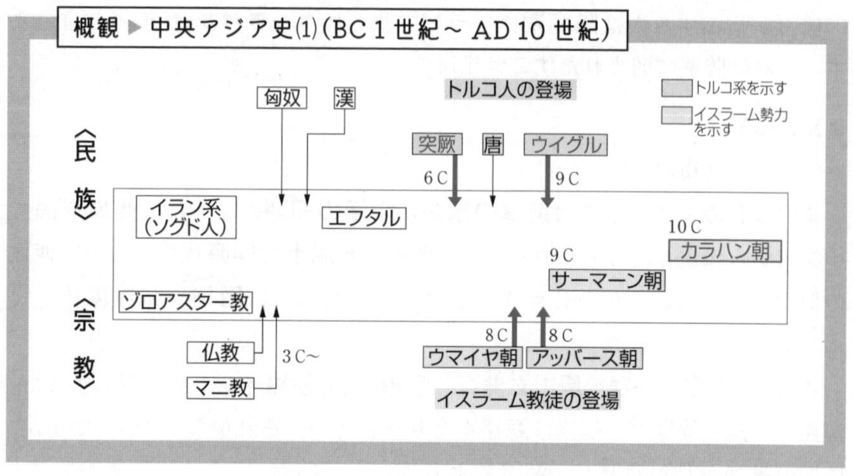

10 世紀までの中央アジア史（概観）

じゃあ，まずどういう**言語**を使っていた**民族**がいたのか，という観点から見ていこう。結論から言うと，当初は**イラン系の人々が目立った**ようです。とくに**中央アジア西部**で目立ったのは**ソグド人**です。そういうわけでこのあたりは，**“ソグディアナ”**と呼ばれました。ただし，ソグド人が数的に多かったかどうかについては疑問があるようです。だから僕も“目立った”という表現を使ったんだ。

ソグド人って**商業民族**だよね。商業民族というのはいろんなところにネットワークを持っているから，どこの町に行ってもいるわけですよ。「あそこにもここにもソグド人がいる」ということだから，“目立った”わけだね。

そのソグド人が信仰していたのは，イラン人の民族宗教である**ゾロアスター教**でした。そして，3 世紀以降になると，**マニ教**が普及し始めます。

またインドから伝わった**仏教**も広まっていたようです。

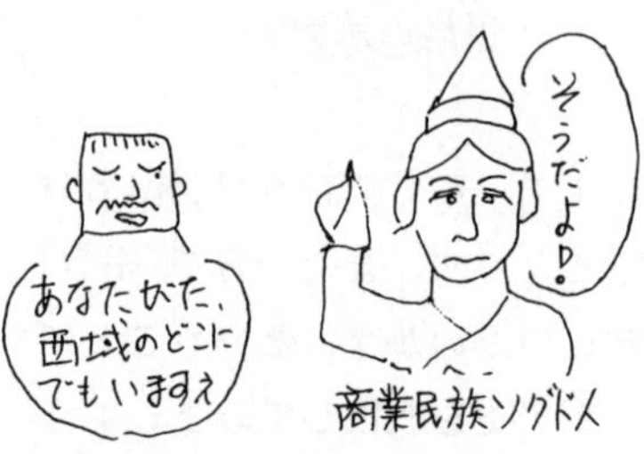

トルコ人の登場

ところが，**6世紀**あたりから状況が変わりました。すなわち，**トルコ人**がここにやって来たのです。その**トルコ人登場の第1波**は，**突厥**(とっけつ)でした。

そして，**7世紀**にはここに中国王朝の**唐**(とう)が勢力を伸ばしてきますが，やがて唐の勢力が後退したあとに，**トルコ人登場の第2波**，すなわち**ウイグル**(**回紇**(かいこつ))が登場したのです。これが**9世紀の半ば**以降ですね。

こうしてトルコ人たちが，この中央アジアにおいて，しだいに数を増やしていくようになるわけです。これを教科書では「**中央アジアのトルコ化**」と記載しています。

イスラーム教徒の登場

その一方で，**宗教的にも変化**が起こります。すなわち，西方から**イスラーム教徒**が登場したのです。これが「**中央アジアのイスラーム化**」の始まりでした。

その第1波が**8世紀**初頭にやってきた**ウマイヤ朝**です。そして**アッバース朝**がこの地に勢力を伸ばしてきたあと，**9世紀**には**サーマーン朝**が中央アジア西部に成立します。

こうして，**民族的には**トルコ人，**宗教的には**イスラーム教という2つの新しい動きを，総合するような形で，中央アジア史における重要な王朝が登場します。それが**10世紀**に成立した**カラハン朝**(**カラ=ハン朝**)でした。

この王朝がなぜ重要なのか？　それは，21世紀の今日に至ってもこのあたりに住んでいる人々と言えば**トルコ人**だし，彼らが信仰している宗教と言えば**イスラーム教**なんです。要するに，**カラハン朝は，今日に至る1000年間の中央アジアの基本構造を確立した王朝**と言えるんだ。

それでは，このカラハン朝が成立するころまでを見ていきましょう。まずは，トルコ人やイスラーム教徒が登場する以前の中央アジアです。

この概観だけでも合格点は取れますが，せっかくですから，これに**中国史**や**イスラーム史**を絡(から)めて肉付けしていきましょう。

BC 1 世紀～AD 6 世紀の中央アジア

別冊プリント p.122 参照

BC 1 世紀ころの中央アジア

まず **BC 1 世紀**あたりの中央アジア。ここは**前漢**のところでやっているけど，簡単に復習しておきましょう。

このころ中央アジアには 3 つの有名な国，あるいは民族が存在しました。まず 1 つはイラン系と言われる**月氏**（げっし）。彼らは BC 206 年と 162 年の 2 回にわたって，**匈奴**（きょうど）や**烏孫**（うそん）に攻められ，中央アジアの西部に移動しました。

Q 追われた月氏は，最終的になんと言う川の流域に定着したか？

——アム川

この事態を「**月氏の西遷**（せいせん）」と言います。また，これ以降，月氏は「**大月氏**」と称されるようになりました。

大月氏はギリシア人国家の**バクトリア**も滅ぼしました。

また大月氏と言えば，前漢の**武帝**の時代，匈奴に対抗するための同盟を結ぶために，**張騫**（ちょうけん）が派遣された国としても有名ですよね。

2 つ目は**大宛**（だいえん）です。カタカナだと**フェルガナ**と言います。この国は**汗血馬**（かんけつば）と言う名馬の産地でした。

あともう 1 つは**烏孫**（うそん）。これは，天山（テンシャン）山脈の北方にいたようです。この国に対しても前漢が同盟を申し込むんですが，その際に漢の**細君**（さいくん）という女性が嫁（とつ）いでいきました。

いわゆる**和蕃公主**（わばんこうしゅ）の典型（てんけい）の 1 つですね。「**和蕃公主**」って知らない？　公主とは，皇帝の娘のこと。まず「蕃」とは「野蛮人（やばんじん）」のことですが，彼らと「和」を結ぶために，異民族に嫁（とつ）がされた娘さんのことを「和蕃公主」というのです。

史上有名な和蕃公主には，前漢の末期に**東匈奴**の**呼韓邪単于**（こかんやぜんう）に嫁いだ**王昭君**（おうしょうくん），唐の時代に**吐蕃**（とばん）の建国者**ソンツェン=ガンポ**に嫁いだ**文成公主**（ぶんせい）がいます。

地図▶武帝時代の中央アジア

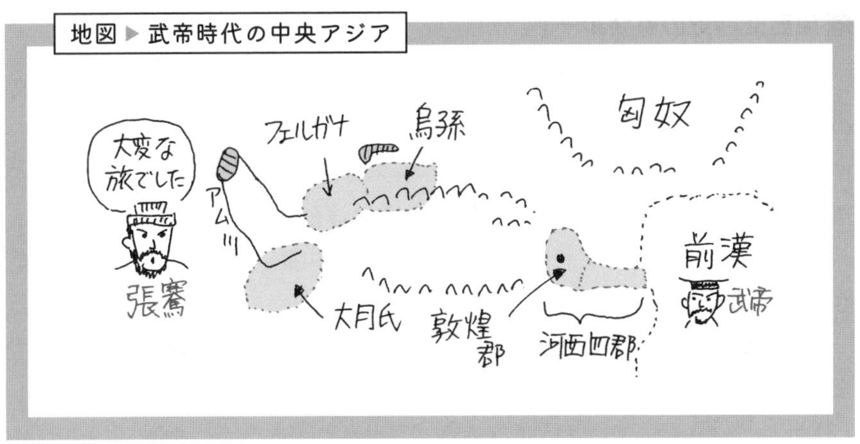

漢の西域進出

さて，これらの国々があった中央アジアに，**前漢**が進出の機会をうかがいます。その進出の第１波は**武帝**の時代でした。

武帝は，北方の**匈奴**(きょうど)にダメージを与えつつ，中央アジアの東の端に**河西四郡**(かせい)を設置します。最も重要なのは**敦煌郡**(とんこう)でしたね。

続いて，BC１世紀の前半に登場した**宣帝**(せん)の時代。彼の時代の前後，匈奴の内紛は激しく，宣帝はそれに乗じる形で中央アジアの奥深くに勢力を伸ばします。

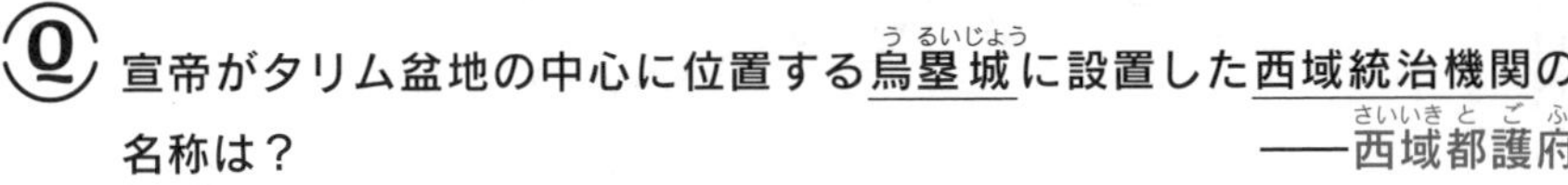
Q **宣帝がタリム盆地の中心に位置する烏塁城(うるいじょう)に設置した西域統治機関の名称は？**
――西域都護府(さいいきとごふ)

ここを拠点に前漢は中央アジアを支配するんだね。

その後，前漢は滅亡し，西域都護府も活動停止。その後，**後漢**の時代となり，紀元１世紀の末に即位した**和帝**(わてい)の時代に，西域都護府が再び設置されました。その長官である**西域都護**に任命された男が**班超**(はんちょう)でしたね。

このように，前漢・後漢帝国の力があいついで，西域に進出するのも，**絹の道**(**シルク=ロード**)もしくは**オアシスの道**を押さえるためであったことは間違いありません。

東西交渉史の重要ルート

絹の道は，**草原の道**（**ステップ=ロード**），**海の道**と並んで，東西交渉の際の重要なルートでした。

草原の道は，モンゴル高原から**キルギス草原**，**カザフ草原**，南ロシアの草原地帯を結ぶもので，主として**騎馬民族の移動**に使用されました。

海の道は紀元前後にローマ帝国の海だった**地中海**，そして**紅海**，**インド洋**，さらには**南シナ海**を結んで成立しました。

そして**絹の道**（**オアシスの道**）は，**ラクダ**などを使った**隊商**という形態で交易が営まれ，商業ルートとして重要でした。

絹の道

さて絹の道（オアシスの道）は，最終的には**ローマ**，**コンスタンティノープル**と**長安**などを結びつける貿易路なんだけども，中央アジア地域においてはどのようなルートがあったんでしょうか。見てみましょう。

まず「**シルク=ロード**」という言葉自体について。この言葉を創始したドイツ人の地理学者は**リヒトホーフェン**です。

シルク=ロードは，ドイツ語では，“ザイデン・シュトラーセ”かな。

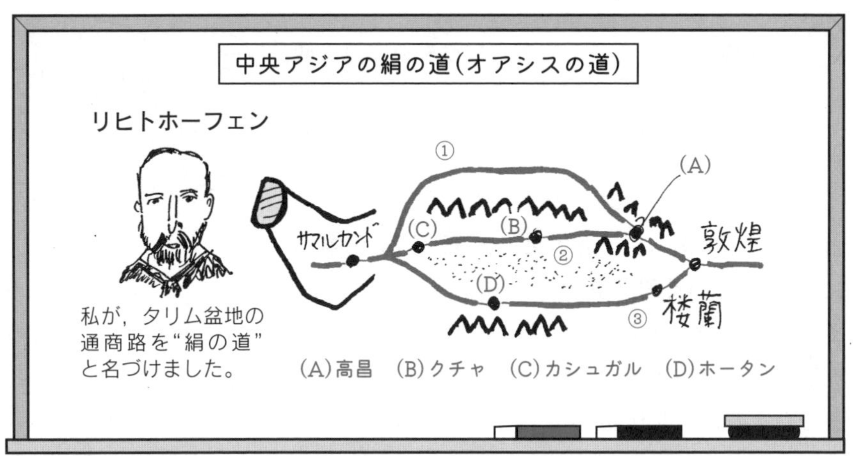

僕の描いた上の略地図をご覧ください。このように，**シルク=ロード**は中央アジアで**3つのルート**に分かれているわけよ。

まず①は**天山北路**。これは天山山脈の北側を通っている。次の②は**天山南路北道**というんだけども，別名は，**西域北道**と言います。③のルートは，崑崙山脈のすぐ北側にあって，**天山南路南道**と言います。別名は**西域南道**。

地図上の(A)～(D)の点は，この3つのルートの上にあるオアシス都市を表しています。

では，東から見ていこうか。まず**敦煌**。シルク=ロードが3つに分かれる起点の町です。先ほど言ったように，前漢武帝朝に郡が設置されたことで有名です。敦煌には，五胡十六国時代の前秦の時代から**石窟寺院**が造営され始めます。

じゃあ，まず(A)は**高昌**です。高昌は小さな盆地のなかに位置しており，これを**トゥルファン盆地**と言います。その中心都市が高昌なんです。教科書などでは，高昌＝トゥルファンと表記したものがあるけれども，厳密には違うようだね。高昌は，五胡十六国時代に華北から移住した**漢人**たちの植民都市国家でした。では，

Q 仏図澄(ブドチンガ)の出身地として有名な，天山南路北道の町(B)は？

——クチャ(亀茲)

さらに，クチャ出身の有名な坊さんといえば，もう1人いますね。

Q 仏典を漢訳したことで有名なクチャ出身の僧はだれか？

——**鳩摩羅什**(くまらじゅう)

こうしてみると，シルク=ロードというのは，物資の流通路であったとともに，**大乗仏教**(だいじょうぶっきょう)**が中国に伝播**(でんぱ)**していく際のルート**でもあったわけです。

そしてとりわけクチャは，その前進基地でした。さらに言えば，大乗仏教の発進基地は**クシャーナ朝**です。そこから中央アジア経由で中国にもたらされました。だから**北伝仏教**(ほくでんぶっきょう)と言うんですね。

クチャの600キロ西には，(C)**カシュガル**があります。漢代には「**疎勒**(そろく)(**疏勒**(そろく))」と記されていました。

(D)は**ホータン**(**于闐**(うてん))。ここは中国人が珍重した**玉**(ぎょく)の産地として有名でした。玉とは翡翠(ひすい)という薄緑色の宝石です。

そして3つに分かれたシルク=ロードが合流する町が，**サマルカンド**です。14世紀の後半に**ティムール帝国**の都になる町ですね。

③ 6世紀～10世紀の中央アジア

別冊プリント p.122 参照

さて，いよいよ6世紀以降になってここに**トルコ人**が，そして8世紀になると**イスラーム教徒**がやってくるんだね。

突厥の中央アジア支配

じゃあ，まず**トルコ化**が進む中央アジアについて見ていこう。

最初にやってきたトルコ系民族は**突厥**(とっけつ)でした。言うなれば，「**中央アジアのトルコ化の第1波**」ですね。その突厥が中央アジアにやってきた際に，遊牧民の**エフタル**を滅ぼしています。

Q 突厥がエフタルを滅ぼした際に，突厥と同盟したササン朝の君主はだれか？

——**ホスロー1世**

その突厥自身は，**隋の分断策**によって6世紀末に**東西に分裂**し，その後は，

地図▶6世紀半ば過ぎのアジア

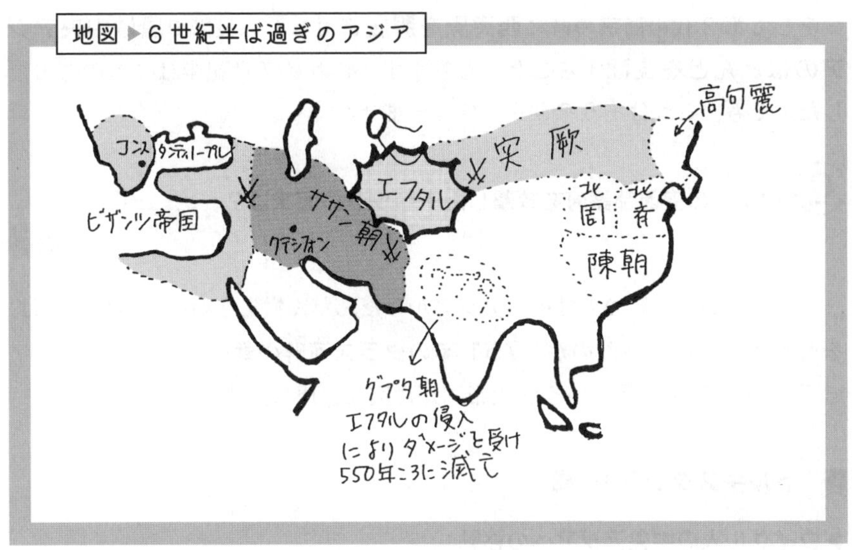

西突厥が**中央アジアを支配**することになります。

唐の西域進出と撤退

7世紀初頭には**唐**が建国され，この王朝はかつての漢と同様に，シルク=ロードの利益を求めて西進を開始します。

まず第2代の**太宗**(たいそう)(**李世民**(りせいみん))が**高昌**を滅ぼします。そして640年に，ここに六都護府の1つである**安西都護府**(あんせいとごふ)を設置しました。そして648年にはこれが，さらに西方の**クチャ**(**亀茲**)に移動するわけです。

ちょうどその直前に西域を通って長安に戻ったのが**玄奘**(げんじょう)でした。

玄奘(三蔵法師)
(602～664)

629(or 627)年，国禁を犯してインドに求法(ぐほう)のために旅立った。『西遊記』とは異なり(あたりまえか！)，危険に満ちた単独行だったらしい。ルートは，伊吾(ハミ)から**高昌**を経て(ということは**西域北道**を通ったことになる)**サマルカンドへ**。そこからガンダーラ，カシミールを越えてインドに達した。当時北インドは**ハルシャ=ヴァルダナ王**(戒日王)の治世下にあった。**ナーランダー僧院**で学んだあと帰国。今度は西域南道沿いにある于闐(ホータン)，楼蘭(ローラン)を経ての旅となった。

帰国後，持ち返った経典の翻訳に没頭。1347巻を訳したという。これが本当なら5日に1巻のペースになる！

そして第3代の高宗の時に**西突厥を服属させ**，この段階で**唐は中央アジアのほとんどを支配**することになります。これは7世紀半ばころのことでした。でも，これはそうそう長くは続きません。

Q クチャの安西都護府を攻撃したチベットの国家は？

――吐蕃(とばん)

このころから，唐の力は中央アジアからだんだん撤退を始めるわけですね。それが決定的になったのが，**751年**の**タラス河畔(かはん)の戦い**です。中央アジアで**アッバース朝**と**唐**という2大帝国が激突し，唐は敗北しました。

“トルキスタン”の形成

▶ウイグル人の中央アジアへの移動

そして**9世紀後半**にモンゴル高原から中央アジアに，**トルコ人の第2波**がやってきます。

Q キルギス(結骨)によってモンゴル高原を追われ，中央アジアにやってきたトルコ系民族は？

――ウイグル(回紇(かいこつ))

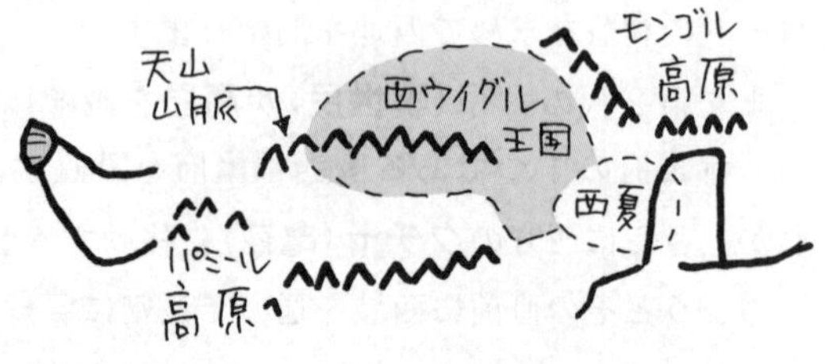

故地(こち)を追われたウイグル人は，**河西(かさい)地方**から**天山(テンシャン)山脈の東部**に定住しました。そのなかの河西地方のウイグル人は，11世紀以降**チベット系タングート人**の国である**西夏(せいか)**の支配下に入りました。そしてそれより西に住んだ人たちは，王国を再建しました。帝国書院の教科書(『新詳世界史探究』)では，これを「**西ウイグル王国**」と呼んでいます。

彼らの多くは，ここで**遊牧生活から農耕生活への転換**を果たしたようです。そしてこの後，彼らは，**ソグド文字**を母字として**ウイグル文字**を創出したのです。

トルキスタンの成立

さてウイグル人の移動は，それまでに中央アジアに住んでいた**トルコ系の人々をパミール高原の西に追いやる**契機となりました。こうして，**アラル海からタリム盆地**にいたる地域も，トルコ人の居住地域となり始めました。

こうして中央アジアは，**トルキスタン**と呼ばれるようになったのです。それまでは**イラン系**の**ソグド人**が多数であった(ように見えた)ので，中央アジア西部は**ソグディアナ**と呼ばれていた時代もありましたね。

一方，「トルキスタン」とは“**トルコ人の住む地域**”という意味ですが，必ずしもトルコ人が数において優位を示したかどうかはわかりません。よって，「**トルコ語**を話す連中が目立った」と解釈するほうが妥当でしょう。

イスラーム勢力の台頭

▶ウマイヤ朝・アッバース朝の進出

じゃあ次は**イスラーム教徒**の進出です。まず第１波が**ウマイヤ朝**，**アッバース朝**ですね。ウマイヤ朝は８世紀初頭にはサマルカンドに達し，751年にはアッバース朝が**タラス河畔の戦い**で勝利を収めました。

これを契機に，中央アジア西部に**ムスリム商人**が進出し，アラル海方面にいた**トルコ人**と接触しました。これが，**トルコ人にイスラーム教が浸透するきっかけ**となりました。

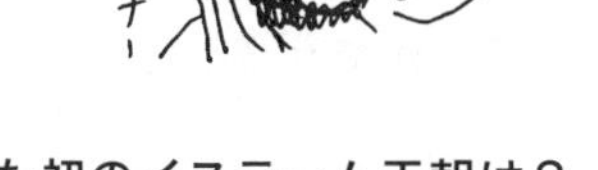

▶サーマーン朝

Q **9世紀末，中央アジアに成立した初のイスラーム王朝は？**

――サーマーン朝

ウマイヤ朝と**アッバース朝**は，中央アジアに**進出**してきたイスラーム王朝。これに対して**サーマーン朝**は**中央アジアにできた王朝**です。

サーマーン朝の都は**アム川**北岸の**ブハラ**で，民族系統は**イラン系**です。この王朝出身の有名な哲学者・医学者に，**イブン=シーナー**がいましたね。『**医学典範**』，覚えているかな？

トルコ人のイスラーム化

ちょうどこれと相前後して，中央アジア東部に**トルコ系**の**ウイグル人**たちがやってきます。彼らを含むトルコ系の人々に，8世紀に続いて**イスラーム教が浸透**していきました。モンゴル高原にいたころのウイグル人には，**マニ教**や**仏教**が広まっていました。そのウイグル人にイスラーム教が浸透した理由の1つは，**サーマーン朝**が宣教者を派遣して**布教を行った**ことが挙げられます。

またサーマーン朝は，**トルコ人の騎兵**を**奴隷兵**として，アッバース朝のカリフに対して，あるいは他のイスラーム世界に送り出す基地となりました。このような兵士達を**マムルーク**と言いましたね。

トルコ人騎兵も，他の遊牧民戦士と同じく，**騎射**というすごい戦闘能力を持っています。彼らは，分裂と戦乱が続くイスラーム世界の各王朝の軍事力として，貴重な存在だったのです(→ p.76)。

さてイスラーム世界で兵士としてリクルートされるには，イスラーム教に改宗したほうがいい……。多分こんな判断もあったと思うよ。教科書には書いてないけど。

それからサーマーン朝は10世紀には衰退があらわになります。原因は支配下の**マムルーク**たちの自立です。とくに有名なのは，10世紀の半ばに**アフガニスタン**でサーマーン朝から自立した**ガズナ朝**でした。

▶カラハン朝

さて，トルコ人にイスラーム教が浸透したことで，トルコ人のイスラーム王朝が成立する前提ができました。

Q **10世紀半ば，東部トルキスタンに登場したトルコ系イスラーム王朝は？**

——カラハン朝でしたね。

この王朝のキャッチフレーズは，「**中央アジア初のトルコ系イスラーム王朝**」です。ただし，カラハン朝は建国当初の段階ではイスラーム王朝とは言えませんでした。その後，カラハン朝の君主がイスラーム教を受容したことを契機に，カラハン朝は「イスラーム化」していったのです。

地図▶10世紀半ばのイスラーム世界

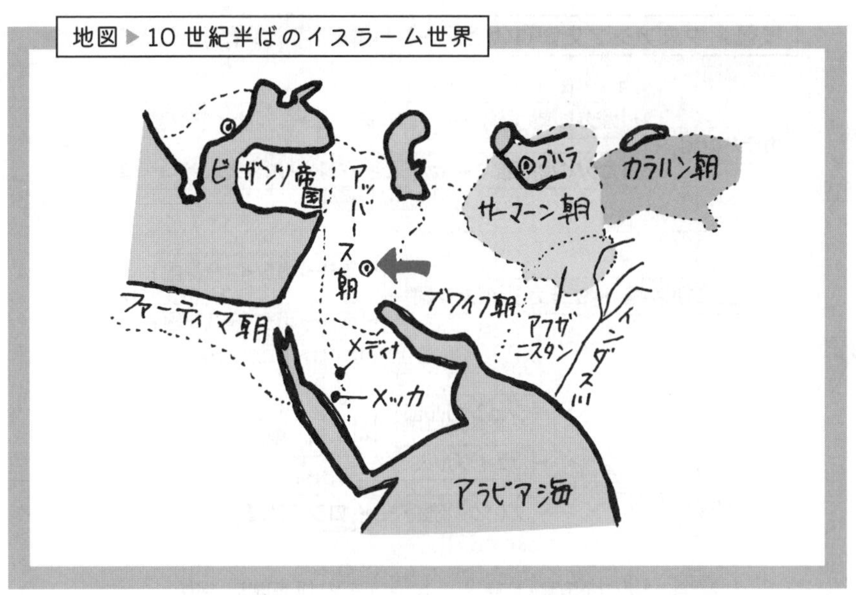

ただし，東部トルキスタン全域にまでイスラーム教が完全に浸透するには，なお時間がかかったようです。中国にも近く，また**仏教**の伝統が根強く残っていたタリム盆地東部までイスラーム教が浸透したのは，16世紀になってからと言われています。

そして，10世紀の末にはカラハン朝が**イラン系のサーマーン朝を滅ぼして**，**中央アジア全域のトルコ化**が決定的となりました。

 10世紀以降の中央アジア

別冊プリント p.124 参照

では，次に**10世紀以降**の中央アジア史について，お話ししたいと思います。ここからは，13世紀のモンゴル帝国を勉強した後のほうがわかりやすいかもしれないけど，一応話しておきます。

最初に流れを概観しておこう。まず**カラハン朝**は，アフガニスタンの**ガズナ朝に敗北**し，11世紀になると，だんだんと分裂してしまいます。

その後ここに登場するのが，モンゴル系の**西遼**(せいりょう)(**カラ=キタイ**)やトルコ系の**セルジューク朝**です。次にトルコ系の**ナイマン部**が，西遼の王権を奪って中央アジア東部を支配します。西部はトルコ系の**ホラズム=シャー朝**(**ホラズム朝**)の支配下に入ります。

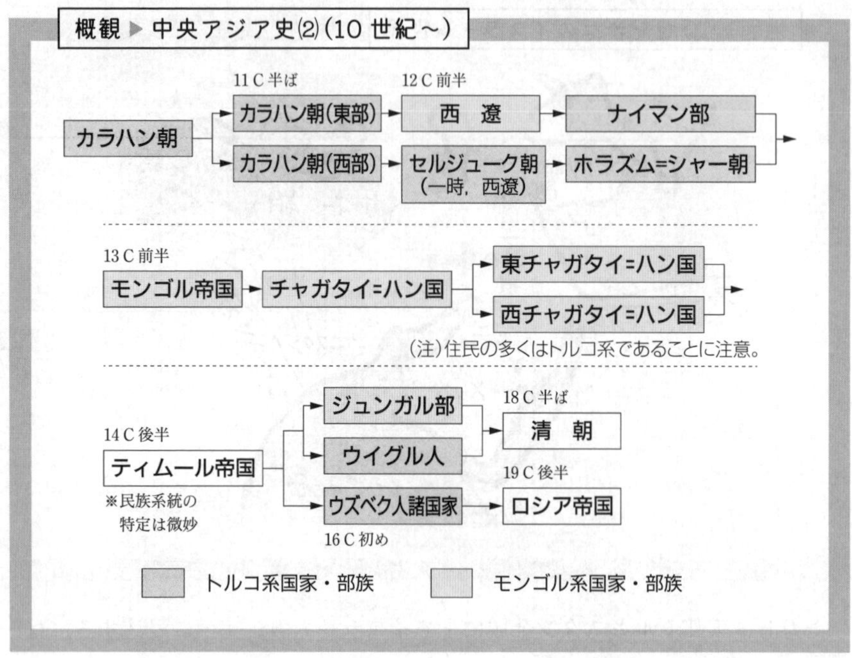

次に**チンギス=ハン**がやってきました。その後，この中央アジアを支配するのが，**チャガタイ=ハン国**。支配者一族の血脈はモンゴル系ですが，言語的にはトルコ語が一般的なので，「民族系統は何か？」という問題は成立しにくいですね。

こうして，モンゴル人が来襲しましたが，「**トルコ化した中央アジア**」という構造は崩せませんでした。結局モンゴル人は，トルコ系の人々を排除して，多数派となることはできなかったのです。

そしてチャガタイ=ハン国が東西に分裂したあと，中央アジアでは**ティムール帝国(朝)**が支配権を掌握します。この国(王朝)も，ティムールはチンギス=ハンの血脈と婚姻を結んだようですが，言語はトルコ語です。ですから，上の図解でも色づけしていません。

この国が滅んだあとは，中央アジアの東部では，**モンゴル系のジュンガル部**，それに**トルコ系のウイグル人**が力を持ち，西部では**トルコ系ウズベク人**の3つの国家が成立しました。そして最終的には中央アジア東部を**清朝**が支配し，西部は**帝政ロシア**の支配下に入ってしまいました。

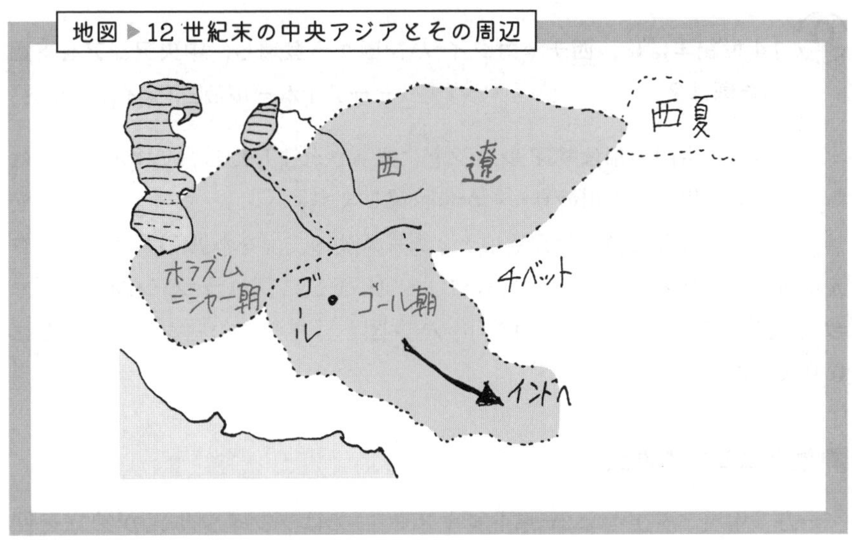

モンゴル人の支配

以上の概観に肉付けしていきましょう。

カラハン朝が分裂したあと，東部のカラハン朝は12世紀の前半に**モンゴル系の契丹族**に滅ぼされました。では，

Q 契丹族(きったん)の耶律大石(やりつたいせき)が，東部のカラ=ハン朝を滅ぼして建てた国家は？

——**西遼**(せいりょう)(カラ=キタイ)

ただし住民の多くはトルコ系のイスラーム教徒です。

一方，西部のカラハン朝が衰退すると，**セルジューク朝**が力を持ち，一時中央アジア西部を支配しました。その後，この中央アジア西部の地は，マムルークがアム川流域に創建した**トルコ系のホラズム=シャー朝**の支配下に入りました。

そしてその後，**トルコ系ナイマン部**の**クチュルク**という族長が西遼を奪います。

さらに13世紀の前半，**チンギス=ハン**の遠征によって，ナイマン部やホラズム=シャー朝は滅ぼされてしまいます。その後中央アジアには，**チャガタイ=ハン国**が成立しました。

Q **14 世紀半ばに，西チャガタイ=ハン国から登場し，中央アジアを支配した国は？**
――ティムール帝国（ティムール朝）

ティムール帝国の都は**サマルカンド**に設置されましたね。サマルカンドはちょうどアム川，シル川の真んなかに位置しますよ。

そして 1500 年ころには，そのティムール朝の支配を**トルコ系**の**ウズベク人**が粉砕し，ウズベク人はこのあたりに，16 世紀に**ブハラ=ハン国**，**ヒヴァ=ハン国**，18 世紀には**コーカンド=ハン国**という 3 つの国をつくることになりました。

清とロシアの進出

一方，中央アジアの東部（東トルキスタン）では，**ウイグル人が独立を回復**します。彼らはイスラーム教徒。ここを**回部**と言いました。これは，ウイグル人が「回紇」と記されていたことに由来します。

そして，天山山脈の北側からモンゴル高原西北部にかけては，**ジュンガル部**（**準部**）が勢力を持つようになります。ジュンガル部はもともとオイラート部から勃興した**モンゴル系**の部族で，今言った地域以外にも，モンゴル高原やチベットなどに勢力を伸ばしています。その影響で彼らは**チベット仏教**を信仰していました。

とくにモンゴル高原では，**モンゴル系のハルハ**（**カルカ**）**部**を支配していました。しかし，ハルハ部から救援の依頼を受けた**清の康熙帝**の遠征によってモンゴル高原からは撤退してしまいます。

Q **18 世紀半ばにジュンガル部を滅ぼし，さらに回部を征服した清朝の皇帝は？**
――乾隆帝

このころから，ウイグル人居住地域（いわゆる**回部**）と**ジュンガル部**を併せて，**新疆**と呼ぶようになりました。「新疆」とは“新しい領土”という意味の言葉です。

一方，西トルキスタンの**ウズベク人 3 ハン国**（**ブハラ**，**ヒヴァ**，**コーカンド=ハン国**）は，いずれも 1860 年代から 70 年代にかけて，**帝政ロシア**に

地図▶18世紀半ばの中央アジア

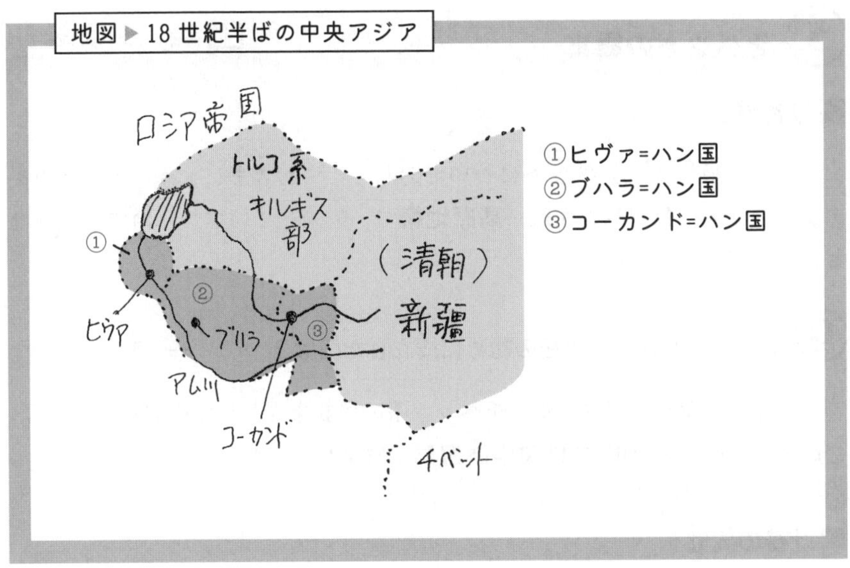

よって保護国化，もしくは併合（へいごう）されました。そのときのロシアの皇帝は，**アレクサンドル2世**です。

こうして19世紀後半には，清とロシアが中央アジア地域においても，直接に国境を接することになったわけです。

Q 清とロシアのあいだで，1881年に結ばれた国境線確定条約をなんと言うか？

――イリ条約

その後，新疆は清朝の**直轄領**たる「**新疆省**」となりました。

そして20世紀から現在なんですが，東トルキスタンは**中華人民共和国**の**新疆ウイグル自治区**となっています。首府は**ウルムチ**ね。

また西トルキスタンには，ロシア革命後，ソ連邦に所属する共和国が複数誕生しました。そして**1991年**に**ソ連邦が崩壊**すると，**カザフスタン**，**トルクメニスタン**などの独立国家が誕生しました。

このあたりは，また近現代史のところで勉強しましょうね。

⑤ チベットの歴史

別冊プリント p.125 参照

吐谷渾という国

この回の最後に，**チベット**についてお話ししておきましょう。場所は中央アジアの南側に位置しますね。**高原地帯**で，乾燥していて，寒冷で，気候はとにかく厳しいです。

Q そのチベットに4世紀の初めに成立した国は？ ——**吐谷渾**（とよくこん）です。

吐谷渾は**鮮卑**（せんぴ）**系**の遊牧民が，チベット系の民族を支配して成立した国です。この国は，**西域と中国を結ぶ中継貿易**で繁栄しました。

吐蕃の成立

Q その吐谷渾を撃退して，7世紀前半にチベットで成立した統一国家は？

——**吐蕃**（とばん）ですね。

建国者は**ソンツェン=ガンポ**です。首都は**ラサ**でした。奥さんは**唐**からやってきた**文成公主**（ぶんせいこうしゅ）。しかし，唐との関係は微妙で，吐蕃は何度も唐と戦うことになりました。中央アジアの交易路も欲しかったみたいね。

安史の乱で唐が混乱すると，吐蕃は**長安**を占領したこともありました。

そして822年には和平が結ばれましたが，その記録が**唐蕃会盟碑**（とうばんかいめいひ）という石碑です。これは，**インド文字**を母体につくられた**チベット文字**の重要な史料です。

アルファベット	ka	ku
インド文字	क	कु
チベット文字	ཀ	ཀུ

こうして精強を誇（ほこ）った吐蕃でしたが，その後内部対立から分裂し，9世紀の後半には力を失いました。その後は，チベットに大きな勢力を持つ政治権力は登場しませんでした。

チベット仏教の成立

宗教ではインドから流入した**大乗仏教**（だいじょうぶっきょう）と，チベットの**民間信仰**が融合（ゆうごう）して，**チベット仏教**が生まれました。チベット仏教の高僧を「ラマ」ということから，**ラマ教**と呼ばれることもあります。そして吐蕃のもとで保護され，**国教**の地位を占めました。

モンゴル人の支配

13 世紀には**オゴデイ**(**オゴタイ**)が軍を派遣し，チベットは**モンゴル人**の支配下に入ります。これを契機に，**チベット仏教がモンゴル人に広まり**，保護されるようになりました。とくに**クビライ**(**フビライ**)は，僧**パクパ**(**パスパ**)を国師としても重用し，チベット文字をもとに**パクパ**(**パスパ**)**文字**をつくらせていますね。ちなみにパスパは，**サキャ派**といわれる宗派の僧でした。

チベット仏教改革派の登場

しかし，政治権力と宗教が接近すると，そこに**腐敗**(ふはい)が生まれます。

とくにチベット仏教の僧のなかに，**妻帯**(さいたい)や**飲酒**などが横行(おうこう)し，人心が離れていく危険が生まれました。そこで 14 世紀の末ころから，

Q チベット仏教の改革を提唱し，黄帽派(こうぼう)を立ち上げたのはだれか？

――ツォンカパですね。

ゲルク派とも呼ばれた黄帽派では，妻帯などを禁止する一方，高僧が生まれ変わって，言いかえると「輪廻転生(りんねてんしょう)」して，すべての人々が救済されるまで活動し続けるという考え方も生まれました。この生まれ変わった高僧のことを，「**活仏**(かつぶつ)」と言います。

アルタン=ハンの侵攻

16 世紀には**モンゴル系タタール部族**の首長である**アルタン=ハン**がチベットを征服。しかし征服者のモンゴル人は，チベット仏教の教えに，いっそう感化されるようになりました。

Q アルタン=ハンが，チベット仏教の最高指導者に与えた称号は何か？

――ダライ=ラマです。

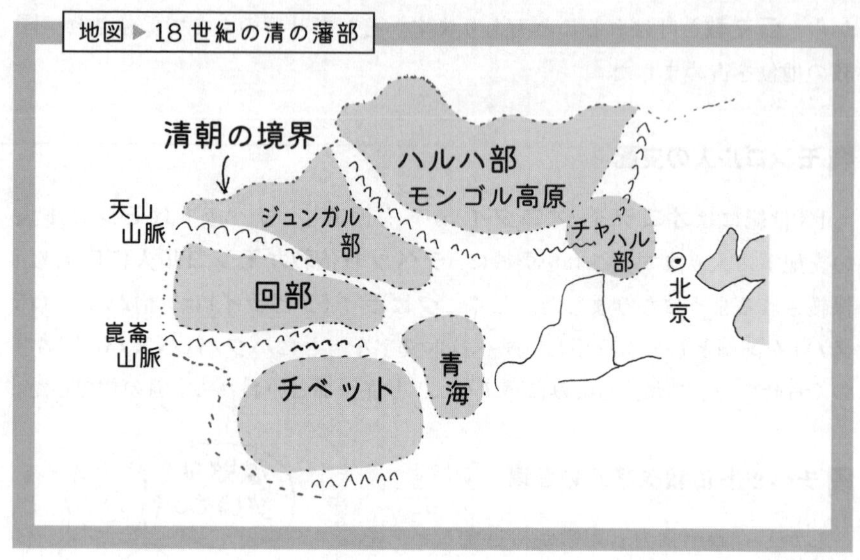

ダライ=ラマは称号であり，個人の名前ではありませんよ。このダライ=ラマは，モンゴル人の軍事力に支えられて，チベットにおける**政教両面の支配者**になりました。

清朝の支配

18世紀には，チベットは**清朝**の支配下に入り，藩部(はんぶ)として**理藩院**(りはんいん)が統治しました。**雍正帝**(ようせいてい)の時代ですね。

清朝は，モンゴル高原のモンゴル系**ハルハ(カルカ)部**や，中央アジア東部に拠点を持つモンゴル系の**ジュンガル部**に対する支配を円滑(えんかつ)に進めたいと思いました。

なんせ，モンゴル人はチベット仏教を信仰し，その最高指導者ダライ=ラマの権威に服しています。そこで，清朝はダライ=ラマにチベットの支配権を認め，それとひきかえに清朝のモンゴル人支配に協力させました。こうして，**ダライ=ラマによるチベット支配権**が確立し，それは20世紀に**中国共産党**が崩壊させるまで続くのでした。

以上，中央アジアとチベットでした。次回は朝鮮史です。

朝鮮史(17世紀前半まで)

中国や日本との関係史

教科書の記述では，コマ切れに時代を区切っていますが，入試問題では通史が出ることが多いので，朝鮮史は17世紀の前半まで，通してお話しすることにします。

ここは通史で講義します。

朝鮮史で重要な3つの年号

朝鮮史では，BC 108年，AD 313年，それに676年という年が，時代の画期となっています。まとめておきましょう。

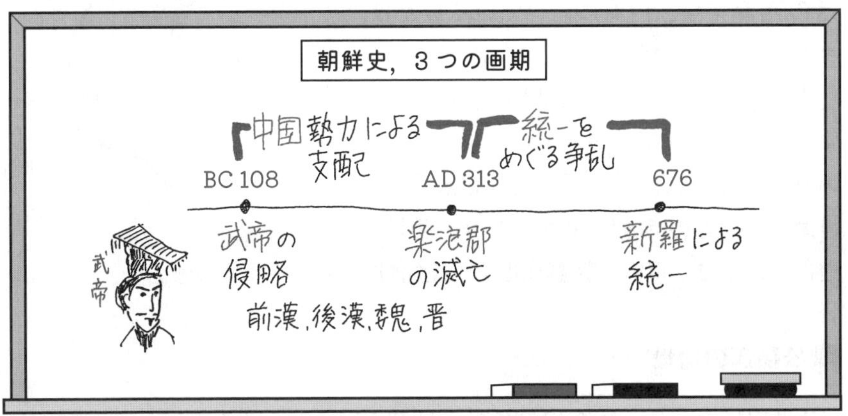

では，具体的に史実を見ていきましょう。

① 古朝鮮～新羅

別冊プリント p.126 参照

古朝鮮

前漢武帝（ぶてい）に侵攻（しんこう）を受ける以前の朝鮮を，古朝鮮（こちょうせん）と呼ぶ場合があります。まず**箕子**（きし）**朝鮮**ですが，この王朝に関してはまだ実在の確認がなされていません。『史記』や『漢書』によれば，**殷**の遺民が建国したことになっています。

次いで登場したのが**衛氏朝鮮**です。これは実在が確認されています。

Q 中国の戦国時代の燕に仕えていた人で，衛氏朝鮮の建国者はだれか？

——**衛満**です。

武帝の侵攻——中国による支配の始まり

楽浪以下４郡

しかし，この衛氏朝鮮は BC 108 年に前漢の**武帝**に滅ぼされてしまいます。

こうして朝鮮半島の大部分は，中国王朝の支配下に入り，武帝は征服地を４つに分けて，ここに**楽浪郡以下４郡**が設置されることになりました。**楽浪郡の場所は朝鮮半島の西岸**です。内海に向いている分だけ，東海岸に比べ，浪が楽（らく）なんですね(?!)

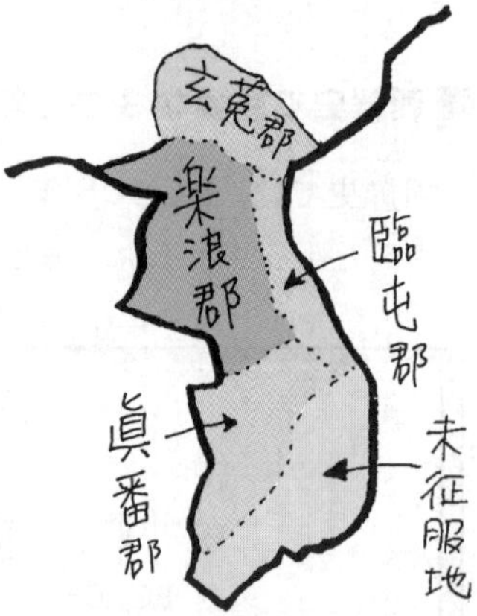

さて前漢はこのあと衰退し，その関係で朝鮮に対する支配も緩んでいきました。そのうちに前漢は滅亡。**新**に続いて登場した**後漢**も，北方の**匈奴**に対抗したり，**西域**に進出したりで，事実上**朝鮮支配からは撤退**することになりました。

公孫氏の登場

３世紀になると，**豪族の公孫氏**が朝鮮支配をもくろみました。公孫氏は，従来は魏王朝によって**遼東地方**の支配を任されていた豪族でしたが，中国における**三国時代の争乱**に乗じて，楽浪郡を接収するほどの力になったのでした。

Q 公孫氏が楽浪郡南部を割いて設置した郡は？

——**帯方郡**

この帯方郡を置いたことが，公孫氏の朝鮮支配において注目すべき点です。これは，朝鮮半島南部の諸勢力に対抗する観点から，支配体制の専門化を図ったものと言っていいでしょう。しかし，この公孫氏も，238年に**魏**によって滅ぼされます。中国王朝による朝鮮支配の復活ですね。

この前後に，この帯方郡を経由して**邪馬台国**の女王**卑弥呼**の魏への遣使も行われました。

高句麗の伸張――楽浪郡の滅亡

その魏は，**265年**に滅ぼされ，**晋**（**西晋**）が楽浪郡などを通じた朝鮮支配を試みます。しかし，この晋も**八王の乱**で決定的に衰退し，朝鮮を支配する余力がなくなってしまいました。

さてこのころ，北方から朝鮮半島をうかがう勢力がいました。

Q 中国東北地方に根拠を持つ，ツングース系貊族が建てた国は？

――高句麗

高句麗は，**313年**に**楽浪郡**を滅ぼしました。313年と言えば，晋が**永嘉の乱**で滅亡する前後ですね。さらに南部の帯方郡も，南部の韓族によって併合され，この段階で**中国勢力は朝鮮半島から駆逐される**ことになります。（波線部：これは東京書籍の記述。実教出版は「高句麗が帯方郡を滅ぼした」と記述。）

この後の朝鮮史は，統一の主導権を巡って，諸勢力が争いを続けました。では諸勢力のなかで，まず高句麗を見てみましょう。

▶高句麗の盛衰

高句麗は**4世紀後半**の段階で，現在の中国**東北地方**と朝鮮半島北部の地域を領有し，全盛期を迎えます。その時代の王としては**広開土王**（**好太王**）が知られています。**鴨緑江**流域の**広開土王碑の碑文**には，彼の事蹟が記されています。

広開土王
（位 391～412）

また次王の長寿王の治世は長期にわたり（位 413？～491年），この王のときに首都が鴨緑江流域の**丸都**（丸都城，**国内城**）から**平壌**に移動したことを押さえておきましょう。

その後，高句麗は**隋**の**煬帝**の攻撃を3回にわたって受けることになります。

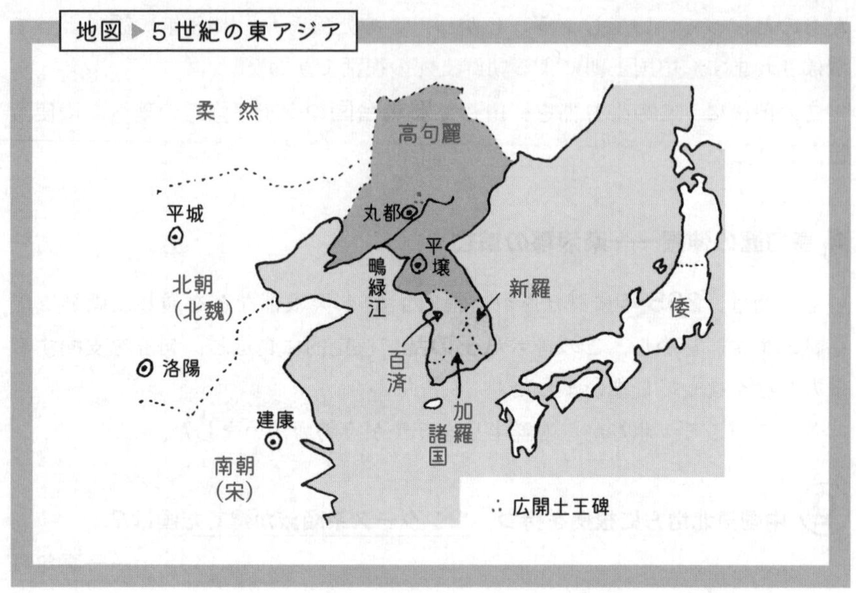

この侵攻(しんこう)の動機はどこにあったのか？

煬帝の恐れは，高句麗とモンゴル高原の北方民族である**突厥**(とっけつ)との連合が形成され，この連合が隋にとっての一大脅威(きょうい)となることでしたね(→ p.133)。しかし高句麗は隋の大軍をことごとく撃破しました。このとき活躍した高句麗の将軍が乙支文徳(おつしぶんとく)です……教科書には載ってない人名ですけど。

しかし７世紀の半ば以降には，第３代**高宗**時代の**唐**の攻撃にもさらされ，ついに**668年**に**唐**・**新羅**(しんら)の連合軍の攻撃によって平壌が陥落(かんらく)し，高句麗は滅亡しました。このあとツングース系の靺鞨(まつかつ)人を中心として，東北地方の東部には**渤海**(ぼっかい)が建国されることになります。これは**694年**のことですが，

Ⓠ 渤海国の建国者はだれでしたっけ？ ――**大祚栄**(だいそえい)

以上が高句麗を中心とした朝鮮半島北部の情勢ですが，南部はどういう状況だったのでしょうか。

朝鮮半島南部の情勢

高句麗が南下してきた**4世紀**の段階では，朝鮮半島**南部**は，**韓族**の**小国家の分立状態**でした。しかし，高句麗の脅威に対抗するために，これら小国家群が地域的に連合を始めます。

こうして，**馬韓**・**辰韓**・**弁韓**という，いわゆる**3つの国家連合**が成立しました。これらを合わせて「**三韓**」という場合があります。そしてこれら国家連合から3つの地域国家が誕生しました。

Q 馬韓が統一されて建てられた国は？ ——**百済**

Q 辰韓が統一されてできた国は？ ——**新羅**

弁韓の地は統合が進まず，**加羅**(**加耶**)**諸国**と呼ばれます。その後この加羅諸国は，隣国の百済・新羅に併合されてしまいます。日本の史書『日本書紀』には，「任那(にんな)」と記されています。

朝鮮史上に「**三国時代**」と呼ばれる時代がありますが，この「三国」とは，**高句麗・百済・新羅**を指すものであり，馬韓・辰韓・弁韓の三韓諸国を指すものではないので注意しておいてください。

唐との同盟

朝鮮半島に**初めての統一**をもたらしたのは**新羅**でした。時に676年。首都は**金城**(**慶州**)です。

では，統一の過程について。

新羅は，高宗時代の**唐と同盟関係**を結び，ライバルである**百済・高句麗**を撃破してゆくことになります。正式な同盟締結は**660年**です。なぜ，唐・新羅に同盟が成立したかって？　うーん……。一般的なことしか言えんけど，要するに「敵の敵は味方」ってことじゃないのかな。

右上の地図を見れば分かるけれど，新羅って朝鮮半島の東岸だよね。ということは，唐にとっては**直接的な脅威ではない**わけだ。じゃあ，唐にとっての**とりあえずの脅威**はどこかというと**高句麗**と，黄海を隔てた位置にある**百済**ということになる。一方，新羅にとっても高句麗・百済は敵であるわけですから，ここで政治的利害の一致を見ることになります。

新羅による朝鮮統一

こうして同盟成立。そして，まずは**百済**が**660年**8月に滅亡。

Q **百済の復興を図る人々と日本の連合軍を，唐・新羅連合軍が撃破した戦いは？**
――白村江の戦い

このころの日本は，百済を援助することを通じて，なんとか朝鮮半島に拠点を確保したいと考えていたのでした。しかし**この海戦の敗北で，日本は朝鮮半島から撤退**し，逆に唐・新羅の侵攻に備えて，西日本の沿岸一帯の防備に腐心せざるを得なくなります。

先述のように，新羅は，**668年**には**高句麗**を滅ぼしました。

さて，こうして共通の敵がいなくなると，今度は唐・新羅の関係が微妙にならざるを得ません。案の定，670年に，**唐・新羅は戦争状態**になります。戦いは6年間続き，**676年**の段階で**平壌**に設置されていた唐の**安東都護府**が**遼陽**まで撤退します。これをもって新羅による朝鮮半島初の統一が達成されたわけです。当時の国王は文武王(位661～681年)です。教科書には載ってないね。

文武王(位 661～681)

それから，その後の唐との関係ですが，これは修復され，唐から**冊封**を受けることになりました。

新羅の内政

新羅では，度重なる戦争のなかで，王家の血筋の下に団結を固めようとする風潮が強まり，これが**骨品**という**氏族に基づく身分制度**が成立する背景となりました。

また**仏教**が隆盛を誇り，**仏国寺**という寺院が**金城**(慶州は高麗時代以降の呼び名）に建てられました。寺院のなかにある**石造の多宝塔**は有名です。さらに仏国寺の背後には，花崗岩（かこうがん）を積み上げた**石窟庵**（せっくつあん）と呼ばれる**石窟寺院**も建てられました。

日本にも朝鮮半島経由で仏教が伝来しますが，新羅から受けた影響は大きいようです。

2 高麗と李朝朝鮮国

別冊プリント p.127 参照

高麗の時代

918年には**高麗**（こうらい）が建国されました。そしてこの高麗によって，935年に新羅は滅ぼされました。

高麗の建国者は**王建**（おうけん）です。首都は**開城**（かいじょう）（**開京**）。建国時には，遼（りょう）に滅ぼされた**渤海**（ぼっかい）の遺民（いみん）の力も助けになったようです。

Q 高麗や李朝における特権的な支配階層をなんと呼ぶか？
——**両班**（ヤンバン）

王建
（位 918〜943）

両班とは，もともとは現職の**官僚**を指す言葉です。国王の前で，**文班**（ブンパン）と呼ばれる文官と，**武班**（ブハン）（要するに武官，軍人）が並んで謁見（えっけん）するところから，この名がつきました。

しかし，だんだんと官職や官位は**世襲**（せしゅう）されるようになりました。一応は**科挙**も実施されていたようではありますが。こうして両班は庶民とは隔絶（かくぜつ）した**身分階層**に変化していきます。両班を形成したのは，地方の実力者である**大土地所有者層**でした。

その後，この階層の成長とともに王権は弱まり，反乱があいつぐようになりました。すると，文官優位の体制に反発していた**武人の崔氏**（さいし）が，12世紀の末に実権を握りました。この**武人政権**の体制は13世紀の後半まで続くことになりました。

ちなみに，ちょうどそのころの日本でも，**平氏政権**（へいし）や源頼朝（みなもとのよりとも）の**鎌倉幕府**など，**武家の政権**が成立していますね。

モンゴル人の支配

さて，高麗は五代諸国や北宋から**冊封**されました。しかしその後，**遼**や**金**，それに**モンゴル帝国**などの侵攻に悩まされ続けます。

そして，ついに1259年には**モンゴル軍**の侵攻によって服属させられ，その後**元によって冊封**されました。崔氏も首都を**江華島**に移して頑張りましたが，負けちゃいました。

しかしモンゴル軍の支配に対しては，高麗の軍隊のなかでも**三別抄**と呼ばれる部隊が，**済州島**に拠点を移して抵抗しました。「別抄」とは「特別選抜された部隊」という意味で，それが三部隊あるので三別抄というわけです。しかしその抵抗も1273年には鎮圧され，翌年の**1274年**，元は高麗水軍を前面に立てて，第1回目の日本侵攻，すなわち日本で言うところの「**文永の役**」を展開したのでした。ちなみに2回目は1281年で，「**弘安の役**」と言いました。2回の侵攻はまとめて「**元寇**」と言いますね。

「小中華」の意識の形成

さて高麗の時代には，「**小中華」の意識**が形成され始めました。「**小中華」の意識（小中華思想）**」とは，自分の国のことを，

“**中国と同等**，もしくは**それに次ぐ国**だ！

よって**他の国々よりは上だ**！”

とする意識です。これは朝鮮だけに限ったことではなく，漢字文化圏のベトナムや日本にもあった考え方でした。日本にも，“日本は独自の文化を持つ特別な国だ”という「**神国思想**」がありますね。これと，「小中華」意識には通底するものがある，ということだそうです。

《注》 この「神国思想」の解釈は実教出版の教科書に紹介してある。

高麗の文化

高麗は新羅と同様に**仏教国**で，**木版印刷**で作成された**高麗版大蔵経**はとくに知られています。1236年に制作が始まった大蔵経は，モンゴルの撃退を祈念するためのものでした。……まあ，効果はなかったけどね。また**世界最古の金属製活字の作成**も行われました。

しかしなんと言っても，高麗は**青磁**で世界にその名を知られることになります。ところで，**磁器と陶器の違い**って知ってる？　磁器は陶器に比べて，ガラス質が多く含まれたものです。磁器は陶器に比べて製造がはるかに難しく，ヨーロッパで磁器の生産が始まるのは18世紀です。

現在，韓国のことを英語でKoreaと言いますが，これは高麗を表すKoryoが変化したものなのです。いうなれば，**高麗青磁**を輸入した国々にとっては，高麗こそが朝鮮の歴史を代表する国として銘記されているわけです。

しかしこの高麗も，海岸を荒らす**倭寇の活動などで，だんだん衰退**していきました。

李朝朝鮮国の成立

この倭寇の撃退で名を馳せたのが**李朝**という王朝の創建者**李成桂**です。彼は国号を「**朝鮮**」としました。建国は**1392年**。これまでにも「箕子朝鮮」「衛氏朝鮮」という「国」がありましたが，これは呼び名で，彼らが自ら号していたものではありませんでした。

首都は**漢陽**（**漢城**）ですね。今の**ソウル**です。ただし，京城と書くのは禁物。これは日本の植民地時代の表記ですからね。

李成桂は**明と冊封関係**を結び，進んで明の文化･制度の受容に努めました。

Q 李成桂が明にならって官学化した学問は？　　——朱子学

朱子学の官学化は明の文化を採り入れたケースの典型と言っていいでしょう。現在の韓国国旗を「**太極旗**」と言いますが，あれって朱子学の世界観を図解化したものですよね。世界の国旗のなかで唯一，哲学思想を国旗としたものです。

訓民正音

さて李朝で忘れてならないのは，**訓民正音**（**ハングル**）の制定でしょう。これは朝鮮民族独自の民族文字ですね。ちなみにハングルとは“偉大な文字”という意味で，日本の植民地時代に民族意識を高めるために，そのような呼び方をされるようになったようです。

Q 訓民正音を制定した第４代国王の名は？ ――**世宗**

この世宗という国王は，現在でも多くの韓国国民から尊崇を受けているようです。ソウルに行ってみれば分かりますが，世宗博物館という巨大な建物がソウルのど真んなかにありますよ。

また，15世紀の初めには**銅製の活字**もつくられ，**活版印刷**によって書物の刊行が活発化しました。ただし，この文字はあくまでも**「民」のための文字**であり，官僚や儒者は**漢字**を使い続けました。だって漢字って，1文字あたりの情報量が多いだろう⁉ われわれだって，平仮名・カタカナだけで文章を書かないだろう！ 15世紀の半ばに編纂された法典の『**経国大典**』なども，漢字で記されていますよ。

朝鮮と日本の関係

李成桂は**倭寇の禁圧**を日本の**足利義満**に依頼し，これを前提に国交が樹立されました。

しかし，**対馬**が倭寇の拠点の１つとなっていたことから，李朝朝鮮が対馬を攻撃します。これを日本史では，日本の年号を冠して「**応永の外寇**」と言います。一方で李朝は対馬の懐柔をはかるために，交易の特権を対馬に与えました。しかしです，このあと豊臣がねえ……。

豊臣秀吉の侵略

1592年から，この朝鮮国に対して**豊臣秀吉**が侵略軍を派遣します。朝鮮の人々が言うところの「**壬辰・丁酉の倭乱**」ですね。

これに対して，活躍した朝鮮海軍の軍人が**李舜臣**です。多分，現在でも多くの朝鮮の人々にとって民族的英雄と呼べる人なのでしょう。

李舜臣(1545～1598)
新鋭軍艦「亀甲船(亀船)」を開発。これが日本海軍を撃破した。しかし彼自身，戦闘で流れ弾にあたり負傷。これがもとで死す。至るところに彼の銅像が立ち，その多くは日本の方角を向いている。

戦争は，一時の中断をはさんで，豊臣秀吉が死ぬ **1598 年**まで続けられ，朝鮮の人々に大きな被害をもたらしました。日本による侵略は，近現代だけのできごとではなかったのです。

これでダメージを受けた朝鮮国は，17 世紀の前半に**清**の**ホンタイジ**から攻撃を受けますが，これを当時の年号から，「丙子胡乱」と言う場合があります。そして結果的に，朝鮮王朝は清から**冊封**を受けることになりました。ホンタイジは清の 2 代目の皇帝でしたね。

▶李朝における「小中華」の意識

しかし両班のなかには，満州人王朝の清朝皇帝の正統性を認めようとしない人々が多くいました。彼らは朝鮮国こそ，中華文明を継承していると自認しました。このような考え方は「**小中華」の意識**と呼ばれ，すでに高麗の時代に登場してましたよね(→ p.382)。この「小中華」意識(小中華思想)は李朝にも見られ，これまで以上に中華文明の根幹である**儒学**が尊ばれることになったのでした。

それから，李朝でも**科挙**が実施され，とくに**武人**たちも科挙で選抜されるようになりました。しかし，高麗と同様，高級官僚は**両班**出身者が中心でした。

▶日本との関係修復

また日本とは 1607 年に関係を修復しました。日本の政権も豊臣氏から**徳川幕府**に代わっていますしね。朝鮮からは対馬の**宗氏**を仲介にして，外交使節として**朝鮮通信使**が江戸の将軍のもとに送られました。

▶文化・工芸

最後に**白磁**。李朝の時代は，儒学が重視され，儒学が好む純粋さを表す白色が好まれたようです。また，生活に直結する学問である**実学**も発展し，世界初の**雨量計**も発明されました。これは**測雨計**と言います。

朝鮮史の続きは，第④巻で扱います。

索　引

【あ】

【い】

【う】

【え】

【お】

【か】

【き】

【く】

【け】

【こ】

【さ】

【し】

【す】

【せ】

【そ】

【た】

【ち】

【つ】

【て】

【と】

【な】

【に】

【ぬ】

【ね】

【の】

【は】

【ひ】

【ふ】

【へ】

【ほ】

【ま】

【み】

【む】

【め】

【も】

【や】

【ゆ】

【よ】

【ら】

【り】

【る】

【れ】

【ろ】

【わ】

青木 裕司 *Hiroshi AOKI*

●1956年，スターリン批判の年に，福岡県久留米市に生まれる。
●福岡県立明善高等学校を経て，九州大学文学部史学科卒。
●“世界史は日本史より面白い！”と断言してはばからない先生である。その周到に準備された講義に対する生徒の信頼は厚い。また，その問題意識と好奇心は，過去の事実にとどまらず，激動する「今」にも向けられている。年に一度解放される春には，海外に飛ぶことも多い。アビスパ福岡と福岡ホークス，それにジャズとU2をこよなく愛する2男1女の父。
●2024年に河合塾を定年退職し，同年4月より英進館専任世界史講師となる。
●主な著作
『世界史探究授業の実況中継 1～4』（語学春秋社）
『青木裕司のトークで攻略世界史B Vol.1・Vol.2』（語学春秋社）
『1日1実況 歴史に学ぶ365日の教訓』（KADOKAWA）
『知識ゼロからの現代史入門』（幻冬舎）
『サクサクわかる現代史』（メディア・ファクトリー）
『サクサクわかる世界経済の仕組み』（メディア・ファクトリー）
＊ YouTube：「青木裕司，中島浩二の世界史 ch」というチャンネルを開設しました。
タレントの中島浩二さんとやってます。よろしく！

（左）勉強部屋で。（上）わが“戦場”。

世界史探究授業の実況中継 1

2023年10月30日　初版発行
2024年 7月25日　第3刷発行
著　者　青木 裕司
発行人　井村　敦
編集人　藤原 和則
発　行　（株）語学春秋社
東京都新宿区新宿 1-10-3
TEL 03-5315-4210
本文・カバーデザイン　（株）アイム
印刷・製本　壮光舎印刷

ISBN 978-4-87568-836-5

MEMO

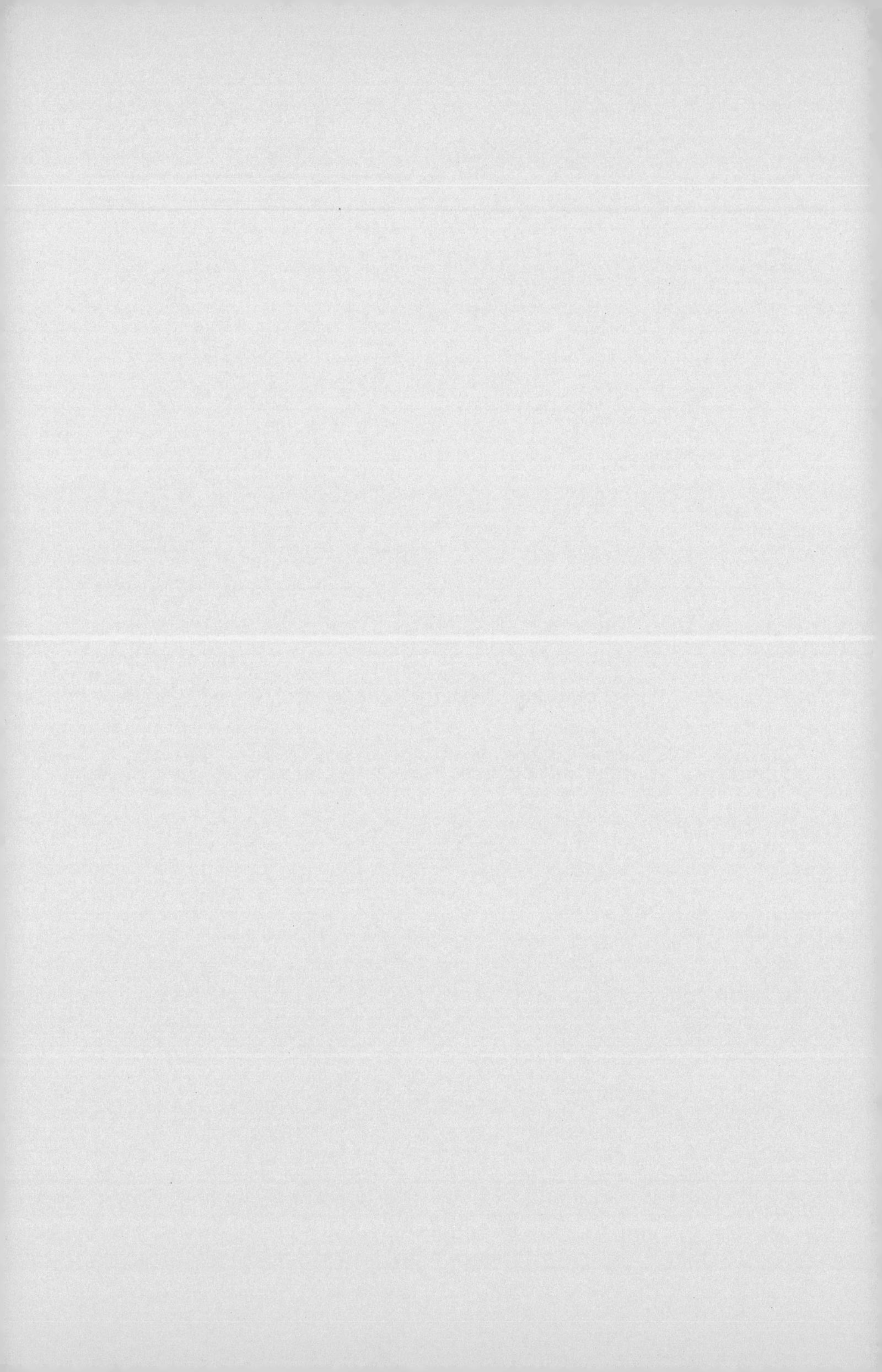

ここからブレイクスルー

世界史探究 授業の実況中継 7

［オリエント・ギリシア・ローマ・インド・中国・イスラーム・中央アジア・朝鮮・東南アジア］

授業プリント

世界史年表

語学春秋社

世界史探究
授業の実況中継 1

授業プリント

世界史年表

語学春秋社

「世界史年表」と「授業プリント」の使い方

(1) **「世界史年表」**は**ダウンロード音声**とセットです。音声には，**各巻の授業内容のアウトライン**が年表に沿った形で録音されています。当然ですが録音の声は，**青木本人**です。**青木って，こんな声なのです。復習のよい手がかり**になると思いますから，ダウンロードして，いつでも，どこでも，どこからでも，繰り返して聴いてください。

(2) **「授業プリント」**は，**青木が授業で実際に使用しているプリント**をベースに作成したものです。「世界史年表」とともに，試験前などに授業内容を短時間で確認するツールとして活用してください。

なお，このプリントには，数は少ないですが，**新課程になって教科書の記述から消えた事項**も入っています(それについては，原則として本冊の方では触れていません)。これらについては，入試対策上まったく無視することもできませんので，**ところどころ**に登場させています。

では，はじめましょう。

授業音声『世界史年表トーク』ダウンロードのご案内

別冊 p.1 ～ 29 に掲載の「世界史年表」の音声ファイル(mp3 形式)を無料ダウンロードできます(パソコンでのご利用を推奨いたします)。

手順① 語学春秋社ホームページ(https://www.goshun.com/)にアクセスし，「実況中継 音声ダウンロード」のページからダウンロードしてください。

手順② 音声ファイル(mp3 形式)は，パスワード付きの zip ファイルに圧縮されていますので，ダウンロード後，お手元の解凍ソフトにて，解凍してご利用ください。なお，解凍時にはパスワード a4BzYZuD をご入力ください。

※お使いのパソコン環境によって，フォルダ名・ファイル名が文字化けする場合がありますが，音声は正しく再生されますので，ご安心ください。

目　次

世界史年表(トーク)

授業プリント

世界史年表トーク

〈注〉右端に記したのは，同時期に他の地域で起こった主な出来事。

1 先史時代

① 人類の進化

700万年前	猿人　アウストラロピテクス，ラミダス猿人 サヘラントロプス 直立二足歩行　打製石器	
240万年前	原人　ジャワ原人，北京原人 握り斧(ハンド=アックス)　火の使用	
60万年前	旧人　ネアンデルタール人　埋葬の習慣	
20万年前	新人(現生人類)　ホモ=サピエンス=サピエンス クロマニョン人，グリマルディ人，周口店上洞人 アルタミラ，ラスコーの洞穴絵画	

② 農耕・牧畜の始まり

BC7000 頃	農耕・牧畜の開始　食料生産革命　ジャルモ 乾地農法(イェリコ)　灌漑農法(メソポタミア) 地母神への崇拝　磨製石器　新石器時代	

2 古代オリエント世界：「オリエント世界の統一」まで

① メソポタミア

BC3000 頃	＊ティグリス・ユーフラテス川	エジプト初統一
	シュメール人(BC3000～)	
	都市国家ウル，ウルク　ウル第1王朝　楔形文字	インダス文明
BC24C 頃	アッカド王国　サルゴン1世	
BC21C 頃	ウル第3王朝	
BC20C 頃	バビロン第1王朝(古バビロニア王国)	クレタ文明
BC18C	ハンムラビ法典…「目には目を，歯には歯を」	インダス文明滅亡

BC18C	ヒッタイト	
~BC12C	首都…ボアズキョイ　鉄器	
BC16C 初	バビロン第1王朝を滅ぼす	殷王朝
BC12C	海の民の攻撃	
BC18C~BC13C	ミタンニ王国	
BC16C~BC13C	カッシート王国	ミケーネ文明滅亡

② エジプト

BC3000 頃	＊ナイル川　＊ファラオ	シュメール人の都市建設
	メネス王	
BC27C	古王国	
~BC22C	都…メンフィス　大ピラミッド	インダス文明
BC21C~BC18C	中王国　都…テーベ　ヒクソスの侵入	
BC1567	新王国	
~BC1085	トトメス3世	
	アメンホテプ4世　都…アマルナ　アトン一神教	

各王国の都の移動に注意。

③ 地中海東岸の諸民族

BC12C~BC8C	アラム人　都…ダマスクス　陸上通商	ミケーネ文明滅亡
BC12C~	フェニキア人	
	拠点都市…シドン，ティルス(カルタゴの母市)	
	海上交易	
BC15C~	ヘブライ人	
	「出エジプト」　預言者モーセ	
BC10C	ダヴィデ王　ソロモン王	
	王国分裂	
BC722	イスラエル←アッシリアが滅ぼす	春秋時代
BC586	ユダ　←新バビロニア(カルデア)が滅ぼす	
	(バビロン捕囚)	

アラム，フェニキア，ヘブライはセム系。

④ オリエント世界の統一

BC20C~	アッシリア	
BC670	全オリエント統一　都…ニネヴェ	春秋時代
	アッシュルバニパル王	孔子

BC612	メディア，カルデアに滅ぼされる	ドラコンの立法
BC7C	四国分立	
～BC525	メディア　カルデア　エジプト　リディア	
BC550	アケメネス朝ペルシア	
～BC330	キュロス２世	
BC525	オリエント再統一　カンビュセス２世	クレイステネスの改革
	ダレイオス１世　都…スサ	
	サトラップ　王の目・王の耳	マラトンの戦い サラミスの海戦
	新都ペルセポリス	
BC330	滅亡，ダレイオス３世	

3 イランの歴史：～7 世紀まで

① ～BC3 世紀半ば

BC8C 末～BC550	メディア	
BC550～BC330	アケメネス朝	
BC334～BC324	アレクサンドロス大王の東方遠征	
BC312～BC64	セレウコス朝シリア　　都…アンティオキア	

② パルティア

BC248 頃	アルサケス朝	前漢建国
～AD224	ミトラダテス１世　安息　都…クテシフォン	

③ ササン朝ペルシア

AD224	アルダ(デ)シール１世	後漢滅亡
	ゾロアスター教，経典…『アヴェスター』	
241?～272?	シャープール１世	ローマの軍人皇帝時代
6C	エフタルの侵攻	
	ホスロー１世	ユスティニアヌス帝
642	ニハーヴァンドの戦い	唐の建国
651	ササン朝滅亡	

ササン朝は，3C と 6C にピークを迎える。

4 古代ギリシア・ヘレニズム時代

① エーゲ文明

BC2000 頃	クレタ(ミノス)文明　　クノッソス　平和的文明	
BC2000～	ギリシア人の南下⇒クレタ文明の滅亡	
BC17C ～BC12C	ミケーネ文明 ペロポネソス半島 ミケーネ，ティリンス　好戦的(尚武的)文明 海の民	
BC13C・12C	ドーリア人の南下	
BC12C～BC9C	暗黒時代　鉄器普及	ヒッタイト滅亡

クレタ，ミケーネ両文明の性格の違いに注意。

② ポリスの形成～民主政の発展

BC9C～BC8C	ポリスの成立 アクロポリス　アゴラ　集住	
BC8C～	海外植民活動	春秋時代
	●植民市 ビザンティオン(現イスタンブル) マッサリア(現マルセイユ) ネアポリス(現ナポリ)	アッシリアのオリエント統一(BC670)
	＊重装歩兵部隊	
BC621?	ドラコンの立法	
BC6C 初め	ソロンの改革(財産政治)	
BC561～	ペイシストラトスの僭主政治	バビロン捕囚
BC6C 末	クレイステネスの改革　オストラシズム(陶片追放)	共和政ローマの始まり

③ ペルシア戦争～ポリスの衰退

BC500 ～BC449	ペルシア戦争 ミレトスの反乱(イオニア植民市の反乱)	
BC490	マラトンの戦い	
BC480	テルモピレーの戦い　サラミスの海戦	
BC479	プラタイアの戦い	

BC5C 後半	ペリクレス時代	ローマ十二表法
BC431	ペロポネソス戦争	
〜BC404	デロス同盟…アテネ	
	ペロポネソス同盟…スパルタ	
BC395〜BC386	コリントス戦争	
BC371	テーベの覇権　レウクトラの戦い(BC371)	
	衆愚政治　市民の没落	
	扇動政治家(デマゴーゴス)	

④ マケドニアの支配〜ヘレニズム時代

BC338	カイロネイアの戦い	商鞅の変法
	フィリッポス２世…アテネ・テーベ敗北	
	デモステネス	
BC337	ヘラス連盟(コリント同盟，コリントス同盟)	
BC334〜BC324	東方遠征　アレクサンドロス大王	
BC333	イッソスの戦い	
BC331	アルベラの戦い	
BC330	アケメネス朝の滅亡　ダレイオス３世	
BC323	アレクサンドロス大王の死	
	ディアドコイ戦争　イプソスの戦い(BC301)	マウリヤ朝成立
BC312〜BC64	セレウコス朝シリア　都…アンティオキア	
BC276〜BC168	アンティゴノス朝	
BC304〜BC30	プトレマイオス朝エジプト　都…アレクサンドリア	

5 古代ギリシアの文化・ヘレニズム文化

① ギリシア文化(1)　哲　学

	＊自然哲学	
BC7〜BC6C	タレース　万物の根元は水	春秋時代
	ヘラクレイトス　「万物は流転する」	
	「火」	
BC6C	ピタゴラス　「数」	孔子(?)

それぞれの哲学者が，何をアルケーとしたかがポイント。

BC5～BC4C	デモクリトス　「原子(アトム)」	墨子
	ヒッポクラテス　「学芸は長く人生は短し」	
BC5C	＊ソフィスト活躍	ペルシア戦争
	プロタゴラス　「最大のソフィスト」	ペロポネソス戦争
	「人間は万物の尺度である」	
	＊三大哲人登場	
BC5～BC4C	ソクラテス　「無知の知」	
BC5～BC4C	プラトン　『対話篇』　イデア論　哲人政治	
	アカデメイア	
BC4C	アリストテレス　「万学の祖」　リュケイオン	孟子

② ギリシア文化(2)　芸　術

	＊彫刻	
BC5C	フェイディアス　「アテナ女神像」	ペリクレス時代
BC5C	リシッポス　「汗をかきとる人」	
	ポリュクレイトス　「槍をかつぐ人」	
	＊建築	
	ドーリア式　簡素・荘重　パルテノン神殿	
	イオニア式　軽快・優美　エレクティオン神殿	
	コリント式　技巧的・繊細　ローマのパンテオン	
	＊文学	
	神　話　主神ゼウス	
	叙事詩	
BC8～BC7C	ホメロス　『イリアス』,『オデュッセイア』	海外植民活動
	ヘシオドス　『労働と日々』,『神統記』	
	叙情詩　サッフォー	
	三大悲劇作家	
BC5C	アイスキュロス　ソフォクレス　エウリピデス	ペルシア戦争 ペリクレス時代
BC5～BC4C	喜　劇　アリストファネス	
	＊歴史	
BC5C	ヘロドトス　『歴史』　ペルシア戦争	
	トゥキディデス　『歴史(戦史)』	
	ペロポネソス戦争	

悲劇作家と喜劇作家の区別に注意。

③ ヘレニズム文化

	＊総説	
	ヘレニズム　　コスモポリタニズム　個人主義	
	時　期…ヘレニズム時代	
	アレクサンドロス大王の東方遠征から	
	BC30 年のプトレマイオス朝の滅亡まで	
	＊哲学	
BC4〜BC3C	ストア派…ゼノン　　禁欲的生活	戦国時代
	エピクロス派…エピクロス　　精神的快楽を追求	屈原
	＊美術	
	「官能的・流動的」表現	
	「ミロのヴィーナス」「ラオコーン」	
	「サモトラケのニケ」	
	＊科学	
BC3C	研究機関　　ムセイオン(アレキサンドリア)	
BC3C	天文学　　エラトステネス(地球円周の計測)	
	アリスタルコス(太陽中心説)	
	数　学　　エウクレイデス(平面幾何学)	
BC3C	物理学　　アルキメデス(浮体の原理)	秦の統一

6 古代ローマ史(1)

① 都市国家ローマの形成〜身分闘争

BC1200 頃	ラテン人(イタリア人の一派)の南下	ギリシアでミケーネ文明が崩壊
	ティベル川　エトルリア人	
BC6C 末頃	共和政ローマ	クレイステネスの改革
	パトリキとプレブス　元老院　統領(コンスル)	
	独裁官(ディクタトル)	
BC5C 頃	聖山事件　護民官設置　平民会公認	ペルシア戦争
BC450 頃	十二表法　　ローマ初の成文法	
BC367	リキニウス・セクスティウス法	
BC287	ホルテンシウス法	アショーカ王即位

身分闘争とイタリア半島統一は，並行して展開された。

② ローマの対外発展

BC3C 前半	イタリア半島統一の達成	
	対エトルリア戦争　ラテン系諸都市征服	
	ギリシア勢力制圧　分割統治	
BC264~BC146	ポエニ戦争　　カルタゴ　属州シチリア	
BC216	ハンニバル　カンネーの戦い	秦の統一
BC202	ザマの戦い	垓下の戦い

③ 戦争の１世紀

BC3C 頃	ラティフンディア拡大	
	騎士階級（エクイテス）台頭	
BC133~	グラックス兄弟の改革	呉楚七国の乱
BC91~BC88	同盟市戦争	司馬遷『史記』完成
BC73~BC71	スパルタクスの反乱	
BC60	第１回三頭政治	
	ポンペイウス　カエサル　クラッスス	
BC43	第２回三頭政治	
	オクタウィアヌス　アントニウス　レピドゥス	
BC31	アクティウムの海戦	
BC30	プトレマイオス朝の滅亡	

7 古代ローマ史（2）

① 帝政ローマ時代

BC27~AD3C 末	元首政の開始　　アウグストゥス	後漢の時代
AD96~180	五賢帝時代	
	ネルウァ	
	トラヤヌス…ダキア・メソポタミア	カニシカ王
	ハドリアヌス　アントニウス=ピウス	
	マルクス=アウレリウス　「ローマの平和」	
AD212	アントニヌス勅令　　カラカラ帝	後漢滅亡
235~284	軍人皇帝時代	中国，三国時代

元首政と専制君主政の相違に注意。

3C 末	専制君主政時代	
	ディオクレティアヌス帝　専制君主政	
	四帝分治制	
313	ミラノの勅令　コンスタンティヌス帝	西晋滅亡
325	ニケーア公会議　アタナシウス派　アリウス派	
330	コンスタンティノープル遷都	
	ユリアヌス帝…「背教者」	
379	テオドシウス帝	
392	キリスト教国教化	
395	帝国東西２分	
3C～	コロナートゥス	

② キリスト教の成立・発展

	イエスと使徒たちの活動	
	パリサイ人の戒律主義を批判　隣人愛	
AD30?	イエスの処刑　復活を果たす	後漢建国（AD25）
AD1C	使徒の活動	
	ペテロ　初代ローマ皇帝	
	パウロ　「異邦人への伝道」	
	『新約聖書』の成立	
	「福音書」	
	「使徒行伝」「パウロの手紙」「黙示録」	
	教父の活動	
4C	アタナシウス　三位一体説	
	エウセビオス　神寵帝理念	コンスタンティヌス帝
4～5C	アウグスティヌス…「最大の教父」	五胡十六国時代
	『神の国』『告白（懺悔）録』	

8 古代ローマの文化 〈注〉（ギ）はギリシアを示す。

① ローマ文化（1）

	＊全体的特色	
	「実用的」な文化　多くのギリシア人が活躍	

	「征服されたギリシアは猛きローマを征服した」（ホラティウス）	
	＊文学	
BC1C	キケロ　『友情論』『国家論』	三頭政治
	「ラテン文学の黄金時代」(アウグストゥス時代)	
BC1C	ウェルギリウス　『アエネイス』『農耕詩』	ローマ帝政開始
	＊哲学	
	ストア派が主流で，ローマ人の実践哲学となる	
	セネカ(ネロ帝の師)…『幸福論』	
	エピクテトス(ギ)	
AD2C	マルクス=アウレリウス=アントニヌス帝…『自省録』	
	ルクレティウス…エピクロス派，『物体の本性(物の本質について)』	
	＊歴史の業績	
BC2C	ポリビオス(ギ)	
	『歴史(ローマ史)』で**政体循環史観**を展開	
BC59～AD17	リウィウス　『ローマ建国史』	
AD1～2C	タキトゥス　『ゲルマニア』『年代記』	
AD1～2C	プルタルコス(ギ)　『英雄伝(対比列伝)』	帝政ローマ
	＊科学などの業績	
BC64～AD21	ストラボン(ギ)　『地理誌』	
AD1C	プリニウス　『博物誌』	
AD2C	プトレマイオス(ギ)　『天文学大全』	
	ガレノス(ギ)	

ギリシア人の活躍に注意。

② ローマ文化(2)

	＊ローマ法	
	慣習法から**成文法**へ	
	市民法から**万民法**へ	
6C	**『ローマ法大全』**(528～534)	
	ビザンツ(東ローマ)皇帝ユスティニアヌス１世	ササン朝全盛
	トリボニアヌス	

	＊建築物 　円形闘技場…ローマのものをコロッセウム 　パンテオン(万神殿) 　カラカラ大浴場 　軍用道路(アッピア街道)　水道(南仏ガール県)	

9 古代インド史

① インダス文明

BC2600 ～BC1800?	インダス川流域　ハラッパー，モヘンジョ=ダーロ インダス文字　石製印章　都市計画	

② アーリヤ人の進入

BC1500～	アーリヤ人の第 1 次移動 　カイバル峠　パンジャーブ地方　馬と戦車	
BC1000～	アーリヤ人の第 2 次移動　最重要ポイント。 　ガンジス川を東進　鉄器の普及 　バラモン教の成立　ヴァルナ(種姓) 　ウパニシャッド哲学	ヘブライ王国繁栄
BC6C 前後	マガダ国，コーサラ国などの隆盛 仏教，ジャイナ教の成立 　ガウタマ=シッダールタ　ヴァルダマーナ 　2 大叙事詩『マハーバーラタ』『ラーマーヤナ』	ローマ共和政開始

③ マウリヤ朝

BC317? ～BC180?	チャンドラグプタ 　都…パータリプトラ アショーカ王 　ダルマに基づく政治　仏典結集 　スリランカ布教　石柱碑，磨崖碑の建立 アショーカ王は仏教を基盤とした政治を展開した。	戦国時代

④ クシャーナ朝

AD1C～3C	イラン系クシャーナ族　都…プルシャプラ ガンダーラ美術	後漢 トラヤヌス帝

2C 前半？	カニシカ王 仏典結集　東西交易の活発化 大乗仏教の成立 ナーガールジュナ 衆生救済　菩薩信仰　北伝仏教 **＊上座部仏教の伝播** ①タイ　②ビルマ(ミャンマー)　③スリランカ クシャーナ朝はローマ帝国，パルティア，後漢を結ぶ交易で繁栄した。	

⑤ グプタ朝

AD320? ～550?	チャンドラグプタ１世 チャンドラグプタ２世(4～5C) グプタ朝は文化史がポイント。 **●インド古典文化の完成** **ヒンドゥー教の浸透　『マヌ法典』** **シヴァ神，ヴィシュヌ神** **カーリダーサ『シャクンタラー』** **法顕　ナーランダー僧院** **アジャンター石窟寺院**	南北朝時代

⑥ ヴァルダナ朝

7C 前半	ハルシャ=ヴァルダナ 玄奘 注意!!　義浄の来印は海路で，ヴァルダナ朝崩壊以降。	唐建国

⑦ ラージプート時代

8～13C	インドの分裂の時代 地方文化の発展の時代	中世ヨーロッパ

⑧ 南インドの王朝

BC1C ～AD3C	サータヴァーハナ朝	
BC3C～AD4C, AD9C～13C	チョーラ朝	
AD3C～	パッラヴァ朝 パーンディヤ朝	

	チャールキア朝	

10 南北アメリカ文明

① メソ=アメリカ文明

BC1200 頃	オルメカ文明　　メキシコ湾岸	
BC1000 頃	マヤ文明　　ユカタン半島　20 進法　ゼロの観念	アーリア人のガンジス川東進
BC1C?	テオティワカン文明　　メキシコ高原	
	石造りの建造物　死者の道	
AD14C	アステカ王国　　都…テノチティトラン	
～1521	スペイン人コルテスによって滅ぼされる	ルター登場

② アンデス文明

BC1000(800)	チャビン文明　　アンデス山脈周辺	
AD200	ナスカ文明　　地上絵	
11C	チムー王国	十字軍開始
15C	インカ帝国　　都…クスコ　ケチュア族　神権政治	
	駅伝制（宿駅制）	
	マチュ=ピチュ遺跡　キープ	
1533	スペイン人ピサロによって滅ぼされる	イエズス会結成

11 中国史（1）：中国文明の発生～春秋戦国時代

BC5000 年紀	仰韶文化（彩陶文化）	
～BC3000		
BC3000 年紀	竜山文化（黒陶文化）	
	邑（集落，都市国家）	
BC5000～	河姆渡文化	
	良渚文化	
	三星堆文化	

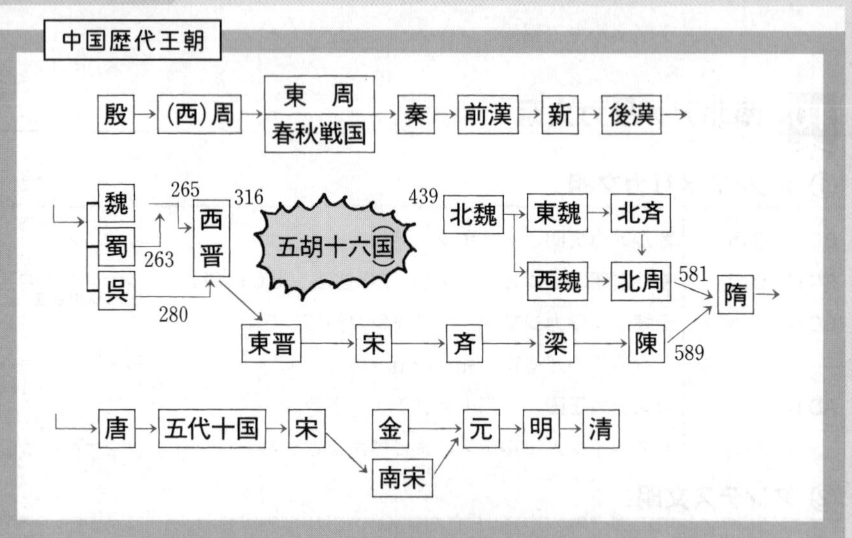

＊西周の「西」，五胡十六国の「国」は“歌詞”から省く。

BC17C頃	殷(商)　甲骨文字	
BC11C〜BC770	西周	
BC770 〜BC403	春秋時代 渭水　鎬京　封建制度　「周の東遷」 鎬京→洛邑　覇者　斉の桓公　晋の文公	ギリシア人の海外植民
BC403 〜BC221	戦国時代 「下剋上」　戦国の七雄　楚(江南)　斉(山東) 秦(陝西)　商鞅(BC4C)　郡県制　青銅貨幣	ペロポネソス戦争終結

●諸子百家
儒家：孔子・孟子
荀子…性悪説，礼知主義
墨家：墨子…「兼愛」
道家：老子・荘子
法家：韓非子
李斯…秦の始皇帝に仕えた丞相

12 中国史(2)：秦・漢

BC256	周(東周)の滅亡	
BC221	秦による全国統一	
	都…咸陽　郡県制　度量衡の統一　半両銭	
	焚書坑儒　万里の長城　匈奴	
BC209～BC208	陳勝・呉広の乱	
BC202	前漢の成立	第２回ポエニ戦争，ザマの戦い
	劉邦　都…長安　郡国制	
	匈奴…冒頓単于	
BC154	呉楚七国の乱	
	諸侯王の反乱　景帝　中央集権体制	カルタゴ滅亡
BC141～BC87	武帝の時代	
	張騫…大月氏派遣　衛氏朝鮮を滅ぼす　匈奴攻撃	
	郷挙里選　儒学官学化…董仲舒	
AD8	新　王莽　赤眉の乱	
25	後漢	
	劉秀(光武帝)　都…洛陽	イエス処刑
	和帝　西域都護…班超　甘英	トラヤヌス帝
	桓帝　大秦王安敦の使者	
2世紀後半	党錮の禁	
184	黄巾の乱…太平道の張角　張陵…五斗米道	五賢帝時代の終わり

13 中国史(3)：魏晋南北朝

220～265	魏　都…洛陽　曹操　曹丕(文帝)	ササン朝成立
221～263	蜀　都…成都　劉備	
222～280	呉　都…建業(南京)　孫権	
265	(西)晋成立　司馬炎　占田・課田法	軍人皇帝時代
280	晋が呉を滅ぼし中国統一	
290～306	八王の乱	
311～316	永嘉の乱	ミラノ勅令

317〜420	東晋　都…建康　土断法	
420〜589	南朝…宋・斉・梁・陳	
304〜439	五胡十六国時代　五胡…匈奴・鮮卑・羯・氐・羌	ゲルマン人国家の建設
439〜581	北魏	
	鮮卑(北魏)　太武帝…華北統一	
	孝文帝　均田制(485)　平城→洛陽	クローヴィス改宗
	漢化政策…胡服・胡語の禁止	
534〜550	東魏→北斉	ユスティニアヌス帝
535〜556	西魏(府兵制創始)→北周	

各王朝と，その時代に創始された制度を結びつけられるようにしよう！

14 中国史(4)：隋・唐

581〜618	隋　中国統一(589)	
	楊堅(文帝)　煬帝　科挙	
	大運河	小野妹子の遣隋使
	広通渠・永済渠など…北京・杭州(涿郡・餘杭)	
	高句麗攻撃の失敗	
618〜907	唐(初唐)	
	李淵(高祖)　李世民(太宗)　貞観の治　高宗	第1回遣唐使
	三省(中書省…詔勅の草案作成，門下省…審議，尚書省…詔勅の執行)	
	六部　礼部…科挙の実施　御史台…官吏の監督	
	均田制　租庸調　都護府　羈縻政策　冊封	ウマイヤ朝成立
690〜705	則天武后	
713〜741	開元の治　玄宗　節度使　募兵制	
755〜763	安史の乱…節度使の乱	アッバース朝成立
	荘園制の拡大	ピピン，カロリング朝たてる
	府兵制・均田制・租庸調制の崩壊　両税法	
	節度使の伸張	
875〜884	黄巣の乱　塩商人黄巣	遣唐使派遣停止
907	唐の滅亡　節度使朱全忠	ファーティマ朝成立

府兵制全面廃止は，749年。

15 中国文化史：春秋戦国～唐

① 儒学の成立・発展

春秋	孔子　「修身・斉家・治国・平天下」	
前漢	董仲舒によって官学化	ポエニ戦争終結
後漢	訓詁学の大成　**馬融→鄭玄**　『説文解字』(許慎)	
魏晋南北朝	儒学の沈滞	
唐	『五経正義』　孔穎達	ササン朝滅亡

② 中国文学史

春秋戦国	『詩経』　『楚辞』　屈原	
魏晋南北朝	曹操・曹丕　陶淵明『帰去来辞』　謝霊運	
唐	＊盛唐	
	杜甫…「詩聖」『春望』『兵車行』	安史の乱
	李白…「詩仙」『月下獨酌』	
	＊中唐	
	白楽天(白居易)　『長恨歌』	神学者アルクィン
	韓愈，柳宗元　「古文復興」	

③ 歴史学

春秋戦国	『春秋』　魯の国の年代記(孔子編纂？)　編年体	ヘロドトス『歴史』
漢代	『史記』　司馬遷　紀伝体	
	『漢書』　班固　紀伝体	

④ 中国美術史(絵画・書道を中心に)

魏晋南北朝	王羲之(東晋)　『蘭亭序』「書聖」	
	顧愷之(東晋)　『女史箴図』「画聖」	
初唐の書道や	初唐の三大書家　褚遂良・虞世南・欧陽詢	
絵画	閻立本　『歴代帝王図巻』	
盛唐の絵画や	李思訓　山水画の技法	
書道	王維　「文人画の祖」呉道玄　山水画	
	顔真卿	

顔真卿は安史の乱でも活躍！

⑤ 道教史

	神仙思想
	陰陽五行説　老荘思想　讖緯説
後漢	太平道　張角(184 年に乱を起こす)
	五斗米道　張陵(四川地方で活動)
北魏	新天師道　道教教団の成立(5C)
	北魏の寇謙之が尽力

⑥ 外来の宗教

仏教	魏晋南北朝時代　仏図澄，鳩摩羅什
	渡印僧　法顕(東晋)　玄奘(唐)　義浄(唐)
中国仏教	法相宗　玄奘
	浄土宗　彗遠
仏教遺跡	石窟寺院　敦煌　雲崗　竜門
キリスト教	景教　ネストリウス派　大秦景教流行中国碑
ゾロアスター教	祆教　祆祠

⑦ 中国技術史

漢～	製紙法の改良
魏晋南北朝	『傷寒論』　後漢の張仲景
	『斉民要術』　北魏の賈思勰
	『水経注』　北魏の酈道元

16 中央ユーラシア(内陸アジア)の世界

●北方民族の覇権の推移

2C　5C　6C　8C

①匈奴　②鮮卑　③柔然　④突厥　⑤回紇

17 イスラーム世界(1)

① イスラーム教の成立

●イスラーム教
ムハンマド
偶像崇拝禁止　神の前の平等　ムスリム
経典『コーラン(クルアーン)』　モスク

年代	事項	同時代
622	ヒジュラ(聖遷)　メディナ　イスラーム元年	隋滅び，唐建国
632～661	正統カリフ時代	
	初代カリフ(アブー=バクル)	
642	ウマル　ニハーヴァンドの戦い	
	アリー　ジハード　ハラージュ・ジズヤ	

② ウマイヤ朝・アッバース朝

年代	事項	同時代
661～750	ウマイヤ朝　ムアーウィヤ	新羅，朝鮮統一
	都…ダマスクス　シーア派 vs スンナ派	

●シーア派の王朝
ファーティマ朝(909～1171)
ブワイフ朝(932～1062)
サファヴィー朝(1501～1736)

年代	事項	同時代
	ジハードの展開	
717～718	ビザンツ帝国・コンスタンティノープル攻撃(レオン３世)	玄宗登場
711	西ゴート王国を滅ぼす	平城京遷都
732	フランク王国とトゥール・ポワティエ間の戦い	
	メロヴィング朝…宮宰カール=マルテル	
750～1258	アッバース朝	
	アブー=アルアッバース　都…バグダード	
	ハールーン=アッラシード	カール大帝

	〈エジプト〉	
909～1171	ファーティマ朝	唐滅亡
1169～1250	アイユーブ朝　　サラディン 　　　　　　　　(サラーフ=アッディーン)	
1250～1517	マムルーク朝	
	〈イベリア半島〉	
756～1031	後ウマイヤ朝	安史の乱
1056～1147	ムラービト朝　　ガーナ王国攻撃　都…マラケシュ	
1130～1269	ムワッヒド朝　　都…マラケシュ 　イブン=ルシュド(アヴェロエス)	
1232～1492	ナスル朝	コロンブス出帆

18 イスラーム世界(2)

① 10世紀半ば

各時代の王朝の位置は，必ず地図で確認すること。

	＊軍人の自立。カリフの鼎立。 **中央アジアがイスラーム圏に。**	
	〈イベリア半島〉	
756～1031	後ウマイヤ朝	
929	アブド=アッラフマーン３世，カリフ称す	
	〈北アフリカ〉	
909～1171	ファーティマ朝 　都…カイロ　アズハル学院	高麗建国
	〈イラン地方〉	
932～1062	ブワイフ朝 　シーア派　イクター制	
	〈中央アジア西部〉	
875～999	サーマーン朝 　イラン系 　イブン=シーナー(医学者・哲学者) 　　　…アヴィケンナ(ラテン名)，『医学典範』	黄巣の乱

イクター制の内容は論述でも書けるようにしておこう。

	〈中央アジア東部〉	
10C 半ば ～12C 中頃	カラハン朝 （中央アジア初のトルコ系イスラーム王朝）	神聖ローマ帝国成立

② 11 世紀半ば

	＊トルコ人がイスラーム世界の覇権を掌握。	
	〈イベリア半島・北アフリカ〉	
1056～1147	ムラービト朝　　ベルベル人の国家	
1130～1269	ムワッヒド朝	
	〈エジプト〉	
909～1171	ファーティマ朝	
	〈西アジア〉	
1038～1194	セルジューク朝	西夏建国
	シル川下流	
1055	トゥグリル=ベク，スルタンに	
	マリク=シャー　ニザーム=アル=ムルク（宰相）	
	ニザーミーヤ学院	
	〈中央アジア〉	
10C 半ば ～12C 中頃	カラハン朝	
	〈アフガン地方〉	
977～1187	ガズナ朝	宋建国

③ 13 世紀後半

	＊北インドがイスラーム圏に。	マグナ=カルタ
	〈イベリア半島〉	
1232～1492	ナスル朝	
	スペインに滅ぼされる	
	〈エジプト〉	
1250～1517	マムルーク朝	
	第６回・第７回十字軍…ルイ９世	
	オスマン帝国に滅ぼされる　セリム１世	

	〈西アジア(イラン・メソポタミア)〉	
1258～1353	**イル=ハン国**	大空位時代（神聖ローマ帝国）
	フラグ　ガザン=ハン	
	ラシード=アッディーン…『集史』	
	〈中央アジア〉	
1227～14C後半	**チャガタイ=ハン国**	
	都…アルマリク	
	〈北インド〉	
1206～1290	**奴隷王朝**	チンギス=ハン即位
	〈小アジア半島〉	
1299	**オスマン帝国の成立**	

④ 14世紀・15世紀

	〈中央アジア・西アジア〉	
1370～1507	**ティムール帝国**	シスマ
	都…サマルカンド　トルコ系ウズベク族が滅ぼす	
1299～1922	**オスマン帝国**	
	バヤジット1世　ニコポリスの戦い(1396)	
	アンカラの戦い(1402)	
	メフメト2世　ビザンツ帝国を滅ぼす(1453)	百年戦争終結
	〈東南アジア〉	
14C末～1511	**マラッカ王国**	
	〈北インド〉	
	ハルジー朝(1290～1320)	
	トゥグルク朝(1320～1414)	
	サイイド朝(1414～51)	
	ロディー朝(1451～1526)	

デリー・スルタン朝の時代に，イスラーム教はインドに浸透する。

⑤ 16世紀～

1299～1922	**オスマン帝国**	
	セリム1世…1517年にマムルーク朝を滅ぼす	
	スレイマン1世　プレヴェザ海戦(1538)	
	イェニチェリ	

1526〜1858	ムガル帝国	第１次ウィーン包囲
1501〜1736	サファヴィー朝ペルシア	
	シーア派　アッバース大帝　都…イスファハーン	

⑥ アフリカ国家

BC10C〜AD4C	クシュ王国　メロエ	
紀元前後〜12C	アクスム王国　紅海貿易	
7C頃〜13C半ば	ガーナ王国　サハラ縦断貿易	
1240〜1473	マリ王国　イスラーム国家	
1464〜1591	ソンガイ王国　トンブクトゥー	
11C〜19C	モノモタパ王国	

19 イスラーム文化

	固有の学問	
	神学・法学・歴史学・詩学・韻律学など	
	外来(外国)の学問	
	哲学・論理学・地理学・数学・天文学	
	＊神学・哲学	
	〈概　観〉	
	『コーラン』の解釈・研究	
	アリストテレスの影響大	
10〜11C	イブン=シーナー	
	スーフィズム　イスラーム神秘主義	
11〜12C	ガザーリー	
12C	イブン=ルシュド　アリストテレスの注釈	
	＊歴史学	
9〜10C	『預言者と諸王の歴史』　タバリー	
13C	『集史』　ラシード=アッディーン	
14C	『世界史(歴史)序説』　イブン=ハルドゥーン	

	＊地理学・旅行記	
	『ヴォルガ・ブルガール旅行記』	
	イブン=ファドラーン	
12C	『ルッジェーロの書』 イドリーシー	
14C	**『三大陸周遊記』 イブン=バットゥータ**	
	＊文学(叙事詩含む)	
	『千夜一夜物語』	
10C	**『シャー=ナーメ(王の書)』 フィルドゥシー**	
11～12C	**『ルバイヤート(四行詩)』 ウマル=ハイヤーム**	
	『薔薇園』『果樹園』 サーディー	
	＊科学	
	錬金術 化学の基礎を作る	
	数 学 ゼロの観念 アラビア数字	
	フワーリズミー	
	天文学 ファルガーニー	
	医 学 **イブン=シーナー**(アヴィケンナ)	
	『医学典範』	
	暦 学 **ウマル=ハイヤーム** 『ジャラーリ暦』	
	→元代「授時暦」	
	＊学術研究機関	
	バイト=アル=ヒクマ**(知恵の館)**	
	アズハル学院 ニザーミーヤ学院 ウラマー養成	

20 中央アジア史

ソグド人 ゾロアスター教 マニ教	
ソグディアナ	
大月氏 張騫の派遣	前漢武帝
大宛(フェルガナ) 汗血馬 李広利	

●中央アジア
西域　タクラマカン砂漠(タリム盆地)
天山山脈，崑崙山脈
シル川，アム川

●シルクロード
班超…後漢　和帝　西域都護　甘英
高昌(カラコージョ)　ホータン
カシュガル
仏図澄　鳩摩羅什　クチャ

① トルコ人の進入

6C～	突厥　エフタルを滅ぼす	ササン朝,ホスロー1世
7C～8C	唐の進出	
	太宗(李世民)　安西都護府	
	高宗　西突厥	
	アッバース朝　タラス河畔の戦い(751)	
9C～	ウイグル　トルキスタン	

② 7世紀～　イスラーム教徒の進入

7C	ウマイヤ朝	
751	アッバース朝　タラス河畔の戦い	カロリング朝成立
875～999	サーマーン朝	黄巣の乱
10C半ば	カラハン朝	
～12C中頃	トルコ系イスラーム王朝	

③ 12世紀～　モンゴル人の進入

1132～1211	西遼(カラ=キタイ)　耶律大石　チンギス=ハン	
1370～1507	ティムール帝国	
	都…サマルカンド　ウズベク族の進入	

④ 18世紀半ば～

1735～1795	乾隆帝(清)の進出	
	ジュンガル部　回部(ウイグル人)　新疆	
19C半ば～	帝政ロシアの進出	南北戦争
	ブハラ，ヒヴァ，コーカンド=ハン国を滅ぼす	

⑤ チベットの歴史

4C初	吐谷渾成立	
7C前半	吐蕃成立	
	建国者…ソンツェン=ガンポ　都…ラサ	
	唐の長安を占領　唐との和平　唐蕃会盟碑	
	チベット仏教の成立	
13C	クビライ(フビライ)の侵攻　　モンゴルによる支配	
	チベット仏教の伝播　国師パクパ(パスパ)	
	パクパ(パスパ)文字　ツォン=カパ　黄帽派	
16C	アルタン=ハンの侵攻　　ダライ=ラマ	
18C	清の支配	
	ダライラマによるチベット支配権(～1951)	

21 朝鮮史

① 箕子朝鮮

?～BC2C初	箕子朝鮮	

② 衛氏朝鮮

BC190頃	衛氏朝鮮	
～BC108	衛満　武帝の侵略	

③ 中国支配

BC108	楽浪郡	
～AD313	前漢→後漢→魏→晋(西晋)	ミラノ勅令(AD313)

④ 高句麗と三韓

	〈朝鮮北部〉	
BC1C ～AD668	高句麗 ツングース系貊族　広開土王（好太王）　長寿王 煬帝の侵略　新羅・唐の連合軍が滅ぼす	
	〈朝鮮南部〉	
紀元前後～AD4C	馬韓→百済　辰韓→新羅　弁韓→加羅（任那）	

⑤ 新　羅

4C 半ば～935	新羅 朝鮮統一（676）　都…金城（慶州）　骨品 仏国寺	

BC108，AD313，676 が朝鮮史の重要事項。

⑥ 高　麗

918～1392	高麗 王建　都…開城　両班　高麗版大蔵経 倭寇　青磁	ノルマンディー公国成立

⑦ 李朝朝鮮国

1392～1910	李朝朝鮮国 李成桂　都…漢城（漢陽）　国号…朝鮮 朱子学　訓民正音　世宗 壬辰・丁酉の倭乱（文禄・慶長の役） …1592～93，97～98 年，豊臣秀吉　李舜臣 清，太宗（ホンタイジ）	ワット=タイラーの乱 ナントの王令

22 東南アジア史

① ベトナム北部

	秦・始皇帝，前漢・武帝の支配 約 1000 年間の中国支配	
1009～1225	李朝　　国号大越　宋の侵攻	

1225~1400	陳朝　元，クビライ（フビライ）　　チュノム（字喃） 明，永楽帝の支配	
15C 初頭	明（永楽帝）の支配	
1428~1527, 1532~1789	黎朝	
1771~	タイソンの乱	
1802~1945	阮朝　　阮福暎　ピニョー　フランスの侵略	アミアンの和約

② ベトナム中南部

AD2~	チャンパー 林邑（2～7C）・環王（8～9C）・ 占城（9～15C）	

林邑，扶南，シュリーヴィジャヤ，ピューは港市国家の連合体。

③ ラオス

14~18C	ラン=サン王国	

④ カンボジア

AD1C ～7C 半ば	扶南 オケオ，港市国家	
6C～15C	真臘（カンボジア） スールヤヴァルマン２世　アンコール=ワット アンコール=トム	

⑤ タ イ

	＊チャオプラヤ（メナム）川	
7~11C	ドヴァーラヴァティー	
13C～15C	スコータイ朝 ラーマ=カムヘン王，タイ文字	イル=ハン国建国
1351～1767	アユタヤ朝　コンバウン朝が滅ぼす	
1782～	ラタナコーシン朝（チャクリ朝，バンコク朝）	アメリカ独立

⑥ ビルマ（ミャンマー）

	＊エーヤワディ（イラワディ）川	
4~9C	ピュー（驃）	
1044~1299	パガン朝　元に滅ぼされる（13C） 上座部仏教	西夏建国

1531～1752	タウングー朝(トゥングー朝)	
1752～1885	コンバウン朝(アラウンパヤー朝)	
	インド帝国(イギリス領ビルマ)に併合	

⑦ スマトラ

7C～8C	シュリーヴィジャヤ	
	都…パレンバン　大乗仏教	
	義浄…『南海寄帰内法伝』	
16C 初 ～20C 初	アチェ王国	

⑧ ジャワ島

8C 半～9C?	シャイレンドラ朝　大乗仏教	
	ボロブドゥール寺院(仏教寺院)	
8C～	マタラム朝(古マタラム)	
	プランバナン寺院群　ヒンドゥー教	
928/929 ～1222	クディリ朝 ヒンドゥー教　ワヤン	チョーラ朝繁栄
1222～1292	シンガサリ朝	
1293 ～1520 頃	マジャパヒト王国	
1527? ～1813	バンテン王国　イスラーム教 オランダに滅ぼされる	
16C 末 ～1755	マタラム王国(新マタラム)　イスラーム教 オランダに滅ぼされる	

⑨ マラッカ王国

14C 末?～1511	マラッカ王国	

第1回 先史時代

① 人類の進化

本編解説 p.7 ～ 9

①猿 人 ──→ ②原 人 ──→ ③旧 人 ──→ ④新人(現生人類)

猿人

- 登場：**新生代第三紀**　700 万年前(450 万年～ 700 万年前)に登場。
- サヘラントロプス(=チャデンシス)
- **アウストラロピテクス**：1924 年以来，南・東アフリカで相次いで発見。
- **ラミダス猿人**：1994 年にエチオピアで東大の諏訪教授のグループが発見。
  440(450)万年前に遡る。
- 特色：**直立二足歩行**
  原始的道具(**礫石器**など，原始的な打製石器)の製作。

原人(**ホモ=ハビリス**，**ホモ=エレクトゥス**)

- 登場：新生代第四紀前半(地質学の**更新世**，地理学の**洪積世**)
  約 240 万年前…寒冷期
- **ジャワ原人**：学名ピテカントロプス=エレクトゥス
  ：1891 年にオランダ人デュボアが，ジャワ島トリニールで発見。
- **北京原人**：学名…シナントロプス=ペキネンシス
  1920 年代に北京付近の**周口店**で発見。
- **ハイデルベルク人**：ドイツで発見。
- 特色：**火の使用**，形状の整った打製石器(**握斧**：**ハンドアックス**)を使用。

ジャワ原人や北京原人は原人の中でもホモ=エレクトゥスに分類されます。

旧人

- 登場：更新世後期(60 万年前)
- **ネアンデルタール人**：ドイツで 19 世紀半ばに発見。
- 特色：脳容積は，**現代人と同量**。
  埋葬の習慣を有する➡宗教の始まり。

新人

- 学名：**ホモ=サピエンス=サピエンス**
- 登場：更新世(洪積世)末期(20 万年前～)ころに登場。

- **周口店上洞人**：北京原人よりも上層の地層から出土。
- **クロマニョン人**：フランスで発見。
- **グリマルディ人**：イタリア西部で発見　黒人系と見られる。
- **洞穴壁画**：スペイン北部の**アルタミラ**，フランスの**ラスコー**。
- 埋葬：副葬品，屈葬（遺体を折り曲げて埋葬）

農耕・牧畜の始まり

本編解説 p.10 ～ 15

旧石器時代（～１万/9000年前）

- 使用石器：**打製石器**…礫石器
- ２種類の打製石器：**石核石器**…まわりを削ってつくられた石器。
  剥片石器…石の周囲を削り取ってつくられた石器。
- 生活：**狩猟採集生活**
  大型動物を捕らえるために，社会集団としての**ホルド**（**群れ**）を形成。
- **中石器時代**
- 特色：**細石器の使用**…小型の剥片石器。三角形・台形・三日月形などの小型の石器。木・骨などにはめこみ，樹脂や天然ゴムなどでとめて鏃やナイフとして使用。

新石器時代（1万/9000年前～）

新石器時代の特長

- **磨製石器**の使用，**農耕**の開始，**土器**・**織物**の製作。
- 農耕開始の意義：食料生産の安定をもたらし，文化発展の基礎となる。
  象徴的表現：「**獲得経済**から，**生産経済**へ」
  （「食糧生産革命，新石器革命」）

農耕の開始

- 原始的農業：**乾地農法**…天水（雨水）に頼る農法。
  略奪農法…肥料を施さない農業。
- 発生：古代オリエント世界の「**肥沃な三日月地帯**」で**麦類**の栽培始まる。

◎農耕遺跡

- **イェリコ遺跡**（BC7000年ころ）：ヨルダン川西岸（死海西部）
  低湿地の湧き水による初期農村。
- **ジャルモ遺跡**（BC6500年ころ）：現イラク　乾地農法による農村。

◎**灌漑農業**：定住性が高まる➡生活集団の規模が大集落に発展。

…➡**都市**の形成へ

● **地母神**：大地の恵みに対する畏敬(いけい)の念を，女性をかたどって表したもの。

● 巨石記念物：メンヒル(列石)，**ドルメン**(卓状巨石記念物)，

ストーンサークル(環状列石)…イギリスの**ストーン=ヘンジ**。

● 農耕開始の社会的影響：**階級・国家の発生**。

● 背景：農業生産力の増大➡**余剰生産物**の発生。

➡非農業生産者を養(やしな)うことが可能に➡**分業社会**の成立。

戦争で指導者である**戦士**，祭祀(さいし)に専従する**神官**の登場。

➡**国家の形成**。

民族と人種

● **民族**：育(はぐく)んだ**文化**による分類。

● 文化：豊かに生活するための様々な知恵。

● **語族**：**言語**による民族の分類。

● **人種**：形状や肌の色など，身体の特徴による分類。

● **モンゴロイド**(黄色人種)，**コーカソイド**(白色人種)，**ネグロイド**(黒色人種)。

◎**食料確保の違いに基づく３つの文化圏**(補足)

● **農耕民文化圏**：磨製石器(特に磨製石斧(せきふ))や，彩文土器(さいもんどき)の使用が特色。

● **遊牧民文化圏**：細石器(さいせっき)(鏃(やじり)などに使用)を多用し，土器は伴(ともな)わず。

● **狩猟民文化圏**：骨角器(こっかくき)を使用　櫛目文(くしめもん)を有する土器も有名。

古代オリエント世界とその周辺

メソポタミア地方(小アジアを含む)(1)

本編解説 p.17 ～ 22

概観

概観：開放的地形のため外民族**の侵入が頻繁**で，**諸国・諸民族の興亡が激しい。**

地域：**ティグリス川・ユーフラテス川**流域が中心(現**イラク**)。

「肥沃な三日月地帯」：アメリカの考古学者ブレステッドの命名。

都市国家の発生：最初にシュメール人が建設(**BC3000** ころ？)。

- 構造：神殿，**聖塔**(ジッグラト)を中心に形成。
- 政治体制：**神権政治**…王は最高位の神官や軍事指導者　神の代理者。

諸民族の興亡(BC16C ころまで)

シュメール人の活動

- シュメール人：民族系統不明　メソポタミア南部(カルデア)で活動。
- 都市国家：**ウル**，**ウルク**，**ラガシュ**など。
- 楔形文字(シュメール文字)：主として**粘土板**に刻まれる。
  ➡メソポタミア各地の文字の基礎となる。
- 『ギルガメシュ物語』：シュメール人の英雄叙事詩　洪水伝説
- 六十進法，1 週 7 日制
- 太陰暦(後に閏月を入れた太陰太陽暦)，「カルデア人の知恵」…**占星術**

アッカド王国(BC24C ～ BC2100 ころ)

- **アッカド人**：セム語系の民族。
- サルゴン 1 世(BC24C)：**メソポタミアを初めて統一。**
- 滅亡：その後混乱状態　● シュメール人がウル第 3 王朝を建てる。

バビロン第 1 王朝(BC19 ～ BC16C，別称…古バビロニア王国)

- 民族：セム語系アムル(**アモリ**)人　● 中心都市：バビロン
- ハンムラビ王(**BC18C**)：メソポタミア全土を再統一。
- **ハンムラビ法典**
  - **復讐法**(同害刑法)：「**目には目を，歯には歯を**」
  - 被害者の身分の上下によって，課せられる刑罰が異なる。

●**滅亡**(BC16C 初め)：ヒッタイトによって滅ぼされる。

2 メソポタミア地方(小アジアを含む)(2)

本編解説 p.22～24

インド=ヨーロッパ(印欧)語族の移動とその影響(BC2 千年紀～)

ヒッタイト王国

●**首都**：ボアズキョイ…小アジア半島のアナトリア高原。

●活動：**鉄製武器**と**馬・戦車**を駆使して，征服活動を続ける。

●**バビロン第 1 王朝**を滅ぼす(BC16C)。

●シリアをめぐって，エジプト新王国と抗争。

(BC1286? **カデシュの戦い**)

●**滅亡**(**BC12C** 初頭)：混成民族の**海の民の侵入**によって滅ぶ。

◎滅亡の意義：**滅亡**を契機に，**製鉄法**がオリエント各地に伝播。

ミタンニ王国(BC18C ～)

●国家：住民の多数は**フルリ人**(民族系統不明)。

●盛時：シリアに侵入し，ヒッタイトやエジプト新王国と抗争(BC15C ～)。

一時**アッシリア**を支配(BC15C)。

カッシート王国：カッシュ人(印欧語系？)の国。

原住地はザグロス山脈周辺。

●**バビロン第 3 王朝**(BC16 ～ BC12C)

：ヒッタイト撤退後，メソポタミアを 400 年間領有。

●滅亡(BC12C)：エラム人が滅ぼす。

●エラム人…民族系統不明　イラン南西部

エジプト

本編解説 p.24～29

概観

●天然の要害に囲まれた地勢のため，**外民族の侵入少ない**。

●都市国家(村落)：**ノモス**

●統一王朝の形成：**BC3000** ころ，上下エジプト統一➡以降，約 30 の王朝の興亡。

●**ファラオ**：エジプトの君主。

太陽神ラーの子　「神の化身」という位置づけ。

王朝の興亡

古王国時代(第 3 ～ 6 王朝，BC27C ～ BC22C)

- 首都：**メンフィス**(ナイル下流)
- **大ピラミッド**建設：**第 4 王朝**を中心とした時期に大ピラミッド建設。
  ギザ(ギゼー)に 3 大ピラミッド。最大は**クフ王**のもの。

中王国時代(第 11 ～ 12 王朝，BC21C ～ BC18C)

- 首都：**テーベ**…守護神**アモン**(アメン)
- 衰退：シリアより**ヒクソス**が侵入(BC17C)…馬と戦車で武装。
  ヒクソス人王朝がエジプトを支配。
  ＊教科書によっては，「中王国滅亡後に侵入」。

新王国時代(第 18 ～ 20 王朝，BC1567 ～ BC1085)

- 建国：ヒクソスを追放して成立…その軍事技術はエジプト人が継承。
- **トトメス 3 世**(BC15C 初め)：盛んな征服活動➡シリア・ヌビアに進出。
- **アメンホテプ 4 世**(改名後は**イクナートン**，アクエンアテン，BC14C)
  - 宗教改革の背景：ファラオと神官団の対立。
    背景…戦争の連続のなかで，軍事指導者である国王の力が
    上昇⬅神官団の反発。
  - **唯一神アテン**(アトン)の信仰強制　**アモン=ラー信仰**などの否定。
  - 遷都：テーベから**アマルナ**(テル=エル=アマルナ)へ。
  - **アマルナ芸術**：伝統的な平面的美術に対して，写実的な芸術が発展。
- **ツタンカーメン**(BC1354 ～ BC1345)：メンフィスに遷都。
  教科書から消えちゃった　　アモン信仰を復活。
- **ラメス 2 世**(**ラメセス 2 世**)
  ：ヒッタイトと争い，世界最古の**カデシュ条約**(BC1280)を締結。
- 衰退：**海の民の侵入**によって混乱。

文化的遺産・特色

- 特色：メソポタミアと異なり「来世的傾向」。
  「**死者の書**」…冥界の神**オシリス神**
- **神聖文字**(**ヒエログリフ**)：碑文・石棺などに刻印　具象性が高い絵文字。
- フランス人**シャンポリオン**：**ロゼッタ石**に併記されていたギリシア文字を手がかりに解読。
  - 神官文字，民衆文字：主に**パピルス**に書かれた草書体。
- **測地術**の発達：ナイルの**定期的氾濫**後の農地の測量。
  ➡ギリシアの平面幾何学に影響。

●**エジプト太陽暦**：農耕に活用　ローマに伝わり，改良されて**ユリウス暦**に。

シリア・パレスチナ地方(地中海東岸)

本編解説 p.29 ～ 34

概観

●地勢：狭い平野，大河はない。

●経済：エジプト・メソポタミア・地中海を結ぶ中継地。

●概観：セム語系の**カナーン人**が，BC1500 年ころから交易活動。
BC12C 前後からは，**アラム人・フェニキア人**の交易が活発化。

●契機：**海の民の進出**で，**ヒッタイト・エジプト新王国**がシリアから撤退。

諸民族の興亡

アラム人：BC13C 末ころから，**ダマスクス**(現シリアの首都)を拠点に**陸上交易**。

●派生的影響：**国際商業用語**，文字として**アラム語・アラム文字**が波及。

●アラム文字：西アジアの**ヘブライ文字・アラビア文字**や，
中央アジアの**ソグド文字**などの形成に影響。

●王国の滅亡(BC8C)：**アッシリア**に滅ぼされる。
のちに**アケメネス朝ペルシア**に保護される。

フェニキア人：BC12C 末ころから，**地中海・黒海の海上交易**で活躍。
地中海・黒海沿岸に植民。

●拠点：**シドン**，**ティルス**(カルタゴの母市)，
ベリトス(現ベイルート…レバノン首都)，
ビブロス…エジプトからの**パピルス**輸入，
エジプトへの**レバノン杉**輸出の拠点。

●アケメネス朝による保護：ペルシア帝国の海軍の主力ともなる。

●**フェニキア文字**：カナーン人から文字を学んで作成。
➡ギリシア人に伝わり，**アルファベット**の原型になる。

ヘブライ人(**イスラエル人**)

●「**出エジプト**」：エジプトの迫害を受け，預言者**モーセ**に率いられ脱出。

●ヘブライ王国(BC11C ～)：ペリシテ人に対抗。

●繁栄：**ダヴィデ王**，**ソロモン王**のときに全盛期。
ソロモンがイェルサレムにヤハウェの神殿建設。
侵入してきたペリシテ人(海の民の一派？)から，
果樹栽培・製鉄技術を学ぶ。

- **王国の分裂**(BC10C 後半)
  - 北部：**イスラエル王国**…**アッシリア**のサルゴン 2 世が滅ぼす(BC722)
  - 南部：**ユダ王国**…**新バビロニア**のネブカドネザル 2 世が滅ぼす(BC586)
    それから約 50 年間におよぶ「**バビロン捕囚**」(～ BC538)。
    解放…アケメネス朝ペルシアの**キュロス 2 世**に解放され，
    後に**イェルサレム**にヤハウェの神殿を再建。
- **ユダヤ教の成立と，その特色**(BC6C 以降に確立)
  - 教義の形成：モーセの「**十戒**」や，様々な民族的苦難が土台。
  - 特色：唯一神**ヤハウェ**を信仰する**一神教**，**偶像崇拝**の厳禁，
    メシア(**救世主**)待望の観念。
    選民思想…世界の終末に際して，ヘブライ(ユダヤ)人のみが救済される
    という考え。

⑤ エーゲ文明

本編解説 p.34 ～ 37

- 概況：夏は高温乾燥　土地は痩(や)せており，農業振(ふ)るわず➡交易が発達。

クレタ文明(別称**ミノス文明**，BC20C ～ BC15C ころ)

- 特色：明るい海洋文明…鮮(あざ)やかな色彩の壁画(へきが)，海洋生物を描いた壺(つぼ)など。
  ：平和的な文明…**城塞**(じょうさい)が存在しない。**青銅器文明**の段階。
- 中心地：クレタ島の**クノッソス**…壮大(そうだい)な王宮(**クノッソス宮殿**)
- 強力な王権：**東地中海の交易**を独占。
- 文字：**絵文字**，**線文字 A**(総称“クレタ文字”)　未解読
  ⬅オリエント諸文字の影響。
- 衰退：ギリシア半島への第 1 次南下(BC20C ～)を行った**ギリシア人**。
- 研究者：**エヴァンズ**(英)…クレタの**クノッソス宮殿**発掘。
  線文字 A・B の文書発見。

◎その他のエーゲ海沿岸の諸文明

- **トロイア**(**トロヤ**)**文明**：小アジア半島西北岸⬅ギリシア人が滅ぼす。
- 研究者：**シュリーマン**(独)…**トロヤ文明**，**ミケーネ文明**の発掘。
  自伝『古代への情熱』

ミケーネ文明(BC1600 ころ～ BC1100 ころ)

- 特徴：軍事的関心の高さ(尚武的，戦闘的)…巨石を使った**城塞の存在**。
- 小王国の建設：**ミケーネ王国**，**ティリンス王国**，ピュロス王国など。
- 交易：**東地中海域で交易**を展開

- ミケーネ文字(**線文字B**)：クレタ文字を簡素化したもの。
　ギリシア語を表記。
- 研究者：**ヴェントリス**(英)…ピュロス王宮から出土した線文字Bの解読。
- **滅亡**
  - 「**海の民**」の侵入による混乱　● 気候の変動
  - 第2次南下を行ったギリシア人(**ドーリア人**)によって破壊。

暗黒時代(BC12C ～ BC9C ごろまで)

- 小王国の崩壊：分散した村落で，有力者のもと住民は**農耕**に従事。
　鉄器も普及。
- 交易：**ギリシア人の交易は衰える**➡かわって**フェニキア人**が台頭。
- 線文字Bの運命：忘れ去られる…➡暗黒時代のギリシアは**無文字時代**。

 オリエント世界の統一

本編解説 p.37 ～ 39

アッシリアの興亡

領土拡大

- 勃興：前2千年紀(BC2000 ～ BC1001)の初め，北メソポタミアに建国。
- 商業：北メソポタミアと小アジアを結ぶ中継貿易でアッシリア人が活躍。
- 服属，混乱：**ミタンニ王国**に従属(BC15C)，海の民の攻撃(BC13 ～ 12C)。
- 征服活動：**鉄製武器**と**戦車**，新たに組織された騎兵が活躍。
  - サルゴン2世：イスラエル征服(BC722)
  - センナケリブ王：首都をニネヴェに。
- **全オリエントの初統一**(BC7C 前半，BC670?)
- 最盛期の君主**アッシュル=バニパル王**(位 BC7C 半ば)。
　：首都ニネヴェに図書館と王宮建設。
- 史上初の「**世界帝国**」：広大な領土と多くの民族を支配した国家。

支配の基調：**武力**を前面にした強圧的な支配(**武断主義**)を軸に，**専制的な国王**を頂点とする**中央集権体制**を構築。

- **属州制**：領土を属州(州)に分け，総督を派遣して支配。
- **駅伝制**：主要道路沿いに**宿駅**を建設し，連絡用の馬を常備。

滅亡

●原因：過酷な**武断支配**に対する反発が高まる。
　服属民族に対する**重税**や**強制移住**(…辺境開発などに酷使)。
　　(ex)イスラエルの民のアッシリア本国への強制移住。

●滅亡(BC612)：**メディア・新バビロニア**(カルデア)2国に征服される。

4国分立時代

●エジプト：第26王朝　●首都：サイス(ナイル-デルタに位置)

●新バビロニア(カルデア)：ネブカドネザル2世が「バビロン捕囚」。

●**リディア**：印欧語族　●首都：サルデス
　：世界最初の**金属(鋳造)貨幣**を製造。

●メディア：ペルシア地方を支配　●首都：エクバタナ
　カスピ海西岸の遊牧民**スキタイ人**に対抗しつつ，小アジア進出。

第3回 南アジアの古代文明

インダス文明とアーリヤ人の進入

本編解説 p.41 ～ 44

インダス文明(BC2600 ～ BC1800 ころ)

- 特色：完成された**都市**…**都市計画**，**排水設備**，舗装(ほそう)道路，焼き煉瓦(れんが)の家屋。
  メソポタミア…日干し煉瓦
  強大な権力の存在を示すものなし。
- 建設者：ドラヴィダ系の人々か(?)。
- **インダス文字**：象形文字で**未解読**。牛・像などを刻印した**石製印章**を使用。
- **都市遺跡**：ハラッパー(パンジャーブ地方)
  モヘンジョ=ダーロ(中・下流のシンド地方)
  ドーラーヴィーラー(グジャラート州)…1990 年代から発掘。
  ロータル(キャンベイ湾岸)

アーリヤ人の侵入

第1次移動(BC1500 ～)

- **アーリヤ人**：インド=ヨーロッパ系民族
- **第1次移動**：中央アジア西部より**カイバル峠**(とうげ)を通って，**パンジャーブ地方**へ。
  都市をつくらず，農耕・牧畜生活を営む。
  先住のドラヴィダ系の人々を征服➡混血。
- **バラモン教の起源**：変化に富む自然(≒神)に対する畏怖(いふ)の念強まる。
  ➡神への賛歌(さんか)(**ヴェーダ**)形成。
  ➡『**リグ=ヴェーダ**』…バラモン教最古の聖典(BC1200?)。

第2次移動(BC1000 ～)

- 経過：**ガンジス川**の森林地帯を東進。
  先住の**ドラヴィダ系**の人々を征服➡混血。
  鉄器が**普及**し，ガンジス流域の開発進む➡水田耕作の普及。
- ヴァルナ(**種姓**)：４つの基本身分
  バラモン(祭司)，**クシャトリア**(武人)，
  ヴァイシャ(庶民)，**シュードラ**(隷属民)。

- ジャーティ：職業などを同じくする集団。
- カースト：ポルトガル語で「血統」を意味する「カスタ」が語源。
  教科書ではジャーティと同一視している。

中国の古代文明──中国史(1)

1 中国文明の発生

本編解説 p.45 ~ 50

長江流域の文明(BC5000 ~):**水稲耕作地帯**　高床式家屋

- **河姆渡(かぼと)文化**:長江下流　浙江(せっこう)省
- **良渚(りょうしょ)文化**:浙江省　多くの玉器を出土。
- **三星堆(さんせいたい)文化**:長江上流の四川(しせん)省　青銅製の仮面

黄河文明

- 農業:粟(**アワ**)・キビなどの雑穀を栽培。

仰韶(ぎょうしょう)文化(**彩陶(さいとう)文化**, BC5000 ~ BC4000 ころ)

- 特色:**彩陶**
- **中心地:黄河中流域, 渭水流域**
  - 遺跡:**仰韶**(河南省)…アンダーソンが発掘。
    半坡(はんぱ)遺跡(陝西省西安東部)　**姜寨(きょうさい)遺跡**(西安西部)

姜寨遺跡は山川にはのってません。東京書籍だけにのってるネ。

竜山(りゅうざん)文化(**黒陶(こくとう)文化**, BC3000 年紀)

- 特色:高温で焼き上げ, 非常に薄手　轆轤(ろくろ)の使用。
- **中心地:黄河下流域**
- 遺跡:竜山の**城子崖**…遺跡の最初の発見地。
- 陶器:三足(さんぞく)土器という形状(**鬲(れき)・鼎(かなえ)**)を持つものあり(特に**黒陶**)。
  鬲(足が中空)…蒸し器
  灰陶(かいとう)…実用的な普及品　白陶(はくとう)…高品質

都市国家の成立

- 背景:農業生産力の発展➡集落の拡大。
  …➡「邑(ゆう)」(城郭都市, 都市国家)の形成。
- 邑の統合:王朝の成立。

② 殷周時代

本編解説 p.50 ～ 54

◎殷周王朝の共通点

- 国家構造：大邑が小邑群を支配(**邑制国家**)…殷，周の前半の国家体制。
- 氏族集団：血縁を基礎とする集団(同一の祖先を持つ集団)で，
  当時の社会の単位…農業や，支配・被支配の基礎集団。

殷(商)(BC２千年紀前半～BC11C)：確認しうる最古の王朝。

- **殷墟**：**河南省安陽市**小屯で発掘された，殷王朝後期の首都の遺跡。
- 甲骨文字：漢字の最古形で，王国維・羅振玉らによって解読。
- 神権政治：王による神意(甲骨で吉凶を占う)に基づいた専制政治。
  - 中心都市：「大邑商」…殷後期の首都となる。
  - 軍事活動：西アジア起源の戦車を用いて，遊牧民や敵対する邑と戦争。
- 社会構造：支配階層…戦士の集団　被支配階層…(隷属的)農民
- **青銅器**：非常に精巧　**金文**(きんぶん)…青銅器に刻まれた文・文字　漢字の古型

周(BC11C ころ～ BC256)

- **首邑**：鎬京(現西安付近)
- 王朝成立：黄河支流の**渭水流域**からおこり，武王のとき殷の紂(ちゅう)王を破る。

周の封建制

- 概観：封土(**邑**)**の授受**と，**軍役・貢納**を仲立ちにした**君臣関係**を軸とする統治体制。
- 構造：周王と諸侯，あるいは周王や諸侯とそれに仕(つか)える家臣(卿・大夫・士)の間に成立。
- 封建制形成の動機：周辺異民族に対する共同防衛，諸侯間の争いの防止。
- 注意点：周王の力は諸侯が統治する邑には及ばず。
  ➡周の政治体制は**分権的**。

◎比較：**西欧封建制**や日本の封建制とは異なり，**契約ではなく**血縁が媒介。

- 宗法：氏族集団の秩序や身分関係を維持するための規範。

③ 春秋戦国時代

本編解説 p.54 ～ 62

時代の概観

- **概観**：戦争が多発し，**都市国家(邑)の分立状態**から**中国統一**への過渡期。
- 変動の主因：**農業生産力**の飛躍的な発展⬅**鉄製農具の使用**・牛耕**の始まり**。

政治的変化

- **概況**：戦争・開発による都市国家の領域拡大➡**領域国家**の形成。
- 背景：諸侯が，鉄器を農民に貸し与えて大規模な**治水・灌漑**を行わせ，
  また未開地を開墾し，新都市(新県)を建設➡国家の領域の拡大。
- 結果：領域国家どうしの**戦争が恒常化**。
  ➡強国による統一の進展…➡**秦の統一**。

経済的変化

- **商工業の発展**➡豪商の登場(**塩**・**鉄**などの売買)
- **青銅貨幣**の登場：**刀貨**(**斉**・**燕**で使用)，**布貨**(農具の形)，
  蟻鼻銭(**楚**)，**環銭**(戦国末期)。

社会的変化

- 背景：鉄製農具・牛耕の導入が，**1家族**(単家族)**単位の耕作**を可能とし，**氏族集団の解体**を促進➡土地私有の観念も生まれる。

春秋時代(BC770 ～ BC403)

- 『**春秋**』：孔子の編纂と思われる「**魯**」の国の史書。
- 概観：周王の権威・権力が低下し，実力ある**諸侯**(**諸王**)が**覇**を競う時代。
- 発端：異民族**犬戎**侵入➡「周の東遷」(**鎬京**➡**洛邑**，「**東周**」)
- **覇者**：周王室の権威を利用して，諸国の**同盟**(**会盟**)を指導した有力諸侯。
- 「**尊王攘夷**」：覇者のスローガン
- 「**春秋五覇**」：**斉の桓公**，**晋の文公**，楚の荘王，
  呉王夫差・越王勾践(「臥薪嘗胆」)，
  or 秦の穆公・宋の襄公。

受験生活の1年も，ある意味，「臥薪嘗胆」の1年ですね。

戦国時代(BC403 ～ BC221)

時代の概観

- 契機：**晋**が家臣たちに分割され(BC453)，周王から**韓**・**魏**・**趙**の３氏が諸侯として承認される(BC403)…「**下剋上**」。

戦国の七雄

- **燕**・**斉**(山東半島)・**楚**(江南)・**趙**・**魏**・**韓**・**秦**(陝西)
- 臨淄：斉の首都　鄒衍などの活動で有名　●邯鄲：趙の首都

秦の伸長——**商鞅の変法**(BC4C 後半)：秦の**孝公**に仕える。

- 自作農の育成を図る：灌漑設備の拡充，鉄製農具の付与(貸し出し)。
- 農民の再組織：農民間の相互監視・連帯責任を目ざす。
- 能力本位(個人の実力本位)の人材登用：出身氏族にはこだわらない。
- **郡県制の施行**
  - 目的：**君主**を頂点とする**中央集権体制**を確立し，
    全国的な**徴税**・**徴兵**を行う。
  - 目ざした体制：全土を**郡**(や**県**)に分割し，**官僚**を派遣して支配させる。
- 首都：**咸陽**(現西安付近)

4 諸子百家の活動

本編解説 p.62 ~ 67

儒家

- **孔子**(BC6/5C?)：**周の封建体制**を理想とする。
  - 「**仁**」：**家族道徳**を基礎とした人間・社会の構築をめざす。
    「**修身**・**斉家**・**治国**・**平天下**」
- **孟子**(BC4C)：**徳治主義**の発想を孔子より継承。
  ➡「**王道**」を称揚(⬅**性善説**が基礎)。
  - **易姓革命**：力のみに頼る支配(覇道)を行う支配者は，天(≒神)から見放され，
    支配者の地位を別姓のものに易えられる。
- **荀子**(BC3C)：**性悪説**の立場から「**礼治**」を唱える…➡法家にも影響。
  - 「**礼**」：古来よりの伝統的な道徳的規範。

墨家

- **墨子**：「**兼愛**(差別なき愛)」の立場から，**儒家を非難**。
- 主張：「**非攻**(平和主義)」，「**交利**(相互扶助)」，「節用(≒節約)」

法家

- 主張：厳しい**法**による統治(**法治**)。
  ➡秦の政治のイデオロギー的基盤。
- 論者：申不害，**商鞅**，**韓非**(法家の大成者)，**李斯**(始皇帝の家臣)

道家(老荘思想)

●老子:「無為自然」「小国寡民」

●荘子:自然と調和し,自然に生きる。

…➡**道教**の成立(AD5C)にも影響。

兵家:**孫子**(孫武・孫臏をあわせて),呉子。

陰陽家

●鄒衍:宇宙を**陰陽五行説**で解釈　木➡火➡土➡金➡水

縦横家

●『**戦国策**』:彼らの言行を中心に漢代に編集。

●**蘇秦**(**合縦策**):秦に対抗するために,6国間に同盟を成立させる。

●**張儀**(**連衡策**):秦と他の6国が,それぞれに同盟を結び安定を確保。

名家:論理学派…**公孫竜**

農家:許行が,「君民並耕」を提唱。

●文芸:『**詩経**』…華北の詩歌を所収　儒学の経典。

『**楚辞**』…江南の詩歌を所収　**屈原**の作品などを所収。

第5回 南北アメリカ文明

古代アメリカ文明の概観

本編解説 p.68 ～ 70

2つの古代アメリカ文明

- メソ=アメリカ文明：中米の**メキシコ高原**。
  メキシコ湾岸の**ユカタン半島**が中心。
- アンデス文明：南米アンデス高地・ボリビア・ペルーの海岸低地に展開。

共通点

- 人種系統：モンゴロイド系　＊「**インディオ**」は通称。
- 経済基盤：進んだ灌漑（かんがい）・**焼畑農耕**　アメリカ原産の**トウモロコシを栽培**。

◎アメリカ原産の栽培植物：**ジャガイモ**，**サツマイモ**，カボチャ，
ピーナッツ，トマト，トウガラシ，タバコ。

- **馬などの大型獣なし**：ラクダ科の小型獣**リャマ**，**アルパカ**の活躍。
- 技術：鉄器は知らない：**金・銀・青銅**を用いた**優れた金属文明**を展開。
  （青銅器は南アメリカのみ）
  ：農耕には，**人力**と**棒**（土掘り棒）のみ。
  犂（すき）・車輪などの知識も持たない。
- 疑問点：にも拘（かかわ）らず**高度に完成された都市文明**が発展したこと。

メソ=アメリカ文明

本編解説 p.70 ～ 73

オルメカ文明（BC1200 ～ ?）：メキシコ湾岸に成立　ジャガー信仰
「**特異な美術様式**」…ベビー=フェイスの人形。

マヤ文明：中米ユカタン半島　ピラミッド状の建築物…アーチ工法駆使。

- 特色：絵文字の使用　精密な**天文学**，**暦法**。
  数学は二十進法　ゼロの概念。
- 衰退・滅亡：**トルテカ族**の侵入（10C）。スペイン人が滅ぼす（16C）。

テオティワカン文明（BC1C ～ AD6C）：**絵文字**
：石造りの**ピラミッド**（**太陽のピラミッド**，月のピラミッド）

アステカ文明(**アステカ帝国**，14C〜1521)

●**中米メキシコ**に展開。

●部族：**アステカ人**(**メシカ族**)が中心。

●首都：テノチティトラン…現メキシコ市　ピラミッド神殿

●滅亡(**1521**)：スペイン人の「**征服者**」コルテスが滅ぼす。

◎北米(カナダ・アメリカ)の先住民：部族単位の生活。

：日干し煉瓦の集合住宅(**プエブロ**)に居住。

3 アンデス文明

本編解説 p.73〜74

チャビン文明(BC1000〜AD100)：アンデス諸文明の基礎　ジャガー信仰

ナスカ文明(AD200〜)：中央アンデスの海岸地帯　**巨大な地上絵**。

チムー王国(11〜15C)：織物・金属工芸に秀でる…➡インカにも影響。

インカ帝国(15〜16C)：支配民族…**ケチュア人**　首都…**クスコ**

●政治："太陽の子(インカ)"たる王による**神権政治**。

道路網の整備…**駅伝制**も整備。

●特色：すぐれた**石造建築物**(都市遺跡**マチュ=ピチュ遺跡**，ペルー地方)。

文字は持たず，かわりに**キープ**という**数字の表現手段**を持つ。

●滅亡：スペインの**ピサロ**が滅ぼす(**1533**)➡新しい首都**リマ**を建設。

●復讐：トゥパク=アマルの反抗(1572)

中央ユーラシアの世界

1 中央ユーラシアの概観

本編解説 p.75 ～ 78

地勢

地図 ▶ 中央ユーラシアの地勢

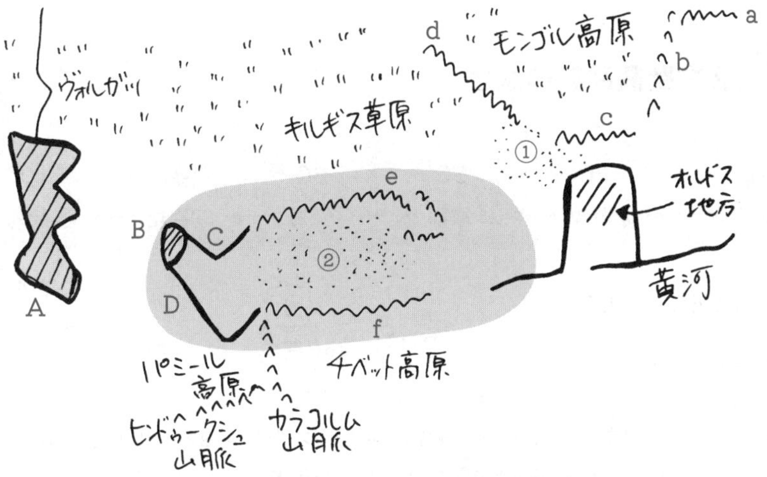

●地勢（中央アジア含む）

a. 外興安嶺　d. アルタイ山脈
b. 大興安嶺　e. 天山（テンシャン）山脈
c. 陰山山脈　f. 崑崙（クンルン）山脈

A. カスピ海　① ゴビ砂漠
B. アラル海　② タクラマカン砂漠（タリム盆地）
C. シル川
D. アム川

活動舞台

- 遊牧民：**モンゴル高原**（モンゴリア）から，アルタイ山脈を越えて，キルギス草原から**カスピ海**北岸にいたる草原地帯。
- オアシスの民：オアシス都市を中心に，農耕や交易。

騎馬民族文化

- スキタイ人の活動：BC7C ころから，黒海北岸の草原地帯などで活動。
  - **アケメネス朝**と対立：ダレイオス 1 世の軍が敗北。

●生活：馬・羊などの遊牧　定着農耕は不可能➡部族単位の生活。
●住居：モンゴル人のテント(**ゲル**)など…**フェルト**(羊毛を固めたもの)製。
●馬具：**鐙**(あぶみ)，**鞍**，**手綱**・**轡**(くつわ)などの馬具。
●軍事：騎射戦術という新戦術も考案。
➡多くの民族に継承され，漢やローマを撃破。
●スキタイ文化の影響：シベリアやモンゴルの遊牧民に影響。
➡総称して**スキト=シベリア文化**と呼ばれる。

このあたりは，読めるくらいにしておこう。

●**騎馬民族国家**：優秀な族長に率いられて，諸部族が統合され強大化。

② 北方騎馬民族の興亡

本編解説 p.79 ～ 84

	2C ～	5C ～	6C ～	8C ～	10C ～
①匈奴 ⟶	②鮮卑 ⟶	③柔然 ⟶	④突厥 ⟶	⑤回紇 ⟶	⑥契丹

匈奴(BC4C ～ AD2C)

オリジナルはワシがつくった　知念先生

知念先生，重ね々ねありがとうございます。

民族系統：不明
興隆期(BC4C)：戦国時代の中国(秦・趙・燕)と対峙。
●BC3C：秦(**始皇帝**時代)の武将**蒙恬**により，**オルドス地方**を奪取される。
匈奴の族長(**単于**)**頭曼**がオルドスを奪還。
全盛期(族長：**冒頓単于**)
●前漢を撃破：高祖の軍を，白登山の戦いで撃破。
➡前漢は以後，対匈奴**消極策**をとる。
●中央アジア(西域)進出：**月氏**を撃破➡月氏のさらなる西遷。
◎丁零(丁令，丁霊 BC3C ～ AD5C)
：匈奴の北方(バイカル湖以南)にいた **トルコ系**遊牧民。
衰退期(BC2 ～ BC1C)
●武帝の攻撃：**衛青**・**霍去病**両将軍の活躍。
●**東西分裂**(BC60 ころ)：宣帝期に**東西分裂**。
●**西匈奴**：前漢と東匈奴に攻撃されて滅亡。
●**南北分裂**(AD48 ころ)：光武帝期に南北分裂。
●**北匈奴**：後漢・南匈奴に攻撃され，西走。
➡**フン人**の移動を引き起こすことになったという説。

●**南匈奴**：長城以南に居住し，**永嘉の乱**(311 ～ 16)を起こし，
西晋を滅ぼす(316)。

鮮卑

●民族系統：不明
◎**東胡**：鮮卑の祖先といわれる部族。春秋時代から内モンゴルに居住。
匈奴の東に位置していたので，この名称がある。
●発展：４世紀まではモンゴル高原で，それ以後は中国本土に移動。
●**北魏**建国(386)：鮮卑系**拓跋氏**が建国。
➡華北統一(**439**)：**太武帝**による統一。

柔然

●民族系統：**モンゴル系**
●族長の呼称：単于から，**可汗**(カガン，ハガン)へ。
●**北魏**との対立：チベットの**吐谷渾**と結んで，北魏を攻撃。
◎**アヴァール人**：柔然族の一部(?)
一部が西走し，ヨーロッパに登場。
⬅フランク王国の**カール大帝**が撃退。
◎**高車**：丁零の後身で，ジュンガル盆地にいた**トルコ系**民族。
柔然とエフタルの攻撃で衰退。
◎**エフタル**：中央アジア西部を支配した，系統不明の遊牧民族。

突厥

●民族系統：**トルコ系**
●発展：６世紀に**ササン朝ペルシア**と結んで中央アジア西部の**エフタル**を破り，
中央アジアをも支配。
●**東西**分裂：突厥の内紛によって東西分裂。
●**西突厥**：中央アジアを支配。
●唐に服属：**高宗**の時代に服属。
●**東突厥**：唐の太宗の時代に服属(630)…➡７世紀後半に自立し，強大化。
●滅亡(744)：トルコ系のウイグルに滅ぼされる。
●北方民族で最初に独自の文字(**民族文字**)を持つ。
●史料：**オルホン碑文**
●突厥文字：**アラム文字**系　デンマーク人トムセンが解読。

ウイグル（回紇）

- 民族系統：**トルコ系**
- 唐との関係：**安史の乱**（755 ～ 63）の際に，唐に援兵を出す。
- 交易：中国との**絹馬貿易**が活発化。

  …イラン系の**ソグド人商人**が仲介　ソグド人は国政にも参画。
- 信仰：インド起源の仏教，

  ササン朝ペルシア起源の**マニ教**…ソグド人の影響。
- 移動：840 年ころ，トルコ系**キルギス**（結骨）に攻撃され，一部が中央アジアに移動➡中央アジアが，「**トルキスタン**」と呼ばれるようになる。

第7回

秦・漢帝国――中国史(2)

1 秦による中国統一

本編解説 p.85 ~ 89

秦の統一

- **周の滅亡**(BC256)
- **全国統一**：他の６国を滅ぼす(**BC221**)…最後に滅ぼした国は山東の斉。
- 「**皇帝**」の称号：秦国王「**政**」➡「始皇帝」

内政

- **郡県制の全国化**：中央集権の推進のために全国で実施。
  当初 36 郡➡ 48 郡に増加。
- 中央官制：**丞相**…宰相　**李斯**…法家の学者。
  太尉…軍事担当(別称…大司馬)
  御史大夫…官吏を監察する長官。
- 経済統一：度量衡(ものを計る単位)，**車軌**(車幅)の統一，
  統一貨幣**半両銭**の鋳造。
- 文字の統一：**小篆**(しょうてん)…篆書という書体が簡略化されたもの。
- **焚書・坑儒**：医・農・卜書以外の書を焼き捨て。
  特に儒家が徹底した弾圧を受ける。

太尉と御史大夫は教科書には載ってませんが，どこかの大学で出題するかもしれないので，書いておきました。

対外政策

- 北方の遊牧民族**匈奴**の脅威：将軍**蒙恬**による討伐➡オルドス地方の奪還。
- 長城修築：戦国諸国の長城を修築し，つなぐ(「**万里の長城**」)。
- **南海郡**など**３郡**設置：南海郡(現在の広東省付近)，
  桂林郡(現広西省の一部か)，
  象郡(北ベトナムあたりか)。

秦の滅亡(BC206)

- 始皇帝の浪費：宮殿(**阿房宮**(あぼうきゅう))の建設。
  ：陵墓(**驪山陵**(りざんりょう))…兵士・馬をかたどった人形(**兵馬俑**(へいばよう))を副葬。

- 陳勝・呉広の乱(BC209 ～ BC208)：始皇帝の死後起こった大農民反乱。
  - 「王侯将相いずくんぞ種あらんや」というスローガン。
  - 結果：秦の統治が実質的に崩壊，地方有力者の抗争が激化。
- 劉邦(江蘇省沛県出身の農民)，項羽(楚の名家の出身)の抗争。
  - 垓下(がいか)の戦い(BC202)：劉邦が勝利。

② 前漢帝国

本編解説 p.89 ～ 98

高祖(劉邦)

- 首都：**長安**
- 廟号：宗廟(そうびょう)に刻まれた名　● 諡号(しごう)(おくりな)：死後献上された名。
- **郡国制の実施**
  - 概要：要地は，**郡県制**を実施して**皇帝の直轄支配地**とする。
    他の地域では，**封建制**を実施して**一族や功臣を封じる**。
- 対外消極策：**匈奴**(きょうど)の最盛期(族長：**冒頓単于**(ぼくとつぜんう))。

呉楚七国の乱(BC154)

- 原因：景帝などの集権策に対する王・侯(諸侯王)の反発➡鎮圧。
- 影響：武帝期に実質的に**郡県制**が**全国化**され，**中央集権体制**が確立。

武帝の時代(位 BC141 ～ BC87)

外征：**対外積極策**への転換。

- **西域**遠征
  - **張騫**(ちょうけん)の西域探検(BC139 ～)：**大月氏**(・烏孫(うそん))と同盟し，**匈奴**を挟撃。
    - 影響：西域の事情が判明し，絹の道を通じた交易活発化の契機に。
  - **フェルガナ**(大宛)遠征(BC104 ～)：**汗血馬**獲得　将軍李広利を派遣。
  - その後：宣帝(BC1C)のときに西域全体を支配し，西域都護府を設置。
- **匈奴**攻撃：**衛青・霍去病**(かくきょへい)将軍などが，河西回廊(かせいかいろう)やモンゴル高原に遠征。
  - **河西四郡**設置：最西部に**敦煌郡**を設置…西域進出の前進基地。
  - 匈奴のその後：匈奴の**東西分裂**を招く(BC60)。
- **南越国**を滅ぼす：中国南部からベトナム北半に，**南海郡など９郡**設置。
  - 概要：広東地方に南海郡，ベトナム北部に交趾(こうし)郡，南端に日南郡。
- **朝鮮**：衛氏朝鮮を滅ぼし(**BC108**)，**楽浪郡以下４郡**設置。

経済政策――財政難への対応。

- **塩・鉄・酒の専売**：宰相**桑弘羊**の献策　資料：『塩鉄論』(桓寛の編集)。
- **均輸法**：均輸官を置き，特産物を税として強制徴収し，不足地域に転売して政府収入の増加をはかる。
- **平準法**：余剰物資を貯蔵し，騰貴を待って売却して利益を得る。

儒学の官学化(国教化)：**董仲舒**の献策に従い，**五経博士**を設置。

- 五経：『**詩経**』…華北の詩，『**書経**』…史書，『**易経**』…占い，
　『**春秋**』…魯の国の歴史，『**礼記**』…伝統的な規範。
- 文献整理学の発展：**劉向**(前漢)…経典の整理が進む。
- **訓詁学**：経典の字句解釈を行う学問発達　●学者：馬融➡**鄭玄**(後漢)
- 『**説文解字**』：**許慎**(後漢)編纂の字典。

郷挙里選の実施――官吏任用制度

- 概要：地方長官が有徳者を中央の官吏に**推薦**。
- 結果：**豪族**(およびその子弟)の**中央官界進出**という事態を招く。
- 限田策の実施：**哀帝期**(前漢末期)に実施された，
　豪族の大土地所有の制限策➡失敗。

漢代の社会変化

農民の没落

- 農民の実態：家族単位の小農経営がほとんど。
- 没落の原因：重税や兵役
- 結果：豪族が支配する**奴婢**や**小作人**に転落。

豪族の台頭

- 没落農民を配下にして台頭➡地方の実力者となる。
　➡皇帝権力の弱体化を招く。

③ 新朝と後漢

本編解説 p.98 ～ 105

新朝と後漢の成立

- **新朝**(AD8 ～ 23)：漢帝室の**外戚王莽**が，漢皇帝(成帝)を廃位して建国。
　●外戚：皇后の一族
- 混乱：『周礼』を政治の基本とする復古政策，豪族抑制策の失敗。
- 滅亡：豪族の反発，**赤眉の乱**(農民反乱)によって滅ぼされる。

●後漢の成立：河南省出身の豪族**劉秀**が，乱を鎮圧して建国。

◎後漢の権力構造：**豪族勢力の支持**の上に成立した政権。

後漢(AD25～220)

光武帝(位25～57)

●首都：**洛陽**

●匈奴の**南北分裂**(AD48)：南匈奴が漢に帰順➡傭兵化(魏・晋も同様)。

●日本(北九州)から**倭の使い**の来訪(AD57)：**『後漢書』東夷伝**

●印綬：**「漢委奴国王」**

●意義：中国王朝と日本の政権の間に，初めて**冊封関係**が成立。

◎冊封体制：中国皇帝と諸国の君主間に成立した，
君臣関係に基づく外交秩序。

和帝(位88～105)の治世前後

●**班超**：**西域都護**に就任➡部下**甘英**を**大秦国**に派遣。
＊兄は班固…『漢書』の編纂者。

●影響：後漢の西域支配により，**オアシスの道**を通じた交易が活発化。

●**紙**の製法：**蔡倫**(さいりん)が考案(改良？)。
⬅**竹簡**(ちくかん)・**木簡**(もっかん)・絹布(けんぷ)などに代わって使用される。

●「**大秦王安敦**」の使いが，**日南郡**に至る(166，桓帝)。

後漢衰退の諸要因

●**豪族**勢力の伸長(主因)：漢の衰退に対応して，私兵を養い自立。

●**宦官**(かんがん)や**外戚**(せんおう)の専横による政治の乱れ。

●宦官：後宮(こうきゅう)(皇后の居所)と女官の管理をする下級役人。

●**党錮の禁**(2C後半)：桓帝期に，宦官が官僚などを弾圧した事件。

●**黄巾の乱**(184)：**太平道**の指導者**張角**が起こす。

●影響：後漢を決定的に衰退させ，各地の豪族の台頭を促す。

●**五斗米道**：四川地方を拠点とする宗教結社五斗米道(**天師道**)，**張陵**。
●北魏の**道教**(**新天師道**)の前身となる。

漢代の文化

●『**史記**』(前漢)：司馬遷の著。伝説の時代から，司馬遷が生きた武帝の時代までを記した史書。

●叙述(じょじゅつ)スタイル：**紀伝体**…皇帝など君主の記録(**本紀**)と，功臣や周辺地域などの記録(**列伝**)を軸に叙述。

：**編年体**…時系列に従った叙述 『**春秋**』。

●**正史**：王朝公認の史書。『史記』がその最初のもの。

●『**漢書**』(後漢)：班固の編著 前漢1代の歴史。

●『**傷寒論**』(後漢〜三国)：**張仲景**(ちょうちゅうけい)が記した医書。

●書体：**隷書**(れいしょ)…現在の**楷書**(かいしょ)に近い書体。

●張衡(ちょうこう)(後漢)：**地震計**，**天球儀**(てんきゅうぎ)を作成。

魏晋南北朝時代──中国史(3)

1 三国時代

本編解説 p.106 ～ 110

天下三分：赤壁の戦い(208)で，曹操が**劉備**・**孫権**の連合軍に敗れる。

蜀(221 ～ 263)：**四川**を支配。

- 建国者：劉備　● 丞相(軍師)：諸葛亮(孔明)
- 首都：成都
- 滅亡(263)：魏によって滅ぼされる。

位置関係はこんな感じ

魏
蜀　呉

呉(222 ～ 280)：**江南**を支配。

- 首都：建業(現 南京)
- 建国者：孫権

諸葛亮
(孔明)

魏の盛衰(220 ～ 265)

魏の成立：曹操の子曹丕が，後漢の献帝から譲位される(魏の文帝)。

　＊禅譲：平和裡に帝位がうつること。

　　放伐：武力で帝位(権力)を奪うこと。

魏の政策

- **屯田制**：荒廃地回復や課税対象確保のため，流民や農民に土地を割り当てる政策。

　　＊秦・漢代の屯田制：辺境警備に派遣された兵士に，食料を自給させる制度(軍屯)。

- 軍事力：**匈奴**などの北方民族を傭兵として利用。
- 九品中正(**九品官人法**)：文帝期に始まる官吏任用法(～南北朝で実施)。
  - **中正官**が**推薦**。
  - 結果：豪族の高級官僚化。

　◎派生的結果：高級官僚が豪族によって世襲化されるようになり，豪族の貴族(門閥貴族)化を促進する。

　　➡郷村の大きな政治勢力に。

- **邪馬台国**の遣使：女王**卑弥呼**の使いが来朝　魏によって**冊封**される。
  「**親魏倭王**」の称号を授けられる(239，『**魏志**』倭人伝)。

晋(西晋，265〜316)

本編解説 p.110〜111

晋の建国

- 建国：魏の元帝が，権臣(けんしん)司馬炎に帝位を「禅譲」。
  ➡**晋**(**西晋**)の建国(**265**)。

晋の内政

占田・課田法

- 概要：**豪族**の**大土地所有制**を制限し，自作農を育成するための法。
- 意義：屯田制とともに，均田制(・給田制，北魏)の先駆(せんく)となる。

戸調(**戸調式**)：晋の税制　**農家1戸1戸**を単位に，生産物で税を徴収。

衰退・滅亡

八王の乱(290〜306)：各地に封じられた諸王の反乱➡晋の弱体化。

永嘉の乱

- 概要：匈奴ら異民族兵の反乱によって，**西晋は滅亡**(**316**)。
  匈奴族長の劉淵(りゅうえん)が「漢」を建国(304)。
  劉聡(りゅうそう)が洛陽・長安を攻略し，西晋は滅亡(316)。
  ➡皇族の一部は江南地方に逃亡➡**東晋建国**(**317**)。
- 結果：中国の**南北分裂**。
  華北…五胡の争乱状態　江南…漢人王朝の交替。

3 五胡十六国時代・北朝5王朝

本編解説 p.112〜120

五胡十六国時代(304〜439)

時代の始まり(304)：西晋の弱体化に乗じ，**匈奴**が「**漢**」の建国を宣言。

- **五胡**：**匈奴**，**鮮卑**，**羯**(匈奴の別種)，**氐**(チベット系)，**羌**(チベット系)。

前秦による華北統一(4C 後半)

- **氐族**の苻堅(ふけん)➡東晋との**淝水の戦い**に敗北。

華北の荒廃：多くの漢人が**江南に移住**　一部は**西域**にも移住。

北魏

建国(386)

- 建国者：鮮卑系の**拓跋氏**の拓跋珪。
- 遷都：モンゴル高原の盛楽(せいらく)➡**平城**(現　大同(だいどう))。

華北統一(439)

- 皇帝**太武帝**：五胡十六国の争乱を終結させる。
- 太武帝の**道教保護**：一方で大規模な**仏教弾圧**。

　　➡後の皇帝は仏教保護に転換。
- **道教**(**新天師道**)**教団**の成立：**寇謙之**が創建。

孝文帝の治世(位 471 ～ 499)

- **均田制**の実施(**485**)
  - 目的：**皇帝直轄地**を拡大して，農民を課税対象として確保する。
  - 概要：流浪している農民などに無主の土地を給田し，徴税する。

  ◎給田対象：女性，**奴婢**・**耕牛**にも給田。

  　➡**貴族**(・**豪族**)にも給田し，彼らと妥協。
- **三長制**：隣(＝農家５戸)，里(＝５隣)，党(＝125 戸)を単位として，
  それぞれに長をおき，農民を支配。
- **牀調式**(しょうちょうしき)：牀(夫婦)を単位に徴収。

  　＊戸調式(西晋)より，財産調査が深部に浸透。
- **漢化政策**
  - 概要：鮮卑族が民族文化を捨て，漢民族に同化する融和策(ゆうわさく)。
  - 具体策：**胡服**・**胡語**の禁止。

    漢人と鮮卑人との**結婚**(胡漢の通婚)の奨励(しょうれい)。
  - 遷都：平城➡**洛陽**

◎２つの石窟寺院

- **雲崗石窟寺院**：平城付近に造営。

  ：初期に造営された仏像は，**グプタ・ガンダーラ様式**が中心。
- **竜門石窟寺院**：**中国風**の仏像　**洛陽**の南に造営。

北魏の分裂

- **六鎮の乱**(6C前半):**漢化政策**に反発した辺境の鮮卑人たちの反乱。
  - 結果:北魏の東西分裂➡東魏・西魏の成立
- **西魏**:**兵農一致**の軍制として,**府兵制**を創始…➡隋・唐に継承。
- その後:**北周**(⬅西魏)・**北斉**(⬅東魏)の分立。
  北周による北斉の併合(へいごう)(577)。

4 東晋・南朝4王朝

本編解説 p.120~124

◎**概況**:**皇帝権力は弱体**で,地域における**貴族勢力**は強固。

- **江南開発**の進展:華北の争乱を避けて移住する民が激増し,南部の貴族は,流民などを支配して私有地(**荘園**)を拡大。

東晋

- 首都:**建康**(呉:建業,現 南京) ●建国者:**司馬睿**(えい)
- **土断法**:華北からの移住者を戸籍登録。
  ➡移住者が貴族の支配下に入ることを防ぐ。
- **東晋の文化**
  - 文学:“田園詩人”**陶淵明**…『帰去来辞』
  - 書道:“書聖”**王羲之**…「蘭亭序」
  - 絵画:“画聖”**顧愷之**…「女史箴図(じょししんず)」
  - **僧法顕**:グプタ朝インドへ 『仏国記』
    往路は西域経由,帰路はセイロン・マラッカ海峡経由で海路。

南朝の諸王朝

- **宋**:建国者:劉裕(りゅうゆう)(武帝) 武人出身。
  - 日本(**倭の五王**)の遣使。
    - 日本は宋から**冊封**を受ける。
    - 目的:**朝鮮**における優位確保のため 「安東大将軍・倭国王」。
  - ◎**冊封**:中国皇帝と諸国の君主の間に成立した,**君臣関係**に基づく外交秩序。
    中国皇帝は諸国の君主に爵位(しゃくい)や官位を与えて統治を承認。
- **斉**:蕭道成(しょうどうせい)(高帝,太祖) 武人出身。
- **梁**:蕭衍(しょうえん)(武帝)
  - **『文選』**:**昭明太子**が編纂 **四六駢儷体**(しろくべんれいたい)…対句(ついく)重視の華麗(かれい)な文体。
- **陳**:陳覇先(武帝)
  - 滅亡:**隋**によって滅ぼされる,中国の**南北統一**達成(589)。

5 魏晋南北朝時代の文化

本編解説 p.124 ~ 129

儒学：**沈滞**⬅魏晋南北朝の混乱。

仏教の隆盛

- **西域僧**の活躍：五胡十六国時代に華北の異民族王朝で活躍。
  - 仏図澄：**西域亀茲**（クチャ）出身　後趙の石勒などに仕える。
  - 鳩摩羅什：**西域亀茲**出身　後秦で活躍　**仏典漢訳**。
- 中国南北における仏教受容の相違（山川出版社『詳説世界史』旧課程の指摘）。
  - 華北：**庶民**にまで浸透。
  - 江南：**貴族**の教養として受容。

老荘思想（道家）

- 清談の流行：現実逃避的な議論　「**竹林の七賢**」…阮籍・嵆康など。

北魏の実用的文化

- 『水経注』（北魏）：**酈道元**が著した地理書。
- 『斉民要術』（**北魏**）：**賈思勰**が著した，現存する中国最古の**農書**。

道教教団の成立

- 起源：不老長生をめざす**神仙思想**，**老荘**思想（道家），陰陽五行説，**讖緯思想**（占いや予言），仏教，各地の民間思想。
- 五斗米道（**天師道**）：四川の張陵　北魏の道教の直接的な前身。
- **道教教団**の成立（**北魏**）：**寇謙之**⬅**太武帝**の支援。
  - 国教化：仏教は弾圧受ける。
  - 道教寺院：道観　● 道教経典：道蔵　● 修行者：道士
- 道教の影響
  - **博物学**，料理法，医学の発展を促進。
- その後
  - 南宋：正一教　● 華北（金）：**全真教**…王重陽が創始。

隋・唐～五代十国時代
――中国史(4)

隋(581～618)

本編解説 p.130～134

建国

- 建国者：**北周**王朝の外戚出身の**楊堅**(隋の**文帝**)。
- 首都：**大興城**(長安)
- **南北統一**(589)：南朝の**陳朝**を滅ぼす。

諸制度

- 税制：**租庸調制**の始まり　●軍制：兵農一致の**府兵制**を継承。
- **均田制**の実施：奴婢・耕牛への給田停止⬅田の不足が主因。
- **科挙**の施行：**学科試験**による官吏選抜➡**門閥貴族**の排除。

煬帝(位604～618)

- **大運河**の完成：華北と江南の連絡。
  北端：**北京**(涿郡)～南端：**杭州**(餘杭)。
  - **永済渠**：北京～黄河(開封付近)　●通済渠：開封付近～淮河
- **対外関係**
  - **東突厥**：モンゴル高原　●**西突厥**：中央アジア
  - **高句麗**：3回の遠征失敗➡混乱➡隋の滅亡。

② 唐の成立・発展(618～7世紀末)

本編解説 p.134～142

内政

唐初の皇帝

- **李淵**(**高祖**)，李世民(**太宗**，位626～649)，**高宗**。
- 「**貞観の治**」：太宗の治世。

中央官制の概観：**三省六部**，九寺五監一台。

- **中書省**：詔勅(皇帝の命令)草案の作製(長官は中書令)。
- **門下省**：詔勅草案の審議⬅**門閥貴族**が結集し，皇帝権を制限。
- **尚書省**：詔勅の執行　六部の統括。
  - **六部**：兵部(軍事)，工部(土木)，刑部(司法)

吏部(官吏の選任事務)，**戸部**(戸籍・財政)，**礼部**(科挙の実施)。

● **御史台**：官吏の監督。

● 九寺，五監：細務(さいむ)の実行　外交：鴻臚(こうろ)(九寺の1つ)。

● **州県制**：全土を州・県(後に道・州・県)に分割して支配。

● 基本法典：**律令**…律(**刑法**)，令(行政法・民法)。

格式…補充改正(格)，施行細則(式)。

● **科挙**：明経…儒学など古典の素養　秀才…政治についての論文試験。

進士…文章力(文学的素養)を問う　人気が集中。

● 郷試(地方試験)➡省試(長安で**礼部**所轄)。

…➡吏部による採用試験(吏部試)。

貴族の発言権：地方の実力者として大きな発言権➡皇帝も無視できず。

● **蔭位の制**(**任子の制**)

：貴族の子弟(してい)を，父祖の官位に準じて任官させる制度。

農民支配策

● **均田制**：**口分田**(農民の死後，国家に返却)

永業田(世襲が許された土地)を給田。

● **租調役制**(**租庸調制**)

● 「**租**」…生産物の一部を徴収

● 「**調**」…特産物

● 労役：役…**中央官庁**が課す，年20日間の労役。

庸…役のかわりに納めるもの。

雑徭…**地方官庁**が課す，年40日間の労役。

● **府兵制**：**折衝府**で訓練・駐屯。

● **衛士**：都の警備　● **防人**：辺境の警備

唐の対外政策と国内の対異民族政策

初唐期の外征

● **高宗**期(位649～83)に特に活発。

● 朝鮮・東北地方：**百済**(660)，**高句麗**(668)を滅ぼす…**新羅**と同盟して。

● 西域：**西突厥**を服属させる➡唐が，**西域**全土と**オアシスの道**を制圧。

東突厥も服属➡後に自立するも，ウイグルに滅ぼされる。

領域内異民族の支配

● **都護府**の設置：唐の領域内の異民族支配のために設置。

長官を「都護」と呼ぶ。

●**羈縻政策**：異民族の族長に支配を任せる**間接統治**であり，異民族の伝統や宗教を尊重し，中国の法律や慣習などを強制せず。

唐と周辺国家との関係

◎**朝貢**が前提：対等な国際関係は認めない。

◎**冊封**：唐と諸国との間には，**君臣関係**に基づく国際関係が成立。

●朝鮮…**百済**，**新羅**　●東北地方…**渤海**　●雲南…**南詔**（なんしょう）

●東北地方・朝鮮…**高句麗**

◎「**家人の礼**」が適用される関係：擬似（ぎじ）的に，父子・兄弟関係を結ぶ。

●**突厥**　●**ウイグル**（回紇）　●**吐蕃**（チベット）

◎単なる朝貢関係：交易のみを望む国に対しては，朝貢という形式を踏んだ上で貿易を認める。

●**日本**（大和朝廷）　●**シュリーヴィジャヤ**

●**チャンパー**　●**真臘**（しんろう）（カンボジア）

東アジア文化圏の形成

●都城制，中国仏教，漢字，儒学などの影響。

国際都市長安

●**背景**：**五胡十六国時代**以来，周辺異民族との接触（≒被支配）。

オアシスの道，**海の道**を通じた**交易の発展**。

●**イラン系**の風俗の流行

●契機：**ササン朝ペルシア**の滅亡（651）など。

●イラン系風俗：**胡服**（ここでは，イラン系の服のこと）。

ポロ競技。

●西域の風俗：**胡姫**（西域の女性）。

唐三彩という陶器のデザインにも，イラン・西域の風俗が。

●外国人商人：イラン系ソグド人　トルコ系**ウイグル人**

3 唐の衰退・滅亡（7世紀末～907）

本編解説 p.142 ～ 150

「武韋の禍」から「開元の治」へ

「武韋の禍」

●**則天武后**：中国史上唯一の女帝…**高宗**の皇后で，中宗を廃して即位。

●権力基盤：**科挙官僚**⟷貴族官僚と対立。

●**韋后**（いこう）：第6代中宗（4代中宗の重祚…皇帝が再び即位すること）の皇后。

玄宗の治世(8C 前半)：「**開元の治**」

- 盛唐：文化(唐詩)の爛熟期。
  杜甫…『兵車行』『春望』　李白…『月下獨酒』

唐の衰退

農民の疲弊

- 原因❶：農民の**貧富差の増大**⬅商工業(貨幣経済)の発展⬅農業生産の発展。
  - 農業の新展開：華北における**二毛作**(粟と麦)の普及。
    江南における商品作物栽培(**茶**・サトウキビ・漆)。
  - 商業の発達：都市近郊で，民営の定期市(**草市**)も発展。
- 原因❷：❶に加え，**重税・兵役の重圧**による農民の没落。
- 結果❶：農民が均田から逃亡し，**貴族**，**寺観**，**新興地主**の私有地(荘園)へ。
  逃亡農民を小作人(**佃戸**)として，大土地所有が進展。
- 結果❷：**均田制・租調役制**(**租庸調制**)**が崩壊**し，**府兵制も崩壊**。
  ＊均田制の行き詰まりの他の要因：口分田の慢性的な不足。

危機に対する唐王朝の対応

- 財政危機への対応――**両税法**の導入。
  - 提唱者：宰相**楊炎**の献策(780)。　●皇帝：徳宗
  - 概要：**土地所有の大小**に応じて，**夏秋２期**に課税(銭納が原則)。
    主戸(土着の民)，客戸(移住者)の別なく**現住地**で課税。
  - 他の財政政策：**塩の専売制**
- 軍事的危機への対応――**募兵制**の導入(722)。
  - 概要：**傭兵制**を導入　＊府兵制は廃止(749)。
  - **節度使**：辺境警備のために設置された軍司令官
    (710，**河西節度使**が最初)。
    異民族出身者も多く登用。

唐王朝の衰亡過程

タラス河畔の戦い(751)：アッバース朝に敗北。
➡西域からの唐後退の契機。

安史の乱(755～763)：節度使の反乱

- **安禄山**：異民族出身の節度使で幽州で挙兵　「大燕皇帝」名乗る。
- **史思明**：安禄山の部下　彼も「大燕皇帝」名乗る。

●結果：トルコ系民族**ウイグル**の援兵で，ようやく鎮圧する。

安史の乱の影響

●内政面：**皇帝権力が弱体化**し治安が悪化。

●対応：**節度使**を**内地**にも**設置**。
彼らは軍事指揮権のみならず，**財政権**・**行政権**(民生権)をも掌握(しょうあく)し，
さらには**貴族の荘園**も侵蝕(しんしょく)して，**独立政権化**(藩鎮)。

◎結果：唐は事実上藩鎮の集合体となり，皇帝権は有名無実に。

●対外情勢：支配下の諸民族の離反が起こり，また周辺諸民族，周辺諸国(ウイグル・吐蕃・南詔など)の侵入も相次ぐ。

◎結果：都護府を通じた支配(羈縻政策)は崩壊し，領土も縮小。

黄巣の乱(875～884)：大農民反乱

●**黄巣**：山東地方の塩の密輸商人➡唐による塩の専売に反発。

●経過：王仙芝(おうせんし)の挙兵に応じて乱起こす。
➡長安占領(880)　国号を「大斉」とする。

●影響：唐の決定的衰退➡各地の**節度使が争乱状態**に
➡日本，菅原道真の献策に従って，**遣唐使を廃止**(894)。

滅亡：宦官(かんがん)の専横(せんおう)，官僚の内部抗争(**党争**)で中央政治は混乱。
節度使の朱全忠によって滅ぼされる(907)。

4 唐代の社会・経済

本編解説 p.150～152

農業・商業

●農村：貴族などの私有地である**荘園**が拡大。
農民は**佃戸**(小作人)に。

●農業：華北における二毛作(粟と麦)の普及。
小麦の栽培の広がり。
江南の水稲耕作地帯では，**田植え**も始まる。

都市の繁栄

◎唐代の都市：**政治都市**，**軍事都市**が中心

●**都城制**：宮殿を中心とした都市づくり。
渤海の上京竜泉府(東京城)。

●**坊制**：市内を碁盤目状の道路で整然としたブロックに分割した都市造り。

●**市制**：市内の特定地域でのみ商業活動を許可する制度。

貿易

◎内陸貿易

- オアシスの道（絹の道）：イラン系の**ソグド人商人**などが活動。

◎海上貿易

- 8 世紀半ばから，海の道を通じて**ムスリム商人**（アラブ人・イラン人）が来航。
- **市舶司**：貿易を管理する機関として，**広州**に設置。
- **蕃坊**の設置：ムスリム商人などのために，広州・泉州に設置された居住地域。

5 唐代の文化

本編解説 p.152 ~ 158

儒学

- 儒学の復活：国家の安定➡**科挙**の実施。
- 『**五経正義**』：**孔穎達**による編纂　国家による儒学の経典の解釈。
  ：**訓詁学**（漢代～）の研究が基準。

文芸

- **盛唐**（**玄宗期**）の唐詩。
  - **杜甫**：『春望』…安史の乱でさびれた長安。
    『兵車行』…農民兵の出征の悲劇。
  - 李白：『月下独酌』…ロマン的な詩作。
- 中唐
  - **白楽天**（**白居易**）：『長恨歌』…玄宗と楊貴妃の悲劇。
  - **韓愈**：**柳宗元**とともに，**古文復興**を唱えた文章家。

書道・絵画

- 初唐：虞世南，褚遂良，**欧陽詢**…「初唐の三大家」と呼ばれる書家。
  欧陽詢「九成宮醴泉銘」。
  閻立本…画家　高宗の時代には宰相歴任　「歴代帝王図巻」。
- 盛唐：**顔真卿**…力強い筆致で知られる　**安史の乱**の鎮圧で活躍。
  李思訓…写実的な山水画。
  王維…理想主義的な**文人画**の祖として知られる詩人。

仏教・道教

- **玄奘**：ヴァルダナ朝時代に渡印　法相宗を開く。
  『**大唐西域記**』　往復路とも陸路。
- **義浄**：7 世紀末のインドの分裂時代に渡印。
  『**南海寄帰内法伝**』　往復路とも海路。

- **禅宗**：インド僧の**達磨**(5～6C)がもたらす。
- **浄土宗**：慧遠(東晋)が開祖。
- **道教**：帝室の保護のもとに繁栄。

その他の宗教

- 景教：**ネストリウス派**キリスト教　景教寺院…**大秦寺**
  大秦景教流行中国碑の建立(781，皇帝徳宗期)。
  ＊ローマ=カトリック：元の時代に布教　「十字教」と呼ばれる。
- **ゾロアスター教**：中国名：**祆教**　寺院：祆祠
- **マニ教**(**摩尼教**)：ササン朝に生まれ(3C)，唐代に伝播。
- **イスラーム教**：清真(回)教と呼ばれる。
  清真寺：西安のイスラーム教徒街にある。

6 五代十国時代

本編解説 p.158～161

五代十国時代

◎概観：各王朝の**節度使**(**藩鎮**)の争乱が続く。

- 十国：主に**江南**に興った国々。
- 五代：**武人の節度使**が**華北**に建国した五つの王朝。
  - **後梁**：**朱全忠**が建国。
  - 後唐：李存勗(りそんきょく)　この王朝のみ首都を洛陽に設定(他は**開封**)。
  - **後晋**：突厥出身の**石敬瑭**が建国者。
    契丹(キタイ)による援助の見返りに，中国本土の**燕雲十六州**を割譲。
  - 後漢：劉知遠
  - 後周：第2代世宗が，大規模な仏教弾圧(955)。
    - 「**三武一宗の法難**」…北魏－太武帝(446)　北周－武帝(574)。
      唐－武宗(845「会昌の廃仏」)
      後周－世宗(945)。

社会の変化

- 結論：魏晋南北朝以来，権勢を誇ってきた**門閥貴族は決定的に没落**。
- 没落の原因：**節度使**の台頭，**黄巣の乱**，**五代十国**の争乱。
- 新興勢力の台頭：「**形勢戸**」と呼ばれる**新興地主**。
  - 科挙に挑戦し官僚(≒科挙合格者)を輩出(官僚を出した家…官戸)。

経済的変化

- **江南開発**の進行：農業生産力の発展➡商工業の発展。

第10回 仏教・ヒンドゥー教の成立と南アジアの諸国家

1 都市国家の形成と新宗教

本編解説 p.162 ～ 164

新宗教登場の背景：バラモン教への不満…複雑な祭式・儀礼を形成。
➡形式主義に陥る。

- 新興階級：**クシャトリア**と**ヴァイシャ**（とくに商人層）
  ➡バラモン支配に反発。
- 背景：農業生産力発展➡**都市国家**の発展。
- 二大国：**コーサラ国**（BC6C ～ガンジス中流）
  マガダ国（BC6C ～ガンジス下流）
- 商工業が発展，戦争も頻発。
  - 結果：クシャトリアとヴァイシャ（とくに商人層）の台頭。
- 叙事詩の成立：**『マハーバーラタ』『ラーマーヤナ』**
  …武人の活躍を描く。

ウパニシャッド哲学

- 「**世界最古の哲学思想**」：バラモン教の祭式万能主義に対する反省。
- 「**梵我一如**（ぼんがいちにょ）」：宇宙の根源（梵–ブラフマン）と，生命の根源（我–アートマン）は同一であるとする世界観。

仏教とジャイナ教（BC6C 末ころ成立）

◎**共通点**：**ヴァルナを否定**し，バラモン以外の各階層の解脱（げだつ）も可能。
開祖はいずれも**クシャトリア**。
バラモンの言語サンスクリット語を使わず，民衆言語で布教。

- **仏教**：創始者：**ガウタマ=シッダールタ**…シャカ族の王子。
  - 内容：「生病老死」の四苦（しく），輪廻転生（りんねてんせい）からの解脱を，
    中庸（ちゅうよう）の精神に裏打ちされた**八正道**（はっしょうどう）を通じて果たす。
- **ジャイナ教**：創始者ヴァルダマーナ（尊称マハーヴィーラ）
  - 内容：厳しい苦行によって解脱を果たす（**苦行主義**）。
    徹底（てってい）した**不殺生主義**⬅とくに商人層が支持。

② 古代王朝の興亡

本編解説 p.164 ～ 173

マウリヤ朝(BC317? ～ BC180?)：「インド最初の統一王朝」

マウリヤ朝による統一

- 統一の契機：**アレクサンドロス大王**の侵入。
- **創建者**チャンドラグプタ：**マガダ国**のナンダ**朝**を打倒し，マウリヤ朝を創始
  ➡再侵入してきたセレウコス１世の軍を撃破。
- 首都：パータリプトラ

アショーカ王(位 BC3C)：中国名…「阿育王」

- 征服活動：半島東南部の**カリンガ王国**を平定➡大殺戮(さつりく)を伴(ともな)う。
  インド南端を除く，半島のほとんどを征服。
- 支配：**官僚組織**と**常備軍**を整備。
- **仏教保護**：**ダルマ**(法…仏教の真理)を，**石柱碑・磨崖(まがい)碑**に刻(きざ)んで布告。
  セイロン(スリランカ)への布教　**仏典結集**を実施。
  サーンチーの仏塔(ストゥーパ)
- 衰退：仏教を保護した王家に対するバラモン層の反発，地方勢力台頭。
- **スリランカ**：BC５世紀ころ，アーリヤ系**シンハラ人**が先住民を支配して建国。
  BC 前３世紀半ば，**上座部仏教**が伝播し，宗教の主流となる。

クシャーナ朝(AD1C ～ 3C)

クシャーナ族：**イラン系**民族
大月氏支配下の中央アジアから，アフガンに南下。

- 領土：**インダス**川流域　西北インド～中央アジアの西部。

カニシカ王(AD1C 末？　AD2C?)：最盛期の王　首都：プルシャプラ

- 繁栄：東西交易路を押さえ繁栄　大量の**ローマ風の金貨**を鋳造。
- 仏教保護：仏典結集

衰亡：ササン朝ペルシアのシャープール１世の侵攻を受ける。

◎**ガンダーラ美術**：ギリシア風仏教美術
◎**マトゥラー**でも仏像作成。
◎**大乗仏教**の成立と拡大――教義の確立者**ナーガールジュナ**(AD2 ～ 3C)。

- 「空」の思想：人間も事物も実体はなく，名称だけが存在する。
- 大乗仏教の特色と**部派仏教**(**小乗仏教**)との比較。
  - **衆生救済**：世界(社会)全体の救済をめざす。

●菩薩信仰：修行を積み，他者をも救済しようとする人々。
●部派(小乗)仏教の特色：**個人の修行**を重んじる。
●経典：大乗…**サンスクリット語**(梵語)　部派仏教…**パーリ語**

グプタ朝(AD320？～550？)

●特色：**インド古典文化**の完成期

政治史：創建…**チャンドラグプタ１世**

●最盛期…**チャンドラグプタ２世**(中国名：超日王)

●衰退，滅亡：中央アジアの遊牧民族**エフタル**の侵攻　地方勢力の台頭。

支配の特色

●概要：国王直轄領以外は臣従(しんじゅう)させた地方有力者が支配する地域や，貢納を義務づけた属領などからなり，**中央集権体制**ではなかった。

ヒンドゥー教の浸透

●成立：**バラモン教**を母体とし，各地の**民間信仰**の要素を融合。

●特色：**多神教**で，**開祖や特定の教義はなく，特定の聖典も存在しない。**
シヴァ神…世界の破壊・創造
ヴィシュヌ神…世界の維持，太陽神
ブラフマー神…世界の創造

●『**マヌ法典**』：『ヴェーダ』と並び，ヒンドゥー教徒の経典･生活規範(きはん)の１つになる。

仏教

●石窟寺院：デカン高原の**アジャンター**，**エローラ**の**石窟寺院**。

●仏像の意匠(いしょう)：グプタ様式…**純インド風**

●東晋の僧法顕の来印：『**仏国記**』　往路は陸路，帰路は海路。

●**ナーランダー僧院**の創建：５世紀初頭，法顕の帰国後に創建。

文学・数学

●２大叙事詩の完成：『**マハーバーラタ**』『**ラーマーヤナ**』

●サンスクリット文学：文人**カーリダーサ**　戯曲『シャクンタラー』

●**十進法**，**ゼロの概念**，**インド数字**➡イスラーム世界に伝播。

ヴァルダナ朝(7C 前半)

●１代の繁栄：**ハルシャ=ヴァルダナ王**(中国名戒日王)
国王自身はヒンドゥー教徒。

●唐僧玄奘の渡印：帰国後，法相宗(ほっそう)を開く。

- **仏教の衰退**：北インド商業の衰退などで，支持者を失う。
  ヒンドゥー教のなかに吸収されていく。

ラージプート時代(7C半ば～13C初)

概観：ラージプート…地方領主の自称(“王の子”の意)。

- 「インドの中世」：古代的統一が崩壊して，地方勢力が発展する時代。

諸王国の抗争(8～9C)

- 対決：北西インドの**プラティーハーラ朝**，ベンガルの**パーラ朝**と，
  デカン地方の**ラーシュトラクータ朝**の抗争➡決着つかず。

南インドの諸王朝

- 民族：ドラヴィダ系が中心。

サータヴァーハナ朝(アーンドラ朝，BC1C～AD3C)：デカン高原が中心。

- **季節風貿易**：**香辛料**をローマなどに輸出　**金貨**をローマから輸入。
  『エリュトゥラー海案内記』
- 農業：**鉄製農具**を使用。

チャールキア朝(AD6C～9C)

：サータヴァーハナ朝の衰退後，デカン高原支配。
グプタ朝から文化の導入に努める。

チョーラ朝(BC3C～AD4C，AD9C～13C)：ドラヴィダ系**タミル人**

- 繁栄：**交易**で繁栄➡10～11世紀に全盛期。
  中国の宋王朝に使節派遣。
  スマトラの**シュリーヴィジャヤ王国**に遠征。

パッラヴァ朝(AD3C～9C)：インド東南部を支配　**交易活動**

パーンディヤ朝(AD3C～14C)：インド**最南端**の王朝　**交易活動**

- 交易：宋・元から**陶磁器**(とうじき)を輸入。
  ペルシア湾岸より馬を輸入。
  ➡インド北部のイスラーム勢力(**デリー=スルタン朝**)
  に対抗するため。

第11回 東南アジア世界の形成と展開

① ベトナム，ラオス，カンボジア

本編解説 p.175 ～ 184

※「東南アジア」地域…半島部と島嶼部（多島海地域）から成る。

秦……**始皇帝**　南海郡以下３郡設置

前漢…**武帝**　南海郡以下９郡設置，最南端日南郡

後漢…光武帝などの侵入↔チュン姉妹の闘争

宋

1009

〈ベトナム北部〉　〈中国 1000 年の支配〉 … **呉**(ご)**朝** … **丁**(てい)**朝** … **黎**(れい)**朝** …　→　①**李**(り)　**朝**

ドンソン文化　青銅器・鉄器文化

166…「**大秦王安敦**」の使いが日南郡に至る。

国号は「**大越**」　初の永続的王朝

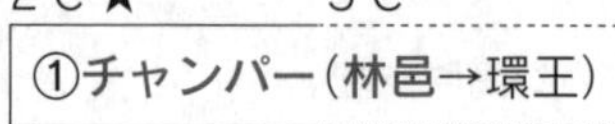

〈ベトナム中南部〉

2 C★　①チャンパー（林邑→環王）　5 C　→　9 C　②チャンパー（占城）　→

＊「チャンパー」という国号は 5C から

〈ラオス〉

〈カンボジア〉

1C★　①扶南(ふなん)

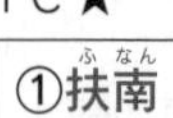

6 C　②真臘(しんろう)（カンボジア）

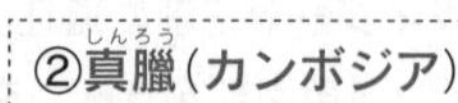

→ 陸真臘 / 水真臘 →

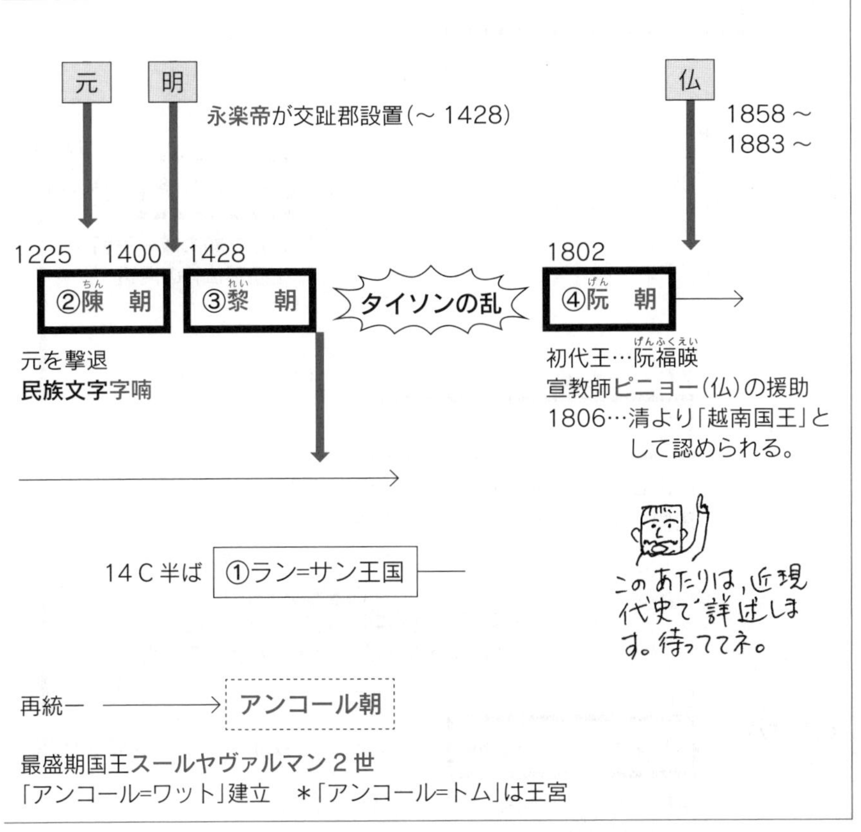
「★」：港市国家連合を示す。
元
明
仏
永楽帝が交趾郡設置(～1428)
1858～
1883～
1225
1400
1428
1802
②陳朝
③黎朝
タイソンの乱
④阮朝
元を撃退
民族文字字喃
初代王…阮福暎
宣教師ピニョー(仏)の援助
1806…清より「越南国王」として認められる。
このあたりは、近現代史で詳述します。待っててネ。
14C半ば
①ラン=サン王国
再統一
アンコール朝
最盛期国王スールヤヴァルマン2世
「アンコール=ワット」建立 ＊「アンコール=トム」は王宮
＊その国家・王朝で主流をしめる宗教。
ラインマーカーで着色すると一目瞭然！
…大乗仏教
…ヒンドゥー教
…上座部仏教
…イスラーム教
…特定の宗教が教科書に明示されていない王朝

② タイ，ビルマ(ミャンマー)，スマトラ，ジャワ

本編解説 p.184～191

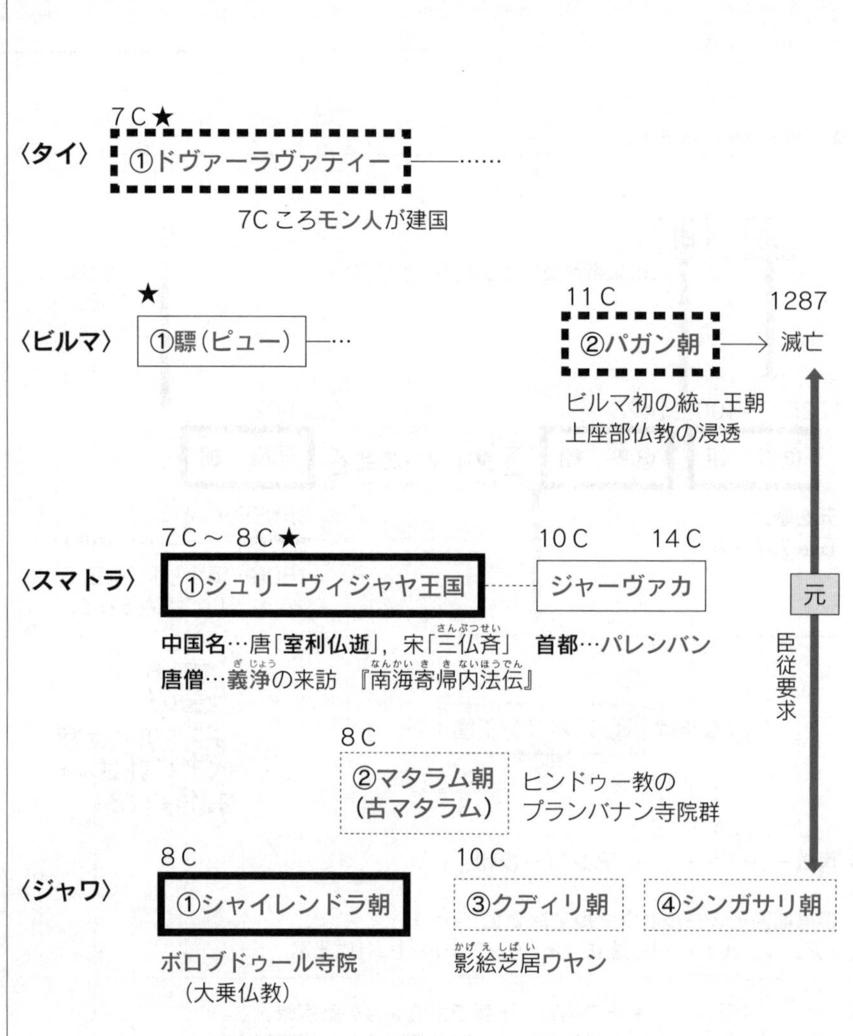

「★」：港市国家連合を示す。

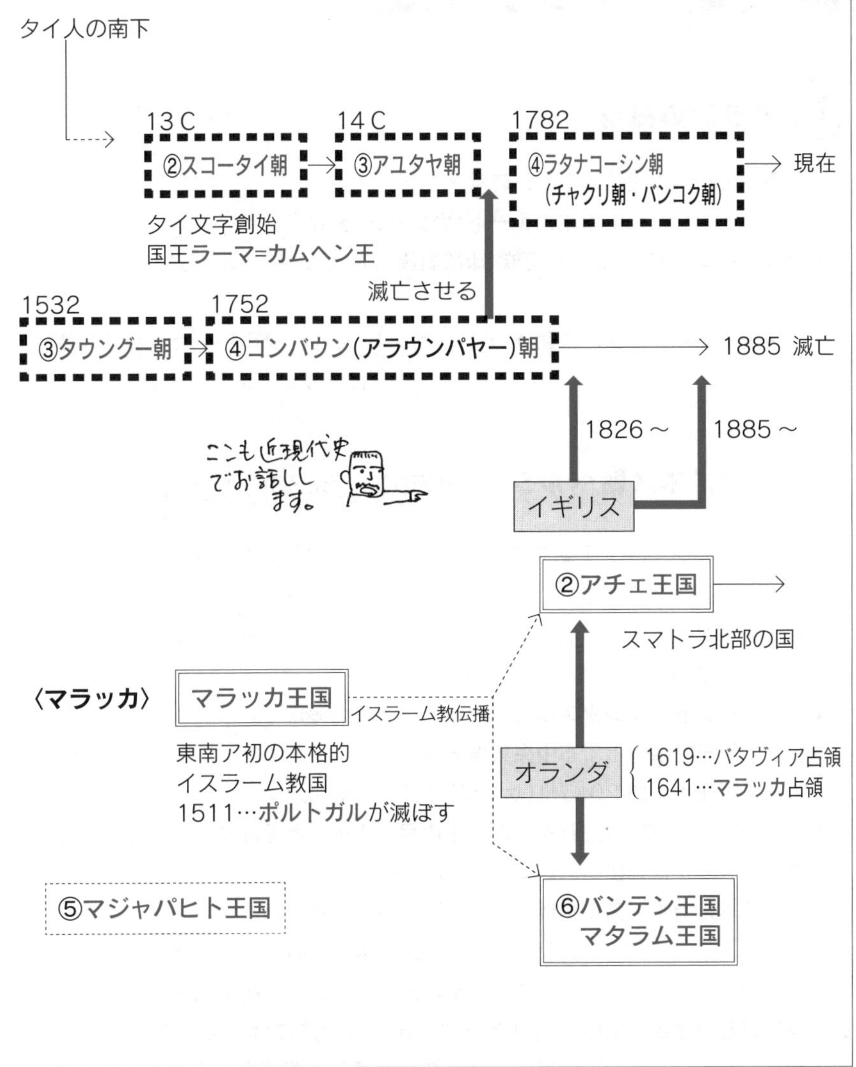
タイ人の南下
13 C
②スコータイ朝
14 C
③アユタヤ朝
1782
④ラタナコーシン朝
(チャクリ朝・バンコク朝)
現在
タイ文字創始
国王ラーマ=カムヘン王
滅亡させる
1532
③タウングー朝
1752
④コンバウン(アラウンパヤー)朝
1885 滅亡
1826～
1885～
イギリス
ここも近現代史でお話しします。
②アチェ王国
スマトラ北部の国
〈マラッカ〉
マラッカ王国
イスラーム教伝播
東南ア初の本格的
イスラーム教国
1511…ポルトガルが滅ぼす
オランダ
1619…バタヴィア占領
1641…マラッカ占領
⑤マジャパヒト王国
⑥バンテン王国
マタラム王国

第12回 イラン諸国家の興亡とイラン文明

 ① イランの概況

本編解説 p.192 ～ 193

● イランの地勢：高原地帯で，乾燥・低温。
　　地下水路**カナート（カレーズ）**発達。

● 民族：**インド=ヨーロッパ語族（印欧語族）**のイラン人（ペルシア人）。

◎政治勢力の変遷

：**メディア➡アケメネス朝➡ アレクサンドロス大王帝国 ➡ セレウコス朝**

＊□ はギリシア系

② アケメネス朝ペルシア（BC550 ～ BC330）

本編解説 p.193 ～ 197

キュロス 2 世：メディア王朝を滅ぼして，アケメネス王朝を創建（BC550）。
　カルデアを倒し「バビロン捕囚」を終わらせる。

カンビュセス 2 世：エジプトを征服し，**全オリエントを再統一**（BC525）。

ダレイオス 1 世（位 BC522 ～ BC486）

● 領土：インドの**インダス川**流域から**エーゲ海**北岸まで。

● 支配：国王を頂点とする**中央集権体制**。
　征服地を約 20 の**州（サトラ）**に分けて支配。

● **サトラップ**（知事，総督）を派遣⬅**王の目・王の耳**と呼ばれた監察官が監視。

● 首都：**スサ**　遷都（せんと）後も，経済・政治の中心地。

● 新首都**ペルセポリス**：祭儀のために建てられた新首都。
　スサの東南の高原地帯に位置し，王宮建設。

● 王の道：スサーサルデスを結ぶ国道。国道沿いには，**駅伝制**も整備。

アッシリアとの比較：武断主義はとらず，また異民族には軍役や貢納（こうのう）を課したが，被支配民族の**独自の法**や**慣習・信仰などを尊重**した緩（ゆる）やかな支配。

経済政策

- 金貨，銀貨の鋳造。
- **フェニキア人**，**アラム人**の商業活動を保護。
  小アジアのギリシア人も交易参入。
- 灌漑農業：イラン高原などの乾燥地帯に地下水路(カナート)を建設。

衰退・滅亡

- クセルクセス1世：ギリシア遠征(第3回)を企図し失敗。
- ダレイオス3世：**アレクサンドロス大王**に敗れ，滅びる(BC330)。

ペルシア人の文化(信仰)など

- アケメネス朝美術：支配領域各地の美術要素を融合。
- ベヒストゥーン碑文：ダレイオス1世の業績を，バビロニア語・エラム語・ペルシア語(いずれも楔形文字表記)で刻印…英人**ローリンソン**が解読。
- **ゾロアスター教**：ペルシア人の民族宗教
  - **善悪二元論**…**光明神**アフラ=マズダ，**暗黒神**アーリマン
  - **世界の終末観**，**最後の審判**などの発想。
    ➡ユダヤ教・キリスト教などに影響。

3 ギリシア人支配の時代(BC4世紀後半～BC3世紀半ば)

本編解説 p.197～198

アレクサンドロス大王の東方遠征➡アケメネス朝の滅亡(BC330)

セレウコス朝シリアの支配

ギリシア人国家バクトリア(中央アジア)と，パルティアの独立

4 アルサケス朝パルティア(BC248～AD224)

本編解説 p.198～199

政治・経済

- 建国：遊牧イラン人を中心に，アルサケスが**セレウコス朝**から自立。
- 首都：**ヘカトンピュロス**(イラン高原)
- 中国名安息：王朝名の“アルサケス”の音訳。
- ミトラダテス1世(BC2C前半)：「**諸王の王**」と自称　セレウコス朝の首都セレウキアを陥落させ，ティグリス川対岸に**クテシフォン**建設。
  …➡首都へ(BC1C～)

● **ローマ**と対決：ローマの**クラッスス**を破る

…カレ(カルラエ)の戦い(BC53)。

● **交易**：ローマ・中国を結ぶ陸上交易路(**オアシスの道**，**絹の道**)をおさえ，**交易の関税収入**で繁栄。

● 滅亡：**ササン朝ペルシア**に滅ぼされる(**AD224**)。

文化：当初は**ギリシア文化**の影響強い　公用語も**ギリシア語**。

…➡公用語は**ペルシア語**に，**イラン文化**の影響も強まる。

宗教…**ゾロアスター教**

ミトラ神，アナーヒター神(豊穣の女神)への信仰。

ササン朝ペルシア(AD224 ~ 651)

本編解説 p.199 ~ 203

政治・経済

● 建国：ゾロアスター教の祭司**アルダ(デ)シール1世**が，**農耕イラン人**を率いてパルティアを滅ぼして建国(AD224)。

● シャープール1世(3C)：「**イラン人，および非イラン人の諸王の王**」

● ローマの軍人皇帝**ウァレリアヌス帝**を捕虜とする。

(エデッサの戦い，260)

● インド西北部の**クシャーナ朝**を攻撃し，決定的に衰退させる。

● シャープール2世：ローマ皇帝ユリアヌスを捕虜に。

● 混乱(5C ~ 6C)：中央アジアの遊牧民**エフタル**の侵入によって混乱。

● **ホスロー1世(6C)**：最盛期の君主で，ビザンツ帝国の**ユスティニアヌス帝**と，シリアなどをめぐり戦う。

トルコ系遊牧民の**突厥**と結んで**エフタル**を滅ぼす。

● **交易**：**陸上交易**…**オアシスの道**(**絹の道**)の一端を押さえ繁栄。

海上交易…**紅海**や，**ペルシア湾・インド洋**，**東シナ海**まで進出。

● 滅亡：イスラーム教徒との**ニハーヴァンドの戦い**で敗れる(642)。

文化：イラン民族文化の要素が強まる。

● **ゾロアスター教**：国教化　聖典『**アヴェスター**』の編纂。

注釈書『ゼンド=アヴェスター』も編纂。

● **マニ教**：3世紀にマニが創始。

ゾロアスター教を母体に，**キリスト教**・**仏教**の要素を融合。

● 禁圧：シャープール1世は保護したが，後に弾圧される。

● 伝播：ローマ帝国(とくに北アフリカ)，中央アジア，中国に伝播。

●影響：中世西ヨーロッパ(南仏の**アルビジョワ派**の教義)に影響を与える。
　　北アジアのトルコ系**ウイグル王国**で**国教**となり，
　　唐でも一部に受容される(摩尼(まに)教)。

●ミトラ教：イランの密儀宗教　太陽神ミトラを崇拝。
　　ローマ帝国に伝播し，一時はキリスト教をしのぐほど隆盛に。

●**ササン朝美術，工芸**：日本の法隆寺の**獅子狩文錦(ししかりもんきん)**，
　　正倉院(しょうそういん)の**漆胡瓶(しっこへい)**の意匠(いしょう)に影響。

●首都**クテシフォン**：ギリシア文化の研究拠点。

古代ギリシアの歴史

1 ポリスの形成

本編解説 p.204 ～ 206

ポリスの成立(BC8C ～ BC5C ころ)

- 形成：村落に分散して定住した状態…➡**シノイキスモス(集住)**
- 集住の動機：外敵からの防衛目的や，貴族が平民に対して結束するため。
- 構造：中心部に**アクロポリス**(城山)，**アゴラ**(公共広場)
  周囲を城壁でとり囲む。
  城壁の外には田園が広がり，市民には**クレーロス**(持ち分地)を分与。

代表的ポリス

- **アテネ**：イオニア人　商業(貿易)・農業　人口25万…奴隷は3分の1。
- **スパルタ**：ドーリア人　ペロポネソス半島のラコニア地方　**農業**

ギリシア人の同胞意識

- ヘレネス：ギリシア本土(ヘラス)居住のギリシア人の自称。
  「英雄ヘレンの子孫」
- バルバロイ：異民族に対する蔑称　「聞き苦しい言葉をしゃべる者」
- 信仰：**デルフォイ**の**アポロン神**の神託を信ずる　オリンポス十二神
  ➡共通の信仰を土台に隣保同盟を形成　オリンピア競技開催。
- 文学：ホメロスの詩。

2 民主政の発展についての基礎知識

本編解説 p.206 ～ 209

ギリシア人の海外植民活動(BC8C ～)・交易活動

- 動機：人口増加にともない，**耕地の拡大**の必要性が高まる。
  貴族のなかの政争の敗者，または没落農民が新天地を求めて海外に。
- 植民市：**マッサリア**(現マルセイユ)，**ビザンティオン**(現イスタンブル)，
  ネアポリス(現ナポリ)，タレントゥム(スパルタが母市)
- 結果：商工業の発展を促し，**オリーヴ油・ブドウ酒・陶器**を輸出し，
  エジプトなどから穀物を輸入➡ギリシア人の交易の復活。
- 派生的結果：商工業に従事する**平民の台頭**。

●文字：フェニキア人から学んだ文字をもとに，**アルファベット**を作成。

民主政発展の背景

参政権の限定

●概況：**貴族**(＝大土地所有者，金持ち)のみが参政権を有していた。

●背景：古代ギリシア(あるいはローマ)では，**参政権**と**軍役義務**は表裏の関係。

●**武器自弁の原則**：武装可能な(軍役可能な)貴族のみが参政権を保持。

＊貴族は騎馬兵・歩兵として軍役参加。

状況の変化――平民の武装を可能にした事態とその結果。

●原因：**海外植民活動**や，リディアに始まる**金属貨幣の普及**が，**商工業の発展**を促したため，**武具の価格が低下**し，**富裕な平民**も登場。

●結果：平民によって構成される**重装歩兵部隊**の成立。

➡**密集隊形**(**ファランクス**)を組んで戦争に参加。

結果：平民が活躍し，参政権を要求。貴族は平民の政治参加要求には反発。

3 アテネの民主政の発展史

本編解説 p.209 ～ 220

アテネ民主政の発展(BC7C ～ BC5C 前半)

王政：詳細不明　BC7C ころまでに王政は廃止。

貴族政治(**貴族共和政**)(BC7C ～)：統領(**アルコン**)…最高の行政官職。

元老院(貴族の長老の会議)，民会(市民一般の会議)。

ドラコンの立法(BC621)

●意義：慣習法の**成文化**によって，貴族の政治内容を平民に公開。

ソロンの改革(財産政治，BC594)

●改革(1)**負債を帳消し**にして，平民が**債務奴隷**に転落するのを防ぐ。

(2)**財産の大小**に応じて市民を**4階級**に分け，権利と義務を定める。

ペイシストラトスの僭主政治(BC561 ～ BC528)

●僭主：非合法手段で権力を掌握し，独裁権力を振るうもの。

●支持基盤：**平民**(とくに中小農民)

貧民への土地の再分配による中小農民の育成。

●彼の死後の情勢：子のヒッピアスが僭主となり，アテネは混乱。

クレイステネスの改革(BC508)

●血縁的**4部族制**の解体：貴族の政治地盤を崩すために，

地縁に基づく**10の区**(**デーモス**)を設定し政治の単位に。

➡各区から50人の代表選出➡五百人評議会を組織。

●オストラシズム(**陶片追放**)の導入:**僭主**の登場を防ぐ目的。

ペルシア戦争(BC500 ~ BC449)

●発端:イオニア植民市**ミレトス**のペルシアに対する反乱(BC500)。

●遠征:**ダレイオス1世**…戦争開始時の君主。

●BC490:**マラトンの戦い**➡**アテネ**の勝利。

●BC480 ~ BC479:ダレイオス1世の子**クセルクセス1世**の親征。

●**テルモピレーの戦い**:スパルタ王**レオニダス**配下の部隊が全滅。

●**サラミスの海戦**:**テミストクレス**が指導するアテネ海軍が勝利。

三段櫂船(かいせん)の漕(こ)ぎ手として,**無産市民**が軍役参加。

●プラタイアの戦い(BC479)

●**デロス同盟**の結成(BC478・477?):ペルシアの再攻に備えた軍事同盟

アテネが盟主。

●カリアスの和約(BC449):ペルシアとギリシアの講和条約。

◎**ペルシア戦争の意義**

:**ギリシア(アテネ)民主政の確立**…**無産市民**が**参政権獲得**

ペリクレスの時代(BC462 ~,将軍職:任BC443 ~ BC429)

●**民会**が最高の議決機関:**18歳以上の男性全員の会議**。

●公職は**抽選**:アルコン職,民衆裁判所の**陪審員**など。**手当**支給。

ただし**将軍職**のみは**選挙**で選出され,**再選**も可。

●**弾劾**(だんがい)裁判所:政治家や役人の不正を追及。

◎**現代とギリシア民主政の相違点**

●**奴隷**の存在:家内奴隷

生産奴隷:農業や鉱山などで大量に使役　ラウレイオン銀山

●**直接民主政**:市民の直接参加　アゴラで政治討論。

●**女性,在留外人**(メトイコイ)には市民権なし。

●市民権の制限:ペリクレス時代に,**市民権法**が制定され(BC451),

両親ともアテネ出身の男子に限定。

スパルタ

征服型ポリス:**ドーリア人**が,先住民を征服して成立。

社会構造

●**完全市民**(スパルティアタイ)(市民):平等に土地(クレーロス)や奴隷が分配される。

●**劣格市民**(ペリオイコイ):周辺に居住するドーリア人　商工業に従事。
　　　　　　　　　　　　　軍役の義務も負う。

●ヘイロータイ(ヘロット):隷属民(れいぞくみん)　農耕などに従事。

リュクルゴスの国制:伝説の立法者が定式化したとされる(?)

●**軍国主義**:ヘイロータイの反乱に備え,市民には厳しい軍事教練。

●**鎖国主義**:過度に商工業が発展することを防ぐ　金属貨幣の使用も禁止。

●懸念(けねん):商工業の急激な発展(とりわけそれに伴う**貨幣経済**の浸透)が,市民間に**貧富差の拡大**を生む➡市民内部に対立を生む危険。

●拡大:ペロポネソス半島の制圧失敗…➡ペロポネソス同盟結成(BC6C)

4 ペロポネソス戦争とポリスの変質

本編解説 p.221 ~ 224

ポリス社会の変質――ポリス間の抗争(BC5C 後半~ BC4C 後半)

ペロポネソス戦争(BC431 ~ BC404)

●対決:**アテネ中心のデロス同盟**
　　　スパルタ中心のペロポネソス同盟⬅ペルシアの支援。

●経過:**ペリクレス**の死(BC429)後,アテネ劣勢(れっせい)。

コリントス戦争(BC395 ~ BC387)

●原因:スパルタの覇権に対して他のポリスが反発。

テーベの台頭:**レウクトラの戦い**(BC371)でスパルタを破る。

ポリスの変質

結果:多くの市民が没落

●主因:戦乱による**農地の荒廃**により,土地を失って没落する市民増大。
　　　:**貨幣経済の浸透**によって,**市民間の貧富差**が増大。

●派生的結果:平民によって構成される**重装歩兵部隊が解体**。
　　　　　　➡**武器自弁・市民皆兵の原則が崩壊**。

●対応:**傭兵制**の導入　＊亡命者や没落市民が傭兵の供給源。

ポリス政治の変質:扇動政治家(デマゴーゴス)の登場。
　　　　　　　　➡政治が,**衆愚政治**へと堕落(だらく)。

＊スパルタ:貨幣経済が浸透し貧富差が増大➡リュクルゴス制も崩壊。

マケドニアの侵入

- 興隆：国王フィリッポス２世　ギリシア人国家　首都：ペラ
- カイロネイアの戦い（BC338）：**アテネ・テーベの連合軍の敗北。**
  - 反マケドニアのアテネ弁論家…**デモステネス**
  - 親マケドニアの弁論家…**イソクラテス**
- 結果：ギリシア諸ポリスに**コリントス（ヘラス）同盟**を結ばせる。

イソクラテスの名前は
山川の新世界史に
のってるね

アレクサンドロス大王の東方遠征とヘレニズム諸国

本編解説 p.224 ～ 230

ヘレニズム世界の成立（BC334/330 ～ BC30）

東方遠征（BC334 ～）：目的…主敵はアケメネス朝。

- 経過：グラニコスの戦い（BC334）➡**イッソスの戦い**（BC333）
  ➡**アルベラ（ガウガメラ）の戦い**（BC331）
- 結果：**アケメネス朝滅ぶ**（BC330）
  …ダレイオス３世は家臣に暗殺される。

支配

- **ギリシア風の都市**の建設：多くは**アレクサンドリア**と名付けられる。
- ペルシアの官僚機構を利用。
- 民族間の融和のために，**異民族間の結婚**を奨励。
- 共通語コイネーの普及。

ヘレニズム時代の文化

- 概要：ギリシア文化とアジア各地文化が融合。
- 影響例：**ガンダーラ美術**…**クシャーナ朝**に起こった**ギリシア風仏教美術。**
- 美術の変化：理性的で，均整美を追求するギリシア美術。
  ➡流動的・官能的な表現に「ラオコーン」「ミロのヴィーナス」
- **個人主義**の風潮：ポリスの崩壊に対応して。
- コスモポリタニズム（**世界市民主義**）
  - 基調：**理性**を持つ存在として人間は同質である。

ヘレニズム諸国

大王帝国の分裂

- 「**後継者**の争い（**ディアドコイ戦争**）」：イプソスの戦い（BC301）

ヘレニズム３国：いずれもギリシア人武将が支配。

- マケドニア，ギリシア：**アンティゴノス朝**(BC306〜一時中断〜BC168)

  《注》アンティゴノス朝成立年号を，山川出版社『詳説世界史探究』はBC276年，実教出版はBC277年ころ，東京書籍と帝国書院はBC306年，としている。

  - 滅亡：ローマとの戦争で滅ぼされ，ローマの属州に。
- 西アジア：**セレウコス朝**の支配。
  - 首都：セレウキア(ティグリス河畔)➡**アンティオキア**(地中海岸)
  - BC3C：**パルティア**，**バクトリア**(ギリシア人国家)などの独立。
  - BC2C：マカベア戦争(ユダヤ人の反乱)…ハスモン(マカベア)家中心。
  - 滅亡：ローマの**ポンペイウス**が征服(BC64/63)。
- エジプト：**プトレマイオス朝**の支配(BC305 〜 BC30)。
  - 首都：**アレクサンドリア**：**王立研究所**(ムセイオン)…科学研究の中心地。
    - 滅亡(BC30)：ローマの**オクタウィアヌス**が滅ぼす。

その他のヘレニズム諸国

- **ポントゥス王国**：小アジアの黒海沿岸。
- **ペルガモン王国**(BC3C 〜 BC133)：小アジア西岸の国。

第14回 古代ギリシアの文化・ヘレニズム文化

① 古代ギリシアの哲学・歴史学

本編解説 p.232 ～ 241

◎ギリシア文化の基調：**人間的，合理的**な文化。

哲学

◎「**哲学**」の**内容**：**中世**までは，「**諸学問**」という意味合いで使用される。

自然哲学

- 発生：小アジアの**イオニア植民地**に起こる（**ミレトス市**などが中心）。
- 概要：神話を排(はい)して**自然の本質**を探求し，万物の根源（**アルケー**）を探求。
- 学者たち
  - **タレース**：「**哲学の祖**」　万物の根源は「**水**」　**日蝕**(にっしょく)を予言。
  - アナクシマンドロス：「アペイロン（無限定なるもの）」
  - アナクシメネス：「空気」（以上三人を特に「ミレトス学派」という）
  - **ヘラクレイトス**：「**火**」　名言「**万物は流転する**」
  - **ピタゴラス**：「**数**」　三平方の定理
  - エンペドクレス：「四元素（地水風火）」
  - **デモクリトス**：「**原子**（アトム）」➡**エピクロス派**に影響。
    …➡**現代唯物論の祖**。
  - **ヒッポクラテス**：医学者「医学の祖」　「学芸は長く，人生は短し」

ソフィストの登場

- 意義：考察の対象を，自然一般から**人間・社会**に向けていく。
- 背景：**民主政の発展期**（BC5C ころ）に**弁論・修辞**の必要性が増大。
- 特色：**真理の相対性**を主張　「**懐疑的・相対的**」な態度。
- **プロタゴラス**：「**最大のソフィスト**」
  - 名言「**人間は万物の尺度**である」＝人間にはそれぞれ価値尺度がある。

三大哲学者

◎**ソクラテス**（BC470 ～ 399）

- 活躍の時代：**ペロポネソス戦争**（BC431 ～ 404）の時代。
- 主張：**ソフィストを批判**しつつ，アテネ青年に対して「**問答法**」などで，**絶対的真理**の存在と「**知徳合一**」を説く。「無知の知」を主張。

◎プラトン(BC429? ～ 347)

●業績：師ソクラテスの言行を，『**対話篇(シンポジオン)**』にまとめる。
アテネに，**アカデメイア**という学校を開く。

●主張：**イデア論**…**理想界と現実界**からなる**二元論的世界観**。
理想国家論(**哲人政治**を称揚(しょうよう)) ⟷ **民主政治には批判的**。

◎アリストテレス(BC384 ～ 322)

●内容：『政治学』…「**人間はポリス的(社会的)動物である**」。
一元論的世界観を展開。

●業績：「**観察と経験**」によって諸学を探求。
「**万学の祖**」…ギリシアの既存の**知の体系化**を行い，**諸学問の基礎**をつくる。

●教育：アテネに学園**リュケイオン**を開く。

●思想の伝播：彼の思想は，**ビザンツ帝国からイスラーム世界**に継承され，**12世紀以降，中世西ヨーロッパ世界に流入。**
➡中世西ヨーロッパの**スコラ学の体系化**を結果する。

歴史学

●ヘロドトス(BC5C)：**ペルシア戦争**を描いた『**歴史**』　**物語的歴史。**
「エジプトはナイルのたまもの」。

●トゥキディデス(BC5C)：**ペロポネソス戦争**を描いた『歴史(**戦史**)』。
科学的・批判的(**教訓的**)な歴史叙述。

古代ギリシアの美術・建築・文学

本編解説 p.241 ～ 245

美術

◎**特色**：人間(神)の肉体美を「**均整的・理想的・理性的**」に描く。

彫刻・彫像

●フェイディアス(BC5C)：**パルテノン神殿**の美術監督　「**アテナ女神像**」。
ペリクレスと親交。

●ポリュクレイトス：「槍をかつぐ人」

●プラクシテレス(BC4C)：「ヘルメス像」…理想的な人間美を追求。

建築様式・装飾様式

●ドーリア式：**簡素(かんそ)・荘重(そうちょう)**を特色とする　アテネの**パルテノン神殿**。

●イオニア式：**軽快・優美**，柱頭の渦巻き模様が特色。

エレクティオン神殿…パルテノン神殿のとなり。

●コリント式：「**繊細・技巧的**」 ヘレニズム～ローマ時代に流行。

文学

ギリシア神話：主神ゼウスを中心とする**オリンポス 12 神**と人間の愛憎物語。

叙事詩

●背景：ギリシア人の**海外植民時代**の対外発展的気運が底流にある。

●ホメロス(**BC8C?**)：『**イリアス**』…**トロイア(トロヤ)戦争**を題材とする。

『**オデュッセイア**』

●ヘシオドス(BC8C?)：『**神統記**』『**労働(仕事)と日々**』

叙情詩

●サッフォー(BC7C ～ 6C)：**女流詩人**　恋愛を歌う。

●アナクレオン(BC6C ～ 5C)：酒と恋を歌う。

●ピンダロス(BC5C)：**オリンピア**競技の勝者への讃歌。

三大悲劇作家

●アイスキュロス(BC525 ～ 456)：**ペルシア戦争**参加　『アガメムノン』

●ソフォクレス(BC496/5 ～ 406)：『**オイディプス王**』

●政治面：**ペリクレス**と親交あり，将軍職なども歴任。

●エウリピデス(BC485? ～ 406?)

：『メデイア』…不義をおかした夫への復讐劇。

喜劇作家：アリストファネス(BC445? ～ 385?)

●『**女の平和**』…**ペロポネソス戦争**に対する厭戦気運を表現。

●『**雲**』…**ソクラテス**を皮肉る　彼の刑死にも影響を与える。

3 ヘレニズム文化

本編解説 p.245 ～ 249

総説

●「**ヘレニズム**」：“ギリシア風”の意　ドイツの歴史家**ドロイゼン**の造語。

●文化成立の背景：**アレクサンドロス大王の東方遠征**(BC334 ～)などを契機に，

ギリシア文化とオリエント各地の文化が融合して誕生。

●展開の時期：プトレマイオス**朝エジプト滅亡**(**BC30**)までの約 300 年間。

- 新しい思想
  - **個人主義**…**ポリス社会の崩壊**が背景。
  - コスモポリタニズム(**世界市民主義**)
    ：人間は**理性**を持つ存在として**同質**である➡**ストア派**に反映。

哲学

- **ストア派**：創始者ゼノン(BC4C ～ 3C)
  - 主張：欲望を排した禁欲的生活によって**心の平安(アパティア)**を得る。
  - 伝播：**ローマ世界**にも，**実践哲学**として受容される。
- **エピクロス派**：創始者**エピクロス**
  - 主張：精神的な**快楽**(≒苦痛のない状態…アタラキシア)を追求。

美術

- 基調：理性・調和・均整美の追求の雰囲気は減少し，「**官能的・流動的**」な表現に。
- 「**ミロのヴィーナス**」：女性美の極地!?
- 「**ラオコーン**」：神の怒りに触(ふ)れ，子供とともに蛇(へび)に絞(し)め殺される神官の苦悶(くもん)の表情。
- 「**サモトラケのニケ**」：アテネの勝利の女神像。
- 「瀕死(ひんし)のガラテア人(ガリア人)」
- 影響：バクトリアのギリシア人を通じて，インド・クシャーナ朝の**ガンダーラ美術**に影響。

科学

- ムセイオン(**王立研究所**)：プトレマイオス朝の首都**アレクサンドリア**に建設。
- **天文学**：エラトステネス(BC3C)…**地球円周**の測定
  ムセイオン館長も務める。
  ：アリスタルコス(BC3C)…**太陽中心説**
- 幾何学：エウクレイデス(BC3C)…**平面幾何(きか)学**の大成者。
- 物理学：アルキメデス(BC3C)…**浮力の原理**(**浮体の原理**)などの発見。
  第2回ポエニ戦争時，シチリア島の**シラクサ**でローマ兵に殺される。

第15回 共和政時代のローマ

1 建国期の都市国家ローマ

本編解説 p.251 ~ 253

ローマの建国

- 伝説：**ロムルス**・レムスの兄弟(BC753)。
- ウェルギリウスの叙事詩『**アエネイス**』。
  ：トロイア(トロヤ)の英雄によるローマ建国の物語。

イタリア人の南下(前2千年紀半ば~)

- イタリア人：インド=ヨーロッパ語族。
  - BC16C ~：ウンブリア系の人々が半島東南部に進出。
  - BC11C ~：**ラテン人**の南下　その一部がティベル河畔(かはん)にローマを建設。

階級：**貴族**(パトリキ)…軍役(騎馬兵として)に参加し，政治を独占。
大土地所有者層
：**平民**(プレブス)…**中小自作農**が中心，一部に商工業者も。
➡後に**重装歩兵**として活躍。

先住民エトルリア人：イタリア南部のギリシア人にならって都市を建設。

- ローマへの影響：アーチ工法などの建築技術，**剣闘士競技**，公職制。
  ギリシア文化全般をローマに伝える。

貴族共和政(貴族政治)

共和政の開始：エトルリア人の王を追放(BC6C末)。

政治機構

- 元老院(**セナトゥス**)：300名の貴族の長老(高官経験者)が成員。
  議員資格は終身。
- **執政官**(コンスル，**統領**)：2名　最高の行政官　任期は1年。
- **独裁官**(ディクタトル)：1名　非常時に独裁権を握る　任期は**半年**。
- 民会：全男性市民の会　クリア会，兵員(ケントゥリア)会など。

 身分闘争の時代(BC5世紀～BC287)

本編解説 p.253～255

●「**身分闘争**」：平民の貴族に対する参政権要求の闘争。

聖山事件(BC494)：平民による軍役拒否に対して，貴族が妥協。

●結果：平民会の設置を公認。

護民官の設置…元老院決定に拒否権行使。平民会を主催。

十二表法の制定(BC451/450)：ローマ初の成文法。

リキニウス・セクスティウス法(BC367)　＊両者とも護民官。

●**コンスル**の一人を平民から選出⬅商工業の発展に伴い，富裕平民が登場。

●有力者による**公有地占有**を**制限**し，貧民に土地分配。

ホルテンシウス法(BC287)

●内容：平民会**の議決**が，元老院の承認を経ずに国法となる。

●意義：貴族・平民間の**政治的身分の平等**達成➡「身分闘争」終結。

◎留意点：商工業の発展などにより**平民が台頭**し，富裕平民の一部はコンスルなどの高級官職を歴任し「ノビレス」と呼ばれ，**新貴族層**を形成。

 ローマの対外発展(1)：イタリア半島統一

本編解説 p.256～258

対エトルリア戦争(BC4C)，ラテン人諸都市の征服(～BC338)。

ギリシア人勢力：**南イタリア**に，「**マグナ=グレキア**」なる植民地。

➡ギリシア人最後の拠点タレントゥムの陥落(BC272)➡統一達成。

ローマのイタリア支配

●**分割統治**：征服された諸都市を，分断して支配。

●植民市：ローマ，ラテン人都市出身者の都市　ローマとほぼ対等の権利。

●自治市：自治を認められ，貢税も免れる。

●**同盟市**：ローマに対する軍役義務あり　**ローマ市民権は付与されず**。

●道路網：**アッピア街道**…ローマと**南イタリア**を結ぶ軍道。

 ローマの対外発展(2)：地中海世界統一

本編解説 p.258～261

海外発展の経過

ポエニ戦争(BC264～BC146)

●概要フェニキア人都市国家カルタゴとの，**西地中海世界**をめぐる戦い。

● **第 1 回**：**シチリア**がローマ初の**属州**となる。＊伊半島以外の植民地。

● **第 2 回**：カルタゴの英雄**ハンニバル**，スペインからアルプス越えで侵入。

➡**カンネー**(**カンナエ**)**の戦い**でローマが決定的な敗北(BC216)。

⬅**スキピオ**率いるローマ軍がカルタゴ強襲。

(**ザマの戦い**，**BC202**)

＊ギリシア人都市**シラクサ**を破壊。

浮体の原理で知られる**アルキメデス**殺される。

● 第 3 回：カルタゴ壊滅　小スキピオ

マケドニア戦争(**ギリシア征服戦争，BC216 ～ BC146**)

● 概要：第 2 回ポエニ戦争に乗じて，マケドニア王がローマに反抗➡開戦。

東地中海世界の覇権をめぐる，ヘレニズム諸国との戦いの一端。

● 歴史家**ポリビオス**：『**歴史**』…政体循環史観を展開。

その他の征服

● ペルガモン王国：小アジアのギリシア人国家(BC133)

海外発展の結果・影響

社会の変動

● **騎士**(**エクイテス**)の台頭：**商業・大土木工事・徴税請負**で台頭。

● **中小農民の没落**：無産市民化➡有力者の庇護民に。

「**パンと見世物**」を求める遊民化。

平民(≒中小自作農)の没落の原因と，その影響

● 平民の「没落」：中小農の農業経営が破綻し，土地を喪失(売却)。

● 原因：**長年の従軍**による農民の疲弊や，**耕地の荒廃**。

属州からの**安価な穀物の流入**。

● 結果：農民は土地を売って**無産市民化**し，都市に流入。

経済的影響：イタリア(およびシチリア)で，**ラティフンディア**(大土地所有制)の進展。

● 形成：有力者が，没落農民の土地を集積したり，イタリアやシチリアの**公有地を占有**して，そこに大量の**戦争奴隷**を投入して成立。

● 目的：オリーヴやブドウなどの**果樹栽培**を大規模に展開。

軍事的影響：平民(中小自作農)から成る**重装歩兵部隊の解体**。

➡軍事的危機増大。

● 結果：**シチリア大奴隷反乱**(第 1 次，BC135)

5 内乱の1世紀

本編解説 p.261 ~ 268

グラックス兄弟の改革(BC133 ~ BC122)

- 両者とも**護民官**となる。
- 重装歩兵部隊の再建めざす：大土地所有者から土地没収。
  ➡無産市民への分配を試みる。
- 結果：大土地所有者の反発により失敗(兄…暗殺　弟…自殺)。

マリウス登場(**平民派，民衆派**)

- 兵制改革：**市民皆兵制**を放棄(ほうき)し，**無産市民**を傭兵(ようへい)に組織(職業軍人制)。
  - 影響：集められた兵士は，特定の個人に忠誠を尽(つ)くす(**私兵化**)。
  - 軍団の活躍：ゲルマン人(キンブリ・テウトニ族)の侵攻，
    北アフリカのユグルダ反乱鎮圧。
- ◎影響：**閥族派**(ばつぞく)・**平民派**の対立が激化➡ローマが内乱状態に陥(おちい)る。
  - **閥族派**：元老院などの伝統的勢力を支持基盤とする勢力。
  - **平民派**(民衆派)：平民会・新興階層(騎士など)を支持基盤とする派閥。

スラの活躍(**閥族派**)

- **同盟市戦争**(BC91 ~ BC88)：ローマ市民権を求める戦い。
  - 結果：ポー川以南の，全イタリアの自由民に市民権付与。

ポンペイウスの軍功

- ミトリダテス戦争(BC88 ~ 71)：ポントゥスのミトリダテス王の反乱。
- **スパルタクスの反乱**(BC73 ~ 71)：剣奴(けんど)が起こす⬅クラッススらと粉砕。
- 東地中海の海賊を平定(BC67)：東地中海(クレタ・キリキア)の海賊討伐。
- **セレウコス朝シリア**を滅ぼす(BC64/63)：ユーフラテス川流域まで遠征。
- ◎結果：**個人独裁**を肯定(こうてい)する風潮高まる…危機の連続に元老院を中心とする共和政が対応できず，有能な個人が連続して危機を突破。
  ⬅**元老院**共和派の反発

第1回三頭政治(BC60 ~)**とカエサルの独裁**

- 三頭政治：**ポンペイウス**，**カエサル**，**クラッスス**(**騎士**出身)が，
  元老院に対して団結。
- 遠征：クラッスス➡**パルティア**へ(そこで死亡)。
  カエサル➡**ガリア**へ　『**ガリア戦記**』。
- 変容：ポンペイウスが元老院と結託。
  カエサルがファルサロスの戦いで粉砕(BC48)。

カエサル独裁の時代(BC46 ~ BC44)

●外征：**エジプト**遠征(…➡クレオパトラと同盟)。

●独裁：元老院より最高軍司令官(**インペラトル**)の称号を送られる。

➡終身独裁官となる。

●諸策：エジプト太陽暦をもとに，**ユリウス暦**を作製。

属州の徴税請負を禁止。

●暗殺：独裁的傾向に対して，元老院共和派(**ブルートゥス**ら)が暗殺。

第２回三頭政治(BC43)

●**オクタウィアヌス**(カエサルの養子)，

アントニウス(カエサルの部下)，武将レピドゥス。

●ピリピ(フィリポイ)の戦い(BC42)

：オクタウィアヌスらがブルートゥスらを撃破。

オクタウィアヌスの勝利

●**アクティウムの海戦**(BC31)

：オクタウィアヌス，アントニウス・**クレオパトラ**(エジプト女王)。

◎結果：**プトレマイオス朝の滅亡**(BC30)。

地中海世界の統一，内乱の１世紀も終結。

◎オクタウィアヌスが個人独裁体制を樹立➡**帝政開始**(BC27)。

帝政ローマの時代

元首政の時代(BC27 ～ AD3 世紀)

本編解説 p.270 ～ 276

パクス=ロマーナの時代(BC27 ～ AD2 世紀末)

アウグストゥス時代

- **元首政**：自ら**元首**(プリンケプス，「市民のなかの第一人者」)と名乗り，**元老院と共同統治**。しかし実際には**個人独裁**体制で，共和政期の職権を一任される。元首政(**プリンキパトゥス**)。
- アウグストゥス：“尊厳(そんげん)なるもの”の意。
  元老院から送られた称号。＊後に皇帝の代名詞に。
- トイトブルク森の戦い(AD9)：ゲルマン人に敗北。
  ➡ライン川・ドナウ川が自然国境に。
- 文学，歴史学：『**アエネイス**』…ウェルギリウス
  『**ローマ(建国)史**』…リウィウス

AD1C の皇帝

- ティベリウス帝：**キリスト処刑**の際の皇帝。
  処刑執行責任者はパレスチナ(属州ユダヤ)総督ピラト。
- ネロ帝：キリスト教徒弾圧で有名。
  ペテロ(十二使徒の筆頭)，**パウロ**の殉教(じゅんきょう)。

ローマの全盛期――五賢帝時代(AD96 ～ 180)

- ネルウァ帝
- トラヤヌス帝：**最大領土時**の皇帝。
  ダキア(現ルーマニア)，メソポタミア獲得。
  属州出身の初の皇帝。
- ハドリアヌス帝：各地に防壁建設　ブリタニアの「ハドリアヌスの壁」。
- アントニヌス=ピウス帝
- マルクス=アウレリウス=アントニヌス帝
  ：**哲人皇帝**(ストア派)　ギリシア語で『自省録』を著す。

ローマ帝国時代の交易

- 地中海貿易：**穀物**(輸入)，**オリーヴ油・ブドウ酒**(輸出)などを交易。
- 紅海，インド洋，ペルシア湾を介(かい)して，インド・東南アジア・中国と。

- 商品：ローマの**金貨**・ガラス器・金属工芸品
  アジアの**香辛料**(インド・東南アジア産)，**絹織物**(中国産)。
  - **季節風貿易**：“ヒッパロスの風(季節風)”を，インド洋航行に利用。
  - **ギリシア人商人の活躍**：史料『エリュトゥラー海案内記』

都市の発達

- 「**ローマ風都市**」：都市中央の**広場**(**フォルム**)と，**碁盤目状**に走る道路。
- **ロンディニウム**(ロンドン)，**ルテティア**(パリ)，
  ウィンドボナ(ウィーン)，コロニア=アグリッピナ(ドイツのケルン)。
- 支配：都市上層民に市民権を与え，支配に貢献させる。

帝国の統一性

- 言語，文字：ラテン語，**ローマ**(**ラテン**)**字**。
- 経済・社会：貨幣・度量衡の統一，地中海貿易，**道路網**，**駅伝制**。
- 法律：**万民法的**な性格を持った**ローマ法**。
  - アントニヌス勅令の発布(212)
    ：**カラカラ帝**が，帝国内の全自由民に市民権。
- 宗教：キリスト教(4C 以降)

アントニヌス勅令は
山川新世界史
に記して
あります。

ローマ帝国の衰退——3 世紀の危機

本編解説 p.276 ～ 277

軍人皇帝時代(235 ～ 284)

- 概要：地方軍人が擁立した皇帝が続き，混乱した時代。
- 背景：属州の開発が進み経済力がイタリアを上回る。
  辺境には精鋭軍を派遣。
- マクシミヌス帝(位 235 ～)：「軍人皇帝時代」の始まりの皇帝。
- **ウァレリアヌス帝**：ササン朝ペルシアの**シャープール 1 世**に捕縛される
  (エデッサの戦い，260)。

帝国の解体

- 軍事的混乱：**軍人皇帝**時代の争乱。
  ゲルマン人，ササン朝ペルシアの侵入。
- 軍事的影響：ゲルマン人など**傭兵の増大**。
- 派生的影響：軍隊や官僚組織を支える財源確保のために，
  都市に対して**重税**をかける。
  ➡重税によって**都市が衰退**。
  ➡都市を拠点とした商工業，地中海商業が一層衰退。

- 都市への重税の影響：**都市有力者**が重税を避けて**農村に移住**。

　➡帝国の行政から自立(とくに帝国西部)。都市貧困層も農村に移住

　➡**帝国の分裂**を促進。

3 専制君主政の時代(AD284 ～)

本編解説 p.277 ～ 284

ディオクレティアヌス帝

- 専制君主政(ドミナトゥス)

　：共和政の伝統(元老院など)を無視した個人独裁。
- 官僚制の整備：皇帝の手足となって活動。
- **皇帝崇拝**の強制：ペルシア風の**拝跪礼**の強制。

　➡キリスト教徒に対する**史上最大の弾圧**(303)。
- **四帝分治制**(テトラルキア)：自らは東の正帝に。

コンスタンティヌス帝(位 306 ～西の副帝，全ローマ皇帝位 324 ～ 337)

- ミラノの勅令(**313**)：キリスト教を**公認**。
- 帝国再統一(324)：四分統治終わる。
- ニケーア公会議(**325**)：アタナシウス派を**正統**教義と認定。

　…➡後の**三位一体説**の基礎。

　アリウス派は**異端**とされ，ゲルマン世界に展開。
- コンスタンティノープル**遷都**(**330**)：ビザンティオンを改名。
- 経済：ソリドゥス金貨の鋳造…11 世紀までほぼ純金金貨として流通。

ユリアヌス帝：一時異教(ミトラ教)を復活(「背教者」)。

テオドシウス帝(位 379 ～ 395)

- **キリスト教**国教化(**392**)：他の宗教を厳禁。
- 帝国を**東西 2 分割**(395)。

　：東帝…アルカディウス帝　西帝…ホノリウス帝

ローマの土地制度(農業経営)の変化

本編解説 p.284 ～ 285

ラティフンディアにおける農業(BC2C ～)

- 概要：**大土地所有制**のもとで，**奴隷**を**果樹**栽培などに使役する農業。

コロナトゥス

- 概要：**小作人**(コロヌス)を使役する大土地所有制。

- 転換の契機：ローマの対外進出が限界に達し，**戦争奴隷の供給が減少**。
- コロヌス：没落自作農や解放奴隷が起源。
- 奴隷との比較：コロヌスは**家族の形成**や，**道具・家屋の保有**ができる。
- 歴史的意義：西ヨーロッパ**中世の農奴制**の起源となる。

古代ローマの文化

① 芸術・哲学・歴史など

本編解説 p.286 ～ 290

◎**概観**：「**実用的**，**模倣的**」な文化　多くの**ギリシア人**が活躍。
「征服されたギリシアは，猛きローマを征服した」(**ホラティウス**の言葉)

文学

キケロ(BC106 ～ 43)：ローマ最大の文章家　『友情論』『国家論』
アントニウスの部下に暗殺される。

ラテン文学の黄金時代：初代皇帝**アウグストゥス**時代

- ウェルギリウス(BC70 ～ 19)
  ：ローマ建国を描いた作品『**アエネイス**』『農耕詩』
- オウィディウス(BC43 ～ AD17)：『転身譜』『愛の歌』
- ホラティウス(BC65 ～ AD8)：抒情的な詩が多い　『抒情詩集』(『歌章』)

哲学

- 概観：ストア派**が主流**…多くのローマ人に「**実践哲学**」として受容される。
- セネカ(AD1C)：コルドバ出身で，**ネロ帝の師**。『幸福論』
- エピクテトス(AD55 ～ 135)：**ギリシア人**の**奴隷出身**の哲学者。
- マルクス=アウレリウス=アントニヌス帝(位 161 ～ 180)
  ：**五賢帝**　ギリシア語で『**自省録**』記す。
- **ルクレティウス**(BC1C)：数少ない**エピクロス派**の学者。
  『**物体の本性**(**物の本質について**)』

歴史・科学などの業績

歴史

- ポリビオス(ポリュビオス)(BC2C)
  ：『**歴史**』で「**政体循環史観**」を展開。
  ローマは**混合政体**。**ギリシア人**。
  - 境遇：**ギリシア征服戦争**の際にローマの捕虜。
- **カエサル**(BC1C)：『**ガリア戦記**』『**内乱記**』

- リウィウス(BC59 ～ AD17)：**『ローマ史(ローマ建国史)』**
- タキトゥス(AD55 ～ 117)
  ：**『ゲルマニア』**…頽廃するローマ人への警告の書。
  『年代記』…彼の主著　AD1C の帝政ローマの歴史が語られている。
- プルタルコス(AD46 ～ 120)：**『対比列伝(英雄伝)』**を著した**ギリシア人**。

その他の諸学

- ストラボン(BC64 ～ AD21)：**『地理誌』**を著した小アジアの**ギリシア人**。
- プリニウス(AD23 ～ 79)：**『博物誌』**という百科辞典の編纂者。
- プトレマイオス(AD2C)：**天動説**を主張した**ギリシア人**。
  『天文学大全(アルマゲスト)』
- ガレノス(AD2C)：**マルクス=アウレリウス=アントニヌス帝の侍医**。
  「古代解剖学の集大成」。**ギリシア人**。

ローマ法と建築

本編解説 p.290 ～ 293

ローマ法

ローマ法の質的な変化

にしても、
誰にでも通用
するローマ法っ
てすごいよね。

- 「慣習法から**成文法**へ」：十二表法で初めて成文化。
- 「市民法から**万民法**へ」
- 論拠：**コスモポリタニズム(世界市民主義)**
  ストア派などに育まれた**自然法思想**。

『ローマ法大全』(528 ～ 534)

- 編纂：東ローマ(ビザンツ)帝国の**ユスティニアヌス帝**が,
  法学者**トリボニアヌス**に編纂させる。
- 構成：『学説集』『法律学提要』『勅法集』の三部構成。

建築物

- 軍用道路：**アッピア街道**が有名　ローマと**南イタリア**を結ぶ。
  商業路としても重要。
- 都市：ローマ風の外観を持つ　碁盤目状道路　中央の広場(**フォルム**)
- **円形闘技場**：ローマのもの(**コロッセオ**)が著名。
- **パンテオン(万神殿)**：様々な神を祭る。
- **カラカラ帝の大浴場**：公共の保養施設。
- 水道：**南フランスのガール県**のものが有名。

キリスト教の成立と発展

1 キリスト教の成立

本編解説 p.294 ~ 296

イエス(BC4 ~ AD30?)の登場

- **救世主(メシア)**：ヘブライ語で膏(こう)(油)をそそがれたもの(神に祝福されたもの)の意。
  ギリシア語でキリスト。
- イエスの誕生：ヨルダン川西岸の**ベツレヘム**　ナザレで幼年期過ごす。
- ユダヤ教への批判：ユダヤ教学者グループの**パリサイ派**を中心とする形式的な**戒律(かいりつ)主義**を否定。
- キリスト教の本質：**隣人愛**…おのれを愛するように隣人を愛すべきこと。
- **イエスの処刑**(AD30?)：ユダヤ教指導者層の反発
  ➡ローマ領ユダヤ(＝パレスチナ)総督**ピラト**の命で，十字架にかけられ処刑される➡復活。

使徒たちの活動

- **ペテロ**：12 使徒の筆頭　ローマ伝道後，ネロ帝時代に殉教。
  ローマ教皇はその後継者という位置づけ。
- **パウロ**：いわゆる「**異邦人**(＝ユダヤ人以外の人々)への伝道」。
  キリスト教の教義に，普遍性を付け加える。
  ➡キリスト教の**世界(普遍)宗教化**。

『新約聖書』(AD4C ころ)：「新約」…「神との新しい救済の契約」という意味。

- 構成：『**福音書**』…4 人の作家によるイエスの伝記。
  『使徒行伝』「パウロの手紙」「黙示録」
- 聖書の**ラテン語**訳：『ウルガタ聖書』
  聖**ヒエロニムス**により，**コイネー**から翻訳。
- 五本山：ローマ，コンスタンティノープル，アンティオキア，
  イェルサレム，アレクサンドリア。

② 教父の活動と公会議

本編解説 p.297 ~ 300

教父の活動(～5C)

- 「教父」：キリスト教の教義確立に尽力した学者たち。
- アタナシウス(4C)

  ：その教説は**三位一体説**に発展➡**ニケーア公会議**(325)で正統と認定。

  ➡ローマ=カトリックの基本教義に。

  - 教説：父なる**神**と，子なる**キリスト**，そして**聖霊**は同質である。
- エウセビオス：『年代記』『教会史』

  コンスタンティヌス帝の改宗に関与か？

  - 神寵帝理念：皇帝の権力・権威は，神から与えられたものとする観念。
    - 影響：ビザンツ帝国の**皇帝教皇主義**，西ヨーロッパの**王権神授説**。
- アウグスティヌス：北アフリカ(ヌミディア)の出身　「最大の教父」。

  もとはマニ教徒。

  - **『告白(懺悔)録』**…赤裸々な自己回心の記録。
  - **『神の国(神国論)』**…信仰に立脚した強固な神の国をつくろう。

公会議

- 教義や教会のあり方について議論する会議。
- ニケーア公会議(325)
  - **アタナシウス派**を正統とし，**アリウス派**を異端に。
  - アリウス派：イエスの神性を否定。
  - アタナシウス派：後の**三位一体説**のもとになる。
  - **三位一体説**：父なる神と子なるキリストと聖霊は同質。
- エフェソス公会議(431)
  - **ネストリウス派**を異端とする。
  - ネストリウス派：イエスの神性と人性を分離。

    …➡**マリアの神性を否定**。
  - ネストリウス派の伝播

    ：ササン朝を経て，唐代中国へ(**景教**)。
- カルケドン公会議(451)
  - 三位一体説を正統教義として確認。
  - イエスの神性しか認めない**単性論**を異端とする。
  - 単性論：エジプト，シリア，アルメニア，エチオピアに伝播。

第19回 アラブの大征服とイスラーム世界の成立──イスラーム史(1)

 イスラーム世界の成立

本編解説 p.301 ~ 309

イスラーム教成立以前のアラビア

アラブ人：セム系民族

- 遊牧民(ベドウィン)：部族単位に遊牧生活。
- 商工業：商業ルート沿いのアラブ人。

南アラビア(現イエメン)

- **貿易の中継地**：ローマ・**インド**(サータヴァーハナ朝)などを結ぶ中継地。

6世紀におけるアラビアの変化

- 契機：ビザンツ帝国(**ユスティニアヌス帝**)と，ササン朝ペルシア(**ホスロー1世**)の抗争激化➡陸上の**東西交易路**，**紅海貿易**の不安定化。
- 影響：紅海沿岸のアラビア(ヒジャーズ)の諸都市が繁栄。
  メッカ，ヤスリブ(後のメディナ)の繁栄。
- 結果：商工業の発展が，アラブ人の間の**貧富差の拡大**をもたらす。

◎**ムハンマド**(マホメット，570? ~ 632)
　：メッカの**クライシュ族ハーシム家**出身の商人。

現在のヨルダン王国の王家はハーシム家出身です。

イスラーム教の成立

イスラーム教の内容・特色

- **一神教**：**唯一神**アッラーに対する「**絶対的服従(帰依)**」(…イスラーム)。
  - **偶像崇拝の厳禁**：影響…抽象芸術の**アラベスク**(**幾何学紋様**(きかがくもんよう))が発展。
  - 『コーラン(クルアーン)』：アッラーの啓示が記録されたイスラーム教の聖典。
    イスラーム教徒の生活規範としても機能。
- **ムハンマドの位置づけ**：神(アッラー)が使わした「**最後の預言者**」。
- それ以前の預言者：アブラハム，ノア，モーセ(「ムーサ」)，
  イエス(「イーサー」)など。
- 啓典の民：『**旧約聖書**』『**新約聖書**』など，『**コーラン**』に先立つ神の啓示の記録を信仰するユダヤ教徒・キリスト教徒のこと。

●**聖職者**：ムスリムと神とを仲介する**聖職者の存在は認められていない**。

　●ウラマー（イスラーム知識人，イスラーム法学者）。

●**信徒（ムスリム）の平等**：イスラーム教がアラブ人の**民族宗教**にとどまらず，**世界（普遍）宗教**に発展する素地となる。

●**六信五行**

　●**六信**：アッラー，天使，『コーラン』，預言者，来世，天命。

　●**五行**：**信仰告白**，**礼拝**，**断食**（ラマダーンの月に），**巡礼**，**喜捨**。

●モスク：イスラームの聖殿・礼拝所。

　周囲に数本の**尖塔**（**光塔**，ミナレット）。

ヒジュラ（**聖遷**，622年…**イスラーム暦元年**）

●移動：メッカの大商人（**クライシュ族**）の迫害を受け，**メディナ**に移動。

　●**イスラーム教団**（**ウンマ**）の成立：弾圧のなかで，結束が強まる。

ムハンマドによるアラビア半島統一（632）。

●ムハンマドの死去（632）：メディナで死去し，埋葬される。

●岩のドーム：ムハンマドが，一時昇天したイェルサレムの一角に創建。

正統カリフ時代（632～661）

後継者カリフ

●政治的首都：**メディナ**

●カリフ：ムハンマドの後継者　支配地域の行政権などを継承。

　●カリフの地位：ムスリムの**協議**によって選出。

　●継承した権限：戦争指導・信仰の護持・法の施行。

　●**継承しなかった権限**：**立法権**，**教義決定権**。

●**ジハード**（**聖戦**）――イスラーム教徒の征服戦争。

4人の「正統カリフ」

●**アブー=バクル**（位632～634）：ムハンマドの叔父。

●**ウマル**（位634～644）

　●**イスラーム暦**作成：イスラーム暦…**純太陰暦**

　●**ニハーヴァンドの戦い**（**642**）：**ササン朝ペルシア**を撃破➡滅亡（651）。

●**シリア**と**エジプト**とパレスチナを，ビザンツ帝国から奪取。

　⬅ビザンツ帝国が弾圧した異端の**単性論派**のキリスト教徒が多く，アラブの侵攻を歓迎。

●**ウスマーン**（位644～656）：『**コーラン**』の**編纂**　暗殺される。

●**アリー**（位656～661）：ムハンマドの従弟・女婿　暗殺される。

② ウマイヤ朝とアッバース朝

本編解説 p.310 ~ 318

ウマイヤ朝(661 ~ 750)

ウマイヤ朝の成立

- **建国者**:アリーの暗殺後,**シリア総督ムアーウィヤ**が創建。
- 首都:**ダマスクス**…現シリア共和国の首都。
- カリフ位:ウマイヤ家の**世襲**。

ムアーウィヤがアリーを暗殺したわけではありません。

イスラーム教徒の分裂

◎**シーア派**:暗殺された**アリーとその子孫**,およびムハンマドの血を引く指導者の言行(げんこう)を重視する。

◎**スンナ派**:多数派 スンナを遵守(じゅんしゅ)していれば,ムハンマドの血筋にこだわらずに代々のカリフを認める➡ウマイヤ朝の存在も追認。

- スンナ:ムハンマドの言行,およびそれに基づくムスリムの慣行。

領土の拡大——「大征服の時代」の頂点

- **ジハードの展開**
  - 東方への侵攻:ソグディアナ・シンド地方に進出。
  - ビザンツ帝国:首都**コンスタンティノープル**攻囲(717 ~ 718)。
    ビザンツ皇帝**レオン3世**が撃退。
  - ゲルマン人国家**西ゴート王国**を滅ぼす(711):イベリア半島を支配。
  - **トゥール・ポワティエ間の戦い(732)**
    :**メロヴィング朝フランク王国**に撃退される。
- **軍営都市**(ミスル)の建設
  - **バスラ**,**クーファ**(現イラク),**フスタート**(現エジプト),
    カイラワーン(現北アフリカのチュニジア)。
  - **異教徒政策**:**人頭税**(ジズヤ)と,**土地税**(ハラージュ)の支払いを条件に,信仰の自由を認め,**改宗を強制しなかった。**
    *「コーランか,剣か」…ヨーロッパがでっちあげた嘘(うそ)。

ウマイヤ朝の滅亡

- 主因:ウマイア朝の**アラブ人第一主義**(税制上の不公平)が,
  異民族(**とくにイラン人**)**の新改宗者**(マワーリー)の反発を生む。
- 税負担の不公平
  - **アラブ人**:軍人・官僚には,**貨幣**(**現金**)**で俸給**(アター)を付与。
  - **マワーリー**:ジズヤ・ハラージュの支払い義務。

●ズィンミー：**キリスト教徒，ユダヤ教徒などの異教徒**　2 税の支払い。
●滅亡：**イラン人マワーリー**の不満や，**シーア派**の反ウマイヤ朝の運動を，アブー=アルアッバースがウマイヤ朝打倒に利用（**750**）。

アッバース朝の成立（750 ～ 1258）

初代カリフ：**アブー=アルアッバース**
遷都：ダマスクス➡クーファ（ユーフラテス川中流域）…
➡**バグダード**（ティグリス川河畔）。
2 代目カリフの**マンスール**…ティグリス河畔。
●交易の結節点バグダード：**ペルシア湾・インド洋**に繋（つな）がる**ティグリス河**畔に位置し，**シリア・エジプト**と**イラン・中央アジア**を繋ぐ**陸上交易路**の結節点。

税制の改革
●概要：**アラブ人にもハラージュを課し，マワーリーへの**ジズヤ廃止。
●結果：イスラーム教徒間の平等達成。
「アラブ帝国から，イスラーム帝国へ」

全盛期（8C 後半～ 9C 初頭）：第 5 代カリフの**ハールーン=**アッラシード。

【いくつかのアラビア語】
●**キャラバン**（隊商）：数百頭のラクダと，数百人の人員が武装して交易。
●ハンマーム（**公衆浴場**）
●ワクフ：公共施設（公共の財産）を建設するための寄付行為，もしくはそれによって建設された公共施設　「宗教寄進財産」，「宗教寄進制度」。
●**スーク，バーザール**：都市のなかの市場。
●マドラサ（**学院**）：**ウラマー**などを育成する高等教育機関。
◎女性の地位

イスラーム諸王朝の興亡
——イスラーム史(2)

8世紀後半のイスラーム世界

本編解説 p.319 ~ 324

(A) 後ウマイヤ朝(756 ~ 1031)

- 首都:コルドバ
- 建国:ウマイヤ朝の残党が建国。
- 建国者:アブド=アッラフマーン1世

(B) イドリース朝(789 ~ 926)…モロッコに建てられたシーア派の政権。

(C) アッバース朝(750 ~ 1258)

タラス河畔の戦い(751):**唐**に勝利。

- 文化的影響:製紙法がイスラーム世界に伝播➡ 12世紀以降ヨーロッパへ。

アッバース朝の政治体制

- **基調**:**カリフ**を頂点とする**中央集権体制**。
- **官僚機構の整備**:**宰相**(ワズィール)に統率(とうそつ)される発達した官僚組織。
  - イラン**人官僚**の採用。
  - **財政**:**貨幣と現物**(生産物)で徴税し,**予算**に基づく**計画的な財政**。
- **イラン系軍人**:北イランの**ホラーサーン地方の軍人**が,カリフ親衛隊を形成し,
  大きな勢力に…➡アラブ人カリフを警戒さす。
  ➡中央アジアからマムルークを導入。
- **イスラーム法**(シャリーア)に基づく支配:多様な民族を支配するため。
  - 法源:経典『コーラン』の記述や,ムハンマドなどの言行の記録である『ハディース(**伝承**)』などが基礎。
  - 制定と運用:ウラマー(**イスラーム知識人・法学者**)などが体系化。
    彼らを裁判官・法官(カーディー)に任命して行政を担(にな)わせる。
  - 法の前の**ムスリムの平等**。
- 交通網の整備:**駅伝制**(バリード)の整備。

文化の発展

- 知恵の宝庫を創建:ハールーン=アッラシード

●**知恵の館**（**バイト=アル=ヒクマ**）：図書館，翻訳（ほんやく）センター
●創建：9世紀にカリフのマームーンによって創建される。
●機能：**ギリシア語文献のアラビア語翻訳活動**。
アリストテレスの著作や，科学の著作など。

経済活動

●**海上貿易**：ダウ船を使って，東南アジア・インド産の香辛料や，
中国産の**陶磁器**・**絹織物**を輸入。

② 10世紀半ばのイスラーム世界

本編解説 p.324 ~ 329

◎概況：**アッバース朝のカリフの権力が弱まり，イスラーム世界の**分裂が進行。
中央アジアがイスラーム世界に加わる。

◎**分裂の主因**

●**軍人の自立**：各地の**軍団の司令官**や，地方の**総督**（アミール…多くは軍人出身）の**自立**。特に**イラン系軍人**や，マムルークと呼ばれる**トルコ人**などの**奴隷兵**。
➡中央のカリフや官僚から実権を奪う。

●アッバース朝から自立した王朝
●**トゥールーン朝**（868 ~ 905）：**マムルーク**のトゥールーンが**エジプト**で自立して建国。
●ターヒル朝（821 ~ 873）：イラン系軍人が，事実上アッバース朝から自立。
●**サーマーン朝**（875 ~ 999）：**中央アジア**西部の**イラン系**政権。

(A) 後ウマイヤ朝

●最盛期：**マグリブ**（北アフリカの地中海沿岸…リビア以西）に進出。
アブド=アッラフマーン3世，カリフを名乗る。
●**アンダルシア**で**灌漑（かんがい）農業**発展：イスラーム世界の灌漑技術が伝播。
●衰退：傭兵（ようへい）の専横（せんおう）（キリスト教徒やベルベル人多し）
➡小国家が分立し弱体化。

(B) ファーティマ朝（中カリフ国，909 ~ 1171）

●建国：**チュニジア**に生まれたシーア派の王朝　カリフを名乗る。
●発展：**カイロ**建設（969）

- アズハル学院を創建：**シーア派**の教義研究。
- 交易ルートの変化――**カイロの繁栄**
  ：**混乱したバグダード**に繋がるペルシア湾**ルートは衰退**し，イエメンのアデン，**カイロ**，**アレクサンドリア**を結ぶ紅海**ルート**が繁栄。

(C) ブワイフ朝(932 ～ 1062)

- 概要：**イラン人**のシーア派の軍人政権。
- **バグダード占領(946)**：アッバース朝のカリフの権力を，決定的に弱体化。
  - アッバース朝カリフから，「**大アミール**」という称号を獲得。
- **イクター制**：君主が，配下の兵士(軍人)に対して**俸給**(**アター**)ではなく，**軍役義務**と引き替えに，**土地の徴税権**を与える制度。
- 背景：アッバース朝の衰退のなかで，**旧来の徴税機構が崩壊**したため。
- 継承：セルジューク朝，オスマン朝，ムガル朝など。 ＊名称は変化。

イクター制は論述問題でも出されます。

(D) サーマーン朝(875 ～ 999)

- 概要：**イラン人の軍人政権**
- **意義**：中央アジア(とくに西部)の**イスラーム化**を促進。
  マムルークがイスラーム各王朝に送り出される拠点となる。
- 首都：ブハラ…アム川中流域
- 言語：アラビア語の語彙を取り入れた**近世ペルシア語**が使用される。
- イブン=シーナー(ラテン名**アヴィケンナ**，980 ～ 1037)
  ：哲学者・医学者 『**医学典範**』➡中世西ヨーロッパの医学に影響。

(E) カラハン朝(10C ～ 12/13C)

- 建国：中央アジア東部のトルコ人が中心。
- 発展：**サーマーン朝を滅ぼす**(999)…➡中央アジア全域を支配。
- 意義：**中央アジア全域のトルコ化・イスラーム化**を決定的に。
- 滅亡：東カラハン朝➡後にモンゴル系の**西遼**が支配(1132 ～)。
  西カラハン朝➡**セルジューク朝**，西遼の支配。

11世紀半ばのイスラーム世界

本編解説 p.329 ～ 334

◎**概観**：内部情勢：**トルコ人の優位**…セルジューク朝が繁栄。
　　　　：拡大…小アジア半島を**ビザンツ帝国**から奪取。

(A) ムラービト朝(1056 ～ 1147)

- 建国：**ベルベル人**国家　スンナ派の**神秘主義者**の宗教運動からおこる。
- 首都：北アフリカのマグリブの**マラケシュ**
- 発展：**イベリア半島**に侵入➡半島南半を支配。
  西アフリカにあった黒人国家**ガーナ王国**を攻撃・衰退さす。
- 滅亡：同じベルベル人王朝**ムワッヒド朝**に滅ぼされる。
- ムワッヒド朝：ベルベル人王朝
  - **イブン=ルシュド**(ラテン名**アヴェロエス**，12C)
    - **コルドバ**で活躍した哲学者。
    - 意義：その**アリストテレス研究**は中世西ヨーロッパの**スコラ学**に影響。

【西アフリカの黒人国家】

- **ガーナ王国**(7 ～ 11C)：**サハラ縦断貿易**で繁栄。
  - ガーナ王国からの輸出品：**金**　● 輸入品：武器，**サハラの塩**
- **マリ王国**(13 ～ 15C)：西アフリカ最初の**イスラーム国家**。
  国王**マンサ=ムーサ**のメッカ巡礼。
  大旅行家**イブン=バットゥータ**の来訪。

(B) ファーティマ朝：衰退期

(C) セルジューク朝(1038 ～ 1157)

- セルジューク族：**シル川**流域を拠点とする**トルコ系**遊牧民。
- **族長トゥグリル=ベク**(位 1038 ～ 62)
  - 遠征：イラン地方に南下。
    バグダードに進出し**ブワイフ朝**を打倒(**1055**)。
  - 称号「**スルタン(支配者)**」：アッバース朝のカリフから授けられる。
- **イラン人官僚**の重用：行政用語も**ペルシア語**➡以後の諸王朝も踏襲。
- 小アジア獲得：**マンジケルトの戦い**(1071)で，ビザンツ帝国に勝利。

- 最盛期：**マリク=シャー**（位 1072 ~ 92）
  - **宰相**ニザーム=アル=ムルク：イラン人　**イクター制の確立**。
  - ニザーミーヤ学院：**ウラマー**養成　シーア派に対抗して教義研究。
- 衰退：**小アジア**で，ルーム=セルジューク朝が分離（1077）。
  アム川下流で，トルコ人マムルークがホラズム=シャー朝創建（1077）。
- イラン人の詩人ウマル=ハイヤーム：『**ルバイヤート（四行詩）**』

(D) ガズナ朝（977 ~ 1187）

- アフガニスタンに建国された**トルコ系**王朝。
- 建国：サーマーン朝の**マムルーク**，アルプテギンが建国。
- イラン人の詩人**フィルドゥシー**
  ：『**王の書**（シャー=ナーメ）』…**イラン人の民族叙事詩**
- **インド侵入**：君主マフムードのときインドに侵入を繰り返す。
  ➡**インドのイスラーム化**を促進。
- 滅亡：ゴール朝（アフガニスタンの，自称イラン系政権）が滅ぼす。

④ 13世紀後半のイスラーム世界

本編解説 p.334 ~ 339

◎概観：覇権…モンゴル人の覇権（ヘゲモニー）確立。
拡大…北インドがイスラーム圏に入る。

(A) マムルーク朝（1250 ~ 1517）

- 建国：**トルコ系マムルーク**が，アイユーブ朝を打倒して建国。
- 支配：アイユーブ朝から受け継いだ**イクター制**を施行。
  軍人は**カイロ**に居住。
- 対外戦争：**モンゴル人**，**十字軍**から国土を防衛⬅君主バイバルスの活躍。
- **2聖都**（**メッカ・メディナ**）**の守護**：王朝の権威高まる。
- 繁栄：**東地中海**，**紅海・インド洋貿易**（カーリミー商人の活躍）
  香辛料貿易など。
  小麦・大麦生産の向上　商品作物サトウキビ栽培が普及（ふきゅう）。
- 滅亡：インドのディウ沖海戦（1509）で，**ポルトガル**艦隊に敗北。
  ：**オスマン帝国**のセリム1世に滅ぼされる（**1517**）。

(B) イル=ハン国(1258 ～ 1353/55)

- 建国者：フラグが建国　**アッバース朝**を滅ぼす(**1258**)。
  当初はイスラーム教徒を弾圧。
- 転換：第７代ハンの**ガザン=ハン**(13C 末)，**イスラーム教保護**(**国教化**)に転換。
  自らもイスラーム教に改宗。
  - 名宰相：イラン人**ラシード=アッディーン**
    『**集史**(**蒙古集史**)』…**ペルシア語**で書かれた世界史。
  - **イラン人官僚**，在地の**ウラマー**層を通じた支配。
  - 税制の転換：**人頭税**・**家畜税**を主とするモンゴル式税制を，
    地租(**土地税**)を中心とするイスラーム式税制に転換。
- 文化：イランとイスラームの文化が融合。

(C) キプチャク=ハン国(13 ～ 15C)

- 建国者：**バトゥ**
- **ウズベク=ハン**(14C 前半)：イスラーム教を国教にした君主。

(D) ナスル朝(1232 ～ 1492)

- イベリア半島最後のイスラーム王朝⬅**スペイン王国**が滅ぼす(**1492**)。
- 首都：**グラナダ**　●**アルハンブラ宮殿**

(E) 奴隷王朝(1206 ～ 90)

- 建国：**ゴール朝**の将軍**アイバク**が，**デリー**に自立して建国。
- 名前の由来：アイバクが，トルコ人奴隷兵(**マムルーク**)の出身。
- 特色：**インド初のイスラーム王朝**
- 以後の４王朝を含め，**デリー=スルタン朝**と総称。
  1. **奴隷王朝**(**1206 ～ 90**)
  2. **ハルジー朝**(1290 ～ 1320)：アラー=ウッディーンのとき最盛期。
     - 地租が**金納化**。
  3. **トゥグルク朝**(1320 ～ 1414)：**ティムールの侵略**を受ける。
     - ハルジー朝，トゥグルク朝は，**南インド**にも進出。
  4. **サイイド朝**(1414 ～ 1451)：ティムール朝の武将が自立して建国。
  5. **ロディー朝**(1451 ～ 1526)：アフガン系　首都を**アグラ**に。
- **デリー=スルタン朝期のイスラーム教のインドへの浸透**(しんとう)

- イスラーム神秘主義者(スーフィー):**感性や直観**で神との合一をはかる。
- 意義:**商人の活動**とともに,**アフリカ・インド・東南アジア**などでの**イスラーム教の拡大**や,民衆への**イスラーム教の浸透**に尽力(じんりょく)。

5 アフリカの国家

本編解説 p.340 ~ 342

東アフリカ

クシュ王国(BC920? ~ AD350?) **「アフリカ最初の黒人王国」**

- 建国:ナイル上流 BC9C ~ AD4C に栄える 当初は**ナパタ**が首都。
- 発展:BC8C ~ 7C に**エジプト**を支配(第 25 王朝)。
  ←**アッシリア**の攻撃(BC667)によって,エジプトから撤退。
- 新**首都**:**メロエ** **製鉄**と商業で栄える。
- 滅亡:AD4C に**アクスム王国**に滅ぼされる。 *メロエ文字(未解読)

アクスム王国(紀元前後~ 12C)

- 建国:**エチオピア**高原の北部,紅海対岸のアラビアの一部を支配。
- **紅海貿易**で繁栄。
  - **ローマ帝国**(のちビザンツ帝国)――**インド**を結ぶ交易の中継地。
  - 主要取引商品:アフリカ産の**象牙**(ぞうげ)・**金**・**奴隷**を輸出。
  - **『エリュトゥラー海案内記』**:AD1 世紀ころに**ギリシア人商人**が記した紅海・インド洋交易の記録。
- **キリスト教国**

西アフリカ

ソンガイ王国(15 ~ 16C):首都**ガオ**

- 建国:マリ王国の衰退後,ニジェール川流域で発展。
- 衰退:**奴隷狩り**に伴う戦闘の蔓延(まんえん)のために被弊(ひへい)。

カネム=ボルヌー王国(9 ~ 19C):**チャド湖**東岸に建国。

- イスラーム化:11 世紀以降にイスラーム化。
- 繁栄:ソンガイ王国の崩壊(16C)後,**北アフリカとの交易**の中心となる。

インド洋沿岸地域

交易活動

- ~ 7 世紀:インド・イラン・アラビアと交易。

●**ムスリム商人の来航**：**象牙**・**奴隷**・**金**を求めて，**三角帆**の**ダウ船**で来航。

インド洋の交易圏に組み込まれる。

●イスラーム化：**ムスリム商人**や**ウラマー**が移住して，イスラーム教を布教。

●商港：モガディシュ…現ソマリア南部

マリンディ…**鄭和の艦隊**，**ガマ**の艦隊が帰港。

モンバサ…マリンディとともに現ケニア領。

ザンジバル，キルワ…現タンザニア領

ソファラ…現モザンビーク

スワヒリ文化の形成

●形成：イスラーム文化と，アフリカ東海岸の黒人の文化(**バントゥー文化**)が融合。

●スワヒリ語：**バントゥー語**に**アラビア語**の語彙が混入。

ジンバブエなどの繁栄

●金の輸出

モノモタパ王国：ザンベジ川流域の王国　ジンバブエ遺跡。

●商品：**金**・**象牙**

●衰退：**ポルトガル**の進出。

イスラーム文化
――イスラーム史(3)

1 イスラーム文化の概要

本編解説 p.343 ~ 345

概要：『コーラン』(**イスラーム教**)と**アラビア語**を基盤とし，
ギリシア・**イラン**・インドなどの文化が混じり合った**融合文化**。

「固有の学問」：**神学**・**法学**・歴史学・詩学・韻律(いんりつ)学など。

- **法学**：イスラーム教が**日常生活の規範**(きはん)としても機能。
- **詩学・韻律学**：読誦されるべき神の声の研究。

「外来(外国)の学問」

：**哲学**(**論理学**)・**医学**・錬金術(れんきんじゅつ)・地理学・天文学・**数学**・**光学**・**幾何学**

- **数学，天文学**⬅**インド**より…**十進法**・**インド数字**・**ゼロの概念**
- **哲学，天文学など**⬅**ギリシアより**

：**9世紀**初頭に始まる本格化する**ギリシア語文献**の**アラビア語翻訳活動**。
知恵の宝庫…ハールーン=アッラシードが創建。
➡**知恵の館**(**バイト=アル=ヒクマ**)…カリフ・マームーンが創建。

2 神学・哲学

本編解説 p.345 ~ 346

イブン=シーナー(980 ~ 1037)：医学者，哲学者

- 業績：ギリシアの**アリストテレス哲学**を導入して，イスラーム哲学を大成。

スーフィズムとガザーリー

- **スーフィズム**(**イスラーム神秘主義**)：理性的・論理的に神を捉(とら)えようとするのではなく，**直観**や**感性**によって神との合一をはかろうとする立場。
- **ガザーリー**(1058 ~ 1111)：**ニザーミーヤ学院**で教授も務める。
  - **神秘主義**をイスラーム神学に導入した学者。

アリストテレス哲学の復権

- **イブン=ルシュド**(1126 ~ 98)：**ムワッヒド朝**支配下の**コルドバ**で活躍。
  - 伝播：西欧で**ラテン語に翻訳**(ラテン名アヴェロエス)。
    ➡**中世西ヨーロッパ**の**スコラ学**の**体系化**に寄与。

3 歴史学・地理学・文芸・自然科学

本編解説 p.346 ~ 349

歴史学

- タバリー(9 ~ 10C)：アッバース朝で活躍　『預言者と諸王の歴史』
- ラシード=アッディーン(13 ~ 14C)
  ：**イル=ハン国**の**ガザン=ハン**に仕えた宰相　**『集史』**の編者。
- イブン=ハルドゥーン(14 ~ 15C)：マムルーク朝のカイロで活動。
  - **『世界史序説』**：大著『実例の書』の序論。
  - 史観：**砂漠の遊牧民**と**都市の民**の**対立**が，歴史の動因。

地理学・旅行家

- 背景：ムスリムの義務である**巡礼**のために地理学が必要なことから発達。
- イドリーシー(12C)：**両シチリア王国**のルッジェーロ 2 世などに仕える。
  - **『ルッジェーロの書』**…地中海を中心とした地理の書。
- イブン=バットゥータ(14C)：主著**『三大陸周遊記』**
  - 西アフリカの**マリ王国**や，**元**などを歴訪。

文芸

- **『千夜一夜物語(アラビアン=ナイト)』**
  ：インド説話も取り入れたササン朝時代の説話を，イスラーム世界が取り入れて形成される➡ 16 世紀のカイロで今の内容に。
- **『シャー=ナーメ(王の書)』**：**フィルドゥシー**の民族叙事詩。
- **『ルバイヤート(四行詩)』**：**オマル=ハイヤーム**の叙情的詩集。

自然科学

- **錬金術**：中国錬金術(不老長寿の薬の生成が目的)と，アレクサンドリアの錬金術(卑(ひ)金属を貴金属に変えることが目的)が基盤。
  - **影響**：**イスラーム化学**の基礎をつくる　錬金そのものは不可能。
- **数学**：インドから「**ゼロの概念**」，インド数字などが流入。
  - **フワーリズミー**(8 ~ 9C)：アッバース朝で活躍　代数学・三角法の基礎。
- **天文学**：インド・ギリシアの影響。
  - ファルガーニー(9C)：『天文学集成』…天動説⬅プトレマイオスの影響。
- **医学**
  - イブン=シーナー(980 ~ 1037)：**サーマーン朝治下のブハラ**近郊出身。
    『医学典範』…ヨーロッパの医学校でも使用(~ 18C)。
- **暦学**：**ウマル=ハイヤーム**らが**ジャラリー暦**を制定…太陽暦

4 イスラーム文化の伝播と融合

本編解説 p.349 ～ 352

イラン=イスラーム文化

- 成立の契機：7 世紀(**正統カリフ時代**)にアラブ人イスラーム教徒が，
  ササン朝ペルシアに侵攻。
- 形成，発展期：**セルジューク朝**の時代(11 ～ 13C)
- **成熟**：**イル=ハン国**で成熟(**13C 末～**)。
  ⬅この国で，**イスラーム教を国教化**したことが契機。
- 継承：**サファヴィー朝ペルシア**(16C ～)
- 文芸：**ウマル=ハイヤーム『ルバイヤート(四行詩)』**
  フィルドゥシー『シャー=ナーメ(王の書)』…イラン人の民族叙事詩
- **細密画**(ミニアチュール)：書物の挿絵(さしえ)

トルコ=イスラーム文化

- 契機：成立の発端は，中央アジアにおける**カラハン朝**の成立(10C)。
  - 『幸福の智恵(クタドゥグ=ビリグ)』
    ：初のトルコ語のイスラーム文芸作品。
- **成熟**：ティムール帝国**の建国**(**14C**)によって，**中央アジア**の**トルコ人の文化**と，**イル=ハン国**領内のイランに育まれていた**イラン=イスラーム文化が融合**して成熟。
  - 内容：宮廷で**イラン文学**が好まれる　イラン起源の**細密画**(さいみつが)が伝播。
    天文台…ウルグ=ベクがサマルカンドに創建したものが有名。
- 継承：**オスマン帝国**のスレイマン=モスク，トプカピ宮殿。

インド=イスラーム文化

- 契機：アフガニスタンから，**ガズナ朝・ゴール朝**がインド侵入(**10 ～ 12C**)➡
  インドのイスラーム化の端緒(たんちょ)。
- 形成期：イスラーム教の浸透…**デリー=スルタン朝**が**存続**(**13 ～ 16C**)し，その治下でスーフィーや**ムスリム商人**がイスラーム教をインド社会に浸透させる。
- **成熟**：**ムガル朝の時代**(**16C ～**)
  - ウルドゥー語：公用語の**ペルシア語**(や**アラビア語**)にインドの地方語が融合。
  - **タージ=マハル廟**：皇妃ムムターズ=マハルの墓
    第 5 代**シャー=ジャハーン**創建
  - **細密画**(ミニアチュール)：**ムガル絵画・ラージプート絵画**
    ⬅イランから流入。

- **シク教**：イスラーム教の影響を受けたヒンドゥー・イスラーム融合宗教。
  ナーナクが創始⬅平等を説いた**カビール**の影響。

イベリア半島のイスラーム文化

- 契機：**ウマイヤ朝**の侵攻，**後ウマイヤ朝**の存続。
- アルハンブラ宮殿：**ナスル朝**の首都**グラナダ**

第22回 中央アジアとチベットの歴史

1 中央アジア史概観

本編解説 p.353 ～ 357

世界史的意義：**東西交流**の経路として，さまざまな文物が伝播。

◎概況：山脈北部の**草原地帯**には**遊牧民**が，
南部の**オアシス地帯**には**農耕民**が定住。

◎経済的意義：オアシス都市が点在　東西交易路（「**オアシスの道**」）が繁栄。

● **隊商**：主要な交易の形態　絹織物などの奢侈品（しゃしひん）を西方へ運ぶ。

文物の交流

◎宗教，技術の中国への伝播。

● **大乗仏教**：後漢の初期に西域経由で伝播　普及は4世紀以降。

● 渡印僧：**法顕**➡グプタ朝　**玄奘**➡ヴァルダナ朝

● 西域からの来朝僧：**仏図澄**，**鳩摩羅什**（仏典漢訳）

◎植物：中国へ伝播したもの…**胡桃**（くるみ），**胡麻**（ごま），**葡萄**（ぶどう），**石榴**（ざくろ），**胡瓜**（きゅうり），スイカ（西瓜）。

◎中国から西方へ伝播した技術
：**製紙法**（8C半ば）…**タラス河畔の戦い**が契機。

中央アジア史概観（～ AD10C）

● **イラン系**：**ソグド人**　ゾロアスター教・マニ教　「ソグディアナ」
中央アジア西部に，遊牧民**エフタル**台頭（5 ～ 6C）。

● **トルコ人の登場**

● 6C：**トルコ系突厥**の登場…**西突厥**が中央アジアを支配。

● 7C：唐の進出…**安西都護府**を設置。

● **9C**：**トルコ系ウイグル族**の登場⬅**キルギス**にモンゴル高原を追われる。

● **イスラーム教徒の登場**

● 8C初頭：ウマイヤ朝

● **8C半ば**：**アッバース朝**の登場⬅タラス河畔の戦い（751）

● **9C**：**サーマーン朝**…中央アジア西部（アム川中流域）に成立した
イラン系のイスラーム王朝。

● **カラハン朝**の成立（**10C**）

● 意義：中央アジアに成立した，初めての**トルコ系イスラーム王朝**。
中央アジアの**トルコ化**・**イスラーム化**を決定的にした王朝。

BC1 世紀～ AD6 世紀の中央アジア

本編解説 p.358 ～ 362

BC1C の状況――前漢と西域諸国

月氏（大月氏）

- 「**月氏の西遷**」：２度（BC206/BC162）にわたって**匈奴**・烏孫に敗れ，
  アム川北岸に移動。
  ➡その際にバクトリアを滅ぼす。
- **前漢**の接近：前漢の**武帝**が，対匈奴の同盟締結のために**張騫**を派遣。
  - 影響：**オアシスの道**を舞台とした交易活性化の契機。

大宛（フェルガナ）：前漢武将の李広利の遠征で有名➡**汗血馬**（かんけつば）の獲得のため。

烏孫：匈奴に支援されて，西域の月氏を攻撃しさらに西走させる。
前漢の公主である細君の降嫁（こうか）…「**和蕃公主**」の典型。

漢の進出

- 前漢**武帝**（BC2C ～ 1C）：**敦煌郡**以下４郡（「河西四郡」）を設置。
- 前漢**宣帝**（BC1C）：匈奴の内紛に乗じて進出。
  ➡**西域都護府**を設置（烏塁城（うるいじょう））。
- その後：前漢の衰退にともない，西域より撤退。
- 後漢**和帝**（AD1C ～ 2C）：西域都護府を再設置➡**班超**が西域都護となる。

◎**中央アジアのオアシス都市**

- ３つの交易路：A．天山北路　　B．天山南路北道（西域北道）
  C．天山南路南道（西域南道）
- **敦煌**：武帝期に郡を設置　五胡十六国（前秦）以来，石窟寺院建造。
- **高昌**：五胡十六国の混乱を避けて，移住してきた**漢人**の植民都市国家。
- **亀茲**（クチャ）：**仏図澄**，**鳩摩羅什**の出身地。
- 疎勒（疏勒，**カシュガル**）：タリム盆地西南部のオアシス都市。

6 世紀～ 10 世紀の中央アジア

本編解説 p.362 ～ 367

トルコ化の進展

突厥の中央アジア進出

◎**突厥**：トルコ系　**柔然**を破ってモンゴル高原の覇者に（6C）。

- 中央アジア進出：**ササン朝ペルシア**のホスロー１世と結んで，遊牧民のエフタルを撃破➡突厥が，中央アジア西部も制圧。

- 突厥の**東西分裂**(6C末)：**西突厥**が西域を，東突厥はモンゴル高原。

唐の進出と撤退

- **太宗**(李世民)：高昌を滅ぼし，**安西都護府**を設置(640)。
  ➡亀茲に移動(648)。
- 高宗：**西突厥**を服属させる➡西域のオアシスの道の全域を掌握(しょうあく)。
- 撤退の始まり：亀茲の安西都護府が，チベットの**吐蕃**に攻撃される。
- **タラス河畔の戦い**(751)：唐は**アッバース朝**に敗北。

トルコ系ウイグル族の中央アジア移動

◎原住地：モンゴル高原　**仏教**を受容。

◎ソグド人の商業保護：彼らを通じて，**マニ教**を受容。

- 移動の契機：トルコ系キルギス(**結骨**)の攻撃。
- 結果：中央アジアが「トルキスタン」と呼ばれ始める。

イスラーム化の進展

ウマイヤ朝(8C初頭)：ソグディアナに進出。

アッバース朝の登場(8C半ば)

- タラス河畔の戦い(751)：その後，**ムスリム商人**が進出。
- 余波：**アラル海**地方で活動していた**トルコ人**と，**ムスリム商人**が接触。
  ➡**トルコ人のイスラーム化**の契機。

サーマーン朝(9～10C)

- 特色："中央アジアに成立した初のイスラーム王朝"(**イラン系**)。
  トルキスタンの征服を進め，**トルコ人のイスラーム化**を促進。
- 首都ブハラ：中央アジアのトルコ系諸部族が，**奴隷兵**マムルークとして送り出される基地。
- イブン=シーナー：イスラーム最高の医学者・哲学者の出身王朝。
  『**医学典範**』➡西欧の医学校でもテキストに。
- 衰退：トルコ系マムルーク軍人が各地で自立。
  ➡アフガニスタンに**ガズナ朝**成立。

カラハン朝(10～12C)

- 特色："中央アジア初の**トルコ系イスラーム王朝**"
- 発展：サーマーン朝を滅ぼし(999)，中央アジア全域を支配。
- 衰退：ガズナ朝に敗北…➡ 11Cに東西分裂。

10 世紀以降の中央アジア

本編解説 p.367 ～ 371

カラハン朝分裂後の中央アジア(トルキスタン)

- 東カラハン朝：モンゴル系契丹族の**西遼**が滅ぼす　耶律大石
- 西カラハン朝
  ：**セルジューク朝**(➡西遼)➡**ホラズム=シャー朝**(トルコ系)

モンゴル系，トルコ系諸国家の興亡(12C ～)

- **西遼**成立：契丹族の耶律大石が建国(1130?)。
  ➡トルコ系**ナイマン部**が西遼を奪って中央アジア中部を支配。
- **チンギス=ハン**の遠征
  ：**ナイマン部**，**ホラズム=シャー朝**，**西夏**を滅ぼす➡交易路の確保。
- **チャガタイ=ハン国**：トルキスタン全域を支配　● 首都アルマリク

ティムール帝国(1370 ～ 1507?)

- 建国：**西チャガタイ=ハン国**から生まれる　● 首都：**サマルカンド**
- 滅亡：トルコ系**ウズベク人**の侵入(1500 ころ)。
- その後：アム川流域を中心に，**ウズベク系**の**ブハラ=ハン国**(16C)，
  ヒヴァ=ハン国(16C)，**コーカンド=ハン国**(18C)成立。

16C 以降の東トルキスタン――清朝の進出

- 雍正帝：モンゴル系の**ジュンガル部**(準部)を攻撃。
- 乾隆帝：**ジュンガル部**・**回部**を征服➡「**新疆**」と呼称⬅**理藩院**が統治。
  - 変遷(1884)：両地域を併(あわ)せて**直轄地**(**省**，本部)とし，「**新疆省**」とする。
  - 現在の東トルキスタン：中華人民共和国の**新疆ウイグル自治区**。
  - 増大する**漢族**と，先住の**ウイグル系住民**の対立激化。

西トルキスタン――帝政ロシアの進出

- ウズベク系の 3 ハン国が，**帝政ロシア**に滅ぼされる(1860s ～ 70s)。
- **イリ条約**(**1881**)：中央アジアにおける，露清間の国境線条約。
- 現在の西トルキスタン：ソ連邦内の共和国の時代を経て，
  現在は独立国家群。

5 チベットの歴史

本編解説 p.372 ~ 374

吐谷渾の建国(4C 初め)：チベットの東部に建国。

- 支配者：**鮮卑**系民族が，青海地方のチベット系民族を支配。
- 繁栄：西域と中国の中継貿易を担って繁栄。
- 北魏との対立：モンゴル系遊牧民の**柔然**と同盟して，**北魏**に対抗。

吐蕃の建国(7 世紀前半)

- 建国者：**ソンツェン=ガンポ**　● 首都：**ラサ**

  ⬅**唐**から「**和蕃公主**」として**文成公主**が降嫁(こうか)。
- 唐との関係：「**家人の礼**」の適用　**冊封関係**は成立せず。
- **安史の乱**に乗じて，一時は首都**長安**を占領。

  …➡その後和解し，「**唐蕃会盟碑**」を建立。
- 文化：**チベット文字**⬅**インド文字**が母字。
- **チベット仏教**：インドから伝播した**大乗仏教**と，チベット固有の信仰の融合宗教。

◎**チベット系民族の中国，および中国周辺での活動**(~ 11 世紀)

- 五胡十六国時代(4 ~ 5 世紀)：**氐族・羌族**➡前秦などを華北に建国。
- **西夏**(1038 ~ 1227)：チベット系**タングート族**の国家…中継貿易で繁栄。

チベット仏教の発展とモンゴル人

- **元で保護**：**クビライ**

  帝師**パクパ**(**パスパ**)の重用➡**パクパ文字**の作成(普及せず)。
- 元のチベット支配：チベット仏教の指導者を通じた**間接支配**。

  ➡**明**・**清**が継承。
- **黄帽派**(**ゲルク派**)の登場(14 世紀末~)
  - 改革者**ツォンカパ**：旧来の紅帽派(紅教)の腐敗(ふはい)に反発。

    ➡厳格な戒律(かいりつ)(**妻帯**(さいたい)・**飲酒**の禁止など)。
- **モンゴル諸族への浸透**(**16 世紀~**)

  ：タタール族の首長**アルタン=ハン**の帰依(きえ)が契機。

  「**ダライ=ラマ**」の称号を，チベット仏教の教主にささげる。
- ダライ=ラマの支配：政教両面の支配者

  ⬅モンゴル人が軍事力でサポート。

清朝とチベット

- **支配**：**理藩院**が藩部として支配　**ダライ=ラマ**を通じた間接支配。

  清朝のモンゴル人支配に協力させる。

第23回 朝鮮史(17世紀前半まで)

1 古朝鮮～新羅

本編解説 p.375 ～ 381

古朝鮮の時代

- 箕子朝鮮：殷(いん)の遺民が建国(?)。
- 衛氏朝鮮：BC2C の初めごろに，**衛満**が王朝創建。

中国支配の時代(BC108 ～ AD313)

漢の支配

- **前漢武帝**：衛氏朝鮮を滅ぼす(**BC108**)。
  ➡**楽浪郡**以下 4 郡設置(真番・臨屯・玄菟(げんと))。
  - 楽浪郡：中国の朝鮮支配の拠点　現在の**平壌**付近に支配の拠点を置く。
- 漢の撤退：後漢(**光武帝**)。

豪族公孫氏の進出(AD3C 初め)

- 楽浪郡を領有：その南半を**帯方郡**として分離
  ➡半島南部の諸勢力に対抗するため。

魏・西晋の支配

- **魏**の朝鮮進出：公孫氏を滅ぼして，楽浪郡・帯方郡を接収(せっしゅう)(238)。
  ➡ここを拠点に，東北地方の**高句麗**を牽制(けんせい)。
  ⬅**邪馬台国**の女王卑弥呼が遣使(239)。
- **西晋**の進出：楽浪郡を拠点として支配。

高句麗と三韓――朝鮮統一への胎動

高句麗(？～ 668)

- 民族：ツングース系貊族(夫余族の支族)　●原住地：中国**東北地方**
- 朝鮮半島北部に進出：**楽浪郡を滅ぼし**，中国勢力(西晋)を一掃(いっそう)(313)。
- 最盛期：**広開土王**(**好太王**，位 391 ～ 412)…広開土王碑文(在吉林省集安)
  長寿王…遷都：**丸都**(国内城)➡**平壌**へ(427)。
- **隋**の攻撃：皇帝煬帝の 3 度にわたる攻撃⬅高句麗が撃退。
- 滅亡：**新羅**・唐(**高宗**)の連合軍に滅ぼされる(668)。

朝鮮南部

- 韓族の小国家群の連合強まる(4C～)：高句麗に対抗して。
  - 馬韓・辰韓・弁韓という国家連合形成(**三韓**)。
- 国家形成：馬韓➡**百済**…首都漢城(…➡熊津(ゆうしん)➡泗沘(しひ)(扶余(ふよ)))
  辰韓➡**新羅**
  弁韓➡**加羅**(伽耶)諸国(任那)
- 「**三国時代**」(6～7C)：新羅が加羅を滅ぼす(562)。
  ➡高句麗・百済・新羅の鼎立(ていりつ)。

百済の首都は教科書の地図に載っています。

新羅の統一

- 統一の進展：**唐**と連携して，2国を滅ぼす…**百済**(660)，**高句麗**(668)。
- **白村江の戦い**(663)：日本・旧**百済**の勢力を撃破。
- 統一の達成(676)：唐の勢力撃退…平壌の**安東都護府**を攻撃。
  ➡**遼陽**へ撤退。
  その後関係は修復され，唐の**冊封**を受ける。
- 首都**金城**(**慶州**)：朝鮮半島の東岸。
- **骨品**：出身氏族による身分制度。
- **仏教文化**：金城の**仏国寺**，石造の**多宝塔**…いずれも国宝。
  石窟庵…仏国寺背後の石窟寺院。

② 高麗と李朝朝鮮国

本編解説 p.381～385

高麗(918～1392)

建国

- 建国者：**王建**…地方豪族出身　新羅，後(こう)百済を滅ぼし統一。
- 首都：**開城**(開京)
- 科挙，官僚制(三省六官制)：唐宋に倣(なら)う。
- **両班**：**科挙**に合格した文・武の官僚。
  …➡のちに輩出する階層が固定化・世襲化。
  …➡文武の官僚を輩出した階層を意味する言葉に。
- 武人政権(12～13C)：崔氏が中心。

対外関係

- 五代諸王朝，北宋の**冊封**を受ける。
- モンゴルの侵攻(1231～)と武人政権。

- 武人崔氏の抵抗：首都を開城から**江華島**に移動し抵抗。
…➡**フビライ**が属国に(1259)。
- **三別抄の乱**：抵抗拠点は，**済州島**に移る。
…➡**親元派**・**反元派**の対立で国内混乱。
- **倭寇**：日本人海賊(密貿易者)が海岸地帯を荒らす。
- **「小中華」の意識**

文化

- **高麗版大蔵経**：木版で印刷された仏典　**仏教は国教**に。
- 世界初の**金属活字**…➡李朝では**銅製活字**を使用。
- 工芸：高麗**青磁**➡ヨーロッパに輸出され，珍重される。

李朝朝鮮国(李氏朝鮮，朝鮮王朝，1392～1910)

建国

- 建国者：**李成桂**(太祖)…高麗の反元派の武人　倭寇対策で名をはせる。
- 首都：漢陽(**漢城**)(現ソウル)　　　＊「**朝鮮**」という国号を初めて使用。

内政

- 朱子学の官学化(国教化)：新興の儒教官僚(**儒臣**)を重用⬌仏教は弾圧。
  - 「小中華」の意識(17C～)：清朝成立に伴い，中華文明の継承者は朝鮮国だとする発想。
- **『経国大典』**：李朝の基本法典

対外関係

- 明の冊封を受ける。
- 日本との国交樹立：倭寇(わこう)禁圧を**足利義満**に約束させる。
- **「応永の外寇」**(1419)：倭寇の拠点である対馬(つしま)を朝鮮国が攻撃。
- **豊臣秀吉**の侵略：**壬辰・丁酉の倭乱**(1592～93，97～98)
  - 朝鮮海軍の**李舜臣**将軍の活躍。
- 清との関係：第2代**ホンタイジ**の侵攻の後，清の冊封を受ける。
- 小中華意識強まる。
- 日本との国交回復(1607)：対馬の**宗氏**を仲介に，**朝鮮通信使**を派遣。

文化

- **訓民正音**(15C)：第4代**世宗**が制定させた民族文字。
＊官僚層は使用せず，漢字を使用。
- **実学**の発展：雨量計(測雨計)…世界初の作成。　● 文化，工芸：**白磁**

MEMO

MEMO

LIVE